Thomas Buomberger

Kooperation statt Konfrontation

Thomas Buomberger

Kooperation statt Konfrontation

Die Winterthurer Arbeiterschaft
während der Krisenzeit der 1930er Jahre

315. Neujahrsblatt
der Stadtbibliothek Winterthur
1985

Die vorliegende Arbeit wurde von der Philosophischen Fakultät I
der Universität Zürich, im Sommersemester 1983,
auf Antrag von Prof. Dr. Rudolf Braun als Dissertation angenommen.

Für Irene

CIP-Kurztitelaufnahme der deutschen Bibliothek
Buomberger, Thomas:
Kooperation statt Konfrontation : d. Winterthurer
Arbeiterschaft während d. Krisenzeit d. 1930er Jahre / Thomas Buomberger. –
Winterthur : Stadtbibliothek, 1984.
(. . . Neujahrsblatt der Stadtbibliothek Winterthur ; 315)
© ISBN 3-908050-00-6

NE: Stadtbibliothek < Winterthur >:
. . . Neujahrsblatt der Stadtbibliothek . . .

1984 Stadtbibliothek Winterthur
Satz: Lüthi AG, Winterthur
Druck: Sigg Söhne AG, Winterthur

4

Inhalt

1. Einleitung

Die Krise der 30er Jahre war für die Generation unserer Väter neben dem Aktivdienst das Ereignis, das wohl ihr Bewusstsein am meisten geprägt hat. Bis in den Mittelstand hinein gab es nur wenige Familien, die nicht in der einen oder anderen Form existentiell von der Krise betroffen gewesen wären. Wenn ich von Krise spreche, dann meine ich nicht nur die wirtschaftliche Depression, die am offensichtlichsten spürbar war. Der Eindruck der Krisenhaftigkeit überzog auch das politische und gesellschaftliche Leben. Während grosse Teile der Linken darin die Krise des kapitalistischen Systems sahen und den Tag einer sozialistischen Umgestaltung bereits nahe glaubten, befand sich für Teile des Bürgertums und der Rechten die liberale Demokratie in einer Krise. In einem nach deutschem oder italienischem Muster konstruierten Korporationenstaat sahen die in der Frontenbewegung Zusammengeschlossenen den Ausweg aus der politisch-wirtschaftlichen Sackgasse. In weiten Kreisen der Bevölkerung war demnach das Gefühl verbreitet, dass man vor einem Umbruch stehe und dass die Krise das Ende eines Zeitalters markiere. Nur: Wohin des Wegs, war lange Zeit ungewiss, und das mag mit ein Grund für das Gefühl der Krisenhaftigkeit gewesen sein. Wenn also im folgenden von Krise die Rede ist, dann muss immer auch dieses psychologische Umfeld im Auge behalten werden.

Indem die Krise das Bewusstsein unserer Väter geprägt hat, wirkt sie auch auf unsere Zeit nach. Viele Erscheinungen der Überflussgesellschaft wären vielleicht vermieden worden, wenn die Erbauer des Wohlstands nicht das Gefühl des Mangels gekannt hätten. Fixiert auf ein kompensatorisches Wachstumsdenken, setzten sie alles daran, dass es die nachfolgenden Generationen einmal «besser» haben sollten. Damals wurden – und das finde ich das Faszinierende an jener Zeit – Strukturen angelegt, die noch in unsere Tage hineingreifen. Gerade in unserer Zeit aber, die wiederum von Krisenhaftigkeit geprägt ist, sind diese Strukturen in Fluss geraten.

Zu diesen damals angelegten Strukturen gehört etwa, dass das Denken in Kategorien von entgegengesetzten Klassen einem Prozess der Konsensfindung Platz gemacht hat. Auf der politischen Ebene kam das mit der Wahl des ersten sozialdemokratischen Bundesrats 1943 zum Ausdruck. Auf der wirtschaftlichen äusserte es sich 1937 im Abschluss des Friedensabkommens, das der Schweiz eine ungestörte wirtschaftliche Entwicklung und Wohlstand sicherte. Mehr als noch vor einigen Jahren ist indes das Friedensabkommen heute Gegenstand der Kritik. Sicherte es vierzig Jahre lang den Vätern einen stets höheren Lebensstandard, so sind heute die Söhne nicht mehr bedingungslos bereit, dem Wohlstand Werte zu opfern, die sie als vordringlicher betrachten. Wenn die Verteilkämpfe wieder härter werden, wenn die Gewerkschaften vermehrt auch nicht-materielle Forderungen stellen, die das bestehende System

7

gefährden könnten, wird sich zeigen, ob das Friedensabkommen, diese «geniale Tat» (SMUV), weiterhin tragfähig ist oder ob die bisherige Wertung revidiert werden muss.

Lange wurde die Geschichte der Herrschenden und der Mächtigen, die Geschichte der grossen Ereignisse, geschrieben. Die Bevölkerung selber, das Alltägliche, interessierte kaum. Diese Seite zu zeigen, die Stimme der Nichtprivilegierten zu hören, ist daher ein Gebot der Fairness und der historischen Wahrheitsfindung. Ich verhehle dabei nicht, dass ich mich auch aus einer persönlichen Affinität mit der Arbeiterbewegung befasst habe. Trotz meiner Sympathie habe ich mich gleichzeitig um kritische Distanz bemüht und vor allem auch dort Kritik geübt, wo ich glaubte, die Führer der Arbeiterschaft hätten den Interessen der Arbeiter zuwider gehandelt.

Bürgerliche Ordnung: Die Hoffnung – oder auch Befürchtung – war weit verbreitet, dass die liberale Demokratie am Zerbrechen sei und auch durch eine neue Ordnung ersetzt werden müsse.

8

Historische Arbeit ist – besonders wenn sie sich mit einer Epoche wie den 30er Jahren beschäftigt – auch politische Arbeit; das wird vor allem in den Interpretationen ersichtlich. Um der Transparenz willen möchte ich meinen eigenen Standpunkt darlegen: Ich bin Mitglied der Sozialdemokratischen Partei, lege aber auf das Attribut der Unabhängigkeit grossen Wert.

Meine Arbeit befasst sich mit der Arbeiterschaft in einer Krisenlage. Auf der einen Ebene zeige ich die kollektive Situation der Arbeiterschaft und, soweit Quellen vorhanden waren, auch die individuelle einzelner Arbeiter und ihrer Familien. Ich finde das deshalb wichtig, weil meiner Ansicht nach zur Analyse historischer Prozesse auch die Atmosphäre der Zeit nötig ist. Diese kann sich unter Umständen in individuellen Schicksalen besser spiegeln als in kollektiven*. Auf einer anderen Ebene will ich aufzeichnen, wie die Arbeiterschaft auf die Verschlechterung ihrer ökonomischen Lage reagierte, welche Verhaltens- und Reaktionsweisen sie in einer bestimmten Situation zeigte, welche Strategien sie zur Verbesserung ihrer Lage wählte. Wenn ich relativ undifferenziert von Arbeiterschaft spreche, dann meine ich nicht nur die Politik der Arbeitervertreter, sondern auch die Verhaltensweisen der unorganisierten Arbeiterschaft, über die natürlich viel weniger Quellenmaterial vorhanden ist.

In den 30er Jahren kam es zu einer Diskrepanz zwischen den Produktivkräften und den Produktionsverhältnissen. Zu untersuchen ist also, wie sich dieser Widerspruch äusserte und wie er gelöst wurde. Man könnte dabei die Hypothese aufstellen, dass die Arbeiterschaft schon vor der Krise derart in die kapitalistische Staats- und Wirtschaftsform integriert war, dass sie, trotz ihrer Parolen, in der konkreten Politik ebenso auf die Erhaltung des Systems hinarbeitete wie das Bürgertum. Das Bekenntnis zur sozialistischen Revolution hätte dann der Arbeiterschaft wohl eher den inneren Zusammenhalt sichern sollen, wie das oft bei Mythen der Fall ist (z. B. in der Tell-Sage).

Hinter der Erkenntnisabsicht meiner Arbeit stand eine Verwunderung: die Verwunderung darüber, dass sich die Arbeiterschaft trotz Massenarbeitslosigkeit, Verarmung und Demütigungen ruhig verhielt und sich nicht in verständlichem Zorn gegen ihr Los auflehnte. Ich hoffe aber, dieses Phänomen wenigstens teilweise erklären zu können. Mit welchen wissenschaftlichen Methoden ich gearbeitet habe, zeigt das geschichtstheoretische Nachwort dieser Arbeit.

---

* Damit rede ich allerdings nicht einem Historismus das Wort. Im Vordergrund steht eindeutig die Analyse von Prozessen und Strukturen. Einzelschicksale dienen somit eher zu deren Illustration.

2. Die Wirtschaftskrise in der Schweiz

«Die kapitalistische Produktionsweise führt nicht nur zur zeitweisen Anreizung der Produktion, die auf der zeitweisen Erweiterung der Märkte beruht. Daneben finden wir einen dauernden Drang zur Erweiterung der Produktion, die aus den Produktionsverhältnissen selbst hervorgeht». [1]

Das Bedrückendste an der Weltwirtschaftskrise, die 1929 ihren Anfang nahm und mit unterschiedlicher Intensität und Zeitdauer wohl sämtliche Länder der Welt traf, war, dass Millionen von Menschen im Elend lebten und Hunger litten, während gleichzeitig Nahrungsmittel in ungeheuren Mengen vernichtet wurden, weil sie keine Käufer fanden. Ohne eine Diskussion der Krisenursachen vorwegzunehmen, sei nur soviel angedeutet: Die Produktionsapparate der Industrieländer wurden auf eine nie gekannte Kapazität ausgebaut und durchrationalisiert. An einer profitablen Güterproduktion hätte es nicht gefehlt. Die Probleme lagen vielmehr in der Verteilung und im Absatz dieser Güter. Die Krise war also – in marxistischer Terminologie – eine Realisierungskrise und keine Verwertungskrise, d.h. das Problem lag vor allem in der Konsumtion und in der Zirkulation der Güter [2]. Betroffen war in erster Linie der internationale Handel, dessen Rückgang natürlich auch die Binnenkonjunkturen der verschiedenen Länder beeinflusste. So betrug 1931 der Wert des internationalen Handels nur noch 60% des Durchschnitts der Jahre 1925 bis 1929, und das Volumen sank auf 74% jener Periode [3].

Robert Grimm (1881–1958) war während den 30er Jahren der bedeutendste Führer der demokratischen Linken. Vom Revolutionär, als den ihn das Bürgertum wegen seiner Rolle während des Generalstreiks 1918 sah, entwickelte er sich zu einem sozialdemokratischen Führer, der wesentlichen Anteil an der Umgestaltung der Partei zu einer gemässigten Volkspartei hatte. Zusammen mit dem BGB-Nationalrat Ferdinand Rothpletz stellte er im Auftrag des Bundesrates ein Programm zur Überwindung der Krise auf, das allerdings nur ansatzweise und zu spät verwirklicht wurde.

In der Schweiz machte sich die Weltwirtschaftskrise mit einer zeitlichen Verzögerung von etwa einem Jahr zuerst in der Exportindustrie bemerkbar. Von da aus weitete sie sich aber bald auch auf die Binnenwirtschaft aus: die Baubranche und die Landwirtschaft wurden besonders stark geschädigt. Der Krisenverlauf einiger Vergleichsländer ist aus dem folgenden Diagramm ersichtlich. Daraus geht deutlich hervor, dass die Schweiz später von der Krise erfasst wurde, dass sie dafür aber länger dauerte[4].

Konjunkturverlauf verschiedener Länder mit ähnlicher Produktionsstruktur, 1929 bis 1939

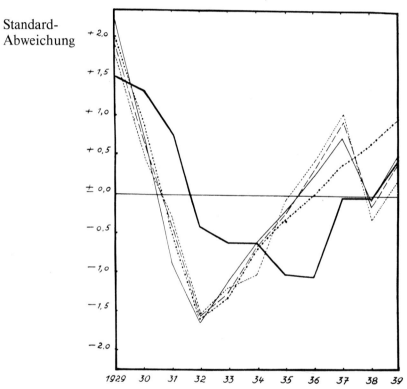

Kombinierte *Gesamtkonjunkturindizes,* zusammengesetzt aus den Indizes der Produktion, der Beschäftigung und des Volkseinkommens der einzelnen Länder.

———————	Grossbritannien
— — — —	Vereinigte Staaten
··················	Belgien
····················	Deutschland
———————	Schweiz

Quellen: U.N.O., National Income Statistics, 1938–47, Lake Sucess, New York 1948; Annuaire Statistique de la Société des Nations, Genf; Statistisches Jahrbuch der Schweiz.

Tabelle 1

Zunehmende Autarkiebestrebungen und Devisenrestriktionen zogen noch einen weiteren Pfeiler der schweizerischen Wirtschaft in Mitleidenschaft: den Fremdenverkehr. Konkurse von Hotels und ein Hotelbauverbot waren die Folge. Zeitlich kann man die Betroffenheit der verschiedenen Industriezweige – von denen einige die Rezession bereits vor der Weltwirtschaftskrise verspürten – etwa so orten [5]:

	1927	1928	1929	1930	1931	1932
1. Quartal			Wolle	Bijouterie Uhren Papier Leder		Allg. Krise
2. Quartal			Seide Kleider	Holz- industrie		
3. Quartal		Baum- wolle	Nahrungs- mittel	Chemie Maschinen	Bau- industrie	
4. Quartal	Stickerei			Steine Erden		

Tabelle 2

Für viele Bauern wirkte sich die Krise in der Landwirtschaft katastrophal aus. Zwischen 1929 und 1936 sank der landwirtschaftliche Rohertrag um 22% von 1479 Millionen Franken auf 1147 Millionen. Nicht nur warf das Eigenkapital keinen Ertrag mehr ab, sondern die Kosten des Fremdkapitals schmälerten in vielen Fällen das Arbeitseinkommen so sehr, dass sich eine grosse Anzahl von Betrieben stark verschulden oder überhaupt aufgeben musste. Ähnliche Verhältnisse gab es auch bei kleineren, finanzschwachen Gewerbebetrieben [6]. Die Verhältnisse in der Landwirtschaft fanden denn auch im sozialistischen Plan der Arbeit (siehe Kap. 3. Der Plan der Arbeit) ihren Niederschlag, der unter anderem eine Entschuldung der Landwirtschaft forderte.

In der Schweiz trat die Krise mit einer zeitlichen Verzögerung ein. Nach Ansicht der Gutachter Grimm und Rothpletz, die im Auftrag des Eidg. Volkswirtschaftsdepartements ein Gutachten über die Schweizer Wirtschaft erstellt hatten, lag das an der besonderen Struktur der Schweizer Wirtschaft, am starken Franken, an der hohen Kaufkraft, am niedrigen Zinsfuss und an den sinkenden Rohstoffpreisen [7]. Zuerst wurde die Konsumgüterindustrie von der Krise erfasst, während sich die Produktionsmittelindustrie anfänglich noch widerstandsfähig zeigte. Erst als die Depression in der Exportindustrie schon fast auf dem Höhepunkt war, wurde die Baubranche voll getroffen. Am Indikator der Arbeitslosigkeit lässt sich die Entwicklung anschaulich ablesen [8].

13

Arbeitslose in der Schweiz

Jahr	Exportindustrie	Baugewerbe	übrige Berufe
1929	1 797	2 202	4 132
1930	5 334	2 684	4 863
1931	11 755	4 653	7 800
1932	26 208	12 439	15 719
1933	29 299	19 622	18 946
1934	25 345	21 784	18 311
1935	26 194	34 711	21 563
1936	24 610	43 541	24 858
1937	13 936	36 152	21 042
1938	13 361	33 597	18 625
1939	9 025	18 580	12 719

Tabelle 3

Betroffen wurde von der Arbeitslosigkeit zuerst die Uhrenindustrie, etwas später einzelne Zweige der Textilindustrie und im Jahre 1931 auch die Metall- und Maschinenindustrie. Die Krise äusserte sich vor allem in einem raschen Anstieg der Teilarbeitslosigkeit. Ende 1931 war mit 14,9% der Arbeitslosenkassenmitglieder der Höchststand der Teilarbeitslosigkeit schon erreicht, während die Ganzarbeitslosigkeit erst 1936 auf ihrem Gipfelpunkt anlangte. In der Inlandproduktion blieb die Lage des Arbeitsmarktes in den ersten Krisenjahren noch befriedigend bis günstig. Grund für die Resistenz war die ausserordentlich starke Bautätigkeit[9]. Die Krise im Baugewerbe lässt sich auch noch am Index der neuerstellten Wohnungen in 26 Städten verdeutlichen. Lag er 1932 noch bei 174,0 (1910 – 1930 = 100), so sank er bis 1936 auf 42,6, was gleichzeitig den Höhepunkt der Arbeitslosigkeit in dieser Branche darstellte. Bis 1939 konnte sich dann der Index auf gegen 100 erholen[10].

Mit der Depression einher ging ein rapider Lohn- und Preiszerfall, der im Mai 1935 seinen Höhepunkt erreichte. Diese Senkung der Lebenskosten und Löhne kam vor allem auf Druck der Exportindustrie zustande, die den Grund für ihre Schwierigkeiten im überhöhten Lohnniveau der Schweiz im Vergleich mit den wichtigsten Konkurrenzländern sah. Zwar stieg durch diese Deflationspolitik der Index der realen Stundenverdienste zwischen 1930 und 1935 um fast 14%, doch ist dabei zu bedenken, dass davon nur die vollbeschäftigten Arbeiter profitierten. In der Exportindustrie dürfte das eine kleine Minderheit gewesen sein. Bei Sulzer sollen 90% aller Arbeiter von Ganz- oder Teilarbeitslosigkeit betroffen gewesen sein. Die Entwicklung der Preise und Löhne zeigt folgendes Bild[11]:

14

Jahr	Gross-handelsindex	Lebens-kostenindex (Juni 1914 = 100)	nom. Stunden-verdienste (1913 = 100)	reale Stunden-verdienste
1930	126	158,4	245,3	154,9
1931	110	150,2	249,2	165,9
1932	96	138,5	237,4	171,4
1933	91	131,4	233,2	177,5
1934	90	129,5	228,7	176,6
1935	90	128,2	224,6	175,2
1936	96	130,4	220,5	169,1
1937	111	136,7	220,8	161,5
1938	107	137,0	227,0	165,7
1939	111	138,0	227,5	164,9

Tabelle 4

Kennzeichen der Krise waren aber nicht nur hohe Arbeitslosigkeit, Preis- und Lohnzerfall, Konkurse, Überschuldung und was der Wirtschaftsindikatoren mehr sind, sondern eine psychologische Verfassung des Volkes, auf die man den Begriff der «Depression» ebensogut hätte anwenden können wie auf die Wirtschaftsentwicklung. Je länger die Krise andauerte, desto tiefer verankerte sie sich im Bewusstsein und wurde als Dauerzustand betrachtet. Man war der Ansicht, dass mit dem Versagen des kapitalistischen Wirtschaftssystems der Anbruch einer neuen Ära erfolgen würde, so wie sich eine Zeitenwende im politischen Bereich im Ringen zwischen Faschismus und Sozialismus manifestierte. Grimm/Rothpletz drückten das so aus:

«Die Krise ist zu einem Dauerzustand geworden. Sie ist jetzt das Normale. Man dürfte, bei Licht besehen, vielleicht eher von dem Anbruch einer neuen Zeit als von einem Krisenzustand sprechen» [12].

Der Konjunkturverlauf während den 30er Jahren

In der wirtschaftlichen Entwicklung der 30er Jahre gibt es eine grosse Zäsur: die Abwertung vom 26. 9. 1936. Verschlechterten sich die meisten Wirtschafts-indikatoren bis zu diesem Zeitpunkt fast kontinuierlich (je nach Branche allerdings mit unterschiedlicher Intensität), so verbesserte sich die Lage insbesondere der Exportindustrie fast schlagartig. In ihrem Sog erholten sich auch die übrigen darniederliegenden Zweige allmählich. Vom Herbst 1936 an zeigten also die meisten Wirtschaftsindikatoren – abgesehen von einem kleinen Einbruch 1938 – nach oben. Der Markstein Abwertung teilt somit den Konjunkturverlauf der 30er Jahre grob in ein Vorher/Nachher ein. Bis zu diesem Zeitpunkt kann man drei Phasen der Stockung ausmachen [13].

1. Periode nur leicht absteigender Konjunktur, gestützt durch einen andauernd aufnahmefähigen Binnenmarkt (Herbst 1929 bis Herbst 1931).

2. Periode rasch fallender Konjunktur (Herbst 1931 bis Anfang 1933).
3. Periode dauernder Stagnation, während der die Konjunktur mit nur geringen Schwankungen auf tiefem Niveau verharrte (Anfang 1933 bis September 1936).

Die Exportindustrie erlitt bereits im 1. Quartal 1930 einen empfindlichen Rückschlag. Er war eine Folge der beschränkten Aufnahmefähigkeit der ausländischen Märkte. Dazu kamen protektionistische Massnahmen. Die Inlandindustrie war dank der hohen Kaufkraft nach wie vor widerstandsfähig, vor allem die Bautätigkeit war rege. Der Jahresbericht 1930 des Arbeitgeberverbandes Schweiz. Metall- und Maschinenindustrieller (ASM) vermerkte, dass Ende 1930 von den 80 000 Arbeitern, die in der Metall- und Maschinenindustrie beschäftigt waren, ein Viertel nur noch 75 statt 96 Stunden pro Zahltagsperiode arbeitete. Der ASM konstatierte zudem, dass Aufträge nur noch unter grossen Anstrengungen und zu gedrückten Preisen erhältlich seien. Weil seiner Ansicht nach der Preis eine sehr grosse Rolle spielte, plädierte er bereits zu diesem Zeitpunkt für eine Reduzierung der Personalkosten [14].

Im Jahre 1931 trat eine bedeutende Verschlechterung ein. Die Ursache war der zunehmende Protektionismus. Durch prohibitive Zölle und Kontingentierung wurde der Export stark eingeschränkt. Als weitere Handelshemmnisse stellten sich die Devisenbewirtschaftung und der Clearingverkehr der wichtigsten Absatzländer heraus. Entscheidend war die Aufgabe des Goldstandards durch Grossbritannien, wodurch die Schweizer Produkte etwa der Textil- oder Maschinenindustrie auf dem englischen Markt kaum mehr konkurrenzfähig waren.

Auch wenn sich im Binnenmarkt erste Verschlechterungstendenzen zeigten, so war doch wegen der gesteigerten Bautätigkeit die Lage noch nicht bedrohlich. Positiv wirkte sich hier vor allem der Bau von Kraftwerken, die Elektrifizierung der SBB sowie ein erhöhter Wohnungsbedarf aus. Die Binnenkonjunktur zeigte noch erhebliche Widerstandskräfte. Eine Zunahme der Kaufkraft bewirkte auch eine Steigerung der Detailhandelsumsätze. Das folgende Jahr sah den stärksten Rückgang der Erlöse und des Absatzes in der Exportindustrie. Der Grund lag in der Einkommensschrumpfung im Ausland, in der noch stärkeren Verschlechterung der Kosten-/Preisrelation wegen Abwertungen im Ausland und in den handelspolitischen Schranken. Auch der Binnenmarkt verlor nun seine Widerstandsfähigkeit. Eine leichte Belebung zeigte sich im 4. Quartal, weil die Weltwirtschaft zu diesem Zeitpunkt die Talsohle bereits überschritten hatte.

1933 verbesserte sich die konjunkturelle Lage der Industrie leicht. Durch die Einfuhrbeschränkungen des Bundes wurden die Inlandindustrien geschützt. Positive Folgen zeitigten auch die Exportsubventionen der öffentlichen Hand. Negativ wirkte sich aus, dass das Preisniveau der schweizerischen Produkte nach wie vor überhöht war und dass zudem die ausländische Konkurrenz mit Dumpingpreisen Aufträge zu ergattern versuchte. Wegen den protektionistischen Massnahmen konnte die Schweizer Exportindustrie nicht am weltwirtschaftlichen Aufschwung partizipieren. Die binnenmarktorientierten Industrien verbesserten sich trotz des Rückgangs der Wohnbautätigkeit.

1934 war gekennzeichnet durch eine Stabilisierung der industriellen Konjunktur auf dem Vorjahresniveau. Durch die Einfuhrkontigentierung arbeiteten die Inlandindustrien weiterhin befriedigend, während die Exportindustrie nach wie vor bedrängt war und höchstens durch Rüstungsaufträge einigen Auftrieb erhielt. Trotz befriedigendem Verlauf der Binnenentwicklung waren die inländischen Konjunkturreserven langsam erschöpft, was sich in einem Rückgang der Bautätigkeit zeigte. Die immer noch starke Preisüberhöhung, der Ausbau der Devisenbewirtschaftung und die Handelsschranken sowie die Autarkiebestrebungen wirkten sich negativ auf die Exportindustrie aus. Positive Impulse verliehen die starke Einkommenszunahme im Ausland und die Produktionszuschüsse des Bundes.

1935 dehnte sich die Depression in der Exportindustrie auch auf den Binnenmarkt aus. Die Ursache lag in einem Rückgang der inländischen Kaufkraft. Gleichzeitig nahm auch die Bautätigkeit ab. Da zahlreiche Unternehmungen der Exportbranche auf die Inlandproduktion umstellten, nahm der Konkurrenzdruck zu. Dank der Konjunkturbelebung im Ausland und Ansätzen zu einer vernünftigeren Handelspolitik wurde der Export belebt. Wegen des Importrückgangs konnten andererseits weniger Kompensationsverkäufe getätigt werden. Nach wie vor waren auch die Preisüberhöhung und der Protektionismus hohe Hürden für den Export.

Die ersten neun Monate des Jahres 1936 standen noch im Zeichen der Stagnation. Allerdings machten sich infolge gesteigerter Rüstungsanstrengungen bereits im Frühling Zeichen einer Besserung bemerkbar. Die staatliche Exportförderung sowie die Einkommensverbesserung im Ausland bildeten zusätzliche Impulse. Als mit der Abwertung die Schweizer Produkte auch im Ausland wieder konkurrenzfähig wurden, stiegen die Ausfuhren deutlich an. Der Aufschwung setzte sich im Jahre 1937 fort. In diesem Jahr waren die Exporte rund 45% höher als im Vorjahr. In der zweiten Hälfte flachte jedoch die Schweizer Volkswirtschaft wegen des Konjunkturrückgangs in den USA wieder etwas ab, erholte sich aber im folgenden Jahr erneut.

Die Konjunktur der Jahre 1938 und 1939 war durch eine militärische Aufrüstung geprägt. Es handelte sich nicht mehr um einen «normalen» Konjunkturverlauf, sondern um eine typische Rüstungskonjunktur. Die industrielle Konjunktur war stark von der staatlichen Auftragserteilung beeinflusst. Dank stärkerer Bautätigkeit und staatlichen Aufträgen für den Ausbau der Landesverteidigung verbesserte sich auch die Binnenwirtschaft. Die Bautätigkeit nahm von 1937 bis 1939 kontinuierlich zu. Der Detailhandel konnte nach der Abwertung eine markante Umsatzsteigerung verzeichnen, weil in Erwartung von Preiserhöhungen auf Vorrat gekauft wurde.

Die Baukonjunktur zeigte einen völlig anderen Verlauf als die übrige Konjunktur. Während die Exportindustrie ihren Höhepunkt 1929 erreichte, bis 1933 abflachte und bis 1936 auf tiefem Niveau blieb, setzte sich der Boom in der Bauindustrie bis 1931 fort. In diesem Jahr verzeichnete die Bautätigkeit einen noch nie erreichten Höchststand. Dann flachte die Kurve ab und erreichte 1936 ihren Tiefpunkt.

Etwa ein Viertel der Schweizer Bevölkerung fand ihr Auskommen in der Exportindustrie. Betrachtet man die Exportzahlen der 30er Jahre, erkennt man, welche Auswirkungen die Absatzstockungen im Ausland für die schweizerische Volkswirtschaft haben mussten.

Exportwerte und -mengen 1929–1938 [15]

Jahr	Werte in 1000 Fr.	Mengen in 10 t	Wertgewogener Exportmengenindex
1929	2 097 855	104 536	119,8
1930	1 762 448	91 870	105,3
1931	1 348 798	69 661	85,2
1932	801 008	45 656	54,6
1933	754 306	47 676	54,3
1934	844 332	51 995	57,5
1935	821 960	43 438	56,5
1936	881 633	51 571	61,7
1937	1 286 050	70 679	82,4
1938	1 316 572	61 469	80,5

Tabelle 5

Der Wert der Schweizer Exporte betrug 1933 noch 36% des Wertes von 1929. Mengenmässig wurde der Tiefpunkt 1935 erreicht. In diesem Jahr betrug die Menge noch 41,6% derjenigen von 1929. Der Einbruch des Aussenhandels geht auch noch aus anderen Zahlen hervor. In der Periode 1927/1929 betrugen Import/Export pro Kopf der Bevölkerung 1010 Franken. Im Zeitraum 1932/1936 sank diese Quote auf 590 Franken und stieg erst wieder 1946/1948 mit 1040 Franken auf die Höhe der Vordepressionskonjunktur [16]. Dennoch – und das ist eigentlich das Erstaunliche – blieb die Quote des schweizerischen Exports am Welthandel praktisch konstant. Machten die Schweizer Ausfuhren 1929 1,21% der Weltausfuhr aus, so stieg dieser Anteil 1931 auf 1,36%, fiel im Jahr darauf auf 1,15% und stieg 1933 wieder auf 1,34% [17]. Damit ging also der Schweizer Export ziemlich proportional zum Welthandel zurück.

Der Rückgang des Exports traf vor allem die Uhren-, Maschinen- und Textilindustrie heftig. Es wird geschätzt, dass die exportorientierten Unternehmen der Textil- und Maschinenindustrie im Durchschnitt die Hälfte ihrer Produktionsanlagen stillegen mussten (vor 1936) [18]. Weiter nimmt man an, dass zwischen 1932 und 1936 drei Viertel der schweizerischen Exporte zu

Verlustpreisen abgewickelt wurden, was zu einem Kapitalverlust in der Exportwirtschaft von schätzungsweise 1000 Millionen Franken führte [19].

Wegen der extremen Auslandabhängigkeit der Schweizer Wirtschaft und der beschränkten Aufnahmekapazität des Binnenmarktes war den meisten Experten klar, dass eine Gesundung der Wirtschaft mit einer Gesundung des Exports einhergehen müsse. Hätte man den überdimensionierten Produktionsapparat der Exportindustrie den Verhältnissen der Binnenwirtschaft anpassen wollen, so hätte das enorme Stillegungen und Abschreibungen bedingt. Auch die Gutachter Grimm/Rothpletz empfahlen, dass der Versuch der Krisenbekämpfung sich in erster Linie in Richtung der Exportförderung bewegen müsse [20]. Der Streit drehte sich vor allem darum, wie der Export gefördert werden könne. Max Weber, der wirtschaftliche Theoretiker des Schweizerischen Gewerkschaftsbundes (SGB), war der Ansicht, dass eine gesunde Exportwirtschaft die Folge eines erstarkten Binnenmarktes sei und nicht dessen Ursache, wie das die Vertreter der Exportindustrie meinten [21]. Diese sahen als einzige Remedur eine Anpassung der schweizerischen Produktionskosten an diejenigen der wichtigsten Konkurrenzländer, die 20% bis 30% tiefer waren als in der Schweiz. Dr. Hans Sulzer, Verwaltungsratspräsident des gleichnamigen Konzerns, war einer der unermüdlichsten Verfechter einer Anpassung der Löhne an diejenigen der ausländischen Konkurrenz. 1934 warnte er:

«Muss schon diese Erkenntnis (Autarkiebestrebungen, T.B.) die schweizerische Exportindustrie zu vorsichtiger Beurteilung der Zukunft veranlassen, so muss sie der weitverbreitete Mangel an Verständnis des Schweizervolkes für die

Max Weber (1897–1974) war in den 30er Jahren wissenschaftlicher Mitarbeiter des SGB. Er trug mit seinen wirtschaftstheoretischen Arbeiten massgeblich zur Ausgestaltung der gewerkschaftlichen Wirtschaftspolitik bei.

Notwendigkeit rascher Anpassung unserer überteuerten Lebenskosten an diejenigen der wichtigsten Konkurrenzländer mit besonders schwerer Besorgnis erfüllen (...). Verharrt unser Volk in dieser Haltung, so wird sich der weitere Rückgang unserer Exportindustrie nicht aufhalten lassen und sie wird im Interesse der Erhaltung wenigstens ihrer geistigen Substanz sich in vermehrtem Mass zur Auswanderung gezwungen sehen» [22].

Dagegen behaupteten gewerkschaftliche Kreise, dass die Schwierigkeiten des Exports in der mangelnden Aufnahmefähigkeit der ausländischen Märkte lägen und in den internationalen Handelshemmnissen (Kontigentierung, Devisenbewirtschaftung, Kompensationsverkehr, prohibitive Zölle usw.). Der ausserordentliche SMUV-Kongress vom 2. 2. 1934 anerkannte in einer Resolution die Bedeutung der Exportindustrie für die schweizerische Wirtschaft. Zur Behebung der Schwierigkeiten empfahl er,

«dass die Lage der Exportindustrie durch handelspolitische Massnahmen der Staaten und durch genügende Zuschüsse aus öffentlichen Mitteln nachhaltig gestützt werden muss» [23].

Ähnlich äusserte sich auch Fritz Marbach:

«Allgemein ist es so, dass der schweizerische Export, wie der Export vieler anderer Staaten, nicht deswegen zusammengeschrumpft ist, weil unsere Exportindustrie konkurrenzunfähig war, sondern deswegen, weil prohibitive Zölle, Grenzsperrmassnahmen und Kontingentierungen die internationale Handelstätigkeit lahm legen» [24].

Das wurde auch durch die Tatsache bestätigt, dass der Anteil der Schweizer Exporte am Welthandel konstant blieb. Hätten die Schweizer aus Preisgründen nicht mehr exportieren können, so wäre dieser Anteil sicher gesunken. Ihre Exporte reduzierten sich aber nur proportional zum allgemeinen Rückgang des Welthandels.

Welches Ausmass die Konjunkturabschwächung hatte, geht aus den Schätzungen von Max Weber hervor. Danach betrug 1929 das Volkseinkommen in der Schweiz 9,4 Milliarden Franken, 1936 nur noch 7,2 Milliarden. Das schweizerische Volksvermögen und -einkommen hätte also in diesen sieben Jahren um 30% abgenommen. Parallel dazu seien die gesamte industrielle Produktion und der wirtschaftliche Kreislauf um einen Drittel zurückgegangen. Gleichzeitig hätten die sieben Jahre des Niedergangs der Wirtschaft einen Abbau der sozialpolitischen Errungenschaften auf allen Gebieten gebracht [25].

Die Entwicklung in der Metall- und Maschinenindustrie

Mit einem Anteil von etwa 40% am gesamten Exportvolumen war die Metall- und Maschinenindustrie der wichtigste Stützpfeiler des schweizerischen Exports. Ein Rückgang in diesem Sektor musste sich folglich gravierend auf den gesamten Export auswirken. Die Reduktion des Exports der Metall- und Maschinenindustrie war ziemlich gleich gross wie im gesamten Exportsektor, nur erfolgte der Einbruch rascher. Betrug 1931 der Rückgang des Exports 36% gegenüber 1929, so machte er im Maschinensektor bereits 43% aus. Der Tiefpunkt mit 36,6% des Betrages von 1929 erfolgte bereits 1932, während er im Gesamtexport ein Jahr später eintrat[26]. Bis zum Jahr 1936 stagnierte der Export von Maschinen auf sehr tiefem Niveau, bis dann das Jahr 1937 einen über 50prozentigen Anstieg brachte.

Einen anderen Verlauf nahm die Zahl der Stellensuchenden in der Metall- und Maschinenindustrie. Zwar verzeichnete sie zwischen 1931 und 1932 den steilsten Anstieg, erreichte aber ihren Höhepunkt erst 1936, als sich in diesem Industriezweig bereits wieder eine Besserung abzeichnete. Das liesse sich etwa so interpretieren, dass die Industrie anfangs noch versuchte, trotz stark reduziertem Auftragsbestand eine gewisse Anzahl von Arbeitern durchzufüttern. Als sich jedoch der Aufschwung abzuzeichnen begann und die Auftragsbücher wieder dicker wurden, hielt die Industrie mit Neueinstellungen zurück und bewältigte das gestiegene Volumen lieber mit reduziertem Personal. Das zeigte sich auch in einer markanten Zunahme der Überstunden. Im einzelnen sehen die Indikatoren Exporte und Stellensuchende in der Metall- und Maschinenindustrie so aus[27]:

Jahr	Exporte in Mio Franken	Stellensuchende
1929	857,1	475
1930	718,5	1 066
1931	490,4	2 611
1932	313,4	7 651
1933	335,1	10 169
1934	342,0	9 552
1935	376,4	11 347
1936	404,0	12 662
1937	643,7	7 473
1938	705,6	6 062
1939	650,1	

Tabelle 6

Der Konjunktureinbruch Ende 1930 geht auch aus einem weiteren Indikator, dem Index der geleisteten Jahresarbeitsstunden hervor[28].

Index der geleisteten Jahresarbeitsstunden
in 25 grösseren Betrieben der Maschinen- und Metallindustrie
(Arbeitsstunden des Jahres 1913 = 100)

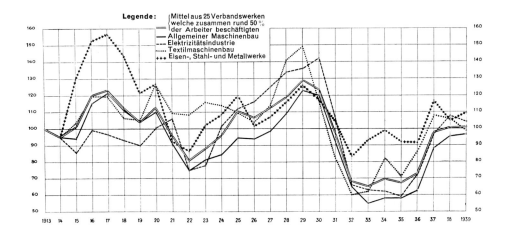

Tabelle 7

Wie sich der Rückgang der Beschäftigung auf die Arbeitseinkommen auswirkte, zeigt folgende Aufstellung[29]. Eindrücklich ist dabei, dass der Lohnabbau nur einen kleinen Teil der Lohnschmälerung ausmachte, der Grossteil aber dem Ausfall infolge Kurzarbeit und Entlassungen zuzuschreiben war.

Für die einzelnen Jahre dieses Krisenjahrzehnts kann in der Metall- und Maschinenindustrie etwa folgendes Bild gezeichnet werden[30]:

1930: Dank dem guten Auftragsbestand, der aus dem Vorjahr übernommen werden konnte, war das Ordervolumen in der ersten Jahreshälfte noch befriedigend. Gegen Mitte des Jahres machten sich dann – zum Teil unvermittelt – Depressionserscheinungen bemerkbar. In einem Viertel der Industrie wurde kurzgearbeitet.

1931: Der Geschäftsgang wurde durch das Fehlen eines genügenden Auslandabsatzes stark beeinträchtigt. Der Auftragsbestand war schon zu Beginn des Jahres aufgebraucht. Zu hohe Produktionskosten, gedrückte Verkaufspreise, geschwächte Kaufkraft, Einfuhrhemmnisse, 20% bis 30% billigere Preise der Konkurrenz und die Forderung nach ausserordentlich langen Zahlungsfristen hemmten den Export der Maschinenindustrie.

«Weder Dividenden noch Tantiemen, die in den letzten Monaten auf Grund vorausgegangener besserer Konjunktur ausbezahlt worden sind, sollten zu Illusionen über den Ernst der Lage Anlass geben»[31].

22

1932: Die Kapazität der Industrie wurde nur zur Hälfte ausgenützt. In der Hoffnung auf bessere Zeiten wurde mit Verlust gearbeitet und auf Reserven zurückgegriffen. Der Konkurrenzkampf auf dem Weltmarkt entartete zu einem Wirtschaftskrieg. Die protektionistischen Massnahmen des Auslandes, die Zurückhaltung bei den Kapitalinvestitionen sowie die überhöhten Gestehungskosten der einheimischen Produkte verhinderten ein annehmbares Auslandgeschäft.

Verminderung des Gesamt-Arbeitseinkommens

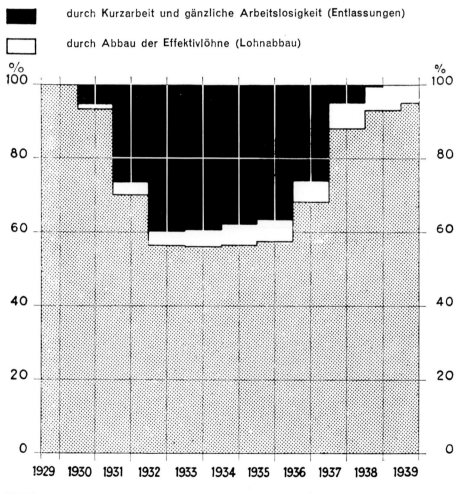

durch Kurzarbeit und gänzliche Arbeitslosigkeit (Entlassungen)

durch Abbau der Effektivlöhne (Lohnabbau)

Gesamtlohnsumme sämtlicher bei den Mitgliederfirmen des Arbeitgeberverbandes schweiz. Maschinen- und Metallindustrieller beschäftigten Arbeiter (Gesamtlohnsumme des II. Halbjahres 1929 und des I. Halbjahres 1930 = 100)

Tabelle 8

23

1933: Die Lage der Exportfirmen war nach wie vor schlimm. Ein grosser Teil der Produkte konnte nur zu Verlustpreisen abgesetzt werden. In der zweiten Jahreshälfte zeichnete sich eine leichte Absatzsteigerung auf dem Weltmarkt ab.

1934: Die gesteigerte Aufnahmefähigkeit des Weltmarkts hielt auch in der ersten Jahreshälfte an. Im zweiten Semester machte sich hingegen allenthalben ein erneuter Rückgang der Nachfrage empfindlich bemerkbar.

1935: Der Geschäftsgang der Industrie erreichte einen «bedenklichen Tiefstand». Verschärfend kam hinzu, dass auch die Aufnahmefähigkeit des schweizerischen Marktes «in ausgeprägtem Masse» zurückgegangen war. Noch immer klagte die Industrie über zu hohe Gestehungskosten. Nur mit einer genügenden Preiselastizität könne die Krise behoben werden.

1936: Während den ersten neun Monaten präsentierte sich die Lage gleich wie im Vorjahr. Durch die Abwertung war nun die geforderte Anpassung – auf anderem Weg allerdings als erhofft – eingetreten, so dass eine Kostenangleichung ans Ausland und eine Verbesserung der Wettbewerbsstellung erreicht wurden.

1937: Die Geschäftsentwicklung war erfreulich. Die Exporte nahmen sowohl mengen- als auch wertmässig zu.

«Die Besserung des allgemeinen Geschäftsganges der Maschinen- und Metallindustrie, die schon 1936 eingesetzt hatte, hat sich im Berichtsjahr im Ganzen gesehen in beachtenswertem Ausmass fortgesetzt (...). Diese Besserung ging, wenigstens soweit sie von einer gewissen Dauer war, zum überwiegenden Teil auf die Belebung der Ausfuhr zurück» [32].

1938: Der gute Geschäftsgang des Vorjahres nahm sogar noch schwach zu. Der Auftragsbestand am Jahresende war befriedigend. Die Zahl der Beschäftigten erhöhte sich ebenfalls leicht [33].

1939: Der Aufwärtstrend setzte sich fort. Der Beschäftigungsgrad war weiterhin gut. Für die Industrie war es gesamthaft ein «ordentliches» Jahr.

Der günstige Geschäftsgang der Jahre 1938/39 beruhte zu einem Gutteil auf der gesteigerten Rüstungstätigkeit. Der Jahresbericht 1938/39 der SLM meinte dazu:

«Dem eigentlichen Kriegsausbruch ging der Aufbau der Kriegswirtschaft (im Original hervorgehoben, T.B.) mit der verstärkten militärischen Aufrüstung, der gesteigerten Lagerhaltung und den vermehrten Autarkiebestrebungen voraus. Die Friedenswirtschaft, die wesentlich auf der privaten Unternehmerinitiative beruht, wurde mehr und mehr zurückgedrängt» [34].

Zusammenfassend lässt sich die konjunkturelle Entwicklung in der Metall- und Maschinenindustrie etwa so skizzieren: Erste Anzeichen eines Rückgangs der Geschäftstätigkeit, der sich bereits in Kurzarbeit und Entlassungen auswirkte, machten sich in der zweiten Jahreshälfte 1930 bemerkbar. Ein rasanter

Einbruch erfolgte im Jahr darauf, wiewohl noch eine Anzahl Unternehmen von ihrem Auftragsvorrat zehren konnte. Der Abwärtstrend setzte sich verstärkt 1932 fort. In diesem Jahr erreichten auch die Exportziffern ihren Tiefpunkt. Bis zur Abwertung 1936 blieb der Geschäftsgang auf tiefem Niveau mehr oder weniger konstant. Anzeichen einer leichten Besserung machten sich bereits gegen Ende des Jahres 1935 bemerkbar. Die Abwertung beschleunigte diese Entwicklung, indem sie die Verkaufspreise denjenigen der Konkurrenzländer anpasste. Der Aufwärtstrend setzte sich kontinuierlich bis zum Beginn des Krieges fort. Begünstigt wurde diese Entwicklung noch durch die 1937 massiv einsetzende Rüstungskonjunktur, die den Konjunkturverlauf dermassen prägte, dass man nicht mehr von einer «normalen», sondern von einer Rüstungskonjunktur sprechen musste.

3. Strategien zur Lösung der Krise

Die Krise der 30er Jahre war mehr als nur eine wirtschaftliche Depression. Weil das liberal-kapitalistische System nicht in der Lage war, allen Arbeitswilligen einen Arbeitsplatz anzubieten, hatte es in den Augen der Arbeiterschaft versagt. Sozialdemokraten und Kommunisten sahen die Zeit für ein neues Wirtschaftssystem gekommen. Für die Kommunisten stellte die Krise den Auftakt zu einer revolutionären Situation dar; die Sozialdemokraten versuchten, mit ihrer Kriseninitiative und ihrem Plan der Arbeit dem Wirtschaftssystem eine sozialistische Ausrichtung zu geben. Aber auch viele Bürgerliche zweifelten an der Regenerationsfähigkeit des kapitalistischen Systems: Der Aufstieg der faschistischen Frontenbewegung 1933, die viele Mitglieder aus bürgerlich-akademischen Kreisen rekrutierte, ist Zeugnis dafür.

Sahen die alternativen Rezepte der Linken und der Rechten eine radikale Umgestaltung von Wirtschaft und Gesellschaft vor, so versuchten diejenigen, die ans System glaubten, mit einer orthodox-traditionellen Wirtschaftspolitik das System zu retten. Mit einer rigorosen Deflationspolitik – deren Träger vor allem Exportwirtschaft und Bundesrat waren – nahmen auch sie eine massive Umgestaltung in Kauf: Durch die Deflation kam es zu einer starken Verminderung und Umverteilung von Einkommen und Vermögen. Zudem wurden soziale Errungenschaften der Arbeiterschaft abgebaut. Im folgenden werde ich aufzeigen, wo die verschiedenen politischen Kreise die Ursachen der Krise sahen und welche Lösungsmöglichkeiten sie anstrebten.

Die Ursachen der Krise

«Innerhalb der kapitalistischen Gesellschaft gibt es keine Lösung des Krisenproblems. Der Kampf der Arbeiter gegen die Wirtschaftskrise muss sich grundsätzlich gegen das kapitalistische Wirtschaftssystem richten und bis zu seiner Überwindung gesteigert werden» [35].

Eine etwas ambivalente Haltung zu den Ursachen der Krise nahm die SP ein. Während der nichtintegrierte Teil [36], der die Hauptströmung darstellte, sie bis nach 1934 als «Krise des Kapitalismus» betrachtete, also als Systemkrise, glaubte der integrierte Teil, dessen Theoretiker Max Weber und Fritz Marbach waren, dass es sich um eine konjunkturelle Krise handle. Robert Grimm, der anfangs dem nichtintegrierten Teil zuzurechnen war, analysierte die Ursachen so:

«Die kapitalistische Krise der Gegenwart ist zugleich die Krise des Kapitalismus, die die Verwandlung der periodischen Überproduktion in die chronische Überproduktion anzeigt» [37].

Sowohl Investitions- als auch Konsumgüter waren während der Krise in Hülle vorhanden. Infolge der deflationistischen Wirtschaftspolitik, in fast allen Ländern, fehlten jedoch die Mittel, diese Güter zu kaufen.

Für den Grossteil der Sozialdemokratie war die Ursache der Krise in einer Überdimensionierung des Produktionsapparates begründet, die zu einer Überproduktion geführt habe. Dieser enorm ausgeweiteten Produktion standen nur beschränkte Absatzmöglichkeiten gegenüber. Diese Analyse kommt auch im Gutachten Grimm/Rothpletz zum Ausdruck. Danach liege das Problem in dem seit Jahren immer grösser gewordenen Missverhältnis zwischen der Ausdehnung des Produktionsapparates und der Aufnahmefähigkeit der Märkte. Diese Aufblähung des Produktionsapparates wurde zudem noch gefördert durch eine spekulative Kreditinflation. Unter dem Konkurrenzdruck sei die Produktivität immer mehr gesteigert und die Produktion immer stärker ausgeweitet worden, ohne allerdings die entsprechenden Absatzmärkte zu finden [38].

Verstärkt worden sei die Krise dann noch durch den Protektionismus der wichtigsten Handelsländer, durch Handelshemmnisse und Autarkiebestrebun-

28

gen. Entsprechend ihrer Einschätzung, dass die Ursache einerseits auf einen zu geringen Konsum, andererseits auf ungenügende Geldzirkulation zurückzuführen sei, forderten SP und Gewerkschaften eine Erhöhung der Kaufkraft, um die vorhandenen Güter konsumieren zu können, und internationale Anstrengungen, um den Güterkreislauf wieder in Bewegung zu setzen. In einer Schrift zur Kriseninitiative wurde die These aufgestellt: «Die Krise ist um so schärfer, je stärker die Preise und Löhne im betreffenden Land zurückgehen»[39]. Wie ein roter Faden zog sich durch die Argumentation der Linken auch der Vorwurf, dass die Krise der Planlosigkeit des kapitalistischen Systems zuzuschreiben sei. Dieser Vorwurf fand den Ausdruck in der Kriseninitiative und im Plan der Arbeit[40], wo unter anderem eine Regulierung des Imports und Exports sowie die Organisierung des Kreditwesens, d. h. eine Investitionskontrolle gefordert wurden.

Nach ETH-Professor Eugen Böhler, dem Hauptvertreter der bürgerlichen Wirtschaftstheorie, lag die Ursache der Krisenarbeitslosigkeit zur Hauptsache in einem Rückgang der Investitionstätigkeit. Mit Bankkrediten sei «mehr investiert worden, als wirkliche Ersparnisse vorhanden waren», so dass der weitere Ausbau des Produktionsmittelapparates nicht fortgesetzt werden konnte[41]. Eine Überwindung der Krise war seiner Ansicht nach nur möglich, wenn es gelänge, die Kapitalbesitzer wieder zu Neuinvestitionen zu veranlassen. Seine Analyse, die auf eine Erweiterung des Produktionsmittelapparates hinauslief, stand also derjenigen der Linken diametral gegenüber. Entscheidendes Gewicht mass er dem Export zu, dem bei der Gesundung eine Schlüsselrolle zukam.

«Nur wenn es gelingt, den Export wieder einigermassen zu heben, ist das frühere volkswirtschaftliche Einkommen wieder zu erreichen»[42].

Die Schwierigkeiten der Exportindustrie stammten – darin war er mit den Wirtschaftsvertretern im Einklang – aus dem im Vergleich zu den wichtigsten Konkurrenzländern überhöhten Kostenniveau der Schweiz. Eine Anpassung der Kosten sollte vor allem über die Senkung der Löhne erfolgen. Allerdings verkannte er auch die Handelshemmnisse nicht und mass der handelspolitischen Frage grundsätzliche Bedeutung zu. Priorität hatte für ihn jedoch immer die Preisfrage. Zu einer fast identischen Lagebeurteilung kam auch der Bundesrat, der sogar die Prioritäten gleich setzte:

«Unser Export ist heute nicht nur durch unsere höheren Produktionspreise, sondern namentlich auch durch Verhältnisse gehindert, die sich einem Stillstand der Wirtschaft nähern. Für eine ganze Reihe von Ländern, in denen wir Absatz suchen müssen, ist der Handelsverkehr durch die Unsicherheit der finanziellen Lage und überdies durch hohe Zölle, Einfuhrbeschränkungen und Devisenbewirtschaftung lahmgelegt»[43].

Während für die Linke die Absatzschwierigkeiten infolge mangelnder Kaufkraft das Hauptproblem war, das durch eine Erhöhung der Kaufkraft, aber auch durch internationale Bemühungen zur besseren Warenzirkulation behoben werden sollte, stellte für die Wirtschaftsvertreter das fehlende Vertrauen der Kapitalgeber in rentierende Investitionen die Hauptursache dar. Durch Eliminierung der Preis-/Lohndisparität, durch Steuererleichterungen sowie durch eine zurückhaltende staatliche Finanzpolitik sollte das Kapital wieder zu Neuinvestitionen angeregt werden. Obwohl die Wirtschaft diesen Massnahmen vorbehaltlos zustimmte, kam es doch manchmal zu abweichenden Einschätzungen. Dass Gewerkschaften und Unternehmer nicht immer so weit auseinanderstanden, zeigt der Ausspruch von SLM-Direktor Oscar Denzler vor den Aktionären im Oktober 1930:

«...so leiden wir heute vielleicht an den Folgen einer gewissen allzu raschen Entwicklung der Produktion und des Produktionsapparates» [44].

Dr. Oscar Denzler (1877–1938) war Direktor der SLM. Von den drei grossen Winterthurer Maschinenfabriken wurde die SLM am stärksten von der Krise gebeutelt.

Die Wirtschaftspolitik des Bundes

Selbst die schlimmste Wirtschaftsdepression, die die Schweiz je gekannt hatte, konnte den bürgerlichen Bundesrat nicht veranlassen, über seinen Schatten zu springen. Verankert im liberalistischen Wirtschaftsdenken, mochte er es kaum als seine Aufgabe betrachten, ordnend und regulierend ins Wirtschaftsleben einzugreifen. Als Keynes bereits seine Theorien des antizyklischen Verhaltens, das von der Linken von Beginn der Krise an gefordert worden war, veröffentlicht hatte, blieb der Bundesrat noch immer den Leitsätzen des guten Hausvaters verhaftet, der seine Ausgaben den Einnahmen anzupassen hatte. Anfangs der Krise beschränkte sich der Bund auf die Subventionierung der Hilfe an Krisengeschädigte. Erst später, unter dem Druck von Kriseninitiative und Plan der Arbeit, konnte sich der Bund auch zu konjunkturpolitischen

Massnahmen entschliessen, die jedoch noch immer nur punktuellen Charakter hatten.

Im Rückblick erhielt die Konjunkturpolitik des Bundes keine guten Noten. Fast sämtliche Autoren, die sich nach dem Krieg mit ihr befasst hatten, kritisierten denn auch die konjunkturpolitische Zurückhaltung des Bundes, die eher noch krisenverschärfend gewirkt habe. Kneschaurek[45] warf in seiner anfangs der 50er Jahre geschriebenen Arbeit dem Bund vor, er habe es verpasst, die Depression zu Beginn der 30er Jahre durch zweckentsprechende finanzpolitische Massnahmen zu bekämpfen und zu mildern. Von der öffentlichen Hand seien zu Beginn der 30er Jahre

«überhaupt keine Schritte zur aktiven Bekämpfung der eingetretenen Störungen und zur expansiven Überwindung der Depression unternommen worden» [46].

Man müsse sogar annehmen, dass zumindest im Jahre 1930 die vom staatswirtschaftlichen Sektor ausgehenden Konjunktureinflüsse eher krisen-verstärkend gewirkt hätten. Bund, Kanton und Gemeinden pflegten eine orthodoxe Finanzpolitik, die vom Grundsatz des jährlichen Rechnungsaus-gleichs beherrscht wurde. Auch als sich das volle Ausmass der Krise abzeichnete, führten sie diese Politik weiter.

Der Bund bezweifelte, dass er mit öffentlich finanzierten Arbeitsbeschaffungs-massnahmen die Wirtschaft anzukurbeln imstande war, sondern er glaubte, dass sie nur subsidiär greifen könnten. Er lehnte es deshalb auch ab, über Schuldenfinanzierung Arbeitsplätze zu schaffen. Bei seiner Zurückhaltung im Schuldenmachen ging es dem Bundesrat in erster Linie darum, die Währung gesund und die Kreditwürdigkeit des Landes intakt zu halten. Die Grundsätze seiner Finanzpolitik legte der Bundesrat in seiner Botschaft zum Finanzpro-gramm I vom 2. 9. 1933 dar:

«Um das feste Vertrauen in unsere Währung zu bewahren und unseren Kredit zu erhalten, ist durch sofortige und ausreichende Massnahmen das Budget-gleichgewicht wieder herzustellen (...). Ein schwerer Fehler wäre es, den Ratschlägen derjenigen zu folgen, die die Aufnahme von Anleihen empfehlen, um die vorübergehenden Fehlbeträge der Krisenzeit zu decken (...). Die auf langer Überlieferung beruhende vorsichtige Geschäftsführung, welche die Privatwirtschaft unseres Landes auszeichnet, legt uns unter den heutigen Verhältnissen die Pflicht auf, nach den gleichen Grundsätzen auch in der öffentlichen Verwaltung zu verfahren» [47].

Erst die Aufnahme der Wehranleihe im Jahre 1936 bedeutete eine Abkehr von diesen Maximen. Rutz charakterisierte die Doktrin des Bundesrates so[48]:

«Die Erhaltung der Stabilität der Währung im Innern und nach aussen war die erste und vornehmste wirtschaftspolitische Aufgabe des Staates; die Bekämpfung der Arbeitslosigkeit gehörte nicht zu den in der Verfassung festgelegten Staatspflichten.»

Ehrenmeldung für die Zeichnung der Wehranleihe. Weil der Bundesrat gleichzeitig mit dem Ausbau der Landesverteidigung auch Arbeitsbeschaffungsmassnahmen einleitete, rang sich die Sozialdemokratie zu einem Ja zur militärischen Landesverteidigung durch.

Wenig schmeichelhaft ist sein Urteil über die bundesrätliche Finanz- und Wirtschaftspolitik. Aufgrund der herrschenden wirtschaftspolitischen Konzeption – die der Bundesrat selbstverständlich als Richtschnur genommen hatte – sei eine eigentliche systematische Beschäftigungspolitik in der Schweiz gar nicht möglich gewesen. Lehre und Forschung folgend, die die Konjunkturschwankungen als Naturereignis darstellten, habe sich der Bundesrat auf Symptombekämpfung beschränkt, ohne nach den Ursachen zu fragen. Mit ein Grund dafür, dass die Krisenmassnahmen keinen Erfolg gehabt hätten, sei die finanzpolitische Unbeweglichkeit gewesen. Weil die Krise in der Schweiz eine Folge der Entwicklung im Ausland war, habe der Bundesrat lediglich eine Krisenbekämpfungspolitik mit den Mitteln der Aussenwirtschaft betrieben [49].

Für den Bundesrat stellte die Krise einen «Einbruch von aussen» dar, dem sich primär die einzelnen Personen und Unternehmen durch eigene Anstrengungen anzupassen hätten, während der Staat diesen Prozess der Anpassung und des Durchhaltens nur sekundär unterstützen solle [50]. Diese privaten Anstrengungen, d.h. die Anstrengungen der Wirtschaft, förderte allerdings der Bundesrat massiv, indem er sich zum Sprecher für ihre Lohnabbaupläne machte. Das aus seiner Einsicht heraus, dass die Wirtschaft nur gesunden könne, wenn die Exportindustrie – der er eine überragende Bedeutung zumass – ihre Produkte wieder verkaufen könne. Nicht nur verfolgte er seine Abbaupläne auf eidgenössischer Ebene hartnäckig weiter, nachdem eine erste Vorlage eines 7,5prozentigen Abbaus vom Volk abgelehnt worden war, sondern er war auch ein eifriger Anwalt des Lohnabbaus in der Privatwirtschaft. So forderte Bundesrat Edmund Schulthess in seiner Aarauer Rede vom 29.11.1934 einen Lohnabbau von 20% – genausoviel, wie die Arbeitgeber verlangt hatten. In der «Werkzeitung der schweizerischen Industrie» doppelte er kurze Zeit später nach:

«Der Export ist daher die Schlüsselstellung für die Lösung des gesamten wirtschaftlichen und finanziellen Problems und für Arbeitsbeschaffung (...). So bleibt als einzige Möglichkeit die tunlichste Anpassung der Produktionsbedingungen unseres Landes an die Weltwirtschaft (...). Im Grunde anerkennt jeder Vernünftige, dass unser Land nicht dauernd eine Preisinsel sein und sich vom Ausland abschliessen kann» [51].

Auch ein gutes Jahr später hielt der Bundesrat in seiner Botschaft zur sozialdemokratischen Kriseninitiative – die eine radikale Umgestaltung der Wirtschaft vorsah – noch immer an seiner bekannten Doktrin fest. Darin vertrat er weiterhin die Ansicht, dass die hohe Lebenshaltung mit ein Grund für die Schwierigkeiten der Exportindustrie sei, weil bei der Gestaltung der Warenpreise auf dem Weltmarkt die Lebenshaltung eines Volkes diejenige eines anderen konkurrenziere. Deshalb drängte sich für ihn die einzige Konsequenz auf:

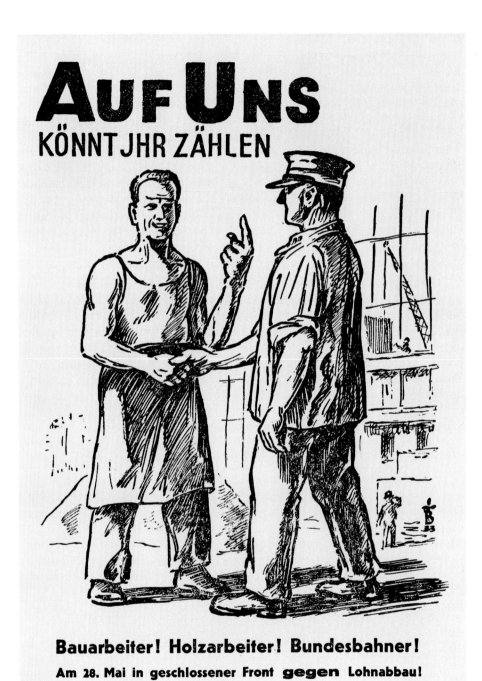

Am 28.5.1933 stimmte das Schweizer Volk über einen Lohnabbau beim Bundespersonal ab. In einer Demonstration der Solidarität zwischen Bundespersonal und den in der Privatwirtschaft Beschäftigten wurde dieser Lohnabbau abgelehnt.

Wir müssen zunächst im Rahmen dieser Massregeln (den vom Bundesrat zur Wirtschaftspolitik aufgestellten, T. B.) die Anpassung in die Wege zu leiten suchen und uns darauf gefasst machen, dass später die Verhältnisse auch unserem Land einen Abbau aufzwingen» [52].

Obwohl es für den Bundesrat nur die Alternative Anpassung oder Wirtschaftskatastrophe gab, verfolgte er sein Ziel nicht mit der letzten Konsequenz. Der Abbau der Löhne blieb unter dem von ihm geforderten Wert. Die Abwertung am 26. 9. 1936 war schliesslich das Eingeständnis seiner verfehlten Politik. Die Anpassung war zwar jetzt erfolgt, aber auf einem anderen als dem vom Bundesrat vorgesehenen deflationären Weg. Von der Abwertung erwartete der Bundesrat eine Belebung des Aussenhandels durch eine mengenmässige Umsatzvermehrung. Deshalb sollten die Preise während einer Übergangsperiode tief gehalten und die in der Krise abgebauten Löhne nur geringfügig korrigiert werden. Weil sich die positiven Auswirkungen der Abwertung in der Binnenwirtschaft weit weniger bemerkbar machten als erhofft, wurden die Arbeitsbeschaffungsmassnahmen für die Bauwirtschaft fortgesetzt [53].

Nach Rutz war die Abwertung in erster Linie eine Massnahme der expansiven Beschäftigungspolitik; aus währungstechnischen Gründen habe sie sich nämlich nicht aufgedrängt [54]. Obwohl die Abwertung der erfolglosen Abbaupolitik ein Ende machte, gab der Bundesrat dennoch seine konjunkturpolitische Zurückhaltung nicht auf. In einer Botschaft vom 12. 10. 1937 warnte er davor, das Heil in einer staatlich geförderten Wirtschaft zu erwarten. Man dürfe die Möglichkeiten des Bundes nicht überschätzen und zudem den Anteil der Staatswirtschaft nicht noch weiter ausdehnen.

«Der Staat kann die Privatwirtschaft nicht erhalten, und er kann sie auch nicht ersetzen. Er hat dazu weder die Substanz noch die laufenden Einnahmequellen» [55].

Das Finanzprogramm des Jahres 1938 hielt denn auch an der bisherigen Finanzpolitik fest, wenngleich die Sparmassnahmen etwas abgeschwächt wurden.

Obwohl der Bundesrat beteuerte, an seiner liberalen Wirtschaftspolitik festhalten zu wollen, musste er auch zu unliberalen Massnahmen Zuflucht nehmen. Um die Schweiz vor einer Flut von billigen Importwaren zu schützen, verfügte er Einfuhrbeschränkungen für gewisse Güter. Ausserdem führte er – dem Beispiel anderer Länder folgend – den Kompensations-, Verrechnungs- und Clearingverkehr ein. Minister Walter Stucki, der bis zu seinem Rücktritt im Jahre 1935 der eigentliche Träger der Handelspolitik war, begründete diese Mittel so:

«Die schweizerische Aussenhandelspolitik bewegt sich seit jener Zeit (anfangs der 30er Jahre, T. B.) auf dem Boden der Kompensation (...). (So) hat die schweizerische Handelspolitik denn auch auf internationalem Boden immer

und konsequent dahin gearbeitet, dass eine massvolle Kontingentierungspolitik als kleineres Übel den gesamten anderen Handels-Hemmnissen vorzuziehen sei»[56].

Mit gezielten Arbeitsbeschaffungsmassnahmen für die Konjunkturträger Export- und Bauwirtschaft hätte der Bundesrat konjunkturregulierend eingreifen können. Dazu fehlte ihm aber der Wille. Bereits am 25. 8. 1930 – als sich eine Konjunkturverschlechterung erst langsam abzuzeichnen begann – forderte der SGB in einer Eingabe:

«Der Bund und seine Regiebetriebe sollten unverzüglich alle Arbeiten an die Hand nehmen, bei denen eine baldige Ausführung möglich ist. Im weiteren sollten aber auch in möglichst umfassender Weise die Verwaltung und Betriebe der Kantone und Gemeinden angehalten werden, in derselben Weise Arbeit zu beschaffen»[57].

Wenn die öffentliche Hand Arbeitslosenprogramme durchführte, dann beschränkten sich die Arbeiten meist auf Bau- oder Grabarbeiten. Der Bund glaubte jedoch nicht daran, mit Arbeitsbeschaffungsprogrammen Sektoren wie etwa der Metall- und Maschinenindustrie Impulse verleihen zu können.

Dieser Eingabe war eine Liste mit konkreten Projekten beigefügt, die in Angriff genommen werden müssten. Die Finanzierung sollte auf dem Anleihensweg erfolgen.

Der Bundesrat nahm jedoch am Anfang der Krise der Arbeitsbeschaffung gegenüber aus finanziellen Gründen eine zurückhaltende Stellung ein. Noch 1934 erklärte er, die Arbeitslosenunterstützung müsse vor der Arbeitsbeschaffung Priorität erhalten, weil sie billiger sei[58]. Zwar stellte der Bundesrat erst 1934 ein eigentliches Arbeitsbeschaffungsprogramm auf, doch bewilligte er Ende 1931 immerhin fünf Millionen Franken für Notstandsarbeiten. Die 13 Millionen, die der Bund bis Ende 1933 dafür ausgab, waren jedoch nicht viel mehr als ein Wassertropfen im Meer.

Wie der Bund ihrer Ansicht nach die Arbeitsbeschaffung hätte fördern sollen, zeigten Grimm/Rothpletz in ihrem Gutachten auf. In diesem ersten expansiv orientierten, beschäftigungspolitischen Programm waren folgende Massnahmen zur Senkung der Arbeitslosenzahl vorgesehen:
1. Förderung des Exports (Ziel: Steigerung des Exports um 100 Millionen Franken)
2. Arbeitsbeschaffung im Inland (mit diesem Programm könnte für 37000 Arbeitslose eine Beschäftigung gefunden werden)
3. Subventionierung von Notstandsarbeiten, die einen volkswirtschaftlichen Wert haben und eine Rendite abwerfen
4. Arbeitsbeschaffung für technische Berufe
5. Administrative Massnahmen (Herabsetzung des Pensionsalters, Verlängerung der Schulpflicht, Kontingentierung, usw).

Das ganze Programm hätte 500 Millionen Franken gekostet und dafür 50000 Arbeitsplätze geschaffen, womit die Sommerarbeitslosigkeit beseitigt worden wäre. Die Finanzierung wäre vor allem auf dem Anleihensweg erfolgt[59].

Nach Böhler konnte eine Arbeitsbeschaffungspolitik den Aufschwung erleichtern, ihn aber nicht herbeiführen[60]. Dieser Ansicht war offenbar auch der Bundesrat, denn für ihn war sie kein Mittel der Konjunkturpolitik, sondern eine Möglichkeit, die Arbeitslosen von der Strasse wegzubringen. Das zeigte sich u.a. darin, dass bis 1935 der Bund seine Mittel hauptsächlich im Tiefbau investierte. Diese Arbeiten hatten aber oftmals eher den Charakter einer Beschäftigungstherapie.

1934 stellte der Bundesrat erstmals ein eigenes Arbeitsbeschaffungsprogramm auf, wofür die Bundesversammlung am 21. 12. 1934 einen Kredit von 40 Millionen Franken bewilligte. Unter dem Druck einer SP-Initiative von 1938 arbeitete er ein weiteres Programm aus und eröffnete dafür einen Kredit von 328 Millionen Franken. Die SP zog darauf ihre Initiative zurück. Wenn das Programm nicht unter dem Aspekt der Landesverteidigung aufgestellt worden wäre, wäre es vermutlich weniger grosszügig ausgefallen. Für die Arbeitsbeschaffung in der Binnenwirtschaft stellte der Bundesrat zwischen 1931 und 1939 insgesamt 320 Millionen Franken bereit. Im Zentrum der

Investitionen standen dabei die öffentlichen und privaten Bauten. Bis 1935 bestritt der Bund die Aufwendungen für die Arbeitsbeschaffung aus den allgemeinen Bundesmitteln. Später erfolgte die Finanzierung über Budgetdefizite, was eine Finanzierung auf dem Kreditweg darstellte und gleichzeitig bedeutete, dass damit der Bundesrat von seiner früheren Doktrin abgewichen war. Anleihen nahm er hingegen nie auf. Diese Arbeitsbeschaffungsmassnahmen waren jedoch bloss Stückwerk, weil der Bundesrat gleichzeitig alle ordentlichen Aufträge des Bundes kürzte. Die Bauausgaben der öffentlichen Hand gingen deshalb in der Depression stark zurück[61]. Selbst der Bundesrat stellte in seinem Bericht vom 20. 5. 1944 an die Bundesversammlung fest, dass der Erfolg der Arbeitsbeschaffungsmassnahmen während den 30er Jahren mehr als zweifelhaft gewesen war, weil der Bund

«mit der einen Hand mehr nahm, als er mit der anderen gab, so dass die Arbeitsbeschaffungsaktionen als Ganzes kein befriedigendes Ergebnis zeitigen konnten»[62].

Arbeit statt Arbeitslosenunterstützung: Der Bundesrat wollte davon allerdings nichts wissen und wehrte sich bis gegen Ende der 30er Jahre gegen Arbeitsbeschaffungsprogramme. Er lehnte staatliche Arbeitsbeschaffung deshalb ab, weil sie einerseits seiner liberalen Wirtschaftspolitik widersprach, andererseits aber auch, weil Arbeitslosenunterstützung den Bund billiger zu stehen kam.

Der Löwenanteil der Arbeitsbeschaffungsfranken floss in die Bauwirtschaft. Daneben kam auch noch ein kleiner Teil der Exportwirtschaft in Form von Fabrikationszuschüssen zugute. Bis 1938 machte dieser Betrag 19 Millionen Franken aus, von denen zwei Drittel der Metall- und Maschinenindustrie zukamen[63].

38

Nach Mülhaupt[64] lassen sich Erfolg oder Misserfolg der Arbeitsbeschaffungsmassnahmen zahlenmässig nicht genau nachweisen, weil die Arbeitslosenziffer als Gradmesser entfalle. Er glaubt aber, dass sie bei steigender Arbeitslosenzahl eine stärkere Zunahme zu verhindern und bei sinkender Arbeitslosenzahl eine Abnahme wirksam zu fördern vermocht hätten. Allerdings schätzt er die konjunkturpolitische Bedeutung der Arbeitsbeschaffungsmassnahmen als gering ein. Primär hätten sie ja auch sozialpolitische Ziele verfolgt, da der Bundesrat eine Beeinflussung des Konjunkturablaufes nicht für möglich erachtet hatte. Ausserdem fehlte eine konjunkturpolitischen Ansprüchen genügende Organisation. Eine solche zentrale Koordinationsstelle hatten schon Grimm/Rothpletz gefordert. Dass die Baupolitik der öffentlichen Hand den einfachsten konjunkturpolitischen Grundsätzen widersprach, vertritt auch Kneschaurek[65]. In der Tat stand die Baupolitik der öffentlichen Hand im Gegensatz zu den Vorstellungen einer weitblickenden staatlichen Konjunkturpolitik. Als die Krise die Exportindustrie bereits voll ergriffen hatte, heizte der Bund die Baukonjunktur noch immer dermassen an, dass zahlreiche ausländische Saisonarbeiter benötigt wurden. 1936, als sich in der Exportindustrie bereits eine Besserung abzeichnete, erreichte dafür die Krise im Bausektor ihren Höhepunkt und 44 000 Bauarbeiter standen auf der Strasse.

Weil der Bundesrat nicht von seiner Idee des Haushaltsausgleiches abgehen und höchstens geringe Defizite in Kauf nehmen wollte, musste er zur Finanzierung seiner Krisenausgaben neue Einnahmequellen erschliessen und Einsparungen vornehmen. 1934/35 wurden die Besoldungen des Bundespersonals trotz eines ablehnenden Volksentscheides mittels Notrecht herabgesetzt. Weiter wurden die meisten Subventionen stark gekürzt und bei den Militär- und eigentlichen Verwaltungsausgaben wesentliche Einsparungen vorgenommen. Auf der Einnahmenseite erhöhte der Bundesrat die fiskalische Belastung des Tabaks, dehnte die Stempelabgabe aus und setzte die Couponsteuer hinauf. Daneben führte er zur Getränkesteuer auch wieder eine direkte Bundessteuer unter dem Namen «Krisenabgabe» ein. Sie wurde erstmals als allgemeine Einkommenssteuer mit ergänzender Vermögenssteuer ausgestaltet. Sie war ein Surrogat für eine vom SGB, dem Föderativverband und den Angestelltenverbänden 1932 eingereichten Krisensteuerinitiative, die vom Bundesrat abgelehnt und auch nie zur Abstimmung gebracht worden war. Im Finanzprogramm 1936/37 wurden diese Steuern noch verschärft und neue Quellen angezapft: verschiedene Fiskalzölle, Zollquittungsstempel, Preiszuschläge auf Ölen und Fetten[66].

Die wirtschaftliche Maxime des Bundesrates lautete, dass der Staat nur subsidiär eingreifen solle, wenn die Kraft des Einzelnen und der Verbände nicht mehr ausreiche, um die wirtschaftlichen Schwierigkeiten zu überwinden. Der Bund anerkannte die Pflicht, die Wirtschaft im Rahmen des finanziell Tragbaren zu stützen, lehnte aber eine inhaltliche Lenkung der Wirtschaft durch den Staat ab. Die Depression sollte denn auch dadurch überwunden werden, dass die Funktionsfähigkeit der Privatwirtschaft wiederhergestellt wurde. Das konnte nach Ansicht des Bundesrates nur dadurch geschehen, dass das Preisniveau der

Bundesrat Edmund Schulthess (1868–1944) plädierte in seiner umstrittenen Aarauer Rede für einen Lohnabbau in der Grössenordnung, wie er von der Exportwirtschaft vorgeschlagen worden war.

wichtigsten Stütze der Wirtschaft, der Exportindustrie, dem internationalen Niveau angepasst wurde. Der Bundesrat räumte der Finanzpolitik den Primat vor der Wirtschaftspolitik ein und wandte die Massstäbe des privaten Haushaltes (Budgetausgleich) auch auf den Bundeshaushalt an. Die Deckung von allfälligen Fehlbeträgen in der Rechnung auf dem Anleihensweg wurde grundsätzlich abgelehnt, weil die Dauer der Krise zu ungewiss war[67]. Bei seiner Anpassungspolitik war aber der Bundesrat nicht konsequent. Die Abwertung im Herbst 1936 bedeutete das Eingeständnis, dass die bisherige Deflationspolitik fehlgeschlagen war. Der Misserfolg dieser Politik wurde später vom Bundesrat selber zugegeben, u.a. in einer Botschaft an die Bundesversammlung vom 22. 1. 1948:

«Man wird jedoch zugeben müssen, das er (der Bundesrat, T.B.) damals noch nicht alles zur Milderung der Wirtschaftskrise beigetragen hat, was man nach neuester volkswirtschaftlicher Einsicht und Erfahrung von Staat an aktiver Konjunkturpolitik erwartet»[68].

Verschiedene Ökonomen – und zwar nicht nur linke – hatten diese Einsicht bereits in den 30er Jahren. Der Bundesrat war aber nicht bereit, ihre Theorien in der Praxis zu erproben. In seiner Zusammensetzung war er eben ein getreues Spiegelbild der finanz- und exportwirtschaftlichen Kreise, zu deren Sprachrohr er sich denn auch machte. Paul Schmid-Ammann, der damals noch die Interessen der Bauernschaft als Redaktor des «Schaffhauser Bauer» und Nationalrat vertrat, fasste die Kritik so zusammen:

40

«Es war darum nicht verwunderlich, dass die so einseitig zusammengesetzte Landesregierung ihre Wirtschaftspolitik einseitig auf die Interessen des Finanz- und Industriekapitals ausrichtete. Statt durchgreifende Massnahmen zur Bekämpfung der Arbeitslosigkeit und der bäuerlichen Not zu ergreifen, hielt der Bundesrat unentwegt an der Bürgerblockpolitik fest und erhob die Forderung nach einem ausgeglichenen Budget zum Hauptgrundsatz seiner Finanzpolitik» [69].

Die Deflationspolitik – eine dauernde Forderung der Industrie

Vorbemerkung: Bei der Darstellung der Wirtschaftspolitik der Industrie während den 30er Jahren beschränke ich mich hauptsächlich auf Äusserungen von Dr. Hans Sulzer. Das verlangt eine Begründung. Die Ansicht war weitverbreitet (selbst auf Seiten der SP und Gewerkschaften), dass die Exportindustrie ein Schlüsselsektor sei, von dessen Gesundung die Erholung der gesamten schweizerischen Volkswirtschaft abhange. Entsprechend der Bedeutung der Exportindustrie hatte ihre Stimme auch Gewicht. Stark vereinfacht gesagt: Die Politik des Bundesrates war ein Spiegelbild der wirtschaftspolitischen Vorstellungen der Exportindustrie und Bundesrat Schulthess ein konsequenter Vertreter ihrer Abbauvorschläge.

Die Exportindustrie hatte ihren hervorragendsten Repräsentanten in der Person von Dr. Hans Sulzer. Ich möchte deshalb kurz auf seine Biographie eingehen und seine bedeutende Stellung aufzeigen. Dr. iur. Hans Sulzer (1876–1959) trat 1903 in den Konzern seiner Familie ein. 1914 wurde er Vorsitzender der geschäftsleitenden Delegation, was er bis 1934 blieb, um dann bei der Umstrukturierung des Konzerns die Geschäfte als Verwaltungsratspräsident bis zu seinem Tode zu leiten [70]. In den Industrieverbänden übte er folgende Funktionen aus: Mitglied des Vorstandes des VSM 1924–1951, Mitglied des Vorstandes des ASM 1924–1947, Vorstandsmitglied des Zentralverbandes schweiz. Arbeitgeberorganisationen 1921–1930, Präsident des Vorortes des Schweiz. Handels- und Industrievereins 1935–1951, Vizepräsident der internationalen Handelskammer Paris 1935–1953, Mitglied des Vorstandes der Handelskammer Winterthur 1906–1945. Zu seinen Verwaltungsratsmandaten zählte er einige der wichtigsten Schweizer Unternehmen: Unfallversicherungs-Gesellschaft Winterthur (1906–1957, Präsident 1913–1957), Schweiz. Rückversicherungs-Gesellschaft 1921–1959, Schweizerische Bankgesellschaft 1911–1959, Schweizerische Nationalbank (Mitglied des Bankrates) 1930–1951, SLM 1910–1926, Kraftwerke Laufenburg 1914–1943, Saurer 1919–1956, Eisenbergwerk Gonzen 1920–1959, Maag Zahnräder 1920–1954, Dubied 1929–1959, Von Roll 1939–1954, Jura-Bergwerke 1941–1959, Siber Hegner 1932–1959, dazu weitere 11 Verwaltungsratsmandate kleinerer Gesellschaften.

Dr. Hans Sulzer (1876–1959) leitete nicht nur jahrzehntelang den Sulzer-Konzern, sondern er war nicht weniger lang einer der wichtigsten Mitgestalter der schweizerischen Aussenhandelspolitik. Während den 30er Jahren dürfte er die bedeutendste Stimme der schweizerischen Exportwirtschaft gewesen sein.

Weiter war Hans Sulzer Mitglied verschiedener bedeutender Vereinigungen, so der Neuen Helvetischen Gesellschaft, des Zürcher Hochschulvereins, der Hochschulkommission, von drei schweizerisch-amerikanischen und einer schweizerisch-britischen Gesellschaft, des Musikkollegiums und des Kunstvereins Winterthur, des Betriebswirtschaftlichen Instituts und des Schweizerischen Instituts für Auslandforschung. 1917–1920 war Sulzer Minister in Washington, wo er die Aufgabe hatte, die Versorgung der Schweiz mit Lebensmitteln und Rohstoffen sicherzustellen. 1939 leitete er eine Delegation in England, 1940 wurde er mit einer Wirtschaftsmission in Berlin betraut und 1942 führte er ebenfalls wirtschaftliche Gespräche im Auftrag des Bundesrats mit den USA und England. Im Militär bekleidete er den Rang eines Oberstleutnants. Anlässlich seiner Beerdigung schrieb die AZ:

«Es ist wohl keine Übertreibung, wenn wir die Feststellung machen, dass mit Dr. Hans Sulzer ein Mann ins Grab sinkt, der das Schicksal unseres Landes in gewissem Masse mitbestimmte und jedenfalls während Jahren zu den einflussreichsten Persönlichkeiten gehörte» [71].

Wohl kein Wirtschaftsführer vereinigte in den 30er Jahren soviele bedeutende Mandate auf sich wie Dr. Hans Sulzer. Es scheint mir deshalb gerechtfertigt, ihn als repräsentativen Vertreter der Wirtschaftspolitik der Exportindustrie zu betrachten, die ja dann auch zum grössten Teil in die Wirtschaftpolitik des Bundesrates einfloss.

Sulzers wirtschaftstheoretisches Gebäude ruhte auf zwei Säulen: Gleichgewicht der Haushalte der öffentlichen Hand und Anpassung der Produktionskosten der Schweizer Exportindustrie an diejenigen der Konkurrenzländer–konkret: Senkung der Löhne und Lebenskosten. Der ASM, dessem Vorstand Sulzer angehörte, schrieb in seinem Jahresbericht 1930, dass angesichts der starken Verflechtung der Schweiz mit der Weltwirtschaft man zu allen verfügbaren Mitteln greifen müsse, um das Preisniveau denjenigen Ländern anzunähern, mit denen man in regen wirtschaftlichen Beziehungen stehe[72]. Im Jahr darauf griff dann Sulzer diesen Gedanken im Konzern-Bericht auf:

«Das auf die Dauer einzig wirksame Mittel (gegen die Krise, T. B.) kann nur in einer möglichst raschen Anpassung an die Weltmarktlage durch kräftige Senkung unseres gegenüber anderen Ländern stark überhöhten Preisniveaus liegen» [73].

Fortan fehlte das Thema Lohnsenkung in keinem Sulzer-Jahresbericht. Selbst nach der Abwertung griff man es – allerdings unter umgekehrten Vorzeichen – wieder auf:

«Es kann daher nicht überraschen, wenn die Exportindustrie immer wieder vor jeder schweizerischen Wirtschaftspolitik warnt, welche letzten Endes eine Erhöhung unseres Selbstkostenniveaus zur Folge haben müsste» [74].

Die Anpassung der Lohnkosten schritt nicht so voran, wie sich das die Exportindustrie gewünscht hatte. Schuld daran waren nicht nur die widerborstigen Arbeiter und deren Vertreter, sondern auch die Inlandindustrie, die an einer hohen Kaufkraft interessiert war. Während Hans Sulzer der Exportindustrie das Zeugnis ausstellte, sie habe bei der Verteidigung ihrer Interessen immer das Ganze im Auge behalten und stets einem gerechten Ausgleich mit andern Wirtschaftsgruppen das Wort geredet, warf er diesen vor:

«Mit ungehemmter Rücksichtslosigkeit verfolgen führende Männer der auf den Inlandmarkt eingestellten Wirtschaftszweige eine kurzsichtige, jedem Preisabbau feindliche Interessenpolitik, deren schädliche Folgen letzten Endes auf sie selber zurückfallen werden und die Grundlagen des Wohlstandes unseres Landes aufs schwerste zu gefährden drohen» [75].

Sulzer machte also die Interessen der Exportindustrie zu Allgemeininteressen, während er die übrigen Interessenvertreter zu Gruppenegoisten abstempelte. Noch dramatischer wurde Sulzer, als er gar von einem Drei-Fronten-Kampf der Exportindustrie schrieb:

«Wir Führer der Exportindustrie stehen in einem Kampf nach drei Fronten: im Kampf auf dem Weltmarkt gegen die tiefen Preise einer von günstigeren Bedingungen bevorzugten ausländischen Konkurrenz; im Kampf gegen die preisverteuernden oder zum mindesten abbaufeindlichen Tendenzen der geschützten Wirtschaftszweige unseres Landes und im Kampf gegen die Verständnislosigkeit und den von Angestellten- und Arbeiterverbänden geschürten Widerstand in unseren eigenen Reihen gegen den für die Wiederherstellung unserer Konkurrenzfähigkeit dringend nötigen Abbau» [76].

Entscheidende Bedeutung mass Sulzer bei der Genesung der Wirtschaft dem Staat zu – nicht im Sinne einer Konjunkturlenkung, sondern von Zurückhaltung. Seiner Meinung nach hatte die wirtschaftliche und politische Entwicklung des Landes zu einer «Überwucherung des Staatssozialismus» und zu einer staatlichen Besoldungs- und Sozialpolitik geführt, der die Tragfähigkeit der Produktion längst nicht mehr entspreche und die zu einem höchst ungesunden Missverhältnis zwischen direkter Produktion und öffentlichen Diensten beigetragen habe. Als Rezept empfahl er[77]:

«Wir bedürfen vor allem des Verständnisses und der Unterstützung des von den Führern der Exportindustrie seit langem vertretenen Standpunktes, dass unsere Industrie nur dann Aussicht hat, durchzuhalten, wenn allerorts, im Haushalt jedes Einzelnen, im Haushalt der öffentlichen Hand, von Bund, Kanton und Gemeinde, der Grundsatz wieder zur obersten Richtlinie wird, dass auf die Dauer sich die Ausgaben den Einnahmen anpassen müssen, dass die letzteren nicht beliebig gesteigert werden können, sondern vom Ertrag der Produktion abhängen und dass die Missachtung dieser elementaren Wahrheit zum Ruin führt»[78].

Sulzer rückte die ganze Zeit hindurch nicht von seiner liberalen Wirtschaftspolitik ab. Zwar nahm er Fabrikationszuschüsse der öffentlichen Hand entgegen und befürwortete auch Einfuhrbeschränkungen im Sinne eines zeitlich befristeten Notbehelfs. Dennoch hatte er aber gegen die Anwendung dieser Mittel – wie auch gegen Schutzzölle – schwerste Bedenken. Diese Tendenz – so meinte er – sei gefährlich, weil sie nicht zu einer Anpassung des schweizerischen Preisniveaus an dasjenige des Weltmarktes führe. Gegen eine Abwertung hegte er ebenfalls Zweifel. Er glaubte nicht, das sie der schmerzlosere, bestimmt aber der ungesündere Weg sei. Zudem sei es ein Schritt ins Ungewisse[79]. Hans Sulzer war also überzeugt von der marktregulierenden Fähigkeit des Preises, er glaubte an jene «unsichtbare Hand» (Adam Smith), die jeden das tun lasse, was dem Wohl des Ganzen diene.

Als die Auswirkungen der Abwertung sich bemerkbar machten, bewertete Hans Sulzer diese Massnahme bedeutend positiver. In einem Vortrag vor dem Industrieverein St. Gallen, am 11. 4. 1938, meinte er, es bestehe kein Zweifel, dass die Aussenwirtschaft der Schweiz durch die Abwertung günstig beeinflusst worden sei. Die Abwertung habe wieder den Anschluss der Schweiz an den Weltmarkt gebracht. Sulzer betrachtete sie als zwangsläufige Folge einer verkehrten Wirtschaftspolitik (verkehrt konnte nur heissen, dass die Anpassungspolitik zuwenig konsequent durchgeführt worden war), deren Ursache in den politischen Verhältnissen gelegen hatte[80].

Sulzer sah die Ursache der Krise nicht in einem Ungenügen des kapitalistisch-liberalen Systems, sondern in der zu starken Einmischung des Staates in die Belange der Wirtschaft:

«Nicht er (der Liberalismus, T. B.) ist die Ursache all des heutigen Elends. Schuld daran trägt vor allem die Unterwerfung der freien Wirtschaft unter die

Macht des Staates, ihre staatlich organisierte Indienststellung für die Befriedigung der Machtgelüste eines überspannten völkischen Imperialismus; die Herrschaft der Politik über die Wirtschaft, die den friedlichen, seine Spannungen immer wieder ausgleichenden, die Wohlfahrt der Menschheit als Ganzes fördernden Wettbewerb von Millionen arbeitsfreudiger Menschen umgewandelt hat in einen brutalen Wirtschaftskampf ganzer Völker auf Leben und Tod» [81].

Zweifellos trug der Nationalismus der Völker und die damit verbundenen Autarkiebestrebungen zur Verschärfung der Krise bei. Nur: Die Krise nahm ihren Anfang, als die Abkapselungsbestrebungen noch nicht ausgeprägt waren. Zudem hatten die Überdimensionierung von Produktionsapparat und Produktion und die Schwierigkeiten bei der Verwertung der Güter, bzw. der Widerspruch zwischen den Bedürfnissen der Menschen und dem Bestreben nach Kapitalverwertung nichts mit dem Nationalismus zu tun, sondern waren systeminhärent.

Die ordnungspolitischen Vorstellungen von SP und SGB

«Die Krise kann nur überwunden werden durch sofortige Abkehr von der Politik des Preis- und Lohnabbaus und durch Zusammenfassung aller wirtschaftlichen Kräfte mit dem Ziel, die Kaufkraft zu stärken durch allmählichen Aufbau der Arbeitseinkommen [82].

In diesem Satz aus einer Broschüre zur Kriseninitiative ist bereits das Fundament der Wirtschaftspolitik der demokratischen Linken [83] enthalten. Eine Deflationspolitik erachtete sie als grundfalsch, weil bei den Schwierigkeiten der Exportindustrie (deren Bedeutung anerkannt wurde) nicht der Preis ausschlaggebend sei, sondern die internationalen Handelshemmnisse, die durch koordinierte Bemühungen aller Industrieländer beseitigt werden müssten. Sie mass im Gegenteil der Erhaltung der Kaufkraft im Innern überragende Bedeutung zu, da von der Nachfrageseite die nötigen Impulse an die Wirtschaft ausgingen. Sie stellte deshalb auch die Förderung der Inlandwirtschaft über die Unterstützung der Exportindustrie. Wollte der Liberalismus die Regulierung der Wirtschaft dem Spiel des freien Marktes überlassen, so sah die Linke die Ursache der Krise in der Planlosigkeit des kapitalistischen Systems und forderte deshalb eine Koordinierung der Wirtschaftstätigkeit sowie konjunkturpolitische Eingriffe des Staates. Eine Eingabe des SGB an den Bundesrat bereits anfangs der Krise verdeutlicht diese Politik:

«Die Aufgabe besteht jedoch nicht nur darin, dass eine Häufung der Aufträge in Zeiten der Depression vorzunehmen sei, sondern die notwendige Ergänzung bildet das Zurückhalten von Aufträgen in der Hochkonjunktur. Zu diesem Zwecke ist vor allem einmal erforderlich, die Bedürfnisse, das heisst, die künftigen Aufträge, festzustellen. Das kann am besten geschehen, wenn die einzelnen Instanzen Wirtschaftspläne aufstellen, wo dies möglich ist, für

mehrere Jahre. Erst wenn so für längere Perioden eine Erfassung und Verteilung der öffentlichen Arbeiten stattfindet, ist es möglich, den wünschbaren Einfluss auf die Gestaltung der Wirtschaftslage auszuüben [84].

Im Gegensatz zur bürgerlichen Wirtschaftstheorie traten die Gewerkschaften für ein antizyklisches Konjunkturverhalten ein, fanden aber damit – wie schon gezeigt wurde – kein Gehör. Max Weber kritisierte denn auch, dass die konjunkturausgleichende Funktion der öffentlichen Hand zwar längst anerkannt sei, in der Schweiz jedoch nur selten praktiziert werde [85].

Für Max Weber war die Depression nur eine konjunkturelle Krise und keine Krise des Systems. Diese Einschätzung der Krise, die sich diametral von derjenigen der Kommunisten unterschied, setzte sich in der demokratischen Linken durch und war mit ein Grund, dass sich der SGB und die SPS mit den Kräften der Mitte in der Richtlinienbewegung fanden.

Mit ihrer Forderung nach antizyklischem Verhalten nahmen die Schweizer Sozialdemokraten den Standpunkt der Sozialistischen Arbeiter-Internationalen ein, die in einer Resolution vom 21./22. 1. 1931 festhielt:

«Die Bekämpfung der wirtschaftlichen Krisen erfordert eine planmässige Investitionspolitik, die die öffentlichen Arbeiten auf Zeiten grosser Arbeitslosigkeit zu konzentrieren und dadurch sowohl die konjunkturmässige Arbeitslosigkeit als auch die Saisonarbeitslosigkeit einzuschränken in der Lage ist» [86].

In einer gemeinsam ausgearbeiteten Schrift aus dem Jahr 1932 legten SPS und SGB dar, wie die Krise abgewehrt werden könnte. Danach könne die kapitalistische Krise nur endgültig überwunden werden, wenn die Ursachen der Krise beseitigt würden. Diese lägen in der anarchischen Wirtschaftsordnung der Gegenwart, die durch die planmässige Wirtschaftsordnung der sozialistischen Zukunft ersetzt werden müsse [87]. Als Massnahmen zur Behebung der Krise wurden vorgeschlagen:
1. Arbeitslosenhilfe
2. Schutz der Schweizer Industrien gegenüber den Schweizer Export gefährdenden Restriktionsmassnahmen fremder Staaten

3. Allgemeine Exportförderung, Gewinnung neuer Absatzgebiete
4. Erhaltung der von der Krise bedrohten, an sich lebensfähigen einheimischen Industrien und Gewerbe
5. Schutz der Lebenshaltung und der gewerkschaftlichen Errungenschaften der Arbeiter
6. Finanzmassnahmen (Kampf gegen Abwertung)
7. Schutz der Konsumenten und der Spargelder des Volkes[88].

Die Kosten der Krisenbekämpfung sollten nach Ansicht der Arbeiterschaft gerecht, d.h. nach der finanziellen Leistungsfähigkeit auf die Bevölkerung verteilt werden. Diejenigen für die Arbeitsbeschaffung sollten durch Steuern aufgebracht werden, wobei vor allem die hohen Einkommen und Vermögen, Tantiemen und übersetzte Gewinne der Unternehmen abgeschöpft würden. Die unteren Einkommen sollten hingegen entlastet werden. Diese Finanzierung stellte den Versuch einer redistributiven Besteuerung dar. Die steuerpolitischen Vorschläge der SP zielten auch dahin, die Steuerlast von den indirekten auf die direkten Steuern zu verschieben. Zudem sollten die laufende Ersparnisbildung beeinträchtigt und die gehorteten Gelder angegriffen werden. Die steuerliche Belastung des lebenswichtigen Konsums wollte die SP abschaffen. Die Steuerpolitik war ganz allgemein in den Dienst der Konjunkturpolitik zu stellen[89].

Obwohl in diesem Programm, das für die Nationalratswahlen 1932 aufgestellt worden war, von Systemüberwindung die Rede war, hatte es alles andere als systemsprengenden Charakter. Radikaler waren dann die 1933 von der SPS aufgestellten «12 Forderungen der schweizerischen Arbeit», die unter anderem die Verstaatlichung der Banken und Versicherungen enthielten. In seinem Arbeitsprogramm von 1934 forderte der SGB erneut öffentliche Arbeitsbeschaffung, zu deren Finanzierung die volkswirtschaftlichen Reserven heranzuziehen seien, sowie ein antizyklisches Verhalten der öffentlichen Hand, das auch die Privatwirtschaft beeinflussen sollte. Weiter vertrat der SGB die Ansicht, dass sich Krisen nicht durch die Schmälerung der Einkommen der breiten Massen lösen liessen, sondern nur durch eine Umgestaltung der Wirtschaft, die die entstandenen Missverhältnisse zwischen den einzelnen Wirtschaftsteilen ausgleichen müsste[90].

Neben der Arbeitsbeschaffung betonte der SGB – insbesondere anfangs der 30er Jahre – immer wieder die Wichtigkeit der Arbeitszeitverkürzung. So meinte etwa am Kongress von 1933 SGB-Sekretär Martin Meister:

«Die Frage der Einführung der 40-Stunden-Woche muss angesichts der herrschenden Krise vermehrt in den Vordergrund gestellt werden. Es ist doch gerade sinnlos, dass ein Grossteil der Arbeiter 48 und mehr Stunden zu arbeiten gezwungen ist, während daneben Hunderttausende beschäftigungslos sind.»

Und am SGB-Kongress 1936 wurde ein Antrag der Arbeiterunion Winterthur angenommen, in dem es hiess:

«Die Erkenntnis, dass die Arbeitszeitverkürzung eines der wirksamsten Mittel wäre, das vorhandene Wirtschaftsvolumen auf die vorhandenen Arbeitskräfte besser zu verteilen, erheischt die sofortige entschiedene Stellungnahme zur 40-Stunden-Woche» [91].

Der SGB trat zwar für eine Unterstützung der Exportindustrie ein, legte aber stärkeres Gewicht auf die Förderung der Binnenwirtschaft. 1936 forderte er den «systematischen Aufbau der schweizerischen Inlandwirtschaft». Max Weber glaubte, dass der Absatz in der Metall- und Maschinenindustrie durch eine vermehrte Förderung des inländischen Umsatzes gesteigert werden könnte. Dafür sollte auch die produktive Arbeitslosenfürsorge verwendet werden und nicht nur zur Belebung des Exports [92]. Die Krise auf dem Binnenmarkt – so der SGB – sei zwar teilweise indirekt auf die Exportkrise zurückzuführen, zeige daneben aber einen besonderen Konjunkturverlauf. Es sei ein Irrtum zu glauben, mit der Förderung der Aussenwirtschaft werde die Binnenwirtschaft automatisch gesunden. Nach Ansicht des SGB hätte man mit einer konsequenten Stützungspolitik von Anfang an eine Senkung der Preise und Löhne verhindern müssen und mit einer Importabgabe den Deflationsdruck aufhalten können. Die noch erheblichen Steuerreserven könnten zur Bekämpfung der Arbeitslosigkeit herangezogen werden [93].

Eine Abwertung erachtete die Mehrheit der SPS als wenig tauglich. Am Parteitag 1936 erklärte Robert Grimm, es sei

«im Grunde nur eine Anpassung in anderer Form. Sie ist die Fortsetzung der Deflationspolitik mit anderen Mitteln. Sie wird unter allen Umständen die Opfer den breiten Schichten des Volkes auferlegen. Da und dort kann sie gewisse Erleichterungen zur Folge haben; aber sie ist kein Weg aus der Krise. Entscheidend für die Behebung der Krise ist die Umgestaltung der Eigentumsverhältnisse» [94].

Die Hebung der Kaufkraft war ein zentraler Pfeiler der sozialdemokratischen Wirtschaftspolitik. Damit glaubte man Impulse für den Absatz von Konsumgütern zu schaffen. Im Programm der SPS des Jahres 1936 heisst es dazu:

«Die SPS erblickt das oberste Ziel einer positiven Wirtschaftspolitik in der Hebung des Volkswohlstandes, als deren besonders wirksames Mittel die Steigerung der Kaufkraft der breiten Volksmassen erscheint. Die Finanzpolitik hat sich dem gemeinsamen Ziel unterzuordnen durch Verzicht auf deflationistisch wirkende Steuer- und Sparmassnahmen» [95].

Die gleiche Idee der Hebung der Kaufkraft nahm auch das Volksbegehren für ein nationales Arbeitsbeschaffungsprogramm des Jahres 1938 auf.

«Es gilt, das volkswirtschaftliche Einkommen besser auf die sogenannten Verbrauchseinkommen zu verlagern, weil nur so die ganze Wirtschaft wieder in Gang kommt. Nicht die Anhäufung grosser Reichtümer in den Händen weniger, sondern die Sicherung eines möglichst hohen Lebensstandards der Massen verbürgt den Fortschritt eines Volkes. Unser Produktionsapparat

braucht nicht erweitert, sondern in Gang gesetzt und in seiner vollen Kapazität ausgenützt zu werden. Das geschieht vor allem, wenn die entscheidende Nachfrage nach Massenkonsumgütern gehoben wird, und das wiederum hat zur Voraussetzung die Vermehrung der Verbrauchseinkommen» [96].

Theoretisch fusste die Wirtschaftspolitik von SGB und SPS auf zwei Stützen: auf der Theorie des antizyklischen Konjunkturverhaltens und auf der Kaufkrafttheorie, die mit erhöhter Massenkaufkraft eine Nachfrage nach Konsumgütern schaffen wollte. Grosse nationale Arbeitsbeschaffungsprogramme, Förderung des Exports und Schutz der Inlandindustrie sollten diese Pfeiler noch zusätzlich stützen. Für die Opfer der Krise müssten grosszügige Arbeitslosenunterstützungen bewilligt werden. Schwarb charakterisiert die gewerkschaftliche Krisentherapie als «aktive, autonome, interventionistische Konjunkturpolitik», die das Ziel habe, ein Übergreifen der Depression auf den Binnenmarkt zu verhindern, indem der exportwirtschaftlich bedingte und nicht durch Exportförderung wettzumachende Rückgang des Volkseinkommens nach Möglichkeit durch eine Politik der Kaufkraftexpansion kompensiert werde [97].

Die Gewerkschaften unterstrichen die Bedeutung des Exports, obwohl sie nicht glaubten, dass die entscheidenden Impulse von dieser Seite her kommen würden. Dem Preis als Bestimmungsfaktor für die Exportfähigkeit massen sie jedoch geringes Gewicht bei [98]. Wichtiger waren für sie nicht-marktwirtschaftliche Faktoren wie Autarkietendenzen, Währungsschwierigkeiten, Kontingentierung. Anstelle der vom Bundesrat verlangten Selbstheilung befürworteten sie eine aktive Krisenbekämpfung. Die Grundidee war, dass man wenigstens die wirtschaftlichen Kräfte der Inlandwirtschaft und des Gewerbes möglichst uneingeschränkt erhalten müsse, unabhängig von aussenwirtschaftlichen Störungen [99].

Zwar wurde die Wirtschaftskrise von der Hauptströmumg der SP als Krise des Systems empfunden [100] und die Ersetzung dieses anarchischen Wirtschaftsgefüges durch eine geordnete und geplante Wirtschaft gefordert, doch setzte sich bei der Ausformulierung von Lösungsvorschlägen der integrierte Teil durch, der die Krise als konjunkturelle Störung sah. Die Krisenbekämpfungstheorien, wie sie etwa von Max Weber, dem Haupttheoretiker des SGB, formuliert wurden, bewegten sich innerhalb des kapitalistischen Systems. Sie waren nicht systemüberwindend, sondern tendierten lediglich auf sozialstaatliche Veränderungen des kapitalistischen Systems. Sicher hätte die Annahme der Kriseninitiative oder des Plans der Arbeit grössere Veränderungen des Wirtschaftsorganismus zur Folge gehabt, doch eine sozialistische Wirtschafts- und Gesellschaftsstruktur wäre damit entgegen den Befürchtungen des Bürgertums noch lange nicht erreicht gewesen. Kästli trifft wohl den Kern, wenn er schreibt:

«Das Wirtschaftsprogramm der sozialdemokratischen Linken war ein Programm zur Rettung des Kapitalismus durch dessen Transformation im

Interesse der Arbeiterschaft. Die Rettung gelang, die Transformation wurde vom bürgerlichen Block erfolgreich gebremst und kanalisiert» [101].

Im folgenden sollen das wirtschafts- und konjunkturpolitische Fundament der Arbeiterschaft näher erläutert und deren Krisenstrategien dargestellt werden.

Die Kaufkrafttheorie

«Wirklich, es lohnt sich nicht, über die Kaufkrafttheorie mehr zu schreiben als die Worte: Nur für Schwachbegabte» [102].

Die Hauptstossrichtung des gewerkschaftlichen Kampfes in den 30er Jahren richtete sich gegen den Abbau der Löhne. Ironischerweise war es der Gewerkschaftsgegner Henry Ford, der mit seinen hohen Löhnen das volkswirtschaftliche Argument für die Erhaltung bzw. Erhöhung der Kaufkraft lieferte. Eine sehr grobe Definition der Kaufkrafttheorie geht dahin, dass die Erhöhung der Löhne im gemeinsamen Interesse der Arbeiter und Unternehmer liege. Die hohen Löhne förderten die Prosperität und milderten die Krisen. Durch Lohnsteigerungen vermehre sich die Kaufkraft auf dem Innenmarkt, die Produktion wachse und die Profite stiegen [103].

Es gab wohl keine Versammlung gegen Lohnabbau, an der nicht auf diese Theorie zurückgegriffen worden wäre. In ihrer vulgären Ausprägung war sie wahrscheinlich jedem Arbeiter ein Begriff. Auch in Eingaben und Stellungnahmen des SGB zur Krise flossen immer wieder Elemente davon ein:

«Sobald eine allgemeine Senkung der Preise und insbesondere der Löhne stattfindet, wird diese Kaufkraft zerstört und die Krise wird sich in raschem Tempo auch auf die Inlandgewerbe und Inlandindustrien sowie auf die Landwirtschaft ausdehnen [104].

Weil die Arbeiterschaft die Ursache der Krise im Missverhältnis zwischen Produktion und Verbrauch sah, sie also als Unterkonsumtionskrise empfand, glaubte sie, dass die Produzenten ihre Überproduktion nur verkaufen könnten, wenn dazu auch die nötige Kaufkraft vorhanden sei. Ein weiteres Absinken der Konsumkraft würde hingegen das Missverhältnis zwischen Produktivkraft und Konsumkraft noch verschärfen. Durch ein Hochhalten der Löhne in der Inlandindustrie und im öffentlichen Dienst sollte verhindert werden, dass die Krise auch auf die Binnenwirtschaft übergriffe. In dieser Argumentation kommt auch die zur Exportwirtschaft unterschiedliche Einschätzung der Bedeutung des Exports zum Ausdruck. Während diese die Inlandwirtschaft in den Dienst des Exportes stellen wollte, versuchte die Arbeiterschaft, die Krise des Exports durch Stützung des Inlandmarktes zu beheben.

Die Absatzkrise hatte eine Produktion auf Vorrat zur Folge. Nach Fritz Marbach kann nur ein Mehrkonsum infolge höherer Löhne diese Vorräte abbauen und Neuinvestitionen auslösen:

«Ich sehe keinen andern und dauernd nützlichen Ausweg als den der Abschöpfung der Vorräte durch vermehrten Konsum. Erst nach Beginn dieser Abschöpfung und der damit zusammenhängenden sukzessiven Preisreprise wird eine neue Investitionstätigkeit das ihre zu einem neuen Konjunkturaufschwung beitragen können» [105].

Grosses Gewicht massen die Kaufkrafttheoretiker den Investitionen bei, die ja – sofern sie nicht in Rationalisierungsmassnahmen angelegt werden – Arbeitsplätze schaffen. Kein Unternehmer werde – so Marbach – fremdes oder eigenes Geld investieren, solange er nicht die Gewissheit habe, dass er seine produzierten Güter auch absetzen könne [106]. Der Unternehmer muss also bei seinem Investitionsentscheid Vertrauen in die zukünftigen Profitmöglichkeiten haben.

Gegen eine zu einfache Kaufkrafttheorie wandte sich Max Weber. Diejenigen Theoretiker, die einfach das Einkommen der Arbeiter heben möchten, bezeichnete er als primitiv. Seiner Ansicht nach genügt eine Erhöhung der Löhne nicht, um die Kaufkraft zu heben und die Wirtschaft anzukurbeln. In einer kapitalistischen Wirtschaft sei in erster Linie der Profit entscheidend, ob produziert werde oder nicht. Deshalb könnten Lohnerhöhungen direkt zur Beschränkung oder Einstellung der Produktion führen. Zuallererst müssten die Ertragsmöglichkeiten der Wirtschaft wieder hergestellt werden, was dann eine Ausdehnung der Produktion gestatte. Unter dieser Voraussetzung könnten dann die Löhne erhöht und neue Arbeitsplätze geschaffen werden. Er lehnte konsequenterweise auch massive Lohnerhöhungen ab und meinte, dass die Löhne nur soweit steigen dürften, als sie die Rendite der Unternehmen nicht gefährdeten. Auch dürften sie nicht zu einer Überhöhung des Preisniveaus führen, damit den Lohnabhängigen auf der Preisseite nicht genommen werde, was sie auf der Lohnseite erhielten [107]. Weber glaubte zwar auch, dass eine Hebung der Kaufkraft die Absatzprobleme lösen könnte, forderte aber Zurückhaltung, weil die Unternehmer nur bei intakter Ertragskraft in neue Arbeitsplätze investieren würden.

Dem obersten Ziel einer sozialistischen Wirtschaftspolitik – der Vollbeschäftigung – entsprechend, kam der Investition in Arbeitsplätze eine grosse Bedeutung zu. Die Kaufkrafttheoretiker traten dafür ein, dass die Sparquote zugunsten von Verbrauch und Investition verringert werde, und dass die im Ausland investierten Kapitalien zur Arbeitsbeschaffung im Inland verwendet werden sollten. Im übrigen bezweifelten die Theoretiker, dass das durch Lohnabbau eingesparte Kapital auch tatsächlich investiert werde [108]. Im ewigen Streit um die Funktion des Lohnes (siehe Kap. 7) verkannten sie keineswegs, dass die Löhne auch einen Kostenfaktor darstellten und dass der Unternehmer als ultima ratio – aber wirklich nur als solche – gezwungen sein könnte, die Löhne abzubauen. Wenn aber ein Unternehmen nur mit Hungerlöhnen existieren könne, dann sei es besser, wenn es von der Krise überhaupt weggespült werde [109].

Die kaufkrafttheoretische Interpretation der Krise meinte also, dass die Steigerung der Massenkaufkraft ein hinreichendes Mittel sei, die Depression zu überwinden, und dass sich diese Lösung innerhalb des kapitalistischen Systems verwirklichen lasse. Demgegenüber war die marxistische Krisentheorie der Ansicht, dass die Erhaltung der Kaufkraft zwar die Existenzbedingungen der Arbeiterschaft lindern und die Depression dämpfen könne, die Systemkrise hingegen keinesfalls dauerhaft überwinde[110].

Die Wirtschaft, und voran natürlich die Exportindustrie, lehnte die Kaufkraft-theorie unisono ab, weil ihrer Ansicht nach die Konjunkturimpulse nicht von der Nachfrage, sondern von der Angebotsseite her kommen mussten. Dies sei nur möglich, wenn sich die Belastung durch Steuern, Abgaben usw. verringere und die Ertragskraft wiederhergestellt werde. Und dazu war eben ein Abbau des Kostenfaktors Löhne notwendig. Die Exportindustrie war der Meinung, dass ein Hochhalten der Löhne zu ihren Lasten ginge. Eine Hochlohnpolitik gehe im übrigen auf Kosten der Reserven, die längst nicht mehr vorhanden seien. Stellvertretend für die Exportindustrie soll wiederum Hans Sulzer zu Wort kommen:

«Mit Schuldenmachen kann man keine Kaufkraft schaffen. Und so läuft denn die ganze famose Kaufkrafttheorie darauf hinaus, dass man an einer Kaufkraft festhalten will, die gar nicht mehr vorhanden ist. Man will diese Kaufkraft für gewisse Erwerbszweige, darunter insbesondere diejenigen, deren Einkommen aus den Steuern und Abgaben der produktiven Wirtschaft aufgebracht werden muss, auf Kosten der letzteren künstlich stützen»[111].

Vereinfachend gesagt strebten also die Kaufkrafttheoretiker eine Steigerung des Konsums mittels erhöhter Massenkaufkraft an, weil die Ursache der Krise in einem zu geringen Verbrauch liege. Indem die Unternehmer sähen, dass sie ihre Produkte wieder verkaufen könnten, würden sie im Hinblick auf zukünftige Profitchancen auch wieder investieren, was dann neue Arbeitsplätze schaffe.

Die Kriseninitiative

Keine Abstimmung der 30er Jahre erregte die Gemüter mehr als die am 2. 6. 1935 mit 424 878 Ja gegen 566 242 Nein abgelehnte Kriseninitiative[112]. Die Gegner der Initiative, die von der Exportindustrie angeführt wurden, bekämpften sie mit einem nie zuvor gekannten Aufwand an Propaganda-material und finanziellen Mitteln[113]. Die Kriseninitiative war eine konsequente Umsetzung der Kaufkrafttheorie in ein politisches Programm und kam zu sehr ähnlichen Schlüssen wie die Gutachter Grimm/Rothpletz. Die Kaufkraft sollte durch Preisschutz für Gewerbe, Handel und Landwirtschaft sowie durch Lohnschutz für die Arbeitnehmer gehoben werden. Die Kriseninitiative sah zwar einschneidende Eingriffe ins Wirtschaftsleben vor, war aber alles andere als ein Umsturzversuch, wie das die Gegner wahrhaben wollten. In einem Leitfaden, der Referenten gegen die Initiative Argumente liefern sollte, heisst es:

«Die ganze Reglementierung und Entrechtung des Schweizer Volkes ist überhaupt nicht möglich ohne die Errichtung einer Diktatur» [114].

Arbeitendes Volk, bereite den
Bankherren und Lohnabbauern
eine wuchtige Niederlage durch
Annahme der Initiative
für Arbeit und Brot!

Kriseninitiative JA

Abstimmungspropaganda für die Kriseninitiative: Eine der Hauptstossrichtungen in der Prapaganda war der Kampf gegen das als bedrohend und krisenverschärfend empfundene Bankkapital.

Die Wirtschaftskrise sollte – so die Befürworter – von der Nachfrageseite her überwunden werden. Der zentrale Satz lautet:

«Der Schlüssel zur Krisenüberwindung ist die Nachfrage nach Gütern des täglichen Bedarfs» [115].

Die bisherige Wirtschaftspolitik sollte so geändert werden, dass anstelle der Deflationsmethode die Erhöhung der Massenkaufkraft treten sollte. Die Mittel dazu waren ein Preis- und Lohnschutz, planmässige Arbeitsbeschaffung, Entschuldung von bäuerlichen und gewerblichen Betrieben, eine ausreichende Arbeitslosenversicherung und Krisenhilfe, eine Kontrolle des Kapitalexports, Kontrolle der Kartelle und Trusts sowie eine Regulierung des Kapitalmarktes mit dem Ziel, die gesamte Kapital- und Sparkraft des Landes im Interesse der schweizerischen Volkswirtschaft auszunutzen. Das Loch, das der Rückgang des Exports in die Volkswirtschaft gerissen hatte, sollte durch eine Mobilisierung der Kaufkraft im Innern aufgefüllt werden. Dazu war eine Aktivierung von brachliegenden Geldmitteln vorgesehen. Mit der Gesundung der Wirtschaft wäre selbstverständlich auch eine Gesundung der Staatsfinanzen verbunden. Mit ihrem Lohn- und Preisschutz und ihrer Kontrolle des Kapitalmarkts stellte die Kriseninitiative einen schwerwiegenden Eingriff ins liberale Wirtschafts-

Die Gebrüder Sulzer AG empfiehlt ihren Mitarbeitern «aus innerster Überzeugung» die Verwerfung der Kriseninitiative. «Es ist daher nicht nur die Rücksicht auf die Existenz der Exportindustrie, sondern auch die Sorge um den allgemeinen wirtschaftlichen und kulturellen Weiterbestand unseres Landes, die uns zur Verwerfung der Initiative bewegen.»

GEBRÜDER SULZER
Aktiengesellschaft
WINTERTHUR
(Schweiz)

Winterthur, den 31. Mai 1935.

An unsere Mitarbeiter.

Am 2. Juni muss über die Kriseninitiative entschieden werden. Es handelt sich dabei um eine Abstimmung von so grosser Tragweite für unsere Volkswirtschaft und namentlich auch für unsere Exportindustrie, dass wir uns verpflichtet fühlen, unsere Mitarbeiter auf den Ernst der Lage aufmerksam zu machen.

... sind verschiedene Hilfsmass-nahmen zugunsten der Landwirtschaft, des Gewerbetreibenden, der Exportindustrie und des Fremdenverkehrs enthalten, denen man im Rahmen der wirtschaftlichen Möglichkeiten zustimmen kann. Unsere Behörden haben in den letzten Jahren in dieser Richtung schon ihr Möglichstes getan und die Auwen-dungen der öffentlichen Hand für die Krisenbekämpfung sei-ner Botschaft ausdrücklich erklärt, dass zur Milderung und Überwindung der Krise auch weiterhin grosse Mittel aufgebracht werden müssen.

Nun finden sich aber in der Initiative auch un-durchführbare Bestimmungen, wie die Siche-rung einer ausreichenden Existenz, Lohn- und Preisschutz. Durch diese Bestimmungen wird der Staat für lange Zeit hinaus auf Kosten des Staates stabilisiert und jede Anpassung an die total veränderten Einkommensverhältnisse verhindert. Diese Anpassung ist unter dem Zwange der wirtschaftlichen Verhältnisse in einzelnen Zweigen, wie z.B. in der Landwirtschaft und in der Exportindustrie, gerichtet. Es ist nun höchst ungerecht, wenn diejenigen Kreise, die bisher noch kein oder nur ein kleines Krisenopfer bringen mussten, sich der Anpassungspflicht entziehen wollen auf Kosten der betroffenen Volksgenossen.

Die Exportindustrie kämpft seit Jahren einen schweren Kampf ums Dasein und sie ist nur eine Frage der Zeit, wie lange sie in ihrem durchhalten kann. Dadurch initiative bringt sie in vermehrtem Masse dadurch im Gegenteil schwer belastet durch die künstliche Preis- und Lohnhochhaltung im Inland. Unser Land braucht zur Über-windung der Krise in erster Linie Arbeit und diese Arbeit können wir nach dem übereinstimmenden Urteil aller Sach-verständigen in der Hauptsache nur auf dem Wege des Expor-tes beschaffen. Ein Ersatz für den Exportausfall im Inland ist nicht mehr beschaffbar. Unsere Wirtschaft kann nur mit Mehrarbeiten auskommen, sie kann nur aus produk-tiver Arbeit leben, die uns Rohstoffe und Nahrungsmittel

aus dem Auslande bringt. Die tägliche Erfahrung lehrt, dass wir diese Arbeit für den Export finden können, wenn wir konkurrenzfähig sind. Das beste Mittel, um unsere Exportindustrie zu heben und ihren Angestellten und Ar-beitern Verdienst und Arbeit zu verschaffen, liegt in einer verhält-nismässigen Senkung der Produktionskosten.

Weil unsere Exportindustrie bisher keine grosse Entlastung von aussen her erfahren, durch einen angemessenen Abbau der Inlandpreise, der Frachten, Steuern und Tarife, musste sie den Ausgleich zwischen Einnahmen und Ausgaben in sehr vermehrtem Masse im Innern suchen, durch Abbau unserer Arbeitslöhne. Durch die Krise verschärft sich dies Arbeitslosigkeit vermehrt. Ein stets wachsender Teil des Volkes verliert seine Kaufkraft, die Reserven schmelzen dahin und die Schuldenlast erhöht sich. Durch eine kunst-liche Hochhaltung der Kaufkraft auf dem Wege des Kapital-verzehrs und des Schuldenmachens verschlimmern wir unsere Lage. Wir müssen endlich, auch auf die Gefahr eines unter-graben unserer Kinder in unverantwortlicher Weise, uns den Staatskredit und das Ver-trauen in unsere Währung.

Der Niedergang der Exportindustrie würde nicht nur einen Viertel unserer Bevölkerung brotlos machen, auch die Lebenshaltung der andern Teile unseres Volkes würde durch schwinden der Exportindustrie stark getroffen. Es ist daher nicht nur die Rücksicht auf die Existenz der Exportindustrie, sondern auch die Sorge um den allgemeinen wirtschaftlichen und kulturellen Weiterbestand unseres Landes, die uns zur Verwerfung der Initiative bewegen.

Wir möchten Sie bitten, sich von den Schlagwor-ten des Tages frei zu machen und die Tatsachen zu sehen, wie sie sind. Wir sind überzeugt, dass Sie bei Überprüfung der Tat-sachen, zu der gleichen Überzeugung kommen, wie wir, dass die Annahme der Initiative unserer schweri-schen Volkswirtschaft nicht zum Nutzen, sondern zu schwe-rem Schaden gereichen würde.

Wir empfehlen Ihnen deshalb aus innerster Über-zeugung heraus die Verwerfung der Initiative.

Gebrüder Sulzer
Aktiengesellschaft

systeme dar. Dieser Eingriff bedeutete jedoch keine Umkrempelung des kapitalistischen Systems, sondern lediglich eine Erweiterung des Anteils des staatlichen Sektors[116].

Die in der Kriseninitiative vorgesehenen Massnahmen waren auf vorerst fünf, höchstens aber zehn Jahre beschränkt. Das Komitee für die Initiative schätzte, dass im Maximum 100 Millionen Franken pro Jahr für die Durchführung aufzuwenden wären, also 500 Millionen für die ganze Dauer. Der grösste Brocken entfiele auf die Schuldenentlastung der Landwirtschaft. Mit ihren 500 Millionen hätten die Massnahmen der Kriseninitiative gleichviel gekostet, wie die im Gutachten Grimm/Rothpletz geforderten Mittel. Obwohl die Schweiz im Vergleich zu den wichtigsten Industrieländern die niedrigste Steuerbelastung hatte, sollte die Finanzierung nicht über Steuern, sondern auf dem Anleihenweg erfolgen. Für die Befürworter war die Kriseninitiative der

«erste Versuch, um die Arbeitenden in Landwirtschaft, Gewerbe und Industrie zu einem gemeinsamen positiven Wirtschaftsprogramm zusammenzubringen» [117].

Die Gegner der Initiative, deren Exponenten aus Kreisen der Banken und Versicherungen, der Exportwirtschaft, des «Bundes für Volk und Heimat» und der Schweizerischen Mittelpresse stammten, behaupteten, die Annahme käme der Errichtung einer Diktatur gleich. Sie befürchteten während den höchstens zehn Jahren der Laufzeit eine sozialistische Umgestaltung der Wirtschaft, die irreversibel sei. Bedenken äusserten sie auch wegen den vorgesehenen jährlichen Kosten von 100 Millionen Franken, die sie als zu niedrig geschätzt einstuften. Generell stellten sie natürlich die Kaufkrafttheorie – auf der die Kriseninitiative ja basierte – in Frage und verwiesen auf den bisherigen Weg der Deflationspolitik als den einzig gangbaren. Wiederum sei als Sprecher dieser ablehnenden Kreise Dr. Hans Sulzer zitiert: Nach ihm bedeutet sie

«nichts mehr und nichts weniger als eine allmähliche Überführung unserer auf dem Grundsatz der Privatwirtschaft und der Demokratie aufgebauten politischen und Wirtschaftsordnung zur marxistischen Staatsdiktatur, von der Wirtschaft der persönlichen Freiheit und Verantwortlichkeit des Einzelnen zur Versorgung durch die Staatskrippe» [118].

Ähnlich pointiert äusserte sich auch Bundesrat Edmund Schulthess in seiner umstrittenen Aarauer Rede vom 29. 11. 1934, in der er auch dem von der Industrie geforderten Lohnabbau von 20% das Wort redete:

«Die Kriseninitiative verkörpert den Irrtum von der Allmacht des Staates. Sie möchte durch eine Garantie der Preise und Löhne Landwirtschaft, Gewerbe und Arbeiterschaft zu einer Aktion zusammenführen und den gleichen Kreisen überdies durch ein grosses Arbeitsbeschaffungsprogramm Arbeitsgelegenheiten bieten. Die Festsetzung von Minimallöhnen und -preisen auf dem Papier bleibt ohne Wirkung. Nur wenn dem Arbeits- und Warenangebot die entsprechende Nachfrage gegenübersteht, lassen sich Preise halten. Ein

Propaganda gegen die Kriseninitiative: Die Initiative gaukle Illusionen vor, die sie nicht zu halten vermöge.

allgemeines Dazwischentreten des Staates, um durch Zuschüsse diesen Effekt zu erreichen, ist undenkbar und würde zum Ruin des Staatswesens führen» [119].

Die Initiative machte nicht nur den Schweizer, sondern auch den ausländischen Investoren Angst. Die Befürchtung, sie könnte angenommen werden, hatte einen starken Rückgang von Fremdkapital zur Folge [120].

Mit dem Schreckgespenst einer galoppierenden Inflation, wie sie Deutschland anfangs der 20er Jahre erlebt hatte, versuchte die Gegenpropaganda der Kriseninitiative Wind aus den Segeln zu nehmen.

Die Firma Sulzer sah sich sogar genötigt, in einem Brief an jeden Mitarbeiter vor einer Annahme zu warnen. Zwar befürwortete sie «im Rahmen der wirtschaftlichen Möglichkeiten» die Massnahmen zugunsten der Bauern, der Gewerbetreibenden, der Exportindustrie und des Fremdenverkehrs, lehnte aber die «gefährlichen und undurchführbaren Bestimmungen» zum Lohn- und Preisschutz ab. Die Annahme der Kriseninitiative würde den Niedergang der Exportindustrie bedeuten und einen Viertel der Schweizer Bevölkerung brotlos machen [121]. Indem Sulzer ihre Mitarbeiter direkt zu einem Nein aufforderte, stand sie beileibe nicht allein da. Das Initiativkomitee erhielt eine Menge von Hinweisen über ähnliche Beeinflussungen in anderen Unternehmen, insbesondere der Banken und Versicherungen. Diese Briefe an die Mitarbeiter glichen sich derart, dass sie von einer zentralen Stelle hätten entworfen sein können [122].

Mit ihrer Kriseninitiative hoffte die Arbeiterschaft, die von ihr als unentbehrlich für die Krisenbehebung erachtete Planmässigkeit ins Wirtschaftssystem zu bringen und ihre Kaufkrafttheorie in der Praxis zu testen. Nach der erfolglosen Abstimmung gaben die Organisationen der Arbeiterschaft jedoch nicht auf, sondern konkretisierten ihre Vorstellungen – vor allem diejenige der Planmässigkeit – im Plan der Arbeit.

Der Plan der Arbeit

«Das Ziel dieses Plans ist eine wirtschaftliche und soziale Umgestaltung der Schweiz mit dem unmittelbaren Zweck, dem gesamten Schweizer Volk eine auskömmliche Existenz zu sichern» [123].

Der Plan der Arbeit basierte zum einen auf der Kaufkrafttheorie, zum andern auf den Theorien des belgischen, nicht-marxistischen Sozialisten Hendrik de Man. Durch eine planmässige Organisierung der Wirtschaft sollte der Wechsel zwischen Hochkonjunktur und Krise ausgeschaltet und eine stetige Wirtschaftsentwicklung angestrebt werden, die jedem Bürger, auch dem Nichterwerbstätigen, das Existenzminimum sicherte. Die Verwirklichung des Planes setzte auch eine Änderung der politischen Machtverhältnisse voraus. SPS-Präsident Ernst Reinhard wies am Luzerner Parteitag von 1935 darauf hin:

«Aber wir sagten uns: Wir müssen durch die wirtschaftliche Aktion, (...) jenen Boden schaffen, auf dem sich Bauer und Arbeiter und Mittelständler die Hände reichen können. Diese wirtschaftliche Aktion stand für uns im Mittelpunkt der ganzen Programmrevision» [124].

Die Ziele des Plans sollten vor allem über das Mittel der Investitionslenkung erreicht werden, d. h. Grossbanken und Versicherungen würden verstaatlicht. In der Industrie verlangt der Plan die Verstaatlichung von Unternehmen mit monopolartigem Charakter. Die Landwirtschaft sollte geschützt und gefördert werden, ebenso die Handwerker und Kleinhändler. Die Schaffung gesunder Wohnverhältnisse wird gefördert, dagegen die Spekulation auf dem Wohnungsmarkt verhindert. Der Plan der Arbeit möchte jede Senkung des Lohnniveaus verhindern und Arbeitsgelegenheiten zur Überwindung der Krise schaffen. Die Finanzpolitik hat der Nivellierung der Löhne und Einkommen zu dienen.

Zwar strebte der Plan der Arbeit eine umfassende Wirtschaftslenkung an, doch hätte im privatwirtschaftlichen Bereich das Prinzip der liberalen Konkurrenz nach wie vor Gültigkeit gehabt. Die freie wirtschaftliche Tätigkeit und die persönliche Verantwortlichkeit wären bestehen geblieben. Wohl ist der Staat das entscheidende Wirtschaftssubjekt im Plan der Arbeit, doch räumt er den einzelnen Wirtschaftszweigen und der regionalen Selbstverwaltung soviel Raum wie möglich ein. In der Geldpolitik vertritt der Plan eine Politik des billigen Geldes. Obwohl eines der Hauptmittel die Investitionslenkung ist, soll

Nach dem Scheitern der Kriseninitiative wurde der etwas moderatere «Plan der Arbeit» lanciert. Mit einer umfassenden Organisierung der Wirtschaft, die allerdings am Prinzip der liberalen Marktwirtschaft nicht gerüttelt hätte, hätte die vorhandene Arbeit besser auf alle verteilt werden sollen.

das private Sparen nicht behindert werden. Die Mitbestimmung der Arbeiter auf Unternehmensebene war ebenfalls vorgesehen, doch hätte sie die Entscheidungsfähigkeit der Direktion nicht lähmen dürfen[125].

Obwohl die Planung umfassend und auf die ganze Wirtschaft bezogen sein sollte, war sie nicht total, sondern als Globalsteuerung gedacht. Der Marktmechanismus sollte weiterhin erhalten bleiben. Den Unternehmern wäre nicht vorgeschrieben worden, was und wieviel sie zu produzieren hätten. Nach der NZZ[126] bekämpfte der Plan der Arbeit das «Finanzkapital» und war eine Vorbedingung zur Erreichung der politischen Macht. Der Grundsatz sei eine zentrale Planung in Richtung Anpassung der Konsumkräfte an die Produktivkräfte. Der Plan käme einer Anwendung der Kaufkrafttheorie gleich.

Hinter dem Plan der Arbeit stand auch eine politische Absicht. Die Allianz zwischen Arbeitern, Handwerkern, Gewerblern und Bauern, die bei der Abstimmung über die Kriseninitiative recht gut gespielt hatte, sollte auch bei den Parlamentswahlen 1935 ausgenützt werden. Hans Oprecht, der Vater des Plans, erklärte, die wichtigste Aufgabe bestehe darin, «aus der Arbeiterbewegung eine Volksbewegung zu machen»[127]. Dazu war der Plan der Arbeit, der alle diese Kreise ansprach, die geeignete Plattform. Wenn auch dieses Programm, wie schon die Kriseninitiative, schwere Eingriffe ins kapitalistische Wirtschaftssystem vorsah, so wollte es der Plan der Arbeit dennoch nicht abschaffen, sondern lediglich im Sinn einer sozialen Marktwirtschaft umgestalten. Viele der in diesem Plan aufgestellten Forderungen sind heute anerkannte Grundsätze der sozialen Marktwirtschaft.

Wiewohl grosse Teile der demokratischen Linken die Wirtschaftskrise der 30er Jahre als Krise des Systems empfanden und dessen Umwandlung in eine sozialistische Gesellschaft forderten, bewegten sich ihre Reformvorschläge innerhalb des von ihr verdammten Systems. Sowohl die Kriseninitiative als auch der Plan der Arbeit, die beide auf der Kaufkrafttheorie basierten, hätten das Prinzip der liberalen Marktwirtschaft mit Einschränkungen beibehalten. Die Kleinverdiener wären besser vor den Folgen der Krise geschützt worden. Der Staat hätte mit dem Mittel der Investitionslenkung die Möglichkeit erhalten, die Konjunkturschwankungen auszugleichen.

Alle antikapitalistische Rhetorik mag nicht darüber hinwegtäuschen, dass in den 30er Jahren sowohl die Gewerkschaften als auch die SP die Integration in den bürgerlichen Staat vollzogen. Die SP brachte das formal mit der Streichung des «Diktaturparagraphen» und der Anerkennung der Landesverteidigung 1935 zum Ausdruck. Die antikapitalistischen Parolen der Funktionäre dieser beiden Organisationen, die sich im bürgerlichen Staat schon recht gut eingerichtet hatten, waren wohl eher als Aufmunterung an die Genossen gedacht, denn als programmatische Richtlinien.

4. Winterthur in der Depression

«Winterthur ist vom Wohl und Wehe der Exportindustrie besonders abhängig (…). Wenn es dieser Industrie schlecht geht, macht sich das an der Wirtschaft unserer Stadt allgemein bemerkbar» (Stadtpräsident Dr. Hans Widmer).

Der Tössemer Arzt Dr. Hans Widmer (1899 bis 1939), von der Demokratischen Partei, war während der ganzen Krise Winterthurer Stadtpräsident. Der auch in Arbeiterkreisen beliebte Widmer war von grossem Engagement für die Arbeitslosen geprägt. Auch wenn ihm die Krisenvorschläge der Sozialdemokraten und Gewerkschafter in der Regel zu weit gingen, dürfte er doch massgeblich daran beteiligt gewesen sein, dass sie jeweils in abgeschwächter Form doch verwirklicht wurden.

Die Struktur der Winterthurer Wirtschaft

Hervorstechendstes Merkmal der sektoriellen Zusammensetzung der Winterthurer Wirtschaft war die mangelnde Diversifikation. Der überaus stark dominierende Industriezweig der Metall- und Maschinenindustrie bot während der ganzen Krisenzeit etwa 55% bis 65% aller dem Fabrikgesetz unterstellten Arbeitsplätze an. Und bei diesem Zweig waren es wiederum die drei grossen, extrem exportabhängigen Unternehmen Gebrüder Sulzer AG, Schweizerische Lokomotiv- und Maschinenfabrik (SLM) und Maschinenfabrik Rieter AG, die den Grossteil der in der Metall- und Maschinenindustrie Angestellten beschäftigten. Von den 10358 im Jahre 1929 in diesem Zweig Beschäftigten verdienten gut 9000 ihr Brot bei den «grossen Drei»[128]. Allein die Lohnsumme, die 1930 bei Sulzer ausbezahlt wurde, machte beispielsweise einen Betrag aus, der dem Doppelten des Budgets der Stadt Winterthur entsprach[129].

Welche Auswirkungen eine solche Monokultur auf den Wirtschaftsorganismus einer Stadt haben kann, zeigt sich zum Beispiel darin, dass die Lohnsumme von Sulzer, SLM und Rieter von 42 Millionen Franken im Jahre 1930 auf 20,4 Millionen 1933 zurückgegangen war, was bei einem Multiplikator von 5 einen Minderumsatz für die Wirtschaft von über 100 Millionen ausmachte. Im gleichen Zeitraum gingen die Aufträge für Bauten dieser drei Unternehmen ans heimische Gewerbe von zwei Millionen Franken auf 141 000 Franken zurück[130].

Der dominante Teil der Winterthurer Wirtschaft war ausserordentlich exportabhängig. In der Periode 1924–1930 betrug die Exportquote von Sulzer im Durchschnitt 76%[131]. 1933 machte dieser Anteil nach Angaben von Hans Sulzer noch 60% aus[132]. Noch extremer war die Exportquote bei Rieter. 1931–1937 variierte der Anteil des Auslandgeschäfts zwischen 81,5% und 93%[133]. Bei einer solchen Wirtschaftsstruktur mussten sich also die Abkoppelungsbemühungen vieler Länder und die Handelshemmnisse während der Depression unweigerlich auf die gesamte Winterthurer Wirtschaft niederschlagen. Im Gemeinderat stellte Stadtpräsident Hans Widmer am 20. 11. 1933 fest:

«Da unsere Industrie als Exportindustrie weitgehend weltverbunden ist, wirkt sich die Krise für unsere Stadt besonders schwerwiegend aus»[134].

Die übrigen bedeutendere Zweige der Winterthurer Wirtschaft, wie etwa das Baugewerbe oder die Textilindustrie, waren selber zu stark von der Krise erfasst, als dass sie einen Einbruch in der Metall- und Maschinenindustrie auch nur teilweise hätten auffangen können. Branchen wie die Chemische Industrie und die Nahrungsmittelherstellung, die sich einigermassen krisenresistent gezeigt hatten, waren in Winterthur bedeutungslos.

Tabelle 9 zeigt, wie sich die Zahl der Beschäftigten, die dem Fabrikgesetz unterstellt waren, in den Jahren 1929–1937 verändert hat. Signifikant ist vor allem der Rückgang in der Metall- und Maschinenindustrie sowie im Baugewerbe. Dies wird durch die nachfolgende Tabelle, die die Veränderung der Beschäftigtenzahl in der Winterthurer Grossindustrie darstellt, eindrücklich dokumentiert.

Beschäftigte der dem Fabrikgesetz unterstellten Betriebe in
Winterthur (Arbeiter, technisch/kaufmännische Angestellte,
Werkstattangestellte)[135].

Branche	1929	1930	1931	1932	1933	1934	1935	1936	1937
	16166	15846	14437	12222	11852	11651	11664	11707	13895
Textil-industrie	2286	2163	2023	1658	1786	1963	1919	1861	2327
Nahrungs-/ Genussmittel	623	647	682	688	693	697	744	735	731
Chemische Industrie	286	303	299	291	290	290	296	292	287
Kraft, Gas, Wasser	154	161	172	164	162	153	150	146	146
Papier, Leder, Kautschuk	157	151	146	138	140	141	134	123	141
Graphische Industrie	355	354	350	334	328	334	329	327	319
Bau und Holz	1947	1914	1705	1456	1407	1452	1319	1142	1439
Metall- und Masch.-Ind.	10358	10153	9060	7493	7046	6621	6773	7081	8505

Tabelle 9

Beschäftigte in der Winterthurer Grossindustrie[136]

Jahr	Sulzer	SLM	Rieter
1929	5 181	2 899	1 040
1930	4 880	2 934	669
1931	4 108	2 514	668
1932	3 551	1 954	627
1933	3 386	1 461	906
1934	3 262	1 281	894
1935	3 244	1 441	886
1936	3 582	1 497	1 043
1937	4 284	1 937	1 067
1938	4 405	1 926	1 036
1939	4 701	2 270	1 010

Tabelle 10

Die zu geringe Diversifikation der Winterthurer Wirtschaft zeigt sich auch im Vergleich mit anderen Städten. 1930 waren in Winterthur ziemlich genau 50% aller Berufstätigen in Industrie und Handwerk beschäftigt. In Zürich, Bern und Lausanne betrug die Quote der im Sekundärsektor Tätigen nur rund ein Drittel. Hingegen war der Dienstleistungssektor in Winterthur krass untervertreten. Die in den Sparten Verwaltung, Handel, Bank, Versicherung, Gastgewerbe und liberale Berufe Beschäftigten kamen in Winterthur auf einen Anteil von nur 31%, während sie in den drei Vergleichsstädten je rund 43% aller Berufstätigen stellten. Die untenstehende Tabelle zeigt die sektorielle Gliederung der Berufstätigen gemäss Eidgenössischer Volkszählung[137].

Berufstätige nach Sektoren

	Winterthur 1930	%	1941	%	Zürich 1930	%	Bern 1930	%	Lausanne 1930	%
Total	26 468		27 957		139 480		56 076		38 950	
Urproduktion	1 147	4,3	1 161	4,2	1 825	1,3	1 000	1,8	1 006	2,6
Industrie und Handwerk	13 249	50,1	16 486	59,0	50 641	36,3	19 821	35,3	13 206	33,9
davon:										
Baugewerbe	2 855	10,8	2 237	8,1	15 893	11,4	4 952	8,8	4 806	12,3
Textilindustrie	990	3,7	1 472	5,3	1 861	1,3	639	1,1	86	0,2
Metall- und Maschinenind.	5 937	22,4	8 362	29,9	10 752	7,7	4 517	8,1	2 284	5,9
Verwaltung/ Handel	5 052	19,1	5 665	20,3	39 002	28,0	15 024	26,8	9 384	24,1
Bank, Versich., Gastgewerbe	1 070	4,0	1 156	4,1	10 193	7,3	3 835	6,8	4 023	10,3
Verkehr	1 454	5,5	1 195	4,3	9 475	6,8	4 438	7,9	2 606	6,7
Liberale Berufe	2 096	7,9			11 346	8,1	5 312	9,5	3 496	9,0
Hauswirtschaft	1 961	7,4	1 497	5,4	14 430	10,3	5 643	10,1	4 204	10,3
Anstalten	8	–			129	0,1	92	0,2	188	0,5
übrige Berufe	431	1,6	797	2,9	2 439	1,7	911	1,6	839	2,2

Tabelle 11

Die Winterthurer Wirtschaftsstruktur kann etwa folgendermassen charakterisiert werden: Die Metall- und Maschinenindustrie mit den drei Ästen Sulzer, SLM und Rieter ist der alles überragende Industriezweig. Diese drei sind mit einer Exportquote von etwa 50% bis über 90% extrem stark vom Ausland abhängig. Wegen dieser Abhängigkeit und der Dominanz der «grossen Drei» wird bei einem Rückgang des Auslandgeschäfts die ganze Winterthurer Wirtschaft in Mitleidenschaft gezogen: das Baugewerbe muss auf einen beträchtlichen Teil seines Umsatzes verzichten, die lokalen Zulieferbetriebe müssen mit Kürzungen rechnen, den Arbeitnehmern bleibt bei Lohnreduktionen weniger Geld für den Wahlbedarf (Vergnügen, Bildung, Kultur) und oftmals auch weniger für den Zwangsbedarf. Schliesslich geht die Stadt auch Steuereinnahmen verlustig, was zu Verschuldung oder Leistungskürzung führt.

Die Wirtschaftsentwicklung während den 30er Jahren

«Fast täglich kommen zu mir junge, kräftige Männer, sie verlangen Arbeit, sie wollen keine Unterstützung, sie schämen sich fast, Hilfe annehmen zu müssen, sie sind verzweifelt, weil sie sehen, wie die Zeit, in der sie arbeitskräftig sind, verrinnt, ohne dass sie Beschäftigung finden (...). Ich bewundere immer wieder diese kleinen Helden des Alltags» [138].

Diese Antwort gab Stadtpräsident Hans Widmer am 6. 7. 1931 auf eine Motion der SP vom 15. 9. 1930. Zu diesem Zeitpunkt waren also die ersten Auswirkungen der Krise bereits spürbar. Gewissermassen den Auftakt dazu machte Dr. Hans Sulzer, als er am 20. 8. 1930 der Arbeiterkommission Kenntnis vom schlechten Geschäftsgang gab und ihr eröffnete, dass er «leider vor dem gefürchteten Moment stehe», wo man die Belegschaft wesentlich abbauen müsse [139]. Das Arbeitsamt registrierte die ersten Arbeitslosen im November 1930. In seinem Jahresbericht aus dem Jahre 1930 schreibt es:

«Das Baugewerbe (Hoch- und Tiefbau) war bis zum Jahresende gut beschäftigt, dagegen waren zahlreiche Bauschreiner beschäftigungslos. In der Maschinenindustrie erfolgten seit Mitte August infolge der eintretenden Krise zahlreiche Entlassungen und ein grosser Teil der Arbeitslosen konnte nur verkürzt arbeiten» [140].

Welche Folgen der Konjunktureinbruch für die Winterthurer Wirtschaft haben würde, schilderte der Stadtrat in drastischen Worten dem Eidgenössischen Volkswirtschaftsdepartement. Die Abwertung des englischen Pfundes im September 1931 wirke sich katastrophal aus. Bei Sulzer habe damals nur noch eine Abteilung mit 50 Leuten voll gearbeitet. Die mechanische Seidenstoffweberei (Sidi) habe allen 300 Mitarbeitern gekündigt und verlege ihre Produktion nach England. Nachher würden nur noch ungefähr 50 Leute wiederbeschäftigt. «Zahlreiche werden der Verarmung anheimfallen», warnte er das Volkswirtschaftsministerium [141].

Das Baugewerbe kam anfangs 1932 in die Krise, als die bedeutenden Aufträge der Grossindustrie ausblieben. Es wurde daraufhin hauptsächlich von der Stadt unterstützt, die einen grossen Teil ihrer Aufträge als Notstandsarbeiten vergab. In einer realistischen Einschätzung der Lage warnte der Schweizerische Metall- und Uhrenarbeiter-Verband (SMUV) in Bern den Stadtrat in einem Brief vom 10. 2. 1932:

«Die Arbeitslosigkeit in dieser (Metall- und Uhrenindustrie, T. B.) wird immer schärfer und hat geradezu einen katastrophalen Charakter angenommen. Die Dauer dieses Zustandes ist nicht vorauszusehen. Auf alle Fälle muss aber mit einer langandauernden Krise gerechnet werden. Infolge der grossen Teil- und Ganzarbeitslosigkeit wird es aber für Tausende von Arbeitern auf die Länge nicht mehr möglich sein, ihre Existenz zu fristen» [142].

Im Herbst 1932 führte das Arbeitsamt eine Umfrage bei 29 industriellen Betrieben, 22 Baufirmen und 10 Architekturbüros über die Beschäftigung und die Aussichten für den kommenden Winter durch. Diese auf Selbsteinschätzung beruhende Erhebung ergab einen Beschäftigungskoeffizienten von 81 (Landesdurchschnitt = 73). 12 Betriebe beurteilten die Lage als schlecht, gleichviele als befriedigend und 5 als gut. Allerdings waren in denjenigen Betrieben, die die Lage als schlecht qualifizierten, 90% aller Arbeiter beschäftigt. In 14 Betrieben wurde die Arbeitszeit verkürzt, wovon 4326 Personen betroffen waren. Als günstig oder besser bezeichneten nur 7 Befragte die Aussichten für den Winter, während sie 22 als schlecht, zweifelhaft oder ungewiss erachteten. Diejenigen, die die Aussichten besser beurteilten, arbeiteten vorwiegend für den Inlandmarkt. Generell sahen die Bauunternehmer die Aussichten als ungünstig an. Von 1000 Beschäftigten konnten im Winter nur etwa 200 angestellt bleiben[143]. Die Architekturbüros stellten beim privaten Wohnungsbau einen starken Rückgang fest[144].

Der Beschäftigungskoeffizient verbesserte sich im folgenden Jahr leicht auf 90. 8 Befragte erachteten die Beschäftigung als gut, 12 waren mit der Lage zufrieden und 10 fanden sie schlecht. In seiner Antwort auf eine SP-Motion, die dieser Befragung zugrunde lag, meinte der Stadtrat:

«Es lässt sich feststellen, dass die Industrie, die für den Inlandbedarf arbeitet, einen ordentlichen Beschäftigungsgrad aufweist (...). Wesentlich schlimmer sind die Verhältnisse bei unserer Exportindustrie» [145].

Von den «drei Grossen» verfügte nur die Firma Rieter über einen genügend grossen Arbeitsvorrat für den Winter. Die SLM betonte, dass der Bestellungseingang dauernd ungünstig sei. Sulzer gab die Zahl der Beschäftigten mit noch 39% im Vergleich zum Jahr 1930 an. Andere Firmen – so weiter die Motionsantwort des Stadtrates – hätten sich darüber beklagt, dass sie nur zu Verlustpreisen den Betrieb aufrechterhalten könnten. Auch im Gewerbe seien die Verhältnisse ungünstiger als im Vorjahr.

Über das Jahr 1931 schrieb das Arbeitsamt:

«Durch den gewaltigen Rückgang der Exportaufträge hat sich die Lage der Winterthurer Maschinenindustrie weiter verschlechtert. Betriebseinschränkungen und Entlassungen bewirkten eine starke Zunahme der Arbeitslosen (sic!). Verschärfend kommt hinzu, dass die Krise nun auch das Baugewerbe in Mitleidenschaft zieht» [146].

Im Jahr 1934 bezeichneten von 58 befragten Unternehmen deren 19 die Wirtschaftslage als befriedigend, 37 als schlecht und 2 als unbestimmt. Von 32 Betrieben befürchteten 7 weitere Entlassungen, wovon 4 die Textilindustrie und je einen die Metall- und Maschinen-, die chemische und die Nahrungs- und Genussmittelindustrie betrafen. Nur unwesentliche Veränderungen gegenüber dieser Einschätzung ergaben sich bei der Folgeumfrage zwei Jahre darauf. Die Zahl derjenigen, die die Lage als schlecht einschätzten, hatte sich zugunsten der Kategorie «unbestimmt» um drei verringert und nurmehr 6 sahen weitere Entlassungen vor[147].

Die pessimistische Einschätzung der 1934er-Umfrage teilte auch der Stadtrat. Mit aussergewöhnlicher Anschaulichkeit schilderte er in einem Brief vom 16. 11. 1934 dem Bundesrat die Lage und warnte vor den politischen Folgen einer langandauernden Krise:

«Seit ca. 3 Jahren wird Winterthur durch die Weltwirtschaftskrise ausserordentlich stark mitgenommen (…). Obschon im Vergleich zum letzten Jahr die Zahlen etwas niedriger sind, ist die Notlage bei den Betroffenen dagegen eher schlimmer: die letzte Substanz ist aufgebraucht, man muss auch beim Notwendigsten, beim Essen und bei den Kleidern einsparen; manche hungern, weil es nicht mehr reicht, die notwendigsten Lebensmittel zu kaufen (…). Es kommt zu Abwanderungen zu den extremen Parteien, gierig greift man zu jeder Heilslehre» [148].

Zu einer leichten Entspannung der Krisenlage kam es im Jahr 1935. Lohnkürzungen und Produktionsbeiträge der öffentlichen Hand ermöglichten der Exportindustrie günstigere Offerten. Zwar war das Baugewerbe noch immer arg gebeutelt, doch ein Stopp nicht nur ausländischer, sondern sogar auswärtiger Schweizer Arbeiter gab den arbeitslosen Metallarbeitern Gelegenheit, sich als Bauhandlanger zu verdingen (siehe auch Kap. 6). Dass sich die Lage gebessert hatte, zeigt auch die Zahl von 104 734 geleisteten Überstunden im Jahr 1935. Die Ansetzung von Überstunden bei gleichzeitiger hoher Arbeitslosigkeit kritisierten die Gewerkschaften allerdings heftig.

Mit der Abwertung verbesserte sich die Konjunktur schlagartig. Die Zahl der Überstunden nahm 1936 im Vergleich zum Vorjahr um über 50% zu, wovon 22 500 auf die Textilindustrie und 34 800 auf die Metall- und Maschinenindustrie entfielen. 1937 leisteten die Sulzer-Arbeiter durchschnittlich 11 250 oder 3,5 Stunden pro Arbeiter und Woche Überzeit [149]. Hätte die Firma auf Überzeit verzichtet, hätte sie mit diesem Arbeitsvolumen 236 neue Arbeitsplätze schaffen können. Geradezu sprunghaft entwickelte sich die Produktion in der Textilindustrie. Allerdings war dieser Aufschwung nur von kurzer Dauer, denn bereits Anfang 1938 mussten wieder Produktionseinschränkungen vorgenommen werden. Stetig, aber trotzdem markant, war der Aufwärtstrend in der Metall- und Maschinenindustrie. Das Arbeitsamt charakterisierte die Entwicklung in einem Bericht so:

«Im allgemeinen ist es unserer Exportindustrie, vor allem der Maschinenindustrie gelungen, aus dem Ausland reichlich Aufträge hereinzuholen, die Abwertung hat die Preisdifferenz zwischen ausländischer Konkurrenz einigermassen auszugleichen vermocht. Dazu kam die gewaltige Aufrüstung einer Grosszahl der Länder, woran die Schweiz indirekt profitierte, nicht vorwiegend dadurch, dass sie Rüstungsaufträge erhielt, sondern vor allem dadurch, dass die ausländischen Fabriken durch die Rüstungsaufträge voll beschäftigt waren und andere Aufträge nicht in der wünschenswerten Zeit auszuführen vermochten» [150].

Diese Aufträge seien dann der Schweiz zugute gekommen. Der Anteil der Schweizer Rüstungsaufträge habe hingegen nur etwa 5% bis 20% des Auftragsbestandes ausgemacht.

Vor einer durch Rüstungsaufträge aufgeblähten Scheinkonjunktur warnte auch Dr. Ziegler von der SLM:

«Man darf nicht vergessen, dass die industrielle Wiederbelebung in einer grossen Zahl von Ländern auf ungesunder, künstlicher Basis beruht und dass sie vielfach in direktem Zusammenhang mit dem beunruhigenden Aufschwung der Rüstungsindustrie steht» [151].

Der Aufwärtstrend schien vorerst nur von kurzer Dauer zu sein, denn bereits im Jahr 1938 machten sich wieder Stagnationserscheinungen bemerkbar. Stadtpräsident Widmer gab zu bedenken:

«Bei all diesen Sachen müssen wir uns darüber Rechenschaft geben, dass wir die Konjunktur für Winterthur nicht zu optimistisch bewerten dürfen. Es melden sich heute schon Arbeitslose aus der Metallindustrie. Die Situation in der Textilindustrie ist schon wieder schlecht» [152].

Die Befürchtungen waren indes unbegründet, denn im Rückblick auf das erste Kriegsjahr konnte das Arbeitsamt eine sehr grosse Nachfrage nach Arbeitskräften in allen Wirtschaftszweigen feststellen [153].

Vom Aufschwung seit der Abwertung profitierte vor allem die Exportindustrie und – trotz gestiegener Löhne – weniger das einheimische Gewerbe. Arbeitersekretär Hermann Oldani ging Ende 1938 der Frage nach, weshalb trotz eines zweijährigen Aufwärtstrends noch keine konjunkturelle Belebung zu verspüren sei. Er kam in seinem Artikel zum Schluss, dass sich die Arbeiterschaft während der Krise stark verschulden musste und auch zwei Jahre nach Beginn des Aufschwungs noch immer am Abzahlen sei. Die zusätzlichen Lohnprozente seien also vor allem zur Schuldentilgung verwendet worden und nicht für Mehrkonsum [154].

Vom Boom in der Metall- und Maschinenindustrie wurde auch das Baugewerbe begünstigt. Angelockt vom erweiterten Arbeitsplatzangebot nahm die Wohnbevölkerung und damit auch der Bedarf nach Wohnraum zu. Stieg die Bevölkerung von 1930 bis 1936 um 2500 Personen, so erhöhte sie sich von 1936 bis 1939 um 3300. Dass ein Nachfrageüberhang nach Wohnraum bestand, zeigte sich darin, dass 1936 der Leerwohnungsbestand auf 0,7% und 1937 sogar auf 0,4% gesunken war [155].

Ich habe in diesem Abschnitt bewusst auf die Darstellung der Wirtschaftsentwicklung anhand von Wirtschaftsindikatoren verzichtet, sondern deren Verlauf vorwiegend aufgrund von Äusserungen von Meinungsführern wiedergegeben. Im nächsten Kapitel soll die Krisenentwicklung dann noch verdeutlicht werden.

Der Beginn der Depression kann in Winterthur auf den Herbst 1930 datiert werden. Sie fand in der Metall- und Maschinenindustrie ihren Ausgangspunkt.

In der Metallverarbeitung wurde der absolute Tiefpunkt 1933 erreicht. Erste Anzeichen einer schwachen Besserung wurden 1935 erkannt, doch der Aufschwung setzte endgültig erst mit der Abwertung des Frankens im Herbst 1936 ein, der sich dann – unterstützt durch die Rüstungskonjunktur – und mit einer Stagnationsphase im Jahre 1938 in einem kontinuierlichen Aufwärtstrend fortsetzte.

Noch rasanter setzte nach der Abwertung der Boom in der Textilindustrie ein, der jedoch schon ein Jahr später wegen der Sättigung des Inlandmarktes und einer Rohstoffbaisse im Ausland wieder in eine Krise umschlug. Das Baugewerbe zeigte sich bis anfangs 1932 resistent, geriet dann aber ebenfalls in die Depression. Der Wohnungsbau stagnierte, Firmen zeigten sich mit Aufträgen äusserst zurückhaltend. Wäre nicht die öffentliche Hand mit Notstandsarbeiten beigestanden, so wäre das Baugewerbe noch viel stärker betroffen worden. Im Sog der Exportindustrie und infolge eines Nachfrageüberhangs beim Wohnungsbau ging es ab 1937 auch mit der Baubranche wieder aufwärts.

Die Grundlagen der Existenz

«Es ist schwer zu sagen, was letzten Endes schlimmere Wirkungen zeitigt, der Verlust der materiellen Existenzgrundlagen oder die seelische und moralische Zerrüttung, die oft mit langandauernder Arbeitslosigkeit verbunden ist» [156].

Der Arbeitsmarkt

Einer der zuverlässigsten Indikatoren für die Erfassung einer wirtschaftlichen Krisensituation ist die Arbeitslosenstatistik. In Winterthur schlug dieses Barometer erstmals im November 1930 aus. Die Entwicklung der Zahlenreihen für Ganz- und Teilarbeitslose verläuft asynchron: Bei den Teilarbeitslosen wurde der Gipfelpunkt bereits Mitte 1933 erreicht. Auf dieser Höhe blieben die Zahlen bis etwa 1935 konstant, um dann kontinuierlich abzusinken. Anders bei den Ganzarbeitslosen. Bei der Winterarbeitslosigkeit wurde der Höhepunkt anfangs 1934 vermerkt, doch hielt sich diese noch zwei Jahre lang. Die Sommerarbeitslosigkeit erreichte dagegen schon Mitte 1933 ihren maximalem Ausschlag und blieb auf etwas tieferem Niveau bis Mitte 1936 konstant. Ihren absoluten Höhepunkt erreichte die Arbeitslosigkeit im Januar 1934, als insgesamt knapp 5300 Arbeitnehmer stempeln mussten. Damit waren gegen 25% aller Winterthurer Berufstätigen ganz- oder teilweise ohne Arbeit [157]. In der Metall- und Maschinenindustrie dürfte dieser Satz jedoch gegen 50%, im Baugewerbe im Winter sogar auf 70% bis 80% gestiegen sein [158]. Eine Untersuchung des SMUV Winterthur über die Arbeitslosigkeit in seiner Sektion ergab folgende Zahlen [159]:

Jahr	Ganzarbeitslose	Teilarbeitslose
1929	2,6%	4,0%
1930	7,3%	26,9%
1931	14,9%	33,9%
1932	21,0%	30,6%

Tabelle 12

Auch hier lässt sich feststellen, wie sich die Arbeitslosigkeit von der Teil- auf die Ganzarbeitslosigkeit verlagerte. Die Unternehmen versuchten also anfangs, der Krise mit Arbeitszeitverkürzungen zu begegnen, den gesunkenen Arbeitsbestand auf eine gleichbleibende Zahl von Händen zu verteilen, wie das die Arbeiterschaft immer wieder forderte. Offenbar war es aber betriebswirtschaftlich günstiger, eine Zahl Arbeiter ganz zu entlassen, als eine grössere Zahl teilweise arbeiten zu lassen. Entlassungen und Arbeitszeitverkürzungen verhinderten aber nicht, dass auch während der Krise oftmals Überzeit gearbeitet wurde. Als Dr. Hans Sulzer im Gespräch mit der Arbeiterkommission am 20. 8. 1930 die ersten Entlassungen bekanntgab, kritisierte sie, dass gleichzeitig mit den Arbeitszeitreduktionen Überzeitarbeit angemeldet worden sei[160].

Es lässt sich wohl kaum bestreiten, dass Entlassungen objektiv nicht immer notwendig waren, sondern dass sie einerseits Disziplinierungsfunktionen hatten, andererseits ein willkommener Anlass waren, um Rationalisierungen und Strukturverbesserungen vorzunehmen. Bei grösseren Aufträgen oder kurzen Lieferfristen wurden nicht etwa Arbeiter wiedereingestellt, sondern einfach Überstunden angeordnet. Mit diesem System war der Dispositionsspielraum des Unternehmers natürlich bedeutend grösser[161].

Die folgende Tabelle zeigt die Entwicklung der Ganz- und Teilarbeitslosigkeit in Winterthur gemäss Statistik des Arbeitsamtes[162].

Ganzarbeitslose in Winterthur (Monatsdurchschnitte)

	1930	1931	1932	1933	1934	1935	1936	1937	1938	1939
Januar	–	200	887	1874	2591	2126	1982	1498	1394	1117
Februar	–	208	992	2350	2415	2173	1920	1281	1204	869
März	–	152	916	2049	1958	1755	1591	872	710	547
April	–	60	651	1498	1243	1296	1246	455	442	247
Mai	–	115	553	1404	887	1086	1020	294	473	179
Juni	–	81	517	1210	769	819	706	189	362	163
Juli	–	92	546	1231	853	852	915	333	369	210
August	–	145	675	1373	859	922	1068	426	340	207
September	–	202	713	1404	970	849	1077	493	317	155
Oktober	–	303	943	1441	960	920	1069	534	436	110
November	85	351	1222	1720	1363	1142	1175	777	504	140
Dezember	108	690	1421	2274	1742	1720	1273	1116	74	247

Tabelle 13

Teilarbeitslose in Winterthur (Monatsdurchschnitte)

	1930	1931	1932	1933	1934	1935	1936	1937	1938	1939
Januar	–	603	1841	2424	2674	2055	1127	509	808	286
Februar	–	810	1928	2628	2788	2244	1134	467	851	339
März	–	917	2014	2682	2762	2169	1325	371	773	347
April	–	1028	2081	2731	2699	1786	1193	336	715	328
Mai	–	1143	2166	2791	2732	1696	1125	278	723	221
Juni	–	1176	2214	2772	2720	1596	1126	328	583	213
Juli	–	1216	2215	2566	2583	1474	1055	423	539	179
August	–	1246	2275	2605	2166	1561	980	515	398	160
September	–	1278	2249	2557	2262	1411	947	635	353	149
Oktober	–	1436	2243	2591	2384	1531	894	575	402	171
November	404	1686	2288	2623	2242	1409	622	601	410	211
Dezember	445	1775	2331	2645	2208	1383	577	700	281	182

Tabelle 14

Ganz- und Teilarbeitslosigkeit in der Stadt Winterthur 1930–1939

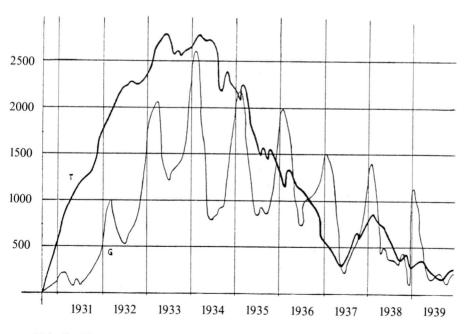

Tabelle 15

Aus dem obigen Diagramm geht hervor, dass der Höhepunkt bei der Teilarbeitslosigkeit zwischen 1933 und 1934 erreicht wurde. Ganz anders strukturiert war hingegen die Ganzarbeitslosigkeit. Zwar fiel der Gipfelpunkt auch ins Jahr 1933, doch waren die Spitzen der Jahre 1932, 1934 und 1935 fast gleich hoch. Auffallend sind die grossen Differenzen zwischen Sommer- und Winterarbeitslosigkeit.

Arbeitslose in der Winterthurer Metallindustrie [163]

| | 1931 | | 1932 | | 1933 | | 1934 | | 1936 | | 1937 | |
	G	T	G	T	G	T	G	T	G	T	G	T
Januar	72	548	490	1694	1018	2272	951	2462	590	764	365	341
Februar	65	745	524	1776	1072	2478	873	2565	586	621	292	252
März	54	849	565	1848	995	2514	788	2544	531	794	190	172
April	46	980	514	1902	786	2554	570	2479	436	798	96	127
Mai	90	1097	474	1973	725	2595	411	2504	354	796	45	87
Juni	67	1127	440	2014	629	2566	324	2497	238	710	15	77
Juli	73	1162	397	2033	655	2363	346	2354	284	631	38	68
August	101	1188	479	2069	686	2397	362	1901	328	537	61	71
September	146	1216	524	2109	659	2378	434	1647	346	511	58	75
Oktober	199	1288	586	2146	645	2379	432	1786	334	595	42	72
November	262	1553	692	2177	756	2412	563	1786	329	519	63	73
Dezember	399	1639	769	2198	940	2432	665	1736	320	418	83	47

Tabelle 16

Arbeitslose im Winterthurer Baugewerbe [164]

| | 1931 | | 1932 | | 1933 | | 1934 | | 1936 | | 1937 | |
	G	T	G	T	G	T	G	T	G	T	G	T
Januar	110	9	314	–	595	–	1133	22	937	74	745	7
Februar	127	22	287	–	805	–	1054	28	879	124	652	5
März	85	20	268	–	575	1	736	24	667	96	416	20
April	7	3	82	–	298	3	335	18	474	46	175	17
Mai	16	–	37	–	266	15	182	18	367	29	100	4
Juni	7	–	49	–	227	17	164	16	244	19	56	2
Juli	11	–	78	–	267	12	235	13	389	11	149	–
August	28	–	89	–	331	13	218	18	443	15	193	–
September	45	–	111	–	378	6	269	103	416	19	259	3
Oktober	69	–	208	–	414	18	281	124	400	20	306	10
November	66	–	302	–	552	21	470	124	501	22	456	7
Dezember	237	–	398	–	887	22	698	117	614	16	688	8

Tabelle 17

In der Baubranche fallen zwei Dinge besonders auf: die im Vergleich zum Sommer ausserordentlich hohe Arbeitslosigkeit im Winter, die allerdings auch bei guter Konjunktur die Bauarbeiter immer heimsuchte und der verschwindend kleine Anteil der Teilarbeitslosigkeit. Letztere dürfte mit der spezifischen Art der Tätigkeit im Baugewerbe zusammenhängen, die es kompliziert machte, die Arbeit auf verschiedene Hände zu verteilen. Nimmt man nur die Sommerarbeitslosigkeit zum Massstab, so setzte sie erst 1933 richtig ein und klang dann 1937 wieder ab, wenngleich sie auch zu diesem Zeitpunkt noch immer relativ hoch war. Die Winterarbeitslosigkeit folgte mit einer kleinen zeitlichen Verschiebung. Sie setzte etwas später ein, blieb aber, als sich die Sommerarbeitslosigkeit schon wieder ein wenig zurückgebildet hatte, noch immer auf ziemlich hohem Niveau.

Die Arbeitslosigkeit in Winterthur war nicht nur absolut hoch, sondern auch im Vergleich mit andern Städten und Regionen. Eine Aufstellung des Eidg. Volkswirtschaftsdepartements vom Juli 1933 ergibt folgende Relation:

Von 1000 unselbständig Erwerbenden waren arbeitslos[165]:

im Kanton Zürich	62
in Winterthur	72
im Kanton Bern	51
im Kanton Basel-Stadt	57
im Kanton Neuenburg	83

Mit welcher Härte die Krise vor allem die Metall- und Maschinenindustrie schüttelte, belegt eine Untersuchung des ASM. In den vier Jahren von 1930 bis 1933 – so die Studie – seien in den dem Verband angeschlossenen Firmen etwa 20 000 Arbeitsplätze verlorengegangen, was etwa einem Drittel der 1929 beschäftigten Arbeiter entspreche. Von den 41 500 Arbeitern, die Ende 1933 auf den Lohnlisten der Verbandsfirmen standen, waren deren 23 680 vollbeschäftigt und 17 660 arbeiteten weniger als die Normalarbeitszeit von 48 Stunden in der Woche[166]. Verglichen mit 1930 hatten sich die von der Arbeiterschaft bei den Verbandsfirmen geleisteten Arbeitsstunden 1933 um 40,4% vermindert.

Am Anfang der Krise waren vor allem die ungelernten und unqualifizierten Arbeiter betroffen. Später gesellten sich ihnen dann auch die qualifizierteren zu, meist Metallarbeiter. Das führte insofern zu einem Verdrängungseffekt, als gelernte Metallarbeiter in die wenigen Bauhandlangerstellen hineindrängten und den Unqualifizierten dabei keine Chance liessen. Probleme ergaben sich später für diejenigen Metallarbeiter, die einige Jahre auf dem Bau gearbeitet hatten und beim Nachlassen der Depression wieder in ihren gelernten Beruf zurückkehren wollten. Nicht selten hatten sie nämlich bei den rauhen Bauarbeiten ihre Fingerfertigkeit verloren und mussten nach einigen Monaten in der Fabrik wieder auf den Bau zurück, wo sie als ungelernte Bauarbeiter den Rest ihres Arbeitslebens verbrachten.

Wer als älterer Arbeiter seine Stelle verlor – und alt war man damals bei körperlich anstrengenden Berufen bereits, wenn man die 40 überschritten hatte – der hatte in der Krise und oft auch noch später kaum mehr eine Chance, eine Arbeit zu finden, besonders wenn er noch unqualifiziert war. Ernst Romann schildert die Situation seines Vaters, eines Bauhandlangers, der eines der ersten Krisenopfer war, so:

«Mein Vater war für die nächsten 25 Jahre, bis zu seinem Tod, ohne feste Anstellung. Nur während etwa einem Drittel der Zeit wurde er der Gnade von Arbeitsamt, Stadtverwaltung oder irgendwelcher Bauunternehmer teilhaftig, die ihm kurzfristig Arbeit zuwiesen» [167].

Wie es den älteren Arbeitslosen zu ergehen pflegte, dokumentiert auch ein Bericht über die Arbeitshilfe für ältere Arbeitslose vom 11. 9. 1935:

«Es gelingt, eine Anzahl dieser «Alten» regelmässig bei den Notstandsarbeiten unterzubringen, wo sie sich wacker bemühen, Vollwertiges zu leisten; hie und da findet einer auch noch vorübergehend in der Privatwirtschaft Unterkunft, eine dauernde Anstellung findet er aber meistens nicht mehr. Es kommt für jeden der Zeitpunkt, wo er keine Notstandsarbeiten mehr zu leisten vermag, er kann dann noch einige Zeit bei leichteren Arbeiten beschäftigt werden; geht das nicht mehr, so wird er in der Polyklinik untersucht, und sofern er als arbeitsunfähig erklärt wird, aus der Arbeitsvermittlung entlassen. Damit hören auch alle Unterstützungen durch die Kasse und die zusätzlichen Hilfen auf. Arbeitern, die zeitlebens in einer Fabrik arbeiteten, als Dreher oder Schlosser tätig waren, ist es manchmal fast nicht möglich, Notstandsarbeiten zu leisten, für ihre gewöhnliche Fabrikarbeit wären sie arbeitsfähig, für die Notstandsarbeiten geht es nicht mehr [168].

Die Pensionen, die den älteren Arbeitern ausbezahlt wurden (sofern sie überhaupt in den Genuss kamen), waren äusserst dürftig und reichten auch nach damaligen Massstäben niemals für einen sicheren Lebensabend aus. So

Albert Bachofner (1890–1951) war während der Krisenzeit Winterthurer Arbeitersekretär. 1934 wurde er ans Bezirksgericht Winterthur gewählt. Bachofner war wegen seines Einsatzes während der Krise zugunsten der Arbeiter bei der Arbeiterschaft sehr beliebt.

erhielten die Arbeiter der Sidi, die ihre Arbeitskraft der Firma 20 und mehr Jahre zur Verfügung gestellt hatten, pro Dienstjahr 10 Franken vergütet; die übrigen erhielten pauschal 50 Franken, falls sie bis Ende April noch keine Stelle gefunden hatten. In einer Interpellation, die diese Entlassungen zum Gegenstand hatte, stellte SP-Gemeinderat Albert Bachofner diesen Zahlen die Gewinne der Mechanischen Seidenstoffweberei gegenüber. Sie betrugen 1927 pro Arbeiter 831 Franken und 1930 588 Franken[169].

In einem internen Bericht an Dr. Hans Sulzer wurden die Abfindungssummen der einzelnen Arbeitnehmer-Kategorien aufgelistet. Ein Sulzer-Arbeiter mit 25 Dienstjahren erhielt beispielsweise eine einmalige Pension von 800 bis 1000 Franken. Ein Angestellter mit gleich vielen Dienstjahren kam auf eine Abfindung von 10 bis 12 Monatssalären, was ungefähr dem fünffachen der Arbeiterpension entsprach. Noch besser meinte es die Sulzer-Leitung mit ihren überflüssig gewordenen Prokuristen. Der Bericht erwähnte, dass einzelne Prokuristen eine Abfindung von 20 000 bis 25 000 Franken erhalten sollten[170].

Die überflüssig gewordenen Arbeiter erhielten eine Abgangsentschädigung, die lediglich die ersten Monate nach der Entlassung überbrücken half. Wer bis dahin keine Arbeit fand, war häufig auf die Fürsorge angewiesen. Das schlug sich auch im Bericht des Fürsorgeamtes nieder.

«Die ernste Wirtschaftslage, welche sich durch die ständigen Arbeiterentlassungen, die reduzierte Arbeitszeit in der Maschinen- und Textilindustrie und dem einsetzenden Lohnabbau immer mehr verschärft, macht sich natürlich im Fürsorgewesen schon seit langem in besorgniserregender Weise bemerkbar, wird aber erst in der Rechnung 1932 so richtig in Erscheinung treten (...). Hoffentlich wird sich die Krise nicht so auswirken, dass eine Fürsorge nach humanitären Grundsätzen unmöglich wird»[171].

Die älteren Arbeitslosen stellten jedoch nur einen kleinen Teil der Beschäftigungslosen. Es waren vor allem die Jungen, die im Vollbesitz ihrer Kräfte untätig herumsitzen mussten. Die Altersstruktur der Arbeitslosen sah Ende Januar 1933 folgendermassen aus[172].

Alter	Arbeitslosenzahl absolut	in Prozenten
unter 20	123	5,0
20 – 24	317	12,8
25 – 29	734	29,8
30 – 39	639	25,9
40 – 49	352	14,3
50 – 59	214	8,7
über 60	87	3,5

Tabelle 18

Besonders deutlich kommt diese Entlassungspraxis, mit Rücksicht auf die Familienväter die jüngeren Arbeiter auf die Strasse zu stellen, auch aus einer Aufstellung der Firma Sulzer zum Ausdruck. Bis 1935 sank der Anteil der

16 – 20jährigen von 15,9% auf 6,9%
21 – 25jährigen von 15,0% auf 6,9%
26 – 30jährigen von 16,0% auf 8,2%.

In den Werkstätten und in der Giesserei stieg das Durchschnittsalter zwischen 1930 und 1935 von 34 auf 40 Jahre[173].

Die negativen Auswirkungen dieser Entlassungspolitik schilderte der Verwaltungsratspräsident der SLM an der Generalversammlung vom 1. 11. 1937:

Der Mangel an qualifizierten Arbeitern ist der Abwanderung jüngerer Leute in andere Tätigkeitszweige während der Krisenjahre zuzuschreiben; er findet seinen Grund namentlich auch darin, dass es während jener Jahre schwer hielt, Lehrlinge für die Berufe der Maschinenindustrie zu finden» [174].

Welcher junge Mensch wollte schon einen Beruf erlernen, von dem er wusste, dass er ihn nach der Lehrzeit doch nicht würde ausüben können.

Je länger ein Arbeiter ohne Beschäftigung war, desto grösser war auch seine Chance, dass er es blieb, und dass er dadurch seine Berufsfähigkeit verlor. Eine im Januar 1936 durchgeführte Untersuchung ergab, dass von den 124 000 bei den schweizerischen Arbeitsämtern eingeschriebenen Stellensuchenden 49 100 oder 40% während mehr als 150 Tagen arbeitslos waren. Die Langzeit-Arbeitslosigkeit war am stärksten in der Uhren- und Textilindustrie verbreitet[175].

In Winterthur war dieses Problem weniger gravierend, nicht zuletzt deshalb, weil die Einsätze für Notstandsarbeiter auf acht Wochen beschränkt waren, um möglichst vielen Arbeitslosen die Möglichkeit zu geben, wenigstens während zwei Monaten etwas zu verdienen. Dennoch nahm auch hier – je länger die Krise dauerte – die Unterstützungsdauer zu. Musste ein Arbeitsloser noch 1931 nur während durchschnittlich 26 Tagen unterstützt werden, so stieg diese Zahl bereits im folgenden Jahr auf 54,3 Tage, wo sie bis Ende 1936 blieb, um dann bis 1939 wieder leicht auf 36,9 Tage abzusinken[176]. Solange ein Arbeitsloser von der Arbeitslosenversicherung unterstützt wurde, konnte er mit Mühe seine Familie durchbringen. Nach 90tägiger Unterstützung (1933: 120 Tage) wurde er aber ausgesteuert. Gehörte er nicht einem der krisenunterstützungsberechtigten Berufe an, blieb ihm meistens nur der Gang zur Armenpflege.

Bei der kurzen Dauer der Arbeitslosenunterstützung stieg die Zahl der Ausgesteuerten natürlich rasch an. Bei den Metallarbeitern wurden im September 1932 bereits 477 Ausgesteuerte gezählt. Diese Zahl von knapp 500 blieb bis 1936 konstant und sank dann 1937 auf 140 ab[177]. Von den Mitgliedern der Textilarbeitergewerkschaft waren im Herbst 1932 deren 50 ausgesteuert und ebenfalls 50 gehörten anderen Gewerkschaften an. Im Sommer 1933 zählte der Bau- und Holzarbeiter-Verband Winterthur (BHV) 86 ausgesteuerte Bauarbeiter und im Jahr darauf waren allein von der Gruppe Maurer und Handlanger 59 ausgesteuert[178]. Einen weiteren Hinweis auf die grosse Zahl der Ausgesteuerten liefert eine Petition, die im Oktober 1935 unterschrieben und in der gefordert wurde, dass Winterthur zum Krisengebiet erklärt werde. Von den 680 Unterzeichnern waren 390 ausgesteuert. 68% der Unterschreibenden stammten aus dem Bau- und Holzgewerbe[179]. Ende Januar 1936 bezogen nach Angaben des Stadtrates noch immer 178 Arbeitslose keinerlei Unterstützung[180].

Arbeitslosigkeit an sich ist schon bedrückend genug; der Gang aufs Stempelbüro oder aufs Fürsorgeamt macht sie noch viel deprimierender. Doch der Demütigungen nicht genug: Die Arbeitslosen wurden minutiös kontrolliert, ob sie oder ihre Ehefrauen nicht unerlaubten Nebeneinnahmen nachgingen. Wurde etwa einmal die Frau eines Arbeitslosen beim Servieren ertappt, so kürzte man dessen Unterstützung um den erarbeiteten Betrag. Bei allem Verständnis für die Verhinderung von Missbräuchen scheint doch die Kontrolle allzu rigoros gewesen zu sein. In verbalen Protesten wehrten sich denn auch die Arbeitslosen gegen diese Überwachung, von der sie befürchteten, sie würde sich nicht nur auf die materiellen Verhältnisse beschränken. Und die AZ schrieb erbost in einem Bericht über eine Arbeitslosenversammlung vom 2. 10. 1935:

«Trotz allen amtlichen Widerlegungen, die etappenweise der Presse serviert werden, herrscht die bestimmte Auffassung, die auch an Beispielen bewiesen wurde und unter den Arbeitslosen, dass eine Art «Gestapo» amtet, die überall alles auskundschaftet»[181].

Die Lohnentwicklung

«Wie kommt hier (beim Lohnabbau, T. B.) die Sorge um das Wohl des Ganzen zum Ausdruck? Dass der Faktor Gehälter und Löhne als Kostenfaktor geschäftsmässig behandelt und malträtiert wird ohne Rücksicht auf den Faktor Konsumkraft als Fundament der Wirtschaft überhaupt?»[182].

An dieser Stelle soll noch nicht von der unterschiedlichen Auffassung von der Funktion des Lohnes die Rede sein (siehe Kap. 7), die einer der Hauptkonfliktstoffe bei der ganzen Abbaufrage war, sondern die Lohnentwicklung in Winterthur im Branchenvergleich und im Vergleich mit der übrigen Schweiz nachgezeichnet werden[183]. Allerdings dürften die unterschiedlichen Meinungen über das, was eigentlich Lohn bedeute, auch die Erfassungsmethoden beeinflusst haben, so dass ein direkter Zahlenvergleich problematisch ist. Immerhin lassen sich Tendenzen erkennen.

Nach einer Rangkorrelation von Leutwiler[184] belegten die Löhne in der Metall- und Maschinenindustrie während der Jahre 1930–1939 die Ränge 6 bis 9 (Durchschnitt 7,4) unter 17 Industriezweigen. Die Stundenlöhne verunfallter Arbeiter in dieser Industrie weisen für die Zeit der Depression folgendes Bild auf[185]:

	1929	1930	1931	1932	1933	1934	1935	1936	1937	1938	1939
Werkführer, Meister, Vorarbeiter.	72	1.82	2.08	1.77	1.72	1.70	1.68	1.59	1.62	1.66	–
Gel./angel. Arbeiter	1.48	1.50	1.49	1.44	1.41	1.38	1.35	1.33	1.33	1.38	1.38
ungelernte Arbeiter	1.17	1.18	1.18	1.16	1.13	1.10	1.09	1.08	1.08	1.10	1.08
Frauen über 18	–.77	–.80	–.79	–.76	–.73	–.71	–.71	–.70	–.69	–.71	–.73
Jugendliche unter 18	–.57	–.60	–.57	–.54	–.52	–.47	–.47	–.45	–.48	–.50	–

Tabelle 19

Der repräsentativste Betrieb in der Winterthurer Metallbranche war die Firma Sulzer. Hier gestalteten sich die Löhne wie folgt:

Stundenverdienste Werkstatt und Giesserei [186]

	1930	1931	1932	1933	1934	1936	Ø ASM 1936
Erwachsene Berufsarbeiter	1.69,2	1.64,0	1.51,4	1.49,5	1.47,6	1.44,2	1.40,2
Erwachsene Hilfsarbeiter	1.27,2	1.24,2	1.16,5	1.15,1	1.14,4	1.12,8	1.14,4
Total erwachsene Arbeiter	1.50,9	1.47,1	1.37,3	1.35,7	1.34,4	1.31,7	1.29,0

Tabelle 20

Nach diesen Zahlen sanken also die Löhne in der Giesserei und Werkstatt zwischen 1930 und 1936 um 11% bis 15%. Die Akkordlöhne wiesen folgende Entwicklung auf[187]:

1914 = 100%	1921 = 143%	1922 = 130%
1932 = 117%	1934 = 110%	1937 = 115%.

Gemäss Berechnungen von Sulzer soll sich bei dieser Lohnentwicklung das Realeinkommen in den 30er Jahren verbessert haben[188].

Wöchentliche Realeinkommen-Indices bei Sulzer

	Ø 1927/30	Ø 2. Semester 1936	Ø 1. Semester 1937
Berufsarbeiter	114,2	122,1	117,9
Hilfsarbeiter und Handlanger Akkord	123,4	131,9	126,0
Hilfsarbeiter und Handlanger Stundenlohn	119,1	131,9	125,7

Tabelle 21

Den eigenen Zahlen traute aber offenbar auch Sulzer nicht ganz. In einem internen Bericht über die seit 1931 getroffenen Abbaumassnahmen warnte Dr. H. Wolfer, Mitglied der Geschäftsleitung:

«Legt man sich auf präzise Durchschnittszahlen fest, so können diese bei nächster Gelegenheit, – je nachdem, ob die Zahlen als zu hoch oder zu niedrig gelten sollen – die Firma in Verlegenheit bringen» [189].

Dr. Heinrich Wolfer-Sulzer (1882–1969) war Direktor der Firma Sulzer.

Den Löhnen von Sulzer sollen noch diejenigen eines kleineren Betriebs der Metall- und Maschinenindustrie, der Maschinenfabrik Jäggli AG, entgegengestellt werden [190]:

	Ø-Lohn 1930	Ø-Lohn 1935	Abbau in %
Dreher	1.63	1.24	23,9
Schlosser	1.59	1.14	28,3
Fräser und Hobler	1.45	1.22	15,9
Bohrer	1.46	1.10	24,7
Schreiner	1.62	1.29	20,4
Handlanger	1.09	–.98	10,1
Berufs-Taglohnarbeiter	1.49	1.25	16,1

Tabelle 22

Zu einer etwas anderen Lohnanalyse kam der SMUV, der in einer Resolution vom 28. 1. 1932 (als der erste grosse Lohnabbau in der Maschinenindustrie bevorstand) erklärte, dass in der Winterthurer Metall- und Maschinenindustrie

Stundenlöhne von 61 bis 131 Rappen bezahlt würden. Als Durchschnittseinkommen bei der Normalarbeitszeit von 48 Stunden und Vollbeschäftigung (2400 Jahresstunden) seien 3100 bis 3300 Franken die Regel, was einen Stundenlohn von 1.29 bis 1.38 ergäbe [191].

Laut Statistik der verunfallten Bauarbeiter waren deren Löhne etwas höher als in der Metall- und Maschinenindustrie [192]:

	1929	1930	1931	1932	1933	1934	1935	1936	1937	1938	1939
gel./angel. Arbeiter	1.54	1.54	1.54	1.53	1.50	1.46	1.43	1.39	1.40	1.44	1.46
ungelernte Arbeiter	1.16	1.17	1.17	1.12	1.10	1.07	1.05	1.02	1.05	1.08	1.09

Tabelle 23

Die effektiven Löhne waren indes ein Stück höher. 1932 kamen die Schreiner auf einen Durchschnittslohn von 1.66 bis 1.70 pro Stunde. Nach dem Lohnabbau 1934 betrug er noch 1.59. Der Vertrag der Plattenleger vom 18. 5. 1936 sah einen Stundenverdienst von 2.08 Franken vor und derjenige, den die Steinhauer am 1. 7. 1937 abschlossen, beinhaltete folgende Lohnsätze:

Steinhauer	2.— bis 2.10
Zementer	1.75 bis 1.85
Stampfer	1.45 bis 1.55
Hilfsarbeiter	Ø 1.21

Tabelle 24

Die Maurer erhielten 1939 1.56 ausbezahlt und die Handlanger 1.21. Diese Zahlen geben zwar nur einige punktuelle Lohnverhältnisse wieder; da aber der Lohnabbau im Baugewerbe relativ gering war (5% bis 7%), kann doch die Lohnentwicklung einigermassen extrapoliert werden. Auf jeden Fall lagen die nominellen Löhne der Bauarbeiter einiges über denjenigen der Metallarbeiter.

Wesentlich schlechter gestalteten sich die Lohnverhältnisse bei den meist weiblichen Textilarbeitern. Hervorstechendstes Merkmal sind da die extrem tiefen Frauenlöhne. Die Stundenlöhne verunfallter Textilarbeiter sehen so aus [193]:

	1929	1930	1931	1932	1933	1934	1935	1936	1937	1938	1939
gel./angel. Arbeiter	1.19	1.33	1.26	1.16	1.11	1.08	1.08	1.06	1.04	1.11	1.06
ungelernte Arbeiter	1.09	1.09	1.10	1.03	1.03	–.97	–.97	–.92	–.93	–.92	–.92
Frauen	–.77	–.77	–.79	–.74	–.72	–.70	–.69	–.68	–.68	–.70	–.70

Tabelle 25

Der Schweizerische Textilarbeiterverband schrieb der Arbeiterunion Winterthur am 21. 2. 1931, dass sich die Stundenlöhne der Textilarbeiter zwischen 45 und 65 Rappen bewegten[194]. Im Jahresbericht der Arbeiterunion von 1935 war das Zahltagstäschchen einer Textilarbeiterin abgebildet, die einen Stundenlohn von 56 Rappen erhielt. Nach Abzug des Hauszinses von 12 Franken verblieben ihr für eine Arbeitsperiode von 98,5 Stunden noch 38.15 Franken[195]. Etwas besser sahen die Löhne im gleichen Jahr in der Textilfirma AG Carl Weber aus. Der Lohnsatz der Männer bewegte sich zwischen 40 und 122 Rappen; im Durchschnitt betrug er 90 bis 100 Rappen. Die Frauen kamen bei einem Minimum von 40 Rappen auf höchstens 82 Rappen, im Durchschnitt auf 60 bis 70 Rappen[196]. Nach SP-Gemeinderat und Arbeitersekretär Albert Bachofner waren in keiner Industrie die Löhne so stark abgebaut worden, wie in der Textilindustrie. An der Gemeinderatssitzung vom 22. 2. 1937 behauptete er, dass die Löhne um 30% bis 50% tiefer seien als vor der Krise, und er zeigte die Lohnabrechnung einer Arbeiterin der Spinnerei und Zwirnerei Niedertöss vor, die für 104 Arbeitsstunden 41.05 Franken erhielt[197].

Bei einem Lohnkonflikt in der Elasticfirma Ganzoni & Co. von 1936, machte das Einigungsamt Zürich den Vorschlag, dass die Löhne nicht unter 80 bzw. 60 Rappen für Frauen sinken sollten, was von den Konfliktparteien angenommen wurde[198]. Diese paar Beispiele zeigen, dass die Lohnhöhe in der Textilindustrie weit unter dem Existenzminimum lag. Am 15. 12. 1930 hatte SP-Stadtrat Emil Bernhard im Gemeinderat erklärt, dass nach bürgerlichen Vorstellungen 310 bis 340 Franken im Monat das absolute Existenzminimum für eine

Emil Bernhard (1881–1964) war ursprünglich Metallarbeiter-Sekretär, bevor er als Stadtrat Vorsteher des Fürsorgeamtes wurde. In dieser Funktion trug er während der Krise viel dazu bei, dass in Winterthur für die Arbeitslosen ein soziales Netz mit nicht all zu groben Maschen bestand.

vierköpfige Familie bedeuteten[199]. Auch wenn man den seither erfolgten Rückgang der Lebenskosten von 15% bis 20% in Betracht zieht, erkennt man, dass die Textilarbeiter dieses Minimum nie, die andern Berufsgruppen, wenn überhaupt, nur mit Mühe erreichen konnten – vorausgesetzt, dass sie vollbeschäftigt waren. Für die Textilarbeiter und zum Teil auch für andere Berufskategorien kam also eine weitere Demütigung hinzu: Zwar mochten sie voll beschäftigt sein, doch war das Zahltagstäschchen so dünn, dass sie trotzdem die Hilfe des Fürsorgeamtes in Anspruch nehmen mussten.

Die Löhne der von der Stadt Winterthur beschäftigten Notstandsarbeiter bewegten sich anfangs 1931 zwischen 1.10 und 1.30. Auf eine Eingabe der Arbeiterunion vom 2. 3. 1931 beliess zwar der Stadtrat das Minimum bei 1.10, stimmte aber einem Durchschnittslohn aller Notstandsarbeiter von 1.30 zu. Im Herbst 1932 bewilligte der Stadtrat auf eine weitere Eingabe der Arbeiterunion ein Minimum von 1.20[200]. Im Frühling 1936 betrugen die Richtlöhne der Notstandsarbeiter im Hochbau zwischen 1.19 und 1.22 (max. 1.25) und im Tiefbau zwischen 1.22 und 1.25[201].

Obwohl sich der Grossteil der Angestellten bewusstseinsmässig auch während der Krise von der Arbeiterschaft absetzte und sich mit der Seite des Unternehmertums identifizierte, standen sie mit ihrem Lohn der Arbeiterklasse doch bedeutend näher. Eine Untersuchung des Schweizerischen Kaufmännischen Vereins zeigt, dass das standardisierte Jahressalär eines Angestellten unter 40 Jahren in Winterthur 4252 Franken ausmachte. Winterthur lag damit um knapp 200 Franken hinter Zürich, 80 Franken hinter Bern, aber gut 300 Franken vor Genf[202]. Die AZ meinte dazu:

«Diese wertvolle Untersuchung des Kaufmännischen Vereins zeigt, was wir schon immer betonten, dass die Arbeitsbedingungen der Angestellten nicht viel besser sind als die der Arbeiter. Häufig, namentlich in der Industrie, sind die nicht chargierten Angestellten schlechter bezahlt als die Arbeiter im gleichen Betrieb» [203].

Nach den Untersuchungen von Brühschweiler erhielten 1928 nur 28,8% aller Angestellten einen Lohn unter 4500 Franken. 1936 war dieser Anteil bereits auf 44,1% gestiegen[204].

Allgemein kann festgestellt werden, dass diejenigen Löhne, die traditionell hoch waren, wie etwa bei gewissen Berufen im Baugewerbe, am wenigsten gekürzt wurden (5% bis 7%). Im Mittelfeld lagen die Löhne der Maschinenindustrie, bei denen der Abbau ungefähr 15% bis 20% ausmachte. Bei der Niedriglohnbranche Textilindustrie, die zudem noch einen grossen Anteil an weiblichen Arbeitskräften hatte, war der Lohnrückgang am drastischsten und konnte 30% und mehr ausmachen. Diese Zahlen müsste man mit der Taktik der einzelnen Gewerkschaften bei Lohnkonflikten vergleichen sowie mit ihrem Organisationsgrad. Als Hinweis nur soviel: Die Bauarbeiter und die verwandten Berufe gehörten während der Krisenzeit zu den kämpferischsten Arbeitern und mehr als die Hälfte aller Arbeitskonflikte in Winterthur, die zu Streiks führten, wurden von ihnen ausgetragen [205]. Demgegenüber war der Organisationsgrad der Textilarbeiter gering und damit auch ihre Kampfkraft schwach. Sie gingen in der Regel erst zu kämpferischen Formen der Konfliktaustragung über, wenn sich ihre Löhne einem existenzbedrohenden Minimum näherten.

Die Lebenshaltung

Zwischen 1930 und 1935 sanken die Lebenskosten in der Schweiz um etwa 19%, nahmen dann aber bis 1939 wieder um ungefähr 6% zu. (Index der Lebenskosten siehe Seite 15). Um einen Lohnabbau zu rechtfertigen, eignete sich dieser Rückgang der Lebenshaltungskosten hervorragend; umgekehrt war die Steigerung kein Grund für Lohnforderungen:

«Die Arbeitnehmer sollen auf den Rückgang der Lebenskosten seit 1929/30 hingewiesen werden, ebenso auf die Opfer der Unternehmen und die besseren Aussichten. – Für die Lohngestaltung sollen nicht die Lebenskosten, sondern die Lage der Industrie der betreffenden Unternehmen und die Arbeitsmarktlage bestimmend sein. – Ein Ansteigen der Preise um 5% seit September 1936 ist bedeutungslos angesichts des früheren Rückgangs» [206].

Die Arbeiter bezweifelten sowohl die Zusammensetzung des dem Index zugrundeliegenden Warenkorbs als auch die Aussagekraft des Indexes überhaupt. Sie konnten trotz den angeblichen Reallohnerhöhungen infolge der gesunkenen Lebenskosten keinen Überschuss herauswirtschaften, sondern mussten von den Reserven zehren. Die Ablehnung dieser Statistiken drückt sich im Protokoll der Sulzer-Arbeiterkommission nach einer Sitzung mit der Geschäftsleitung aus:

«Hierauf rückt Herr Dr. Hans Sulzer mit dem von uns schon zur Genüge bekannten Zahlenmaterial über Index, Reallohn, Lebenshaltung usw. auf, womit die Arbeiterschaft kein Pfund Brot mehr kaufen kann (...). Nach diesen Daten kommt Herr Dr. Sulzer zur Überzeugung, dass die Arbeiter weniger zu Essen brauchen, damit sie gesünder bleiben, und somit eine Lohnerhöhung nicht am Platze sei» [207].

Ein Mitglied der Sulzer-Arbeiterkommission erklärte an der Sitzung mit der Geschäftsleitung vom 21. 6. 1937, dass er in den vergangenen Jahren alle Haushaltsausgaben notiert und dabei festgestellt habe, dass der «Reingewinn in den letzten Jahren Defizit geheissen hat» [208].

Die Arbeiterschaft hatte diesen Statistiken und Zahlen meist nichts anderes entgegenzusetzen als den subjektiven Eindruck, dass das Haushaltungsgeld immer knapper werde, und das zählte bei Lohnverhandlungen wenig. Selbst offizielle Stellen bezweifelten jedoch die Repräsentativität des Lebenskostenindexes. Die in den Monaten nach der Abwertung eingetretene Teuerung wurde auf etwa 5% geschätzt. Das beim Sulzer-Lohnkonflikt vom Juni 1937 eingesetzte Schiedsgericht kam für den gleichen Zeitraum – gemessen an einem Arbeiterhaushalt – auf eine Teuerung von 10%, was Sulzer in einem Brief vom 14. 10. 1937 an Arbeitgebersekretär Dolde als «oberflächliche» Schätzung bezeichnete[209].

Der Konsumverein Winterthur zeichnete die Preisentwicklung einiger vor allem in Arbeiterhaushalten konsumierter Artikel nach[210]:

Artikel	März 1930	März 1936	Februar 1937	Mai 1937	Aufschlag 1936 bis Mai 1937
Emmentaler	3.80	2.60	2.90	2.90	11,5%
Kochfett	2.90	1.66	2.—	2.10	26,5%
Brot, halbweiss	—.50	—.37	—.45	—.45	21,6%
Mehl, halbweiss	—.48	—.28	—.42	—.42	50,0%
Griess	—.54	—.34	—.48	—.48	41,1%
Linsen	1.20	—.80	1.04	—.60	– 25,0%
Reis	—.70	—.50	—.44	—.40	– 12,5%
Eier	—.15	—.11	—.09	—.10	– 9,1%
Kartoffeln	—.20	—.18	—.25	—.23	27,7%
Teigwaren	—.82	—.48	—.50	—.80	66,6%
Kaffee	3.70	2.48	2.80	2.80	12,9%
Briketts	7.60	7.—	7.90	7.90	12,8%

Tabelle 26

Nach den Berechnungen des Konsumvereins stiegen die Kosten in einem Arbeiterhaushalt vom März 1936 bis Mai 1937 um 17,2%[211].

Dass die Preissteigerung nach der Abwertung vor allem die Arbeiterhaushalte treffen würde, war auch dem Winterthurer Stadtrat nicht entgangen. Am 5. 2. 1937 warnte er den Regierungsrat des Kantons Zürich:

«Auch wenn die Lebenskosten nach Ansicht der Bundesbehörde nur um wenige Prozente durch die neuen Preisaufschläge ansteigen, so wird die Lage trotzdem für manche Arbeiterfamilie ausserordentlich prekär (...). Wir möchten aber trotzdem auf die schweren Folgen einer allzu starken und allzu schnellen Preissteigerung aufmerksam machen, die sich in Lohnkämpfen und politischen Beunruhigungen auswirken müssten»[212].

Aufschlussreich ist die Haushaltsrechnung eines 43jährigen Abstechers in einer Maschinenfabrik, der zusammen mit seiner Ehefrau und 4 Kindern zwischen 7 und 15 Jahren eine 3-Zimmerwohnung mit Mansarde bewohnte. Daneben bewirtschaftete er noch 2 Aren Gemüsegarten.

84

Ausgaben für	Oktober 1936	Juni 1937
Tierische Nahrungsmittel	90.35	80.62
Getreideprodukte	22.86	31.56
andere pflanzliche Nahrungsmittel	24.23	40.84
verschiedene Nahrungsmittel und anderes	4.35	8.21
Genussmittel	34.89	40.—
Bekleidung	137.90	32.65
Wohnungsmiete	45.85	91.70
Wohnungseinrichtung	5.20	1.60
Heizung und Beleuchtung	9.30	13.60
Reinigung	5.75	5.70
Gesundheitspflege	2.80	1.50
Bildung und Erholung	10.63	32.—
Verkehrsausgaben	1.50	4.45
Versicherungen	49.65	37.40
Steuern und Gebühren	–.—	–.—
Gesellschaftsausgaben/Verschiedenes	15.60	22.85
Abzahlung auf Warendarlehen	27.67	–.—
Total Ausgaben	488.53	444.68

Tabelle 27

Rechnet man die Ausgaben, die nicht regelmässig vorkommen oder in Raten bezahlt werden könnten, ab, wie etwa Neuanschaffungen von Kleidern und Möbeln, Jahresgebühren, saisonale Ausgaben (Holz, Kohle), so verbleiben immer noch Netto-Ausgaben von

314.11   348.53

Diesen monatlichen Ausgaben, die zudem stark nach unten verfälscht sind, weil ja die subtrahierten Posten auch irgendwann bezahlt werden müssen, stehen 14tägliche Lohneinnahmen von 139 Franken im Oktober 1936 bzw. 148 Franken im Juni 1937 gegenüber[213]. Sieht man sich die einzelnen Posten etwas genauer an, so fällt auf, dass vor allem bei den höherwertigen Nahrungsmitteln eingespart wurde. Der Fleischkonsum sank von knapp 11,5 kg auf 8,6 kg im Juni 1937. Gleichzeitig blieb der Brotkonsum konstant, dafür musste aber für die gleiche Menge doppelt soviel bezahlt werden. Mengenmässig sank auch der Verbrauch von frischem Obst. Für eine um 25% geringere Quantität musste im Juni 1937 fast doppelt soviel ausgelegt werden. Den grössten Anteil bei den Genussmitteln machten Bier und Most aus. Für Ferien und Erholung wurden 1.45 bzw. 10.50 ausgegeben; für sonstige Vergnügen war kein Platz im Budget. Selbst die Ausgaben für Bücher und Zeitungen mussten im Juni 1937 reduziert werden[214].

Wies dieser Speisezettel trotz aller Einschränkungen noch eine gewisse Abwechslung auf, so war derjenige eines durchschnittlichen Arbeitslosen bedeutend monotoner. Nach SP-Gemeinderat Ferdinand Aeschbacher sah dieses Menu so aus:

«Der Speisezettel dieser Leute zeigt: am Morgen Brot, Kartoffeln, Kaffee, am Mittag dasselbe und am Abend wieder das gleiche» [215].

Auch wenn Ernst Romann nicht verhungerte, war doch der Hunger während Jahren sein ständiger Begleiter:

«Man liest und hört, dass auf unserer Erde Millionen sich nicht einmal eine einzige Vollmahlzeit (square meal) pro Tag leisten können. Demnach hätte ich vor Jahren meinerseits in einem Entwicklungsland gelebt, denn auch ich hatte während mehr als einem Jahrzehnt wenige Tage mit Vollmahlzeit gesehen» [216].

Noch krasser als das erste Beispiel sah der Fall eines Arbeitslosen mit zwei Kindern aus, den Albert Bachofner dem Gemeinderat am 15. 10. 1934 schilderte:

Krisenhilfe in 14 Tagen	68.90
Zins	31.35
Licht und Gas	4.50
Milch	10.—
Krankenkasse für Frau und Kinder	3.50
Krankenkasse des Vaters	2.—
Arbeitslosenversicherung, Gewerkschaftszeitung	5.20
für Lebensmittel, Kleider, Schuhe und übriges	
verbleiben in 14 Tagen	12.50

Seit drei Jahren konnte diese Familie keine neuen Kleider und keine neue Wäsche mehr anschaffen [217].

Folgt man den Statistiken, so gliedern sich die Haushaltsausgaben etwas anders als bei diesen beiden Familien.

Prozentuale Gliederung der Haushaltsausgaben 1936/37 [218]

	Arbeiter	Angestellte
Nahrungs- und Genussmittel	36,6	27,5
Bekleidung	8,9	9,5
Wohnung	21,0	22,4
Heizung/Beleuchtung	5,3	5,2
Reinigung Kleidung/Wohnung	1,5	1,8
Gesundheitspflege	3,3	4,6
Bildung und Erholung	5,8	8,1
Verkehr	2,0	2,7
Versicherungen	9,2	8,6
Steuern und Abgaben	3,0	5,1
Gesellschaftsausgaben/Verschiedenes	3,4	4,5

Tabelle 28

Nach den Berechnungen von Ackermann verschlang der Existenzbedarf 71,8% eines Arbeiterbudgets; für den Kulturbedarf verblieben demnach noch

28,2%[219]. Bei unserem Beispiel verzehrten jedoch alleine die Ausgaben für Nahrungs- und Genussmittel 56,2% des Haushaltsbudgets, bzw. 57,7% im Jahr darauf. Infolge der Teuerung wurde also der Anteil des Existenzbedarfs noch grösser. Das im Sulzer-Lohnkonflikt eingesetzte bürgerliche Schiedsgericht hielt denn auch zu Recht, wenngleich immer noch in leicht beschönigender Art, fest:

«Aus den dem Schiedsgericht vorliegenden Haushaltrechnungen einiger Winterthurer Arbeiterfamilien wird die Tatsache erneut bestätigt, dass im Budget der tiefen Einkommensklassen der Wahlbedarf beinahe völlig verschwindet und der Zwangsbedarf nur mit Mühe gedeckt werden kann» [220].

Zwar ist das zitierte Beispiel eines Arbeiter-Haushaltes nur ein Einzelfall, doch darf wohl aus verschiedenen anderen Äusserungen und der Meinung des Schiedsgerichts der Schluss gezogen werden, dass während der Wirtschaftskrise in einem Grossteil der Arbeiterhaushalte die schwindenden Einkommen die Lebenshaltungskosten nicht mehr zu decken vermochten. Kamen selbst Arbeiter, die vollbeschäftigt waren, mit dem Lohn nicht mehr zurecht, so traf das noch viel mehr für die Unterbeschäftigten zu. Wenn also die Unternehmungen bei den Lohnverhandlungen immer den Lebens- und Kostenindex zu Rate zogen, dann argumentierten sie schlicht an der Realität vorbei. Die Arbeiterschaft war deshalb gut beraten, dass sie diesen Zahlen eine gehörige Dosis Skepsis entgegenbrachte. Zum Taktieren mit Indexzahlen von Sulzer schrieb die kommunistische «Freiheit»:

«Dass dabei die Indexzahlen so geschickt gewürfelt werden, dass ein noch grösseres Realeinkommen der Arbeiter als vor Jahren entsteht, das ist wohl der Schlager der Firma» [221].

Einen wesentlichen Bestandteil des Arbeiter-Budgets verschlangen die nicht vom Lebenskosten-Index erfassten Mietzinse. Der Winterthurer Stadtrat liess regelmässig die Preise von 3-Zimmerwohnungen ermitteln. Sie zeigten folgende Entwicklung [222]:

Mietzinse für 3-Zimmerwohnungen

Jahr (Mai)	alte Wohnung	neue Wohnung
1931	713.–	895.–
1932	706.–	880.–
1933	700.–	853.–
1934	695.–	832.–
1935	691.–	825.–
1936	689.–	820.–
1937	692.–	819.–

Tabelle 29

Der wohl häufigste Wohnungstypus, die 3-Zimmerwohnung, sank also in der Vergleichsperiode lediglich um 3,4% bzw. 8,5%. Einen ähnlichen Verlauf wies auch der vom ASM veröffentlichte Winterthurer Mietzinsindex auf[223]:

Mietzinsindex in Winterthur

1929	184	1935	180
1930	185	1936	177
1931	187	1937	175
1932	187	1938	174
1933	184	1939	173
1934	182		

Tabelle 30

Die Durchschnittspreise der Wohnungen sanken nach dem Unternehmerindex zwischen 1929 und 1939 um blosse 6%. Selbst als die Nahrungsmittelpreise schon stark im Fallen waren, kam es im Mietbereich zu vereinzelt happigen Aufschlägen. In seinem Kommentar zur Mietzinserhebung von 1931 hielt der Stadtrat fest:

«Auch dieses Jahr zeigen die alten Wohnungen eine deutliche Tendenz zur Steigerung der Zinse. In ca. 32% der untersuchten Wohnungen wurde eine Erhöhung von 4–400 Franken konstatiert. Neben guten Begründungen wie Renovation, Einbau von Waschküchen etc. ist häufig auch nur der Wechsel des Mieters Veranlassung zur Mietzinserhöhung. Einige Wohnungen weisen beträchtliche Zinsaufschläge auf, ohne dass Gründe angegeben wurden» [224].

Mit zunehmender Krise stieg auch die Zahl der leerstehenden Wohnungen. 1934 betrug der Leerwohnungsbestand 1,5%, doch konnte auch dieser Anteil keine wesentliche Senkung der Mietzinse bewirken. Dass die Preise der Neuwohnungen stärker fielen als diejenigen der Altwohnungen, ist dem Verdrängungseffekt zuzuschreiben, den die Krise mit sich brachte. Sehr oft überstiegen nämlich die konstant gebliebenen Mietzinse bei gleichzeitiger Einkommensschrumpfung das Mass des Tragbaren, so dass die Leute in kleinere und billigere Wohnungen ziehen mussten. Der Stadtrat wies in seinem Kommentar zur Erhebung 1935 auf diese Erscheinung hin:

«In vielen Fällen werden neuere, teure Wohnungen verlassen und dafür alte bezogen» [225].

In einer Sitzung vom 10.1.1934 (kurz vor dem zweiten Lohnabbau) mit der Sulzer-Geschäftsleitung machte ein Mitglied der Arbeiterkommisssion auf die hohen Mietzinse aufmerksam. Trotz des Lohnabbaus, klagte er, würde kaum jemandem der Mietzins gesenkt. Die heutigen Mietzinse bedeuteten «die grösste Last des arbeitenden Volkes» [226]. Bei der Geschäftsleitung stiessen allerdings solche Argumente auf taube Ohren.

Vergleicht man die stark abgebauten Löhne mit den vor allem für Arbeiterhaushalte weniger stark gesunkenen Kosten der Lebenshaltung und den praktisch konstant gebliebenen Mieten, so kann man wohl behaupten, dass – trotz gegenteiligen offiziellen Indexberechnungen – der grössere Teil der Arbeiterschaft eine reale Einkommensbusse erlitt. Zu beachten ist dabei auch, dass den offiziellen Berechnungen immer der vollbeschäftigte Arbeiter zugrunde lag – eine Idealvorstellung, die zeitweise für die Mehrheit der Winterthurer Arbeiter und ihre Familien nicht zutraf. Ein weiteres Indiz für diese Behauptung ist auch die Tatsache, dass selbst vollbeschäftigte Arbeiter vorübergehend Armenunterstützung beziehen mussten. Die Wirtschaftsdepression brachte es also mit sich, dass breite Schichten der Arbeiterschaft verarmten und grosse Teile der Angestelltenschaft proletarisiert wurden, d. h. auf den sozio-ökonomischen Status der Arbeiter herabsanken.

Die Konjunktur in der Metall- und Maschinenindustrie

«Mit Krisen muss man, wie mit Naturerscheinungen, immer rechnen. Gegen sie gibt es kein Allheilmittel» [227].

1932 betrugen die Exporte der schweizerischen Metall- und Maschinenindustrie noch 36,6% derjenigen von 1929; die Ausfuhr von Maschinen, Fahrzeugen, Instrumenten und Apparaten war 1935 auf 43,8% des Standes von 1929 herabgesunken. Bis 1936, als die Exporte 47,1% derjenigen von 1929 ausmachten, verharrte die Metall- und Maschinenindustrie auf ihrem tiefen Exportniveau [228]. Dieser Rückgang des Schweizer Exports hinterliess selbstverständlich auch bei der Winterthurer Industrie seine Spuren. So gingen die Exporte der SLM von 4,247 Millionen Franken 1930 auf 2,468 Millionen 1934 zurück, während das Fabrikationskonto von Sulzer, das grob die Umsatzentwicklung wiedergeben dürfte, von einem Bestand von 15,3 Millionen Franken 1930 auf 6,1 Millionen 1935 herabsackte. Einzig Rieter vermochte ihren Exportanteil zu halten bzw. zu verbessern. 1931 betrug er 4,251 Millionen Franken, 1935 5,712 Millionen [229].

Der Rückgang der Konjunktur setzte in der zweiten Jahreshälfte 1930 ein. Dies wurde auch im Geschäftsbericht der Firma Sulzer festgehalten:

«Nach einer mehrjährigen Periode lebhafter Geschäftskonjunktur, die unserem Werk in allen seinen Teilen volle Beschäftigung brachte und auch in der ersten Hälfte des Berichtsjahres noch anhielt, ist um die Jahresmitte ein Umschwung eingetreten (...). Der Bestellungseingang ist seither bedeutend zurückgegangen und der Auftragsbestand, den das alte Jahr dem neuen gutschreiben konnte, ist erheblich kleiner als derjenige, den es seinerseits vom Vorjahr übernahm» [230].

Und von Rieter hiess es:

«Der Beschäftigungsgrad steht gegenwärtig sehr flau. Schon seit Neujahr muss in den meisten Abteilungen bedeutend reduziert gearbeitet werden. Die Aussichten für die nächste Zeit sind nicht rosig. Die Arbeiterzahl wird stetig vermindert» [231].

Eingang der SLM an der Zürcherstrasse, um 1930.

Die kleineren Betriebe der Metall- und Maschinenindustrie überstanden das Jahr 1931 noch relativ gut, während die Grossfirmen – trotz nach wie vor positiven Geschäftsabschlüssen – einen erheblichen Bestellungsrückgang in Kauf nehmen mussten. In der Maschinenbteilung von Sulzer betrug er beispielsweise 55% des Vorjahres, in der Giesserei zwei Drittel, während der Ausfall in der Heizungsabteilung nur 10% ausmachte. Auf das Jahresergebnis der Exportfirmen drückte vor allem die Abwertung der englischen Währung [232]. Der SMUV bezeichnete in seinem Jahresbericht dieses Jahr als «ein Jahr der Entbehrung und der Not» [233].

Im Folgejahr erlitt Sulzer erstmals einen Verlust, der mit über 1 Million Franken recht massiv ausfiel, während sich die SLM noch knapp über Wasser halten konnte. Im Jahresbericht 1932 kommentierte Sulzer das Ergebnis so:

«Die unbefriedigende Lage unseres Unternehmens hat im Berichtsjahr eine weitere Verschlechterung erfahren. Umsatz und Bestellungseingang sind weiter zurückgegangen und haben uns zu starken Betriebseinschränkungen gezwungen (...). Der unerhört scharfe Konkurrenzkampf hat die Preise unserer Produkte auf dem Weltmarkt auf eine Stufe heruntergedrückt, bei welcher von einer Deckung der Herstellungskosten nicht mehr die Rede sein kann» [234].

Den absoluten Tiefpunkt erreichte die Winterthurer Industriekonjunktur im Jahr 1933. Sulzer und SLM erlitten zusammen Verluste von über 9 Millionen

Franken, wovon allein 6 Millionen auf das Konto der SLM gingen. Die vor dem Zusammenbruch stehende SLM musste daraufhin eine Sanierungsaktion durchführen. Das Aktienkapital von 12 Millionen Franken wurde auf 4,8 Millionen abgeschrieben und die Obligationenanleihe von 8 Millionen in ein Prioritätsaktienkapital von 4 Millionen umgewandelt. In diesem schwarzen Jahr konnte von den Grossen einzig Rieter mit voller Kapazität arbeiten und sogar seinen Arbeiterbestand erhöhen. Rieter kam überhaupt glänzend über die Wirtschaftskrise hinweg. Nicht ein einziges Mal wurde die Rechnung mit roten Zahlen geschrieben, und das Aktienkapital warf während den ganzen 30er Jahren immer eine Dividende von mindestens 5% ab. Weshalb Rieter trotz dieses glänzenden Geschäftsgangs über 400 von 1000 Arbeitern entliess, ist mir nicht klar.

Der Grund für den schlechten Geschäftsgang wurde meist in einer übermässig starken Konkurrenz gesehen, die zu tieferen Preisen kalkulieren konnte. So schrieb der Stadtrat in einer Weisung an den Gemeinderat betreffend Kredit für die Krisenfürsorge am 8. 9. 1933[235]:

«Durch die Valutaentwertung in Amerika und England und durch die übermässige deutsche Konkurrenz, die durch ihre verschiedene Rechnungsart der Mark ihre Preise sehr tief kalkulieren kann, ist eine gesunde Konkurrenz im Exportgeschäft ausserordentlich erschwert. Fast sämtliche Aufträge aus dem Ausland müssen mit sehr gedrückten Preisen hereingeholt werden, meistens sind es Verlustgeschäfte.»

1934 konsolidierten sich die Verhältnisse auf tiefem Niveau. Sulzer und SLM konnten ihre Verluste halbieren bzw. auf einen Viertel reduzieren. Auf eine Erhebung des Arbeitsamtes erklärten die drei Grossunternehmen, dass weitere Entlassungen wenig wahrscheinlich seien, dass man aber andererseits auch keine Anzeichen einer Besserung erkennen könne. Die Geschäfte seien nach wie vor äusserst unbeständig. Der Schweizer Fabrikant sei für Auslandaufträge so sehr vom guten Willen des Bestellers abhängig, dass sich für die nächste Zukunft überhaupt nichts sagen lasse[236].

Eine Belebung des Auftragseingangs stellte Sulzer gegen Ende des Jahres 1935 fest, die sich auch 1936 fortsetzte und dem Unternehmen in diesem Jahr erstmals wieder einen Gewinn brachte. Die SLM blieb hingegen weiterhin in der Verlustzone und konnte während den 30er Jahren mit Ausnahme von 1930 nie eine Dividende ausschütten. Zwischen 1932 und 1935 erlitt Sulzer Verluste von insgesamt 6,3 Millionen Franken. Zusätzlich konnte die Firma nötige Abschreibungen von 4,7 Millionen nicht vornehmen. Ausserdem verzichtete die Holding auf Zinsen von den Sulzer-Unternehmungen in der Höhe von 1,5 Millionen[237].

Den Aufwärtstrend bestätigte auch Stadtpräsident Hans Widmer am 16. 9. 1935 im Gemeinderat[238]. Er schrieb die Besserung vor allem den Produktionsbeiträgen der öffentlichen Hand zu. Den endgültigen Wendepunkt brachten dann die

Abwertung und die etwa gleichzeitig einsetzende Rüstungskonjunktur, so dass der SMUV in seinem Bericht zum Jahresende 1936 frohlocken konnte:

«Verheissungsvoll hat das Jahr begonnen, Arbeit war vorhanden in Hülle und Fülle» [239].

Sulzer meldete für das Jahr 1937 einen um 75% höheren Bestellungseingang als im Vorjahr. Der Anteil der Rüstungsaufträge betrug 4% [240]. Trotz des Aufschwungs schilderte das Unternehmen seine Lage weiterhin in düsteren Farben. In einem Brief an das Schiedsgericht vom 10. 7. 1937 klagte es:

«So brachte die Abwertung nur eine bescheidene Verbesserung, die in vielen Fällen immer noch nicht genügt, um die vollen Herstellungskosten zu decken» [241].

Winterthur - Etabl. Gebr. Sulzer — Feierabend

A. Sch. V. W. No. 1570

Feierabend: Die Sulzer-Arbeiter verlassen die Fabrik.

Die akkumulierten Verluste von 6,3 Millionen Franken zwangen Sulzer trotz des einsetzenden guten Geschäftsgangs zu einem Kapitalschnitt. An der Generalversammlung vom Frühling 1937 wurde das Aktienkapital von 40 auf 28 Millionen Franken herabgesetzt. Als Gegenleistung für diese Radikalkur stellte Hans Sulzer für das folgende Jahr wieder Dividenden in Aussicht, ein Versprechen, das er auch halten konnte [242]. Zwei der drei Winterthurer Grossbetriebe der Metall- und Maschinenindustrie wurden von der Krise derart mitgenommen, dass sie eine Sanierung durchführen mussten. Weitaus am besten über die Runden kam Rieter. Rückblickend schildert sie diese Zeit so:

«Aufträge, allerdings zu stark gedrückten Preisen, aus der Türkei und in grösserem Umfang aus Vorderindien, kleinere von Südamerika, verhalfen zu einer leidlichen Beschäftigung der Werkstätte. Der Inlandmarkt liess noch lange zu wünschen übrig» [243].

Neben den krisengeschüttelten Unternehmen der Metall- und Maschinenindustrie gab es aber auch Gesellschaften (vorab im Finanzsektor), die sogar während der ärgsten Depression glänzend geschäfteten. Als Beispiel möge etwa die «Winterthur»-Versicherungsgesellschaft dienen, die während der ganzen 30er Jahre ihre Belegschaft behielt, jährlich eine Dividende von 20% nominell ausschüttete und zudem ihre etwa ein Dutzend Verwaltungsräte mit einer jährlichen Tantieme von zusammen 100 000 Franken bedachte [244].

Die städtischen Finanzen

Dass der städtische Finanzhaushalt trotz krisenbedingten Mehrausgaben gesund sein sollte, darüber herrschte sowohl bei der Rechten als auch bei der Linken Einigkeit. So forderte beispielsweise die SP in ihrem Programm zu den Gemeinderatswahlen 1934 eine gesunde Finanz- und Steuerpolitik. Und der freisinnige Gemeinderat Dr. Oscar Sulzer plädierte am 5. 10. 1931 im städtischen Parlament für eine Finanzpolitik des vorsichtigen Hausvaters. Der Staat müsse mit seinen Mitteln sparsam umgehen und das Budget ausgeglichen halten. Dieses Votum lag selbstverständlich ganz auf der Linie der bürgerlichen Finanzpolitik, die darauf basierte, dass nicht nur der Staatshaushalt, sondern sämtliche Budgets der öffentlichen Hand im Gleichgewicht sein müssten. Diesem Primat des Budgetausgleichs hatte sich die übrige Wirtschaftspolitik unterzuordnen. Über den Grundsatz eines gesunden Finanzhaushalts war man sich also einig; die Streitfragen lagen nur beim Wie. Dass die Stadt Winterthur auch während der Krise einen ausgeglichenen Finanzhaushalt führte, zeigt folgende Aufstellung [245]:

Rechnungsabschlüsse der Stadt Winterthur im Ordentlichen Verkehr

Jahr	Einnahmen	Ausgaben	Überschuss	Neubautenschuld
1930	11 308 706.96	11 265 725.10	+ 42 981.86	3 848 062.85
1931	11 851 417.54	12 044 608.59	− 193 191.05	4 991 480.90
1932	11 144 064.66	12 603 526.56	−1 459 461.90	6 498 883.51
1933	12 783 738.93	12 853 815.47	+ 125 207.46	7 630 767.80
	+ 195 284.—	(Krisenopfer)		
1934	13 058 951.92	12 692 153.22	+ 366 798.70	8 380 145.35
1935	12 875 902.74	12 534 425.69	+ 341 477.05	9 426 298.35
1936	13 965 778.84	13 344 098.98	+ 621 679.86	9 301 848.95
1937	14 309 373.87	13 607 104.88	+ 702 268.99	8 111 420.—
1938	14 830 910.11	14 169 351.62	+ 661 558.49	7 355 948.15
1939	14 688 813.40	14 561 169.54	+ 127 643.86	5 970 541.90

Tabelle 31

Nur gerade in zwei Jahren resultierte also ein Defizit in der Rechnung des Ordentlichen Verkehrs, und auch die Neubautenschuld konnte bis gegen Ende des Dezenniums so abgebaut werden, dass sie lediglich 2 Millionen Franken höher war als am Anfang. Auch die Ausgabenüberschüsse des Ausserordentlichen Verkehrs, der traditionell defizitär war und noch zusätzlich durch die Krisenfürsorge belastet wurde, hielten sich in Grenzen [246].

Rechnungsabschlüsse im Ausserordentlichen Verkehr

Jahr	Ausgabenüberschüsse AOV	a. o. Krisenfürsorge
1930	1 187 597.86	—
1931	1 752 872.32	—
1932	1 188 258.47	549 143.45
1933	1 619 675.05	640 677.80
1934	1 929 746.45	459 751.59
1935	1 879 192.42	621 905.87
1936	1 244 949.93	591 807.27
1937	1 234 340.35	71 795.32
1938	2 422 622.59	—
1939	2 774 309.05	

Tabelle 32

Die Diskussion unter den politischen Kontrahenten drehte sich vor allem um die Frage, wie der städtische Haushalt sauber gehalten werden könne. Während die Bürgerlichen zur Finanzierung der Krisenausgaben in erster Linie Kürzungen auf der Ausgabenseite vorsahen, strebten Sozialdemokraten und Gewerkschafter eine Verbesserung der Einnahmenseite mittels höherer Steuern an. Dass diese ihre Vorstellung durchsetzen konnte, geht aus der nächsten Tabelle hervor [247]:

Steuereinnahmen der Stadt Winterthur

Jahr	Netto-Steuer-ertrag (100%)	Eink.- und Ertragssteuern	Ergänz. und Kap.-Steuern	Total Steuer-einnahmen	Steuer-fuss
1930	3 787 800.—	3 500 100.—	870 000.—	4 598 065.71	130%
1931	3 807 300.—	2 690 000.—		4 766 404.—	130%
1932	3 378 400.—	2 415 000.—	840 000.—	4 195 977.90	130%
1933	3 071 200.—	2 866 500.—	1 176 000.—	5 032 890.26	187%
1934	2 868 600.—	2 955 000.—	1 095 000.—	5 034 728.84	180%
1935	2 911 400.—	3 024 000.—	1 136 000.—	5 102 272.10	190%
1936	2 890 800.—	3 200 000.—	1 120 000.—	5 569 489.15	190%
1937	3 154 100.—	3 336 000.—	1 304 000.—	5 649 266.53	190%
1938	3 311 400.—	3 673 500.—	1 271 000.—	6 093 381.25	190%
1939	3 524 700.—	3 906 000.—	1 271 000.—	6 049 580.10	190%

Tabelle 33

Die Krisenausgaben wurden also trotz eines städtischen Lohnabbaus vorwiegend über zusätzliche Steuern finanziert. Der grosse Sprung des Steuerfusses im Jahr 1933 erklärt sich so: Einerseits musste der Gemeinderat eine Anpassung an die Mehrausgaben vornehmen, andererseits führte die Ablehnung des Lohnabbaus durch die Stimmbürger zu einer Nachsteuer von 27%. Obwohl die SP sowohl in der Exekutive als auch in der Legislative in der Minderheit war, setzte sie ihre finanzpolitischen Vorstellungen wenigstens teilweise durch.

Mit der Fortdauer der Krise änderte sich die Haltung der SP zum Finanzhaushalt ein wenig. Auch wenn Sie nach wie vor für gesunde Verhältnisse eintrat, wollte sie sich doch nicht zur Sklavin der Budgetzahlen machen. Bei der Budgetdebatte vom 21.12. 1936 rief SP-Gemeinderat Schneider seinen bürgerlichen Kollegen zu:

«Seien Sie doch nicht allzu ängstlich, klammern Sie sich nicht allzu ängstlich an diese Budgetzahlen. Heute heisst es aus der Krise herauszukommen. Arbeiterschaft, Gewerbe und Handel haben ein Interesse an der Wiederbelebung der Wirtschaft. Arbeitsbeschaffung heisst Rettung der Wirtschaft» [248].

Die 1933 erfolgte höhere Steuerbelastung führte nach Stadtpräsident Widmer zu einer Einkommensumverteilung. 1936 schrieb er, ein geringer Prozentsatz der Steuerpflichtigen entrichte über 80% der Steuern. Somit würden vor allem die höheren Einkommen stärker belastet.

«Es zeigt sich auch eine gewisse Umwandlung in den Steuergrundlagen; die grossen Einkommen und Vermögen sind durch die Krise besonders mitgenommen, während die mittleren und kleineren Einkommen und Vermögen sich gegen die Wirtschaftserschütterung widerstandsfähiger erweisen» [249].

Der demokratische Stadtpräsident verschwieg jedoch, dass der Lohnabbau in der Privatwirtschaft die Bezüger kleinerer Einkommen besonders hart traf und die Arbeiter ihre kleinen Vermögen – sofern sie überhaupt über solche verfügten – zur Deckung des defizitären Haushaltsbudgets heranziehen mussten. Dass auch die Unternehmer Verluste erlitten, erwähnte er nicht ganz zu unrecht. So versteuerte Dr. Hans Sulzer 1930 ein Einkommen von 209 800 Franken und ein Vermögen von 3 989 000 Franken. 1936 waren diese Zahlen bereits auf 186 500 Franken bzw. 1 631 500 Franken gesunken [250].

Die Betroffenen reden

«Arbeitslos ging ich durch die Strassen der Stadt. Trotzdem ich gesund bin und im besten Mannesalter stehe, ist meine Arbeitskraft lahmgelegt. Einer von vielen, die Opfer des kapitalistischen Systems geworden sind. Täglich komme ich auf dem Arbeitsamt mit vielen Leidensgenossen in Berührung. Sorge liegt auf allen Gesichtern. Wie soll ich meine Familie erhalten [291].

Zahlen und Statistiken wiederspiegeln die eine Seite der Medaille, geben das kollektive Ausmass der Krise wider. Von der Krise betroffen wurden aber immer individuelle Schicksale. An deren Äusserungen sollen die verschiedenen Ausprägungen der Krise, wie sie den einzelnen getroffen hat, dargestellt werden. Zu Wort kommen also diejenigen, deren Stimme meist ungehört bleibt. Daneben sollen noch einige soziale Auswirkungen der Krise bzw. befürchtete Auswirkungen nachgezeichnet werden.

Als einer, der auch zu ihnen gehörte, schildert Ernst Romann den Alltag der von der Krise Gedrückten:

«Die Tage, Wochen und Jahre wurden überschattet von Ausdrücken, die den Charakter der Hässlichkeit annahmen: Stempeln, Ausgesteuertsein, Notstandsarbeit, Arbeitslosenunterstützung, Armenbeihilfe – Frieren, Hungern, Primitivität des Wohnens, ärmliche Kleidung, Demütigungen wurden ständige Begleiter» [252].

Einen besonderen Aspekt der Notlage erwähnte Metallarbeitersekretär Ferdinand Aeschbacher am 5. 2. 1934 im Gemeinderat. Durch die lange Dauer der Krise seien die Arbeiter nicht mehr dazu gekommen, sich neue Kleider anzuschaffen. Viele könnten deshalb am Sonntag nicht mehr auf die Strasse gehen, weil sie kein Sonntagskleid besässen [253]. Dass einfach kein Geld mehr für Neuanschaffungen vorhanden war, kommt auch aus dem Leserbrief eines Geschäftsreisenden, der Arbeitersiedlungen der Firma SLM in Winterthur bereiste, zum Ausdruck:

«Viele Frauen klagen sehr, dass Neuanschaffungen gemacht werden sollten, es geht eben immer etwas ab. Sehen Sie, da haben wir unsere Wäsche, die wir nicht ins Freie hängen dürfen, da sie zum Teil zerrissen ist» [254].

Um die Not der Allerbedürftigsten zu lindern, half die Arbeiterunion mit Lebensmittelgutscheinen, aus Spendengeldern leistete sie auch Zuschüsse an die Miete, die Stromrechnung und ähnliche Auslagen (siehe Kapitel 6). Unzählige Male wurde das Arbeitersekretariat mit Bitten um Unterstützung angegangen. Aus diesen Hilfeschreien sprach die nackte Not:

«Muss Ihnen mitteilen, dass ich mit drei Hauszinsen im Rückstand bin (...). Habe eine solche (Unterstützung, T. B.) von Fr. 5.50. Möchte Sie anfragen, mit was ich leben soll, und Gas und Kleider kaufen und bezahlen» [255].

«Ich bin so in der Not, dass ich nicht einmal mehr kochen kann, weil ich ein Gasautomat habe» [256].

«Ich weiss nicht wovon leben mit fünf Kindern da der Mann ausgesteuert ist und die Krisenunterstützung hätte schon letzte Woche ausbezahlt werden sollen (...). Ich muss doch die Milch bezahlen und zum leben habe ich auch nichts mehr» [257].

«So ein älterer Arbeitsloser, der sich noch mit Hausieren durchschlagen soll und nicht verkaufen kann, von was soll er leben. – Unterstützung erhält er von nirgends, für diesen fehlt überall die gesetzliche Unterlage» [258].

«Wir haben kein Brot und keine Lebensmittel und kein Holz mehr und meine Unterstützung vom Dezember langte gerade für den Zins und die wichtigsten Lebensmittel und ein bisschen Holz» [259].

«Da ich im Jahre 1933 etwa 160 Tage aussetzen musste, kam ich erheblich in Rückstand im Haushaltungs Portmone, so bin ich zum Beispiel noch für vier Monate Milch schuldig. Grund dazu ist, weil ich meine Frau letzten Sommer für vier Wochen in einen Kurort schicken musste» [260].

«Ich weiss es ist eine Schande, dass ich zu Ihnen komme wenn man in Not ist. Aber ich war so an vielen Orten und habe gefragt um Hilfe nur damit ich nicht der Stadt Winterthur zur Last falle. Ich gäbe ja jeden Rappen zurück, aber niemand wollte mir helfen. Sie klagten selber» [261].

«Habe zwei Söhne, einer davon arbeitet auch bei Gebrüder Sulzer aber fest reduziert. Der andere hat gar keine Arbeit und fällt daher ganz zu Lasten von mir, da er noch nicht unterstützungsberechtigt ist. Das Heimwesen welches ich vor 13 Jahren gekauft habe drückt mich heute sehr schwer, und ich weiss nicht ob ich es halten kann über diese Krise. Geht es noch lange, dann kann es noch schief gehen. Auch ging ich jeder Winterhilfe verlustig, welche ich so nötig gehabt hätte. Nun bin ich noch seit Januar 1934 im Asyl hier, und werde noch eine Zeit lang krank sein» [262].

Aus diesen wenigen Äusserungen lassen sich einige für die Krise typische Merkmale herausschälen. Als bei Einbruch der Arbeitslosigkeit oder Kurzarbeit das Geld nicht mehr reichte, zehrte man zuerst vom Ersparten und machte dann Schulden. Da die kleinen Ladenbesitzer monate- oder gar jahrelang auf ihr Geld warten mussten, gerieten auch einige von ihnen in Schwierigkeiten. Zu Einsparungen war man nicht nur bei Miete, Kleidern und Lebensmitteln gezwungen, sondern auch bei Heizung, Strom und Gas. Durch Unter- und Fehlernährung, ungeheizte Wohnungen und kaltes Essen wurden die Leute krankheitsanfälliger. Was man eingespart zu haben glaubte, brauchte man für Arzt- und Apothekerrechnungen [263].

Dass sie unverschuldet in Not gerieten, empfanden viele Unterstützungsbedürftige als Schande. Lieber versuchte man, sich mit Hilfe von Verwandten und Bekannten durchzuschlagen, als der Öffentlichkeit zur Last zu fallen. «Armengenössig» blieb auch in dieser Zeit ein Schimpfwort; zudem liessen verschiedene Beamte ihre Klienten es auch merken, dass sie von der Stadt lebten. Etliche Arbeiter hatten zur Zeit der Hochkonjunktur und bei relativ guten Löhnen ein bescheidenes Häuschen gekauft. Als sie arbeitslos wurden, hatten sie Mühe, den Hypothekarzins aufzubringen oder mussten es sogar verkaufen.

«Und dann kam die grosse Krise. Es fehlten Aufträge am Arbeitsplatz meines Mannes, mit der Zeit blieben sie ganz aus, dass er arbeitslos wurde und stempeln gehen musste. Wir hatten von Verwandten Darlehen erhalten für die

Anzahlung ans Haus, die zweite Hypothek musste abbezahlt werden (die erste besass unser Prinzipal). Überall erwartete man unsere Abzahlungen. Es gab schlaflose Nächte» [264].

In den meisten Fällen gab es gar keine Alternative: Entweder akzeptierte man den von der Firma diktierten Lohnabbau oder man stand auf der Strasse, dies galt für Arbeiter und Angestellte gleichermassen. Willy Sulzberger, ein Winterthurer, der in den 30er Jahren als Maschinentechniker bei der Maschinenfabrik Bell in Kriens arbeitete, machte diese Erfahrung:

«Da sind zu nennen: die ganz miserablen Beschäftigungsverhältnisse in der Maschinenindustrie der ganzen Schweiz. Da erhielten wir Angestellte unserer Maschinenfabrik, welche Turbinen, Seilbahnen, Papiermaschinen herstellte und auch eine Abteilung für Eisenkonstruktionen betrieb, eines Tages einen Zettel, auf welchem mitgeteilt wurde, dass wir von nun an einen Lohnabbau von 25 Prozent zu akzeptieren hätten, ansonsten könnten wir das Anstellungs-verhältnis als gekündigt betrachten. Was wollten wir anderes tun, als die Pille zu schlucken, denn eine andere Stelle zu finden war ja sozusagen ausgeschlossen. Das hiess für eine Familie mit Kindern ganz einfach ,Einteilen, Sparen und Sparen» [265].

Lohnabbau, Rationalisierung, gesteigertes Arbeitstempo und zeitweise Über-stunden bei gleichzeitigen Massenentlassungen weckten bei zahlreichen Arbeitern das Gefühl, dass sie blosses Objekt und Spielball des kapitalistischen Systems seien, das sie rücksichtslos aussauge. Einige Äusserungen dazu:

«Wie es uns in der Sulzerbude Oberwinterthur geht, davon will ich ein kleines Bild geben. Hier zahlt man den Jungarbeitern Hungerlöhne von 40 Rappen pro Stunde und noch weniger. Da wir nur drei Tage in der Woche arbeiten, so kommt man in 14 Tagen auf den fürstlichen Lohn von ca. 20 Franken. Das langt ja nicht einmal für die Kost. Von Schuh und Kleider wollen wir gar nicht sprechen. Wie weit man heute mit 20 Franken kommt, das weiss ein jeder. Dazu gibt es Tage, wo wir schinden müssen wie ein Alter, ohne dass wir einen Rappen mehr bekommen. So saugen uns die millionenschweren Sulzer aus» [266].

«Überall wurde rücksichtslos abgebaut, überall wurde gespart, eingeschränkt, gesogen und nochmals gesogen an den ausgemergelten Proleten. Im Sennhof hat man diverse Male direkt und indirekt den Lohn gekürzt. Passt der Leitung irgendeiner nicht mehr, dann wird er zum Feiern verdammt. Und plötzlich kommt, nach all diesem Druck in der Bude die Hetzerei, die Jagerei und Überzeit. 52, 54, 56, in einzelnen Fällen sogar über 60 Stunden, und ganz einzelne (oder sind es etwa noch mehr?) kamen auf 70 Stunden pro Woche nach unserer Rechnung» [267].

«Schmerzlos wird Artikel um Artikel heruntergedrückt, eben weil's schlecht steht. Wenn dann genügend retour geschraubt ist, dann ist Ware in Hülle und Fülle vorhanden. Der Büetzer muss dann nur recht dreinliegen, mit Schuften und Schinden bringt er's dann noch auf zwei Drittel des vorangehenden

Zahltags, und den vielbesorgten Aktionären winken immer noch 7 bis 8 Prozent Dividende» [268].

«Sulzer rationalisiert auf unsere Knochen. – Es wird alle Tage verreckter...» [269].

Einen kausalen Zusammenhang zwischen Selbstmorden und Wirtschaftskrise konstruieren zu wollen, ist problematisch. Es ist schwierig festzustellen, ob die Krise der eigentliche Grund für die Handlung war oder ob bereits vor der Krise eine gewisse Latenz vorherrschte, die sich dann durch die Krise noch verstärkte. Immerhin dürfte sich in einigen Fällen nachweisen lassen, dass die Depression mit ein Grund für den Suizid war. So schrieb die AZ am 14. 2. 1930:

«Unter dem Druck der Arbeitslosigkeit ist ein junger Mann zusammengebrochen und daher freiwillig aus dem Leben geschieden. Wie er in einem Abschiedsbrief schrieb, wollte er seinen Eltern nicht mehr länger zur Last fallen» [270].

Bei einem Lohnkonflikt mit der AG Carl Weber behauptete Textilarbeiter-Sekretär Marty am 6. 2. 1932 vor dem Zürcher Einigungsamt, dass sich ein Arbeiter dieses Betriebes anfangs 1932 erhängt habe, weil er mit 99 Rappen Stundenlohn seine Familie nicht mehr habe durchbringen können [271].

Im Mai gleichen Jahres erhängte sich ein 53jähriger arbeitsloser Tessiner bei Elsau. «Der Grund zur Verzweiflungstat» – so die AZ – lasse sich zwar nicht feststellen, «doch dürften die Arbeitslosigkeit und der Mangel an Geld dazu beigetragen haben» [272]. Am 22. 4. 1935 sprang ein 22jähriger Mann vom Eschenbergturm und starb kurze Zeit darauf. Auch in diesem Fall kannte man das Motiv nicht genau, doch war der Mann lange Zeit arbeitslos und krank gewesen. «Die Umstände dürften den Lebensmüden zur Verzweiflung getrieben haben» [273]. Bemerkenswert fand im übrigen die AZ, dass innert Jahresfrist gleich drei Leute sich durch einen Sprung vom Eschenbergturm das Leben genommen hatten.

Unter der Schlagzeile «Selbstmordepidemie» berichtete die AZ gut anderthalb Jahre später:

«In etwa einer Woche ereigneten sich also vier Selbstmordversuche und ein Selbstmord. Darf man die Ursachen in den Folgen der Krise suchen? So herrlich ist es in unserer Welt eingerichtet, so glückverheissend, dass innerhalb etwa einer Woche fünf Menschen unserer Stadt das Leben von sich werfen wollten» [274].

Zahllos waren die Demütigungen, die die Minderbemittelten über sich ergehen lassen mussten. Zu den materiellen Problemen kamen auch noch Benachteiligungen im sozialen Leben. Ernst Romann empfand die Behandlung in der Schule als besonders drückend. Die Lehrer hätten sich verzweifelt Mühe gegeben, den Kindern der Bessergestellten und Einflussreichen ja nicht zu nahe zu treten.

«Auf die Kinder der Armen konnte man dann dafür um so entspannter und unverkrampfter loshämmern. Von den Armen musste man nicht befürchten, dass sie bei einer Behörde vorstellig würden» [275].

Den Armen gehört wohl das Reich Gottes, doch für die Diener dieses Reiches waren sie trotzdem nur Menschen zweiter Klasse.

«Sie trugen die Klassenunterschiede auch in sein Haus hinein; in der staatlichen Kirche herrschte die gleiche strenge Teilung, die gleiche Missachtung der Benachteiligung wie draussen, und viele staatlich eingesetzte Diener Gottes behandelten die Geringsten mit Distanz und kühler Herablassung» [276].

Schlimmer noch als die materiellen Folgen der Arbeitslosigkeit wurden die moralischen bewertet. Erika Rikli schrieb in ihrer Studie über die Arbeitslosigkeit in der Schweiz:

«Die sittlichen Folgen des Nichtstuns, die damit zusammenhängende Verwahrlosung und die moralische Zerrüttung mancher Arbeitslosen sind zu bekannte Erscheinungen unserer Krisenzeit, um hier ausführlicher dargestellt werden zu müssen» [277].

Besonders verheerende Auswirkungen hatte die Arbeitslosigkeit nach Ansicht vieler, die sich berufsmässig mit ihr beschäftigten, auf Ehe und Familie. Der Rechtsberater der Arbeiterunion, Fritz Conrad, klagte:

«Unendlich viel Familienglück geht in Brüche und der Arbeiter hat oft nicht nur den finanziellen Ruin, sondern den seines ganzen früheren idealen Familienlebens zu beklagen» [278].

An der Delegiertenversammlung der Arbeiterunion vom 28. 5. 1936 wurde geklagt:

«Die Arbeitslosigkeit knickt mit rauher Hand Existenzen und bringt so viele Menschen zu Haltlosigkeit und Verzweiflung, zu unbedachten Handlungen, die die Ehe und Familienglück zerstören» [279].

Diese dramatischen Äusserungen stehen allerdings etwas im Widerspruch zu einer Untersuchung, die der Bezirksrichter und ehemalige Arbeitersekretär Albert Bachofner durchführte. Er prüfte 183 Scheidungsprozesse der Jahre 1935 und 1936 daraufhin, ob die Krise an der Scheidung schuld sei. Nur in zwei Fällen konnte er einwandfrei feststellen, dass die Arbeitslosigkeit Ursache des Ehezerwürfnisses war.

«So hat die Prüfung dieser 183 Fälle klar den Beweis erbracht, dass die Arbeitslosigkeit nur in ganz wenigen Fällen von Ehescheidungen die Schuld zur Auflösung der ehelichen Gemeinschaft bildete» [280].

Not und Sorge hätten die Ehegatten nicht etwa getrennt, sondern trotz allen Widrigkeiten eher enger miteinander verbunden.

Ältere Arbeiter gingen oft ihrer Pensionen und damit eines weniger sorgenbeladenen Lebensabends verlustig, Eltern sahen sich um die Zukunftswünsche für ihre Kinder betrogen, Jugendliche konnten nicht die Ausbildung ihrer Wahl ergreifen. Die Krise knickte Hoffnungen und zerstörte Illusionen.

«Was die Arbeiterschaft, das Proletariat durch die Krise verloren hat, ist (...) Lebensglück und Lebensfreude, die zugrunde gehen, schönste Hoffnungen und Jugendfreuden, die begraben werden müssen!» [281].

Als moralisch besonders gefährdet durch die Krise betrachtete man die Jugend:

«Die Not der Zeit mit ihrer Arbeitslosigkeit hat den einst braven Buschen und das einst brave Mädel auf Abwege gebracht und so Hoffnungen wackerer Eltern jäh zerstört» [282].

Und noch drastischer:

«Die Zahl der Kriminellen aus Proletarierkreisen ist im Steigen begriffen. Die Not der Zeit bringt Tausende von einst braven jungen Menschen auf den Weg des Verbrechens...» [283].

Auch wenn diese Beobachtungen übertrieben und wohl kaum empirisch nachzuweisen sind, so sind trotzdem diese subjektiven, überzeichneten Eindrücke als Zeugnis des damaligen Zeitgefühls ebenfalls wichtig. Die Krise und die Krisenerfahrungen waren derart tief im Bewusstsein der Menschen eingegraben, dass mit ihr eben auch Phänomene assoziiert wurden, die sich vielleicht kausal nicht oder nicht im vorgestellten Ausmass auf sie zurückführen liessen.

Länger dauernde Arbeitslosigkeit mag zu Apathie und Interesselosigkeit gegenüber der Umwelt führen. Mit dieser Erscheinung hatte der Leiter des Arbeitslagers Hard[284], Fritz Ungricht, zu kämpfen. In einem Bericht vom Frühling 1934 schrieb er:

«Am niederdrückendsten ist vielleicht die Gleichgültigkeit gegenüber geistiger Nahrung. Ich weiss nicht, ob das auch in normalen Zeiten so ist. Auf jeden Fall ist festzustellen, dass sich 98% aller Teilnehmer höchstens für Haldengut-Exkursionen begeistern können» [285].

Obwohl in diesem Satz eine gewisse elitäre Überheblichkeit durchschimmert die wenig Kenntnis der Arbeitermentalität verrät, hatten doch auch die Arbeiterorganisationen gegen die Interesselosigkeit ihrer Mitglieder zu kämpfen, die oft nicht leicht zum Besuch der Veranstaltungen zu motivieren waren.

In der Not waren die Menschen noch so gerne bereit, den kleinsten Hoffnungsschimmer als Silberstreifen am Horizont zu interpretieren; in ihrer Verzweiflung klammerten sich die Betroffenen an den dünnsten Strohhalm und wollten in den geringsten positiven Meldungen Anzeichen für eine längerfristige Besserung sehen. Hoffnung weckte beispielsweise eine Mitteilung von AK-Mitglied Krebs an seine Kollegen:

«Krebs bringt uns eine momentane Überraschung bei. Bei ihm in der Modellschreinerei werde nun wieder 48 Stunden pro Woche gearbeitet. Unsere

Es gab Bemühungen – vor allem aus Kreisen des EMD – den Freiwilligen Arbeitsdienst obligatorisch zu erklären. Als Vorbild schwebte diesen Militärkreisen der Arbeitsdienst im nationalsozialistischen Deutschland vor.

aufblühenden Gesichter, eines besseren Lenzes entgegenzugehen, erblassten wieder, als Krebs mitteilte, dass die Modelle für Auswärts gemacht werden» [286].

In etlichen Fällen mussten die Bedürftigen die Armenbehörden nicht als Unterstützungs-, sondern als Kontrollorgan kennenlernen. Zahlreiche Armengenössige wurden, damit sie die Rechnung nicht allzu stark strapazierten, schon nach kurzer Zeit in ihre Heimatgemeinden abgeschoben. Die Arbeiterunion schrieb zu diesen Praktiken:

«Wir hatten oft unseren ganzen Einfluss einzusetzen, um zu verhindern, dass man nicht Familien wegen einiger Franken Unterstützung einfach aufgelöst oder, wenn es nicht Kantonsbürger waren, der Heimatgemeinde auf den Hals geladen hat, wo ihnen das gleiche Schicksal gewartet hätte. Wegen einiger 50 Franken sind diese Hüter der Familie, wie sie sich im Brustton der Überzeugung gerade nennen, bereit, kurzerhand eine Familie aufzulösen, die Kinder zu verdingen und die Eltern auf die Walz zu schicken» [287].

Ein anderer Fall staatlicher Zwangsausübung ereignete sich in Wiesendangen. Dort wurde einem Arbeitslosen, dem die Gemeinde 25 Franken an den Hauszins leistete, das Stimmrecht entzogen. Nach Ansicht der Arbeiterunion, die in diesem Fall intervenierte, handelte es sich dabei um eine «krasse Verletzung der bestehenden Gesetze», da laut Kantonsverfassung das Stimmrecht nur bei selbstverschuldeter Armengenössigkeit entzogen werden könne, was hier nicht zutreffe [288].

Die Fälle staatlicher Härte mögen selten gewesen sein, doch worüber die Arbeitslosen immer und immer klagten, war die schlechte Behandlung durch die Behörden. In der Gemeinderatssitzung vom 26. 9. 1932 brachte Albert Bachofner dieses Thema zur Sprache:

«Bei uns sind viele Klagen über das Arbeitsamt Winterthur eingegangen in Bezug auf die Behandlung der Arbeitslosen durch das Personal. Wir dulden es nicht, dass unsere Arbeitslosen als Leute 2. Kategorie behandelt werden».

Und ein Jahr später doppelte er nach:

«Dabei sei hier erwähnt, dass sie sich beim Fürsorgeamt oft einer menschenunwürdigen Behandlung unterziehen müssen. Wenn diese Praxis von gewissen Herren dort nicht ändert, werden wir vor der Öffentlichkeit einige krasse Fälle behandeln» [289].

Auf eindrückliche Art wird die Krise in den Wünschen der Kinder reflektiert. Die AZ veröffentlichte Auszüge aus Aufsätzen von Schülern, die sie unter dem Titel «Was wir am nötigsten haben» geschrieben hatten. Ein Knabe:

«Die Krise hat schwere Sorgen in unsere Familie gebracht. Der Vater hat keine Arbeit. Wir Kinder sind dadurch sehr bedrückt; wir möchten doch so gerne helfen und wissen nicht wie. Ich denke oft auch an meine eigene Zukunft. Hoffentlich glückt es mir, eine Stelle zu finden. Ich habe für mich wohl viele

Wünsche, aber ich will sie gerne entbehren, wenn nur der Vater wieder für einige Zeit Arbeit hat...» [290].

Und Ernst Romann wünschte sich:

«Wäre ich als kleiner Bub gefragt worden, was ich begehrte, hätte ich gleich den alten Römern geantwortet: Brot und Spiele. Die römischen Kaiser hatten diesen Begehren zumeist entsprochen, das Bürgertum meiner Kinderzeit versagte uns dessen Erfüllung» [291].

Grosse Teile der Bevölkerung verfielen durch die Krise der Verelendung, Tausende lebten unter oder am Existenzminimum. Dennoch – und das ist eigentlich das Erstaunliche – rebellierten diese verarmten Menschen nicht gegen diese Gesellschaft, die nicht fähig war, ihre elementaren Bedürfnisse zu decken. Ernst Romann, der zwar nicht verhungerte, aber während einem Jahrzehnt ständig von Hungergefühlen geplagt wurde, begründete das so:

«Man liess uns, wie gesagt, nicht verhungern. Die bürgerliche Gesellschaft war besorgt, dass die Hungerkurve das Niveau «Hungergefühl» nicht allzuweit überschritt und nicht in den Gefahrenbereich hineinlief. Damit hatte sie ihre Pflicht erfüllt» [292].

Allein daran, dass die bürgerliche Gesellschaft halbwegs ihre Pflicht erfüllte, konnte es wohl nicht gelegen haben, dass die ausgemergelten Arbeiter keine Protestaktionen unternahmen oder sich zu einer sozialen Bewegung zusammenschlossen. Dazu brauchte es auch die Disziplinierungsmechanismen von Unternehmern und Gewerkschaften (siehe u. a. Kapitel 8), die es hervorragend verstanden, die durch Verzweiflung und Arbeitslosigkeit freigelegten Kräfte abzufangen und zu kanalisieren.

Die oben zitierten Beispiele schildern auf eindrückliche Art die Not und das Elend der damaligen Zeit. Ich bin überzeugt, dass solche Erlebnisse das Bewusstsein der Betroffenen stark geprägt haben müssen und dass für die Strukturierung unserer heutigen Wirtschaft und Gesellschaft, unserer Sozialbeziehungen und unserer politischen Kultur die 30er Jahre der entscheidende Abschnitt gewesen sind. War er es aber wirklich auch im Bewusstsein der Zeitgenossen, die ihn miterlebt und erlitten haben? Es fehlen Mittel und Möglichkeiten für eine repräsentative Befragung, weshalb ich die Biografien in «Lebzeiten» zur Beantwortung dieser Fragen beiziehe.

Im kleineren Teil der 37 Biografien werden die 30er Jahre überhaupt erwähnt und wenn, dann in ein bis zwei Sätzen pauschal abgehandelt.

«Und dann kam die grosse Krise. Es fehlten Aufträge am Arbeitsplatz meines Mannes, mit der Zeit blieben sie ganz aus, dass er arbeitslos wurde und stempeln gehen musste» [293].

Oder: «Die 30er Jahre waren schwer, es gab sehr viele Arbeitslose» [294]. Meistens werden sie aber übergangen oder nur im Zusammenhang mit persönlichen Schicksalsschlägen (etwa Krankeit oder Tod eines Angehörigen) erwähnt.

Bedeutend stärker im Erinnerungsvermögen der heute 82- bis 90jährigen Autoren blieben der Erste Weltkrieg, die darauffolgende Grippewelle oder der Generalstreik haften. Es fragt sich, wieso diese von vielen Zeitgenossen als schicksalsschwere und als Jahre des Umbruchs empfundene Zeit sich nicht oder kaum in den Autobiografien festgesetzt hat. Ist es, dass diese zufälligen 37 Schicksale weniger als andere betroffen wurden? Wurde die Erinnerung an jene Zeit ins Unterbewusstsein verdrängt? Waren oder sind die Leute zu stark mit persönlichen Problemen beschäftigt, um den Umbruch jener Zeit wahrnehmen zu können?

Man müsste wohl mit psychohistorischen Methoden diese Fragen untersuchen. Eines scheint mir aber aufschlussreich: In den Biografien nehmen persönliche Ereignisse sehr breiten Raum ein, während wirtschaftliche, soziale oder politische Begebenheiten, die auch das «einfache» Volk betrafen, auf einige Schlüsselereignisse reduziert werden. Das gleiche gilt auch für das eigene Engagement. Es stellt sich deshalb die Frage, ob wir, die wir uns mit der Geschichte des arbeitenden Volkes in einem begrenzten Raum beschäftigen, nicht falsch liegen mit unseren Fragen, ob die Probleme, die wir als relevant erachten, für die Betroffenen nicht eher sekundär waren. Vielleicht müsste man noch eine Stufe weiter herabsteigen und sich wieder mit Individuen beschäftigen, diesmal aber nicht mit hochgestellten, sondern kleinen, durchschnittlichen.

Es ist möglich, dass viele ältere Leute die Vergangenheit im Licht ihrer jetzigen Situation sehen. Da es den meisten heute materiell mehr oder weniger gut geht, sind vielleicht auch die 30er Jahre durch die Verzerrungen des Gedächtnisses nicht mehr so schlimm gewesen und werden in der Erinnerung ganz weggelassen. Damit ist gleichzeitig auch eine Schwierigkeit der «oral history»[295] angedeutet: Um wieviel haben jüngere Erfahrungen und Erlebnisse die früheren verzerrt und verschüttet? Was wird verklärt oder unscharf gezeichnet und wie unscharf?

Am Rande des Haupstroms: Angestellte und Proletarier

Die Fixierung auf den Terminus der «Arbeiterschaft» erweckt oft den Anschein, als ob es sich um eine homogene Gruppe handeln würde. Dem ist selbstverständlich nicht so, und im folgenden sollen denn auch zwei Gruppen am Rande bzw. innerhalb der Arbeiterschaft dargestellt werden, die zwar von ihrem Selbstverständnis her völlig verschieden waren, aber beide mit Problemen zu kämpfen hatten, die ohne die Krise nicht entstanden wären.

Die Proletarisierung der Angestellten

«Die Lage der kaufmännischen Angestellten hat sich in der Krisenzeit gewaltig verschlechtert»[296].

Die Angestellten unterschieden sich von den Arbeitern durch die andere Art des Einkommens: Sie bezogen ein Gehalt und keinen Lohn. Mit der Gehaltsform war gleichzeitig auch eine bestimmte Sicherheit verbunden; während der «Lohn»-Arbeiter jeden Tag um sein Einkommen kämpfen musste, war der Angestellte sicher, jeden Monat das im voraus bestimmte Gehalt zu bekommen [297]. Weiter hatte der Angestellte – im Gegensatz zum Arbeiter – potentiell die Möglichkeit, an Managementfunktionen teilzuhaben [298]. Das Mass der Einflussnahme hing natürlich von der Stufe ab, die er in der Hierarchie einnahm. Mit dieser Perspektive würde der Angestellte danach trachten, möglichst schnell möglichst hoch zu steigen; sein Bewusstsein war demzufolge individualistisch und aufstiegsorientiert. Von seiner Zielrichtung her identifizierte sich der Angestellte auch stark mit dem Unternehmen und folgte politisch der Linie des Unternehmens. Diese Übereinstimmung liessen sich die Angestellten auch entschädigen: ihre Löhne lagen in der Regel wesentlich über denjenigen der Arbeiter und sie hatten – ebenfalls im Gegensatz zu den Arbeitern – einen praktisch sicheren Arbeitsplatz.

Die AZ kommentierte die Stellung der Angestellten so:

«Es war bis anhin im allgemeinen üblich, das Büropersonal auch bei ungenügendem Beschäftigungsgrad im Angestelltenverhältnis zu belassen, d. h. nicht auf die Strasse zu stellen und dies aus wohlerwogenen Gründen seitens der Prinzipalschaft. Der Arbeitgeber ist sich gewohnt, auf die Zuverlässigkeit der Angestellten bezüglich Gesinnung und politischer Einstellung so gut wie auf Felsen bauen zu können» [299].

Die Wirtschaftskrise der 30er Jahre änderte aber diese privilegierte Position der Angestellten schlagartig. Sie wurden nun ebenfalls massenweise entlassen und ihre Löhne oft noch stärker gekürzt als diejenigen der Arbeiter. Die Angestellten und ihre Interessenorganisationen, die nicht dem SGB angehörten und eine eher bürgerliche Wirtschafts- und Gesellschaftspolitik verfolgten, waren in einer völlig neuen, für sie ungewohnten Situation . Ein Angestellter meinte dazu:

«Die Fabrikanten wissen ganz genau, dass sie mit den Angestellten und ihren in der Luft hängenden Organisationen nach Gutdünken umspringen können (...). Somit ergibt sich, dass der Angestellte im Existenzkampf nicht besser dran ist als der Arbeiter und daraus seine Konsequenzen ziehen sollte. Solange die Angestellten in bürgerlichen Verbänden organisiert sind, werden sie von den Unternehmern stets übers Ohr gehauen werden» [300].

Der Sekretär des Schweizerischen Kaufmännischen Vereins (SKV), Nationalrat Schmid-Ruedin, sah in den Herzen der Angestellten eine Bitternis aufsteigen, und er glaubte, bei ihnen eine Stimmung zu erkennen, «wie sie 1918/19 bestanden hat». In einer Resolution vom 16. 6. 1934 hielt der SKV fest, dass «dem Berufsstand wachsende Verarmung drohe» [301]. Nicht ganz so drastisch wie sie selber sah Brühschweiler in seiner Untersuchung die Lage der Angestellten. Trotz den starken Rückschlägen, die die nominellen Saläre von 1928 bis 1936 erlitten hätten, habe sich die ökonomische Lage der Angestellten in der

Krisenzeit nicht geändert, weil die Lebenskosten in ungefähr dem gleichen Ausmass zurückgegangen seien. Die Spannung habe erst zugenommen, als nach der Abwertung die Preise angezogen hätten, die Löhne aber stabil geblieben seien[302].

Die Saläre seien – so wurde öfters geklagt – so tief gesunken, dass sie für den Unterhalt einer Familie kaum mehr ausreichten, geschweige denn, dass ein junger Kaufmann daran denken konnte, eine Familie zu gründen.

«Und es ist einfach eine Schmach und eine Schande, wie gerade die hiesigen Industriellen auch mit den Angestellten umspringen. Wie Sklaven werden sie oft behandelt, ganz abgesehen von der zum Teil himmeltraurigen Bezahlung, mit welcher man nicht einmal mehr die kleinste Familie ernähren kann»[303].

Dass die AZ den Angestellten und ihren Problemen öfters Raum zur Verfügung stellte, geschah natürlich nicht ohne Hintergedanken. Die Winterthurer Sozialdemokratie, die während den 30er Jahren erfolglos versuchte, bei den Gemeinde- und Stadtratswahlen die absolute Mehrheit zu erringen, erhoffte sich von einer Allianz mit den auf den gleichen ökonomischen Status herabgesunkenen Angestellten die nötigen Stimmen. Nicht nur auf lokaler, sondern auch auf kantonaler und nationaler Ebene bedeuteten die Angestellten ein gesuchtes Stimmenpotential. So stellte vor den Kantonsratswahlen 1932 die SP die Probleme der Angestellten breitflächig dar, wohl darauf vertrauend, dass ein guter Teil von ihnen bereits proletarisiert und deshalb auf eine SP-Politik ansprechbar sei. Einige Monate vor diesen Wahlen erklärte die AZ:

«Das Schicksal der Angestellten wird eng verbunden mit dem Schicksal der Arbeitenden aller Klassen»[304].

Ein Strategiewandel geht auch aus der Diskussion innerhalb der Arbeiterunion hervor. Das Protokoll des Jahres 1934 vermerkte:

«Genosse Bachofner weist darauf, dass die Kritik an den Beamten und Angestellten der letzten Jahre nicht immer gut war, wir müssen uns anders einstellen, um die Leute für unsere Sache zu gewinnen; die jahrelangen Bemühungen haben nicht dazu geführt, sie auf unsere Seite zu ziehen, man hat andere Wege zu gehen…»[305].

Bei den Nationalratswahlen 1935 versuchten die Sozialdemokraten die Angestellten mit dem Hinweis auf die durch die Krise erfolgte Egalisierung in eine gemeinsame «Front der Arbeit» miteinzubeziehen:

«Wir haben vier Jahre schwerer Wirtschaftskrise hinter uns. Während diesen vier Jahren ist ein weiteres rapides Abgleiten der Angestellten zum Proletariat hin zu verzeichnen. Der Arbeiter des Kopfes ist heute dem Arbeiter der Hand gleichgestellt»[306].

Auch bei den Kantonsratswahlen 1939 machte sich die SP für eine Allianz mit den Angestellten stark und versprach, auch ihre Anliegen zu vertreten:

«Die jungen Arbeiter und Angestellten müssen unbedingt in den Arbeitsprozess eingegliedert werden, sie müssen zu einer Existenz kommen. Für die Arbeiter und Angestellten muss endlich die kantonale Altersversicherung verwirklicht werden (...). Alle diese Postulate und noch viele andere berühren die Arbeiter und Angestellten aufs tiefste; sie bilden mit den Kleinbauern und dem kleinen Mittelstand eine Schicksalsgemeinschaft; alle diese Kreise sollten deshalb unverbrüchlich zusammenhalten» [307].

Neben dem Verlust der materiellen Existenz musste die Krise bei vielen Angestellten auch einen geistigen Schock ausgelöst haben. Der Traum vom gutbürgerlichen Leben wurde jäh von diesem Wirtschaftssystem, von dem man ihn sich erhofft hatte, zerstört; der individuelle Aufstieg war ausser Reichweite geraten. Fritz Giovanoli von der SPS-Geschäftsleitung sah die Tragik der Angestellten darin, dass sie geistig obdachlos geworden seien. Zwar habe sich ihr Sein gründlich verändert, doch in ihrem Bewusstsein jagten sie noch immer ihrer «verschollenen Bürgerlichkeit und der Illusion der entschwundenen mittelständischen Ideologie nach» [308].

Dass sie orientierungslos waren, erkannten auch einige Angestellte. An der Generalversammlung des KV Winterthur vom 21. 9. 1935 gebrauchte ein Diskussionsteilnehmer genau die Formulierung von der «geistigen Obdachlosigkeit». Der Berichterstatter stimmte diesem Votant zu und folgerte dann:

«Aber darüber dürfen wir uns nicht beklagen, denn der Weg unter ein schützendes Dach ist schon längst geebnet: Der Beitritt zum Schweizerischen Gewerkschaftsbund. Wir müssen nur den Mut haben, den Ballast, der diesen Gang beschwert, wegzuwerfen: eben die berufsständische Ordnung!» [309].

In den Angestelltenvertretungen, die sich als Standesorganisationen verstanden und einer klassenversöhnenden Ideologie huldigten, erkannte auch ein Angestellter, der 12 Jahre lang bei Sulzer gearbeitet hatte und dann entlassen worden war, das Problem:

«Vielleicht bessert sich einmal der Standesdünkel und Angestellte bringen einmal den freien Mannesmut auf, zu bekennen, dass ein Angestellter wie ein Arbeiter Lohnverdiener ist. Der zweite Lohnabbau wird alle lehren, wohin es führt, wenn man in einem «Harmonie»-Verband (gemeint ist die Angestellten-Vereinigung von Sulzer, T. B.) stilles Mitglied ist» [310].

Stellt man auf die Wahlergebnisse ab, so hat sich die Politik der Öffnung gegenüber den Angestellten für die SP nicht ausgezahlt. 1938 verfügte die SP über einen geringeren Stimmenanteil als 1931. Offenbar war das Standesbewusstsein der Angestellten doch stärker als ihre materielle Existenz.

«Arbeiteraristokratie» und Arbeiterproletariat

«Man hat schlechte Möbel, zu wenig Betten. Kann oft den Zins nicht bezahlen. Zieht ewig um. Viele sind Bauarbeiter. Haben nur Arbeit bei gutem Wetter,

sind im Winter regelmässig – auch in guten Zeiten – länger arbeitslos. In Krisenzeiten erschöpft sich die Arbeitslosenunterstützung, man fällt der Fürsorge anheim, wird abgeschoben aus der Stadt in die Heimatgemeinde. Man hat schlechte Kleider. Man wird von jedermann von oben herab angeschaut, da man nicht nobel aussieht. Der bessere Arbeiter verachtet einen, geht einem aus dem Weg» [311].

Fritz Brupbacher (1874–1944) war Zeit seines Lebens ein enfant terrible der Politik. Er wurde sowohl aus der Sozialdemokratischen als auch aus der Kommunistischen Partei ausgeschlossen. Der unkonventionelle, anarchistische Arbeiterarzt aus Aussersihl verstand es immer wieder, die Parteibürokraten aufzuschrecken und stiess deshalb mit seinen Ideen oft auf Widerstand.

Diese Milieuschilderung von Fritz Brupbacher schildert ziemlich genau die Umgebung von Ernst Romann, dessen Vater ja auch Bauhandlanger gewesen war. Diesem Arbeiterproletariat stand die Arbeiteraristokratie gegenüber, die sich aus in Partei und Gewerkschaft zu Amt und Würden gekommenen ehemaligen Arbeitern zusammensetzte. Sie wohnten meist in geräumigen Genossenschaftswohnungen, besassen ein grosses Sofa und hörten Radio. Von der Revolutionären Gewerkschaftsopposition (RGO), die sich vor allem aus Arbeitern des ersten Typus zusammensetzte, wurden sie zumeist als «fette Gewerkschaftsbonzen» beschimpft. Sie warf den Gewerkschaftsfunktionären immer wieder ihre hohen Löhne vor, die die (oft arbeitslosen) Mitglieder finanzierten. Die periodisch vorgenommenen Beitragserhöhungen zur Sanierung der Gewerkschaftskasse bezeichneten sie analog dem Lohnabbau als «Lohnraub» oder als «Plünderungspolitik» [312]. Die politischen Auseinandersetzungen zwischen der RGO und den Gewerkschaften dürften denn auch nicht zuletzt darauf zurückzuführen sein, dass sich auf der einen Seite die Verarmten und Arbeitslosen, auf der andern Seite die etablierten Arbeiter gegenüberstanden.

Trotz verbalen Äusserungen der Solidarität mit den Arbeitslosen gingen offenbar Sprechen und Handeln bei vielen der bestandenen Arbeiter weit auseinander. Das Problem war so akut, dass es sogar in der «Roten Revue», der SP-Monatszeitschrift, diskutiert wurde. In einem Offenen Brief an die Mitgliedschaftsvorstände schreibt ein Arbeitsloser:

«Mit Bedauern muss man feststellen, wie ein grosser Teil der Betriebsarbeiter Abstand nimmt von ihren Berufskollegen, die ein hartes Schicksal zwingt, Notstandsarbeiten zu verrichten. Der moralische Schaden, der durch ein solches Verhalten der Betriebsarbeiter gegenüber den Notstandsarbeitern entsteht, ist unübersehbar (...). Immer wieder muss der Arbeitslose feststellen, wie sich die besser gestellten Arbeiter während und nach den Versammlungen zusammentun, sich gesellig unterhalten, den Arbeitslosen aber nicht beachten, als zähle er nicht zu den vollwertigen Menschen» [313].

Eine Entfremdung zwischen Spitze und Basis wurde verschiedentlich auch innerhalb der Arbeiterunion festgestellt. So wurden an der Sitzung des Unionsvorstandes vom 18. 4. 1932 verschiedene SP-Amtsträger kritisiert, weil sie durch ihr schroffes Benehmen die Arbeiter vor den Kopf gestossen hatten. Wohltuend unterscheide sich dagegen die freundliche Art der bürgerlichen Stadträte Widmer und Büchi. Die Arbeiterschaft verlange, dass sie von den Vertrauensleuten anständig und solidarisch behandelt werde. Zum Verhältnis Spitze/Basis konstatierte die Versammlung:

«In verschiedenen Abstimmungen kam schon deutlich zum Ausdruck, dass der Kontakt zwischen Führerschaft und Masse fehlte» [314].

Stadtrat Jakob Büchi (1877–1960), freisinniger Vorsteher des Polizeiamtes.

Ein Jahr später verdichtete sich diese Kritik in der Person von SP-Stadtrat Messer.

«Es ist zu hoffen, dass Gen. Messer wiederum aktiv in die Bewegung zurückkehren wird. Das heutige Verhältnis gereicht Messer zum Schaden, er ist von der Bewegung isoliert, er hat sich zum Teil selber isoliert» [315].

Stadtrat Alfred Messer (1876–1950) war Präsident der Arbeiterunion Winterthur und nach seiner Wahl in den Stadtrat Vorsteher des Bauamtes. Die Arbeiter kritisierten ihn, weil sie sich von ihm rüde behandelt fühlten.

Auch im Jahr darauf war die Entfremdung zwischen Parteibasis und Leitung Gegenstand einer Sitzung des Unionsvorstandes. Der Kassier der SP Winterthur, Meier, beanstandete:

«Das Parteivolk kommt längst nicht mehr zum Wort, wie es sein sollte (...). Engere Zirkel von Parteigenossen majorisieren die Bewegung» [316].

Durch die unruhigen und fordernden Arbeitslosen fühlte sich die Arbeiteraristokratie bedroht. Für die in staatlichen oder Gewerkschaftspositionen Sitzenden brachte die Krise vielleicht Mehrarbeit, aber keine wesentliche Einschränkung oder sogar Bedrohung ihrer Existenz. Sie glaubten wie die Angestellten, dass das System im Grunde gesund sei und sich von seiner vorübergehenden Schwäche wieder erholen werde. Vor einer Systemänderung schreckten sie zurück, weil sie ihre Stellung nicht gefährden wollten. Kästli kommt zum Schluss, dass der SGB nicht die Macht für das Proletariat anstrebte, sondern dass die Gewerkschaftsfunktionäre die eroberte persönliche Machtstellung, die ihnen in der bürgerlichen Demokratie eingeräumt wurde, nicht aufs Spiel setzen wollten [317].

5. Die Hilfe der Stadt Winterthur

Bereits 1931 schrieb der Arbeitersekretär Albert Bachofner:

«Wenn auch ein Mehreres hätte getan werden können, müssen die aufgebrachten Leistungen anerkannt werden [318].

Dieser Ausspruch zeigt ziemlich genau, wie SP und Gewerkschaften die Hilfe der Stadt Winterthur beurteilten. Auch wenn sie sich gegen Kürzungen und Verschlechterungen bei der Arbeitslosenversicherung wehrten und für eine etwas grosszügigere Zumessung der Mittel an die Krisen- und Winterhilfe plädierten, waren sie doch ebenfalls der Ansicht, dass die Leistungen der öffentlichen Hand eine Grenze hätten. Worin sie sich jedoch von den Bürgerlichen unterschieden, war in der Forderung nach Arbeitsbeschaffung.

Während die bürgerlichen Politiker der Ansicht waren, dass die Arbeitslosenunterstützung die billigste Art der Hilfe sei, forderten SP und Gewerkschaften mehr Mittel für die Arbeitsbeschaffung. Damit hätte man gleichzeitig auch die Arbeitslosenkasse entlasten können. Mit den Massnahmen der Stadt Winterthur waren sie jedoch weitgehend einverstanden. Im folgenden soll gezeigt werden, mit welchen Mitteln die Stadt Winterthur die Arbeitslosigkeit bekämpfte. Sie hatte dazu ein ganzes Massnahmenbündel zur Hand, das sich aus folgenden Bestandteilen zusammensetzte: Arbeitslosenversicherung, Krisenhilfe, Winterhilfe, Umschulungs- und Weiterbildungskurse, Arbeits- und Berufslager, Kaufmännischer und Technischer Arbeitsdienst, Notstandsarbeiten, Fabrikationsbeiträge und Exportrisikogarantie.

Geldhilfen

«Eine Unterstützung von Fr. 180.– für eine sechsköpfige Familie bedeutet für diese Familie einen Franken pro Tag und pro Kopf. Wenn diese Leute nicht eine Pünt hätten, so könnten sie gar nicht leben» [319].

Unter Geldhilfen werden die Leistungen der Arbeitslosenversicherung, der Krisenhilfe und der Winterhilfe zusammengefasst. Die städtische Versicherung gegen Arbeitslosigkeit wurde am 5. 12. 1926 durch Volksabstimmung geschaffen. Am 1. 7. 1932 trat ein Obligatorium in Kraft, dem mit wenigen Ausnahmen alle unselbständig Erwerbenden mit einem Jahreseinkommen von weniger als 4000 Franken unterworfen waren [320]. Dieses Obligatorium konnte jedoch auch in einer privaten Kasse erfüllt werden. Der Versicherte hatte während eines Kalenderjahres Anspruch auf eine Unterstützung an 90 Tagen (1933: 120 Tage). Verheiratete erhielten ein Taggeld, das 60% des zuletzt bezogenen Lohnes entsprach, Ledige 50%. Laut einer Verordnung des

Bundesrates vom 27. 2. 1934 betrug das Maximaltaggeld je nach Unterstützungspflicht zwischen Fr. 6.40 und Fr. 9.60[321].

Die öffentliche Hand subventionierte die Leistungen der Arbeitslosenversicherungen mit 70% bis 90%. Der Bund entrichtete dabei an die öffentlichen Kassen 40%, an die privaten 30% Subventionen. Dieses starre System, das vor allem die Gewerkschaftskassen, die ja häufig Arbeitslose der gleichen krisengeschüttelten Branche umfassten und die deshalb häufig auch die Mitgliederbeiträge hinaufsetzen mussten, stark diskriminierte, wurde erst 1936 flexibler gestaltet. Die Subventionen wurden nun entsprechend der Belastung der Kasse entrichtet[322]. Die Subvention der Stadt Winterthur betrug 30%, diejenige des Kantons Zürich 25%[323]. Die während den 30er Jahren in Winterthur ausgerichteten Arbeitslosenunterstützungen erreichten folgende Beträge[324]:

Ausgaben für Arbeitslosenunterstützung

Jahr	Betrag	Jahr	Betrag
1929	32 968.80	1936*	1 030 000.—
1930	91 915.88	1937*	530 000.—
1931	949 178.75	1938*	670 000.—
1932	2 336 038.03	1939*	430 000.—
1933	2 584 336.44		
1934	1 831 196.74		
1935	1 528 734.05		

*Diese Zahlen wurden aufgrund der in der Rechnung der Stadt Winterthur ausgewiesenen Subventionen (30%) rekonstruiert.

Tabelle 34

Die in der Stadt Winterthur ausgerichteten Arbeitslosenunterstützungen beliefen sich also auf knapp 12 Millionen Franken, wovon der Anteil der Stadt 3,6 Millionen betrug. Zum Vergleich: In ihrem Gutachten rechneten Grimm/Rothpletz aus, dass die Summe von 500 Millionen Franken benötigt würde, um 50 000 Arbeitslose auf Dauer zu beschäftigen, die 12 Millionen Arbeitslosenunterstützung entsprächen also der Schaffung von 1200 Arbeitsplätzen. Die durchschnittliche Arbeitslosigkeit – auf die ganzen 30er Jahre bezogen – betrug in Winterthur 900 Leute. Rein rechnerisch hätte also diese Summe ausgereicht, um die Arbeitslosigkeit in Winterthur zu beseitigen, auch wenn die Rechnung in Wirklichkeit etwas komplizierter aussehen dürfte.

Selbst wenn ein Arbeitsloser das Maximaltaggeld von Fr. 9.60 pro Werktag beziehen konnte, kam er auf einen Monatslohn von lediglich 250 Franken. Für eine mehrköpfige Familie entsprach dies kaum dem Existenzminimum. Der grösste Teil der Arbeitslosen erhielt aber nur 6 bis 7 Franken, was das Durchkommen entsprechend schwieriger machte.

Obwohl die SP gelegentlich Mängel in der Arbeitslosenversicherung anprangerte, war sie doch im grossen und ganzen zufrieden. Das zeigte sich beispielsweise in der Gemeinderatsdebatte vom 1. 10. 1934, als einzelne

Paragraphen abgeändert wurden. Obgleich die SP die neue Verordnung als «rigorose Schlechterstellung der Arbeitslosen» bezeichnete, begnügte sie sich mit einem verbalen Protest und verzichete auf einen Antrag [325].

Die Krisenhilfe wurde mit einem Bundesbeschluss vom 23. 12. 1931 eingeführt, der am 13. 4. 1933 erneuert wurde. Der Grund war der Rückgang der Beschäftigung in der Uhrenindustrie im Jahre 1929 gewesen. Diese Berufsgruppe kam denn auch als erste in den Genuss der Krisenunterstützung. Später wurde sie ausgeweitet auf die Berufe der Metall- und Maschinenindustrie, der Textilindustrie und des Baugewerbes. Bezugsberechtigt waren in erster Linie die ausgesteuerten Mitglieder der Arbeitslosenkassen. Ausnahmsweise konnten auch Nichtversicherte, die aus entschuldbaren Gründen keiner Kasse beigetreten waren, eine Unterstützung beziehen. Die Ansätze der Krisenhilfe waren nicht vom früheren Lohn, sondern von der Bedürftigkeit abhängig und bewegten sich etwa zwischen Fr. 3.60 für Alleinstehende und Fr. 8.10 für eine siebenköpfige Familie [326]. Arbeitersekretär Albert Bachofner meinte zur kantonalen Verordnung über die Krisenhilfe für Arbeitslose der Metall- und Maschinenindustrie sowie der Textilindustrie:

«Sie atmete nichts weniger als Verständnis für die ausgesteuerten Arbeitslosen. Statt dass zum mindesten die Ansätze der Arbeitslosenversicherung beibehalten worden wären, hat man das Taggeld bedeutend reduziert und die Arbeitslosen mit ihren Familien auf Hungerraten gesetzt. Was nach Erledigung einer Unmenge von Formalitäten für die Bezugsberechtigten herausschaute, war ein armseliges Almosen» [327].

Die Krisenhilfe wurde je zu einem Drittel von Bund, Kanton und Gemeinde getragen. Die Bezugsberechtigung betrug 190 Tage.

Die Krisenhilfe der Stadt Winterthur [328]

Jahr	Betrag	Bezüger	Jahr	Betrag	Bezüger
1932	279 433.40	1000	1936	400 503.—	1162
1933	428 384.35	1231	1937	129 180.50	440
1934	319 881.40	1044	1938	113 323.30	374
1935	332 590.25	1043	1939	29 017.80	137

Tabelle 35

Die Ausgaben für die Krisenhilfe beliefen sich also auf gut zwei Millionen Franken. Diese Mittel mussten jährlich vom Volk bewilligt werden, was denn auch regelmässig mit überwältigendem Mehr geschah.

Auch wenn Sozialdemokraten und Gewerkschafter die Auszahlungen der Krisenhilfe als ungenügend erachteten, waren sie dennoch nicht bereit,

Begehren nach höheren Leistungen zu unterstützen. Eine Motion der «Aktionsgemeinschaft der kommunistischen Partei» und der sozialistischen Linken, die die Auszahlung der Krisenhilfe an alle ausgesteuerten Arbeitslosen in der Höhe der bezogenen Arbeitslosenunterstützung verlangte, wurde am 2. 6. 1935 mit 2033 gegen 12233 Stimmen mit Hilfe der Sozialdemokraten abgelehnt. Der Haushalt der Stadt wäre dadurch mit zusätzlichen 540000 Franken belastet worden [329].

Das Volk stand in seiner grossen Mehrheit immer hinter den Krediten für die Krisenhilfe, nicht aber die Industrie. Bei einer Debatte im Gemeinderat vom 20. 11. 1933, als es um einen Kredit von 646000 Franken für Krisenhilfe, Winterhilfe und produktive Arbeitslosenhilfe ging, fand Dr. Oscar Sulzer diese Last für die Stadt untragbar. Schlimmer als Lücken im Fürsorgenetz fand er den Schuldenberg, den sich die Stadt auflade und der schon zu einer drückenden Steuerlast geführt habe. Es müsse nun darum gehen, die Ausgaben der Stadt abzubauen [330].

Die Ausgaben für die Krisenhilfe mussten jährlich vom Souverän bewilligt werden. Bei der Diskussion des Budgets 1936 plädierte die Mehrheit der Bürgerlichen dafür, dass die Leistungen für die Krisen- und Winterhilfe in die ordentliche Rechnung aufgenommen würden, damit nicht jedesmal das Volk befragt werden müsse (die Bürgerlichen hatten eine dünne Mehrheit im Stadtparlament). Bei der Krise – so argumentierten sie – habe man es mit einem Dauerzustand zu tun, der noch jahrelang anhalten könne. Da es sich bei der Krisenhilfe um jährlich wiederkehrende Ausgaben handle, gehörten diese nach Gesetz in die ordentliche Rechnung. Diese resignative Einschätzung der Wirtschaftslage erstaunte die SP zu Recht, und der eingereichte Antrag kam denn auch nicht durch [331].

Wie ungenügend die Leistungen der Krisenhilfe waren, zeigte eine Untersuchung des statistischen Amtes der Stadt Zürich. 35% der Familienväter, die 1935 Krisenhilfe bezogen, waren auf zusätzliche Armenunterstützung angewiesen [332]. Ohne empirische Daten zur Hand zu haben, würde ich behaupten, dass die Verhältnisse in Winterthur kaum besser waren.

Ein Beschluss des Bundesrates vom 13. 4. 1933 ermächtigte die Kantone, den Bezügern von Krisenhilfe vom 1. 11. bis 15. 3. bzw. 15. 10. bis 31. 3. unter gewissen Bedingungen eine Winterzulage auszurichten. Mit diesem Beschluss wurden bereits ausbezahlte städtische Leistungen nun subventionsberechtigt. Dem Beschluss des Bundesrates war bereits ein Entscheid des Kantonsrates vom 10. 10. 1932 vorangegangen, der den Gemeinden empfahl, in Not geratenen Einwohnern eine Herbst- und Winterzulage auszurichten [333]. Auch diese Ausgaben wurden vom Volk immer mit groser Mehrheit bewilligt.

Ausgaben der Stadt Winterthur für Herbst- und Winterhilfe[334]

Jahr	Betrag	Bezüger	Jahr	Betrag	Bezüger
1930/31	113 325.—		1935/36	148 231.50	1349
1931/32	374 860.—		1936/37	125 098.38	1053
1932/33	728 041.95	4149	1937/38	99 259.90	805
1933/34	303 102.55	2557	1938/39	67 940.80	714
1934/35	207 212.20	1801	1939/40	11 768.70	

Tabelle 36

Insgesamt gab also die Stadt Winterthur in diesen 10 Jahren knapp 2,2 Millionen Franken für die Herbst- und Winterzulagen aus. Davon ging ein Viertel zulasten der Stadt, der Rest zulasten des Kantons. Der durchschnittliche Betrag pro Bezüger sank von Fr. 175.50 im Winter 1932/33 auf Fr. 109.90 im Winter 1935/36 und blieb fortan auf diesem tiefen Niveau mehr oder weniger konstant. In einer Arbeitslosenversammlung vom 17. 9. 1934 wurde kritisiert, dass der Kanton die Winterhilfe schon im Jahr zuvor verschlechtert habe, was man auch in Winterthur zu spüren bekomme[335].

Die Abstimmungen über die Herbst- und Winterhilfe erfolgten in der Regel aufgrund von Motionen der SP im Stadtparlament. Der Motionstext sah jeweils vor, dass diese Zulagen nur an Mitglieder von anerkannten Arbeitslosenkassen entrichtet würden. Die Kommunisten plädierten jedoch dafür, dass sie auch Nichtversicherten zugute kommen sollten. Mit wenigen Ausnahmen blieb aber die Winterzulage auf Kassenmitglieder beschränkt. Sicher wollte man mit dieser Massnahme die Leute zur Solidarität erziehen, bzw. die Nichtsolidarischen bestrafen. Finanziell kam es jedoch aufs gleiche heraus: Statt dass die Bedürftigen von Krisen- und Winterhilfe unterstützt wurden, musste ihnen einfach das Fürsorgeamt beistehen. Nur war die zweite Unterstützungsart für die Betroffenen bedeutend peinlicher und brachte oft auch eine gesellschaftliche Isolierung. Diese hätte vermieden werden können, wenn die Behörden etwas mehr Fingerspitzengefühl gehabt hätten.

Arbeitshilfen

Unter Arbeitshilfen werden diejenigen Massnahmen verstanden, die es dem Arbeitslosen ermöglicht, die in seinem Beruf erworbenen Fähigkeiten während der Arbeitslosigkeit zu bewahren. Dazu gehörten auch der Technische Arbeitsdienst (TAD) für Zeichner und Architekten, der z. B. die Winterthurer Altstadt-Fassaden, die Schulhäuser sowie öffentliche Gärten und Spielplätze aufzeichnete oder der Kaufmännische Arbeitsdienst (KAD), der auch Aufträge für die Privatwirtschaft ausführte und u. a. eine übersichtliche Exportstatistik gestaltete. KAD und TAD sollten ihrer Bestimmung gemäss nur Arbeiten ausführen, die ohne diese Einrichtung nicht erstellt worden wären und zudem die Privatwirtschaft nicht konkurrenzierten. Die Beschäftigungsdauer war auf ein halbes Jahr beschränkt. Die meisten Mitarbeiter konnten daraufhin wieder an die Privatwirtschaft vermittelt werden. 1933 wurde erstmals ein Kredit für diese Arbeitsdienste bewilligt. Die Zahl der Beschäftigten und die ausbezahlte Lohnsumme für TAD und KAD zeigen folgende Entwicklung [336].

Kaufmännischer Arbeitsdienst			Technischer Arbeitsdienst		
Jahr	Beschäftigte	Lohnsumme	Jahr	Beschäftigte	Lohnsumme
1934	23	12 751.–	1934	76	81 650.–
1935	94	53 102.–	1935	50	87 852.–
1936	129	65 605.–	1936	97	109 439.–
1937	78	67 880.–	1937	85	82 045.–
1938	82	51 447.–	1938	60	52 269.–
1939	83	58 786.–	1939	41	51 873.–

Tabelle 37

Neben dem KAD fanden arbeitslose Kaufleute auch noch in der Schreibstube Arbeit, die von 1933 bis 1939 zwischen einem und zwei Dutzend Arbeitslose beschäftigte. Die ausbezahlte Lohnsumme belief sich auf etwa 110 000 Franken [337]

Eine besonderes Problem stellten die Jugendlichen dar. Mit einem Kredit von 28 000 Franken wurde am 14. 1. 1935 in der Hard ein Arbeitslager für beschäftigungslose jugendliche Metallarbeiter eingerichtet, das das erste seiner Art in der Schweiz war. In diesem Lager sollten Jugendliche zwischen 16 und 24 Jahren die Möglichkeit haben, ihre in der Lehre erworbenen Fähigkeiten auszuüben und zu erweitern. Nach Abschluss des Lagers, das zwischen 3 und 6 Monate dauerte, sollten sie an die Privatwirtschaft vermittelt werden. In den Lagern herrschte eine strenge Disziplin. Die Jugendlichen erhielten neben Kost und Logis ein Taschengeld von einem Franken pro Tag. Zwar blieb der Arbeitsdienst während der ganzen Dauer seines Bestehens freiwillig, doch gab es trotzdem Bestrebungen, ihn im Sinne des deutschen Zwangsarbeitsdienstes für obligatorisch zu erklären und aus ihm eine Schule der Nation zu machen [338]. Neben der Linken trat auch Stadtpräsident Widmer stets für den freiwilligen Charakter dieser Lager ein. Ihren Zweck umschrieb er so:

«Sein Hauptziel ist: die Jugend von der Zermürbung durch die Arbeitslosigkeit zu befreien, sie wieder in einen Arbeitsprozess einzuführen, sie in ihrem Berufe zu fördern und weiterzubilden» [339].

Der Arbeitsdienst erreichte seinen Höhepunkt im Jahre 1936, als 4583 Jugendliche in 94 Arbeitslagern in der ganzen Schweiz insgesamt 290 648 Diensttage leisteten [341].

Das Arbeitslager Hard wies folgende Frequenzen auf[340]:

Jahr	Eintritte	Vermittlungen	Jahr	Eintritte	Vermittlungen
1935	144	76	1938	299	210
1936	239	153	1939	328	243
1937	384	330			

Tabelle 38

Arbeitslager Arch (1933–1934). Beschäftigungslose Jugendliche konnten im Freiwilligen Arbeitsdienst ihre Berufsfähigkeiten weiter üben. Häufig wurden sie nach Abschluss des Arbeitslagers an die Privatwirtschaft vermittelt.

Eine weitere Form der Arbeitshilfe, bei der allerdings die erworbenen Berufskenntnisse eher verloren gingen, stellte die Vermittlung von arbeitslosen Metall- und Bauarbeitern als Heuer und Knechte, vorwiegend in den Kanton Thurgau, dar. Auch bei dieser Aktion, die von der Arbeiterunion unterstützt wurde, fanden einige hundert Arbeitslose wenigstens vorübergehend Arbeit.

Vermittelte Heuer und Knechte
durch das Arbeitsamt Winterthur[342]

Jahr	Anzahl Heuer	Anzahl Knechte
1932	208	—
1933	286	85
1934	201	177
1935	168	113
1936	151	73
1937	127	101
1938	113	84
1939	73	132

Tabelle 39

Zu diesen Arbeitshilfen kam noch eine ganze Zahl von Umschulungs- und Weiterbildungskursen für Arbeitslose, die alle zwar gut gemeint waren, aber doch eher den Charakter einer Beschäftigungstherapie hatten. Dank ihnen dürfte kaum ein Arbeitsloser eher eine Beschäftigung gefunden haben. Die gesamten Kosten der Arbeitshilfe für Arbeitslose (KAD, TAD, Arbeitslager, Umschulungskurse, Schreibstube usw.) beliefen sich in den einzelnen Jahren auf folgende Beträge[343].

Jahr	Betrag	Jahr	Betrag
1932	32 031.10	1936	372 031.44
1933	61 983.35	1937	73 310.12
1934	197 963.95	1938	23 838.40
1935	388 783.38	1939	20 036.60

Tabelle 40

Insgesamt machten diese Kosten also 1 170 000 Franken aus, von denen etwa 30% bis 40% zulasten der Stadt gingen.

Produktive Arbeitslosenfürsorge

«Wir alle sind einig, dass Arbeitsbeschaffung das beste Mittel gegen die Wirkungen der Arbeitslosigkeit ist»[344].

Man hatte also an verantwortlicher Stelle bereits anfangs der Krise erkannt, dass die Arbeitsbeschaffung das sinnvollste Mittel im Kampf gegen die Arbeitslosigkeit darstellte, auch wenn man dann im Laufe der Krise nicht immer danach handelte. Eine dieser Möglichkeiten, Arbeit zu beschaffen, stellten die Fabrikationszuschüsse oder die «Produktive Arbeitslosenfürsorge» – wie sie auch genannt wurden – dar. Die Fabrikationszuschüsse konnten von Unternehmen in Anspruch genommen werden, die nachweisen konnten, dass ihre Existenz oder die Beschäftigung einer Anzahl Arbeiter von einem Auftrag abhing, den sie aber aus Kostengründen nicht erhalten würden. In diesem Fall gewährte der Bund eine Unterstützung, die die Konkurrenzfähigkeit sicherte. Bedingung war aber, dass das Unternehmen aus dem Geschäft keinen Gewinn zog. Weiter mussten die Löhne und Arbeitsbedingungen angemessen sein. Zudem durften die Zuschüsse nur für Auslandaufträge verwendet werden.

Der Bund bewilligte Fabrikationszuschüsse von insgesamt 21 Millionen Franken, die ein Produktionsvolumen von 120 Millionen auslösten. Hauptnutzniesserin war die Metall- und Maschinenindustrie, die einen Anteil von 72% erhielt [345]. Mülhaupt beziffert die Beiträge des Bundes zwischen 1932 und 1938 auf 19 Millionen, von denen 11,7 Millionen (62%) auf die Metall- und Maschinenindustrie entfielen [346]. Der Anteil des Bundes durfte in der Metall- und Maschinenindustrie höchstens 20% (in Ausnahmefällen 30%) des vertraglichen Lieferpreises ausmachen. Basis für die Fabrikationszuschüsse war ein Bundesbeschluss vom 18. 3. 1932, mit dem der Bundesrat einen Betrag von 2,5 Millionen Franken bewilligte. Erstmals wurde das Mittel der produktiven Arbeitslosenfürsorge in der Krise von 1921/22 angewandt. Nach der Abwertung wurden die Fabrikationszuschüsse eingestellt, da der Bundesrat der Ansicht war, mit der Abwertung seien die Produktionskosten dem Weltmarkt genügend angepasst worden. Nach Winkler war der Erfolg der Fabrikationszuschüsse praktisch null. Zum einen habe das daran gelegen, dass zu wenig Mittel eingesetzt worden seien, zum anderen habe bei der Exportindustrie eine Abneigung gegen diese unliberale Massnahme bestanden [347].

In der Tat stand die Winterthurer Exportindustrie den Fabrikationszuschüssen anfangs ablehnend gegenüber, auch wenn sie später grossen Nutzen daraus zog. Als in der Gemeinderatssitzung vom 26. 9. 1932 erstmals über einen Kredit von 80 000 Franken diskutiert wurde, befürwortete ihn zwar Dr. Oscar Sulzer, meinte jedoch:

«Das beantragte Vorgehen ist unbedingt ein Notbehelf, aber kein sympathischer Notbehelf» [348].

Die SP befürwortete die Fabrikationszuschüsse ebenfalls, doch brachte sie ihnen aus anderen Gründen eine gewisse Skepsis entgegen. Sie glaubte nämlich, dass die Zuwendungen dazu missbraucht werden könnten, die Löhne noch weiter zu drücken. Bei der Behandlung eines 500 000-Franken-Kredits am 16. 9. 1935 im Gemeinderat warnte Metallarbeitersekretär Ferdinand Aeschbacher, dass bei den Arbeitern die Geduld langsam am Ende sei. Wenn mit Hilfe der Subventionen die Löhne gesenkt würden, dann könnten sie dem nicht mehr zuschauen [349]. Die SP betrachtete es als Übel, dass die

Leistungsfähigkeit der Industrie mit öffentlichen Mitteln gestützt werden müsse, doch wenn sie zu entscheiden hätte zwischen produktiver Arbeitslosenfürsorge und Arbeitslosenunterstützung, würde sie ersteres wählen[350].

Während den 30er Jahren zahlte die Stadt Winterthur für eine gute Million Franken Fabrikationszuschüsse aus, an die sie 12,5% zu leisten hatte. Ein weiterer Achtel ging zulasten des Kantons, den Rest bezahlte der Bund. Im einzelnen[351]:

Fabrikationszuschüsse der Stadt Winterthur

Jahr	Betrag	Jahr	Betrag
1933	6 697.25	1937	109 469.85
1934	169 161.60	1938	132 699.95
1935	158 210.25	1939	30 326.55
1936	422 212.50		

Tabelle 41

Hauptnutzniesser der Fabrikationszuschüsse waren die beiden Grossfirmen Sulzer und SLM. Die übrigen Firmen, die sie ebenfalls beanspruchten, können an einer Hand abgezählt werden. An einem Beispiel der SLM soll erläutert werden, wie massiv teilweise die Exportaufträge subventioniert wurden.

3 Exportaufträge vom September 1932, total Selbstkosten:	160 765.—
Angebot des Kunden:	86 605.—
Lohnsumme allein:	78 755.—

Die Volkswirtschaftsdirektion des Kantons Zürich und der Winterthurer Stadtrat erklärten sich bereit, diesen Auftrag zu subventionieren, auch wenn Stadtpräsident Widmer es in seinem Antrag als gefährlich erachtete, einen Auftrag zu subventionieren, der fast 50% unter den Selbstkosten lag. Das Ausland werde sich an solch billige Preise gewöhnen[352]. Der SLM wurden allein im Jahre 1932 Fabrikationszuschüsse in der Höhe von 273 000 Franken zugesichert, u. a. für den Verkauf von acht Lokomotiven nach Bulgarien.[353].

Dass sich Sulzer – trotz anfänglichem Widerstreben – doch noch um Fabrikationszuschüsse beworben hatte, zahlte sich aus. In einem Brief vom 23. 12. 1937 teilte ihr nämlich das BIGA mit, dass sie in anbetracht des Verlustsaldos von 6 193 528 Franken und der Zinsnachlässe von 2 160 000 Franken seitens der Holding die vom Bund gewährten Fabrikationszuschüsse nicht zurückzuerstatten brauche. Das BIGA schränkte allerdings noch etwas ein:

«Wir verhehlen freilich nicht, dass es etwas Stossendes haben wird, wenn die Gebrüder Sulzer AG in den nächsten Jahren eine verhältnismässig hohe Dividende ausrichtet, ohne dass sie verpflichtet wäre, dem Bunde die erhaltenen

Subventionen oder einen Teil davon zurückzuerstatten. Die öffentliche Meinung würde den Verzicht des Bundes nicht begreifen, und es währe wohl auch nicht leicht, ihr den genauen Sachverhalt verständlich zu machen» [354].

Nun, dass Sulzer 1938 eine Dividende von 1,2 Millionen Franken und eine Tantieme von knapp 100000 Franken ausrichtete, war offenbar noch nicht «verhältnismässig hoch». Der Stadtrat schloss sich der Meinung des BIGA bedingungslos an, der Kanton ebenfalls, allerdings mit der Einschränkung, dass die Verzichterklärung entfalle, wenn Sulzer in den nächsten 5 Jahren mehr als 13,5% Dividende an die Holding zahle [355].

Beurteilt man die produktive Arbeitslosenfürsorge an den Beschäftigungszahlen der beiden Unternehmen Sulzer und SLM, so muss man tatsächlich zum Schluss kommen, dass sie nicht viel brachte. Diese beiden Firmen waren es gerade, die am meisten Arbeiter entliessen, obwohl die Aufträge der SLM beispielsweise mit bis zu 50% subventioniert wurden. Stadtpräsident Widmer war allerdings anderer Ansicht. Nach ihm hat sich die produktive Arbeitslosenfürsorge positiv ausgewirkt. Es sei gelungen, eine Anzahl Aufträge aus dem Ausland hereinzuholen, wie etwa Dieselmotoren nach der Mandschurei, Hochdruckpumpen nach Südafrika, Luftbefeuchtungs- und Luftheizungsanlagen nach der Türkei, Kesselanlagen nach Rumänien, Dampflokomotiven nach Bulgarien, die man sonst verloren hätte. Dadurch sei die Arbeitslosigkeit zurückgegangen [356]. Man kann natürlich nur spekulieren, welchen Verlauf die Arbeitslosenkurve genommen hätte, wenn keine Fabrikationszuschüsse gewährt worden wären. Erstaunlich ist jedenfalls, dass Rieter, die ja von allen drei Grossbetrieben die höchste Exportquote hatte, die Depression so gut überstanden hat, während SLM mit der kleinsten beinahe bankrott ging. Man kann also für die Schwierigkeiten nicht generell die «Krise» verantwortlich machen, sondern am Umsatzrückgang muss offenbar auch die Produktepalette und das Management mitschuldig gewesen sein.

Die Exportrisikogarantie

«Die Förderung des Exportes steht an der Spitze aller Massnahmen. Mit aller Energie muss versucht werden, wenigstens einen Teil des verlorengegangenen Exportes wieder zurückzugewinnen, denn der Innenmarkt ist nie im Stande, die vier Millionen Einwohner des Landes genügend zu ernähren. Die Erhöhung des Exportes wird sofort eine günstige Auswirkung auf die übrigen Berufszweige haben» [357].

Dass die Exportseite wesentlich zur Verbesserung der Wirtschaftslage beitragen könnte, das bestritten weder SP- noch Gewerkschaftskreise. Nur sahen sie das Heil nicht ausschliesslich in der Belebung des Exportes, sondern massen der Förderung der Binnenwirtschaft mindestens ebenso starkes Gewicht zu. Auf jeden Fall fanden sie es sinnvoller, der Exportindustrie unter die Arme zu greifen, als die Konkurrenzfähigkeit durch eine massive Senkung der Löhne wieder herauszustellen. Die Meinung der Winterthurer SP lässt sich so zusammenfassen:

« Wir stehen auf dem Standpunkt, dass es für unsere Wirtschaft vorteilhafter ist, durch solche Massnahmen, wie sie hier vom Stadtrat ins Auge gefasst werden, den Export zu beleben, als durch die sogenannte Anpassung, das heisst Senkung der Löhne und Preise » [358].

Eines dieser Förderungsinstrumente war die Exportrisikogarantie (ERG). Zu den Risiken, die die ERG abdeckte, gehörten Gefährdungen des Zahlungseingangs, die sich aus unsicheren politischen und wirtschaftlichen Verhältnissen ergaben, ferner solche, die durch die Verschlechterung ausländischer Währungen, Moratorien, unverschuldete, durch äussere Verhältnisse bedingte Zahlungsunfähigkeit privater Schuldner und Zahlungsunfähigkeit oder -verweigerung von Staaten, Gemeinden oder öffentlich-rechtlicher Institutionen entstanden. Der Bund gewährte die ERG nur für Aufträge, die in besonderem Masse Arbeitsgelegenheiten schufen. Die Übernahme der ERG sollte zu keiner Konkurrenzierung anderer Schweizer Unternehmen führen und die wirtschaftlichen Gesamtverhältnisse nicht schädigen [359]. Bei einem eingetretenen Verlust hatte der Exporteur mindestens ein Drittel selber zu tragen. Im Kanton Zürich legte man sich auf folgenden Verteilungsschlüssel fest: Bund: 30%, Kanton und Gemeinde: je 15%, Exporteur: 40% [360].

Die Einführung der ERG ging auf einen Bundesbeschluss vom 28. 3. 1934 zurück. In einer Verordnung beschränkte der Bundesrat die ERG auf Exporte der Metall- und Maschinenindustrie, insbesondere Fahrzeuge, Instrumente und Apparate [361]. Bis zum 8. 12. 1938 sicherte der Bund Garantien in Höhe von 67,7 Millionen Franken zu, die Geschäfte im Betrag von 143,6 Millionen betrafen. Sie verteilten sich auf 68 Firmen. Verluste traten nur in 5 Fällen ein, was eine Rückerstattung von 9147 Franken erforderte. Der Bund bezeichnete die ERG « als eine der rationellsten Massnahmen zur Beschaffung von Arbeit » [362].

Die Winterthurer Stimmbürger hiessen am 16. 12. 1934 einen Kredit von 500 000 Franken für die ERG mit 9251 zu 3145 Stimmen gut.

Per Ende Jahr zugesicherte Risikogarantien [363]

Jahr	Betrag	Jahr	Betrag
1935	665 640.—	1937	577 320.20
1936	1 172 875.—	1938	581 356.—

Tabelle 42

Während den 30er Jahren musste die von der Stadt Winterthur gewährte Garantie nicht ein einziges Mal in Anspruch genommen werden [364]. Das Instrument der ERG dürfte der Exportindustrie einige Impulse verliehen haben.

124

Dank der staatlichen Garantie konnten die Exporteure risikoreichere Geschäfte tätigen, die sich indes selten als Risiko erwiesen. Sie waren nämlich in der Regel so gut abgestützt, dass die öffentliche Hand nur in ganz wenigen Fällen und mit unbedeutenden Summen zur Kasse gebeten wurde.

Notstandsarbeiten

«Ein Wort der Anerkennung darf angebracht werden, dass die Stadtverwaltung Winterthur in der Frage der Arbeitsbeschaffung schon Gewaltiges geleistet hat» [365].

Die Beschaffung von Arbeitsgelegenheiten, die Bereitstellung von Notstandsarbeiten war während der ganzen Depression eine der Hauptforderungen von SP und Gewerkschaften. Sie stellten sich auf den Standpunkt, dass Notstandsarbeiten, auch wenn sie teurer kämen als die geldliche Unterstützung der Arbeitslosen, dennoch sinnvoller seien, weil damit Werke von Bestand geschaffen würden und der Arbeitslose dank seiner Eingliederung in den Arbeitsprozess nicht unter den psychisch-moralischen Folgen der Arbeitslosigkeit leiden müsste. Schon vor der Krise schrieb darüber die AZ Grundsätzliches:

«Die Arbeitslosenunterstützungen verursachen grosse Summen, Ausgaben für Gemeinde und Kanton in Form von Subventionen, und das sind unproduktive Ausgaben. Bei Notstandsarbeiten sind es aber produktive, denn dafür entsteht ein Werk, das doch einmal gemacht werden muss, und der Arbeitslose erhält Arbeit und Verdienst, die ihm viel lieber sind als Unterstützungen» [366].

Die Arbeiterschaft wies auch immer wieder darauf hin, dass die Notstandsarbeiten nicht im Sinn einer Feuerwehrübung oder als Beschäftigungstherapie zu vergeben seien, sondern dass man planmässig diejenigen Projekte, die man sowieso erstellen müsse, vorziehen sollte, um durch antizyklisches Verhalten die Baukonjunktur zu beleben. Gewitzt durch frühere Perioden der Arbeitslosigkeit, ersuchte denn auch bereits anfangs 1930 der Vorstand der Arbeiterunion den Stadtrat, für die aus den Versicherungskassen Ausgesteuerten Notstandsarbeiten bereitzustellen [367].

Weil die Gesamtkosten der Notstandsarbeiten etwa das Dreifache der an die Notstandsarbeiter ausbezahlten Löhne betrugen, verhielt sich der Bund zurückhaltend. Nach Art. 23 BV wäre der Bundesrat zu Notstandsarbeiten ermächtigt gewesen, doch legte er diesen Artikel nicht sehr extensiv aus. Sie beschränkten sich auf Arbeiten für SBB, PTT, EMD und für die Direktion der eidgenössischen Bauten. Auf eigene Rechnung führte der Bund nur wenige Notstandsarbeiten aus, aber er zahlte Subventionen an Kantone und Gemeinden [368]. In ihrem Gutachten schrieben Grimm/Rothpletz, dass der Bund bis 1934 insgesamt 18 Millionen Franken für Notstandsarbeiten bewilligt und damit ein Investitionsvolumen von 193 Millionen ausgelöst habe [369].

Mit den Notstandsarbeiten wollten die Behörden meist nur die Not der Arbeitslosen lindern und ihnen wenigstens vorübergehend eine Beschäftigung ermöglichen. Als Impuls für die Konjunkturankurbelung in der Bau- und Maschinenindustrie erachtete man sie als nicht besonders tauglich. Diese Einschätzung zeigte sich auch darin, dass selbst während der grössten Krise nie mehr als 13 000 Notstandsarbeiter beschäftigt waren [370].

In Winterthur wurde der grösste Teil der Tiefbauarbeiten während den 30er Jahren als Notstandsarbeiten vergeben. Die Unternehmer waren dabei vertraglich verpflichtet, für deren Ausführung ausschliesslich die vom Arbeitsamt überwiesenen Arbeiter zu beschäftigen [371]. Daneben wurden aber auch andere Arbeiten als Notstandsarbeiten vergeben, wie etwa der Unterhalt der Strassen und städtischen Werke. Die Beschäftigung bei Notstandsarbeiten war auf 8 Wochen beschränkt. Mit dieser Beschränkung konnte einer möglichst grossen Zahl von Arbeitern eine Beschäftigung gegeben werden. Dies war schon deshalb wichtig, weil für den Bezug der Arbeitslosenunterstützung eine bestimmte Anzahl von Arbeitstagen erforderlich war.

Umbau des Bahnhofplatzes Winterthur: Industriearbeiter werden als Notstandsarbeiter eingesetzt. Notstandsarbeiter beklagten sich öfters über die ihrer Ansicht nach ungenügenden Löhne. Sie wurden denn auch im Verlauf der Krisenjahre hinaufgesetzt.

Für erste Notstandsarbeiten wurde am 3. 3. 1930 ein Kredit von 43 600 Franken bewilligt, mit dem Unterhalts- und Reparaturarbeiten ausgeführt werden konnten. Für diese kleineren Notstandsarbeiten wurden folgende Beträge ausgegeben [372].

Ausgaben für Notstandsarbeiten (kleinere Arbeiten)

Jahr	Ausgaben	Beschäftigte Arbeiter
1930	82 602.75	145
1931	171 781.95	214
1932	97 293.65	128
1933	95 919.65	160
1934	80 720.90	170
1935	77 837.—	169 (+ 34 117.60 [500] Schneeräumen)
1936	127 339.30	199

Tabelle 43

Stärker ins Gewicht fallen hingegen die dem ausserordentlichen Verkehr belasteten Notstandsarbeiten vor allem für Tiefbauten[373]:

Ausgaben für Notstandsarbeiten[374]

Jahr	Gesamtausgaben	Lohnsumme	Anzahl Beschäftigte
1930		82 602.—	145
1931	645 200.57	235 345.—	1554
1932	1 672 787.96	885 617.—	2288
1933	42 877 427.60	823 334.69	1813
1934	2 085 415.75	831 812.95	1851
1935		1 041 968.—	2560
1936			
1937			1103
1938			575
1939		310 785.—	707

Tabelle 44

Obwohl dank den Notstandsarbeiten ein Grossteil der arbeitslosen Familienväter wenigstens für zwei Monate im Jahr Beschäftigung und Verdienst fand, waren sie doch nur ein dürftiger Ersatz für die gelernte Arbeit. Weil Notstandsarbeiten meist in völlig unqualifizierten Arbeiten bestanden, wurden auch die Ausführenden häufig als Arbeiter zweiter Klasse betrachtet. Ein Notstandsarbeiter beschrieb seine Eindrücke so:

«Dann kommt der Tag, an dem wir nach langer Pause unsere Hände rühren können. Wir stehen im Graben und werfen die Erde, wir sitzen an der Strasse und klopfen Steine. Wir Männer mit gelerntem Beruf, im Vollbesitz unserer Kräfte, wir klopfen jetzt Steine und verdienen in der Stunde Einfrankenfünfundzwanzig. Auf unsere Rücken brennt die Junisonne und an uns vorbei rasen im Tag Hunderte von Autos. An uns vorbei rast das Leben, das mannigfaltige, trotz der Krise, hastige Leben»[375].

Neben den deprimierenden Gefühl, als gut qualifizierter Arbeiter bei äusserst harten Bedingungen und schlechter Bezahlung eine geisttötende Arbeit verrichten zu müssen, zeitigte diese rauhe Tätigkeit noch andere negative Auswirkungen. In ihrer Jubiläumsschrift schreibt die Firma Sulzer rückblickend:

«Wohl liessen sich damit hauptsächlich die jüngeren Männer vorübergehend bei Notstandsarbeiten und in der Landwirtschaft beschäftigen, doch machte man im Unternehmen selbst mit dieser berufsfremden Tätigkeit nicht immer die besten Erfahrungen. Kehrten die Männer nach einigen Monaten wieder zu ihrer angestammten Arbeit zurück, hatten sie bereits einen beträchtlichen Teil ihrer früheren Fertigkeiten eingebüsst, und die Folge war ein ausserordentlich unerwünschtes Ansteigen der Ausschussquoten» [376].

Für die Arbeiter war natürlich dieser Verlust ihrer Fertigkeiten genauso unangenehm, kamen sie doch auf geringere Akkordzuschläge oder wurden für den produzierten Ausschuss gebüsst.

Zwar gab die Stadt Winterthur in den 30er Jahren Millionenbeträge für die Arbeitsbeschaffung durch Notstandsarbeiten aus, doch fehlte diesen gutgemeinten Massnahmen oftmals die vorausschauende Zielstrebigkeit [377]. Notstandsarbeiten wurden meist nur als Notbehelf betrachtet, um die Arbeitslosen während einiger Zeit mehr oder weniger sinnvoll zu beschäftigen und ihnen die nötigen Tage für die Arbeitslosenversicherung zukommen zu lassen, denn als gezielte Massnahme, durch antizyklisches Verhalten die Bauwirtschaft wieder in Schwung zu bringen. Notstandsarbeiten beschränkten sich fast ausschliesslich auf den Bausektor. Dass man mit gezielter Arbeitsbeschaffung auch anderen Wirtschaftszweigen Konjunkturimpulse verleihen könnte, lag ausserhalb des Erkenntnisbereichs der staatlichen Organe.

Neue Industrien

In der Ansiedlung neuer Industrien sahen Stadt und auch die Vertreter der Arbeiterschaft ein weiteres Mittel, um die Arbeitslosenzahlen zu senken. Entsprechend erfreut war man denn auch anfangs 1935, als der amerikanische Automobilkonzern General Motors eine Werkhalle der SLM erstehen und dort seine Autos montieren wollte. Auch die SLM zeigte sich am Handel interessiert. Da die GM etwa 300 bis 400 neue Arbeitsplätze geschaffen hätte, war sie natürlich in einer starken Verhandlungsposition. Stadt und SLM liessen sich die Konzession abringen, dass die SLM anfangs die Steuern der GM übernommen und die Stadt ihr diese bis auf 10 000 Franken rückvergütet hätte. Der Steuerverlust wäre in die Zehn- oder sogar Hunderttausende gegangen. Priorität hatte aber die Schaffung von Arbeitsplätzen, und von diesem Argument liess sich auch der Regierungsrat überzeugen, der das Vorgehen des Stadtrates billigte. Nun war aber Winterthur nicht der einzige Bewerber. Neben einer Reihe anderer Städte war das unter sozialdemokratischer Regierung stehende Biel der härteste Konkurrent. Entscheidend war schliesslich, dass Biel nicht nur eine neue Fabrikhalle zur Verfügung stellen konnte, sondern dass dort die steuerliche Belastung von Gewinnen nur 9,7% gegenüber 39,2% in Winterthur ausmachte[378].

Nachdem die GM dem «roten Biel» den Vorzug gegeben hatte, übte Stadtpräsident Widmer heftige Kritik am Vorgehen der Bieler. Die Taktik der Bieler grenze an «illegales Geschäftsgebaren» und sei ein volkswirtschaftlicher Unsinn. Es würden auf Kosten des Steuerzahlers neue Fabriken erstellt, die eventuell in fünf Jahren wieder stillgelegt werden müssten[379]. Die Winterthurer SP war in einem Dilemma. Einerseits hätte sie ihre Bieler Genossen aus Solidarität zu ihrem Erfolg beglückwünschen müssen, andererseits stand ihr das eigene Hemd doch näher. Auf jeden Fall hätte sie es begrüsst – und darin unterstützte sie den Stadtrat – wenn er der GM weitgehende finanzielle Konzessionen gemacht hätte. Man dürfe sich bei dieser Sache nicht von moralischen Grundsätzen leiten lassen, sondern einzig entscheidend sei, dass 300 bis 400 neue Arbeitsplätze geschaffen würden[380].

Es gab allerdings auch kritische Stimmen. Bei der Behandlung einer SP-Motion vom 20. 5. 1935, in der die Schaffung einer besonderen Instanz für die Ansiedlung neuer Industrien gefordert wurde, meinte Gemeinderat E. Hörni, dass die Steuermoral darunter leide, wenn man einer Firma solche Steuervergünstigungen gewähre. Stadtpräsident Widmer stimmte diesem Einwand zu[381]. Die Motion wurde für erheblich erklärt und daraufhin diese Instanz auch tatsächlich gegründet. Für ihre Tätigkeit wendete sie folgende Beträge auf[382]:

Jahr	Betrag	Jahr	Betrag
1935	1 105.60	1938	2 656.50
1936	9 451.15	1939	2 233.35
1937	11 403.50		

Tabelle 45

Von allzu grossem Erfolg war die Tätigkeit dieser Stelle nicht gekrönt. So zerschlug sich u. a. das Projekt einer Flugzeugproduktion. Für eine wirksame Arbeit waren wohl auch die aufgewendeten Beiträge zu gering.

Das Ringen um die GM-Fabrik zeigt, dass um neue Arbeitsplätze hart gekämpft wurde. Den Zuschlag erhielt derjenige, der die grössten Konzessionen machen konnte. Die Anbieter von Arbeitsplätzen waren in einer ausserordentlich starken Position und verstanden es sehr geschickt, die verschiedenen Standortkonkurrenten gegeneinander auszuspielen, um für sich die grössten Vorteile auszuhandeln.

6. Die Selbsthilfe der Betroffenen und ihrer Organisationen

Auf Kantons- und Gemeindeebene hatte die Arbeiterschaft schon seit Jahren oder Jahrzehnten ihre Vertreter in Legislativen und Exekutiven. In einigen Städten wie Zürich oder Biel stellten sie sogar die Mehrheit. Durch ihre praktische Tätigkeit als auch von der theoretischen Orientierung her war der grösste Teil der Arbeitervertreter in den Staat und seine Institutionen integriert[383]. Wenngleich an Maifeiern der Klassenkampf besungen und die Umwandlung des kapitalistischen in einen sozialistischen Staat beschwört wurde, so erhofften sich dennoch SP und Gewerkschaften die Rettung aus der Krise vom real existierenden Staat. Über die Rolle des Staates schreibt Lindig:

«Der Staat wurde zum Werkzeug, das der Reformismus zugunsten seiner Basis handhaben will – mehr noch: die SP verknüpft ihr politisches «Schicksal mit einem systematisch zu öffnenden Staat, in den die Interessen der Arbeiter einfliessen und so seine Funktion dynamisch erweitern zum ,Sozialstaat'»[384].

Im Glauben an die Möglichkeit der Systemveränderung durch parlamentarische Arbeit massen deshalb SP und Gewerkschaften den Wahlen grosse Bedeutung zu. Diese parlamentarische Arbeit ihrer Interessenvertreter war das eine Bein, auf das die Arbeitslosen ihre Hoffnungen stützten. Ein zweites Instrument hatten sie in der Arbeitslosenkommission der Arbeiterunion, die in öffentlichen Versammlungen die Nöte und Forderungen der Arbeitslosen sammelte und in Eingaben an die Behörden richtete. Diese Eingaben formulierten keine grundsätzliche Kritik, sondern verlangten in der Regel geringfügige Verbesserungen des Arbeitslosenschicksals wie die Einrichtung von Volksküchen oder höhere Löhne für Notstandsarbeiter. Glaubte man, Eingaben allein genügten nicht, so organisierte man einmal eine Demonstration. Trotz dieser ausser- und innerparlamentarischen Arbeit gab es noch immer Arbeitslose, die in Not gerieten, für diese sammelte die Arbeiterunion von ihren Mitgliedern im Laufe der 30er Jahre Hunderttausende von Franken, die sie in Form von Lebensmittelgutscheinen abgab. Diese Solidaritätsaktionen stellten die dritte Massnahme der Selbsthilfe dar.

Eine Minderheit der Arbeiter lehnte jedoch den Reformismus ab und wandte sich einer revolutionär-klassenkämpferischen Strategie zu. Diese waren politisch in der Kommunistischen Partei (KP) organisiert, deren gewerkschaftlicher Arm die Revolutionäre Gewerkschaftsopposition (RGO) darstellte. Obwohl auch sie sich an Wahlen beteiligten und die Parlamentsarbeit als Teil der Taktik betrachteten, räumten sie doch dem Kampf in den Betrieben Priorität ein. Die verschiedenen Konzepte führten zu heftigen Auseinandersetzungen innerhalb der Linken. In Kapital 6 werden diese Kämpfe innerhalb der Linken nachgezeichnet. Obwohl es seltsam erscheinen mag, diese unter dem

Titel Selbsthilfe zu subsumieren, erscheint es mir als gerechtfertigt, wenn man sie unter umgekehrten Vorzeichen betrachtet: Nur zu oft lähmten diese Kämpfe die Arbeit der Linken, so dass für den eigentlichen Einsatz zugunsten der Krisengeschädigten Kräfte fehlten. Im folgenden wird aufgezeigt, welche wirtschaftlichen, sozialen und politischen Ziele und Konzepte die Arbeiterschaft aufgestellt hatte, und mit welchen inner- und ausserparlamentarischen Mitteln sie diese verwirklichen wollte.

Die «Revolutionäre Gewerkschafts-Opposition» stellt sich vor.

Die parlamentarische und ausserparlamentarische Arbeit von SP und Gewerkschaften

Es scheint – wenngleich das eine überspitzte Formulierung ist – dass der im Friedensabkommen von 1937 aufgestellte Grundsatz von Treu und Glauben auch für das Verhältnis zwischen SP und der Stadtregierung wegweisend war. Die SP forderte von der Stadt nichts, was diese nicht zu leisten imstande gewesen wäre, und die Stadt enthielt der Arbeiterschaft nichts vor, was sie zu leisten fähig gewesen wäre. In diesem Kapitel soll aufgezeichnet werden, welche Forderungen die Arbeiterschaft in ihrer parlamentarischen Arbeit stellte und wie diese von der Arbeitslosenkommission ergänzt wurden. Vorgängig aber eine Skizze der politischen Situation während der 30er Jahre.

Die politischen Verhältnisse

Kennzeichen der Gemeindewahlen der 30er Jahre war, dass die SP mit Ausnahme der Stadtratswahlen von 1931 jedesmal versuchte, sowohl im Gemeinderat als auch im Stadtrat die absolute Mehrheit zu erreichen und dass es jedesmal beim Versuch blieb. Trotz den Erschütterungen durch die Krise blieben die politischen Machtverhältnisse erstaunlich stabil. Die Stimmenanteile variierten jeweils nur um wenige Prozentpunkte, und weder Kommunisten noch Nationale Front konnten aus der Krisenlage Kapital schlagen. Die Resultate der Gemeindewahlen zeigen folgendes Bild:

Partei	1931 Sitze	1931 Anteil %	1934 Sitze	1934 Anteil %	1938 Sitze	1938 Anteil%
Sozialdemokraten	28	45,9	29	47,3	28	44,7
Demokraten	15	24,6	15	22,8	12	20,0
Freisinn	6	10,5	5	8,4	5	8,8
Bauern	4	6,2	4	6,1	3	4,8
Christlichsoziale	4	7,2	4	6,5	4	7,0
Evangelische	2	3,6	1	2,8	1	2,2
Kommunisten	1	2,2	—	1,2	—	—
Nationale Front	—	—	2	4,3	—	—
Grütlianer	—	—	—	0,7	—	—
Landesring	—	—	—	—	4	7,4
Freiwirtschafter	—	—	—	—	2	3,1
Jungbauern	—	—	—	—	1	2,1

Tabelle 46

Wenn auch die SP als Einzelpartei nie die Mehrheit erringen konnte, so gewann doch der «Richtlinienblock», den sie 1938 mit den Jungbauern und den Freiwirtschaftern eingegangen war, mit 31 Sitzen die Mehrheit.

Im Stadtrat war die SP mit drei Mitgliedern vertreten. Auch hier kämpfte sie um die absolute Mehrheit, erlitt aber jedesmal eine Abfuhr. 1934 etwa blieb ihr vierter Mann um mehr als 1500 Stimmen hinter dem am schlechtesten plazierten Bürgerlichen zurück, und ihr Kandidat für das Stadtpräsidium wurde vom selbst in Arbeiterkreisen populären Demokraten Dr. Hans Widmer um 3400 Stimmen geschlagen. Die SP musste sich eingestehen, dass sie das gesteckte Ziel «nicht voll» erreicht hatte [385].

Ab 1934 waren die Parolen, mit denen die SP ihren Wahlkampf führte, sehr konkret und von den Erfordernissen der Krise diktiert. Die von der SP aufgestellten Forderungen waren fast alle Reaktionen auf die durch die Krise geschaffene Notlage. Einzig 1931 erlaubte sie sich noch aktive, zukunftsgerichtete Parolen. Ein Vergleich der Gemeinderatsplattformen zeigt, welches die jeweils dominanten Wahlkampfthemen waren.

1931

Gegen die Reaktion, für sozialen Fortschritt / Kampf jedem Lohnabbau / Arbeitszeitverkürzung / Schutz der Arbeitslosen / Förderung des Wohnungsbaues / Billigere Wohnungen / Schutz unserer Alten / Aufbau einer neuen Kultur[386].

1934

Arbeitsbeschaffung für alle / Exportkredite für die Metall- und Maschinenindustrie durch Garantieübernahme / Schutz für den Mittelstand und das Gewerbe vor Schmutzkonkurrenz und Verschuldung / für die Bauern Absatz und gerechte Preise für ihre Produkte und Entschuldung / Erwerb für die Angestellten, für Techniker, Kaufleute, die Jugend / Wohlfahrt und Fürsorge für die Arbeitslosen, die Alten und die Jugend / antikapitalistische Politik gegen das volksschädigende monopolistische Bankkapital / für gesunde Finanz- und Steuerpolitik / gegen Sparpolitik auf Kosten der Arbeitslosen / gegen Lohnabbau / gegen Frontenzauber[387].

1938

Arbeitsbeschaffung durch Bereitstellung öffentlicher Arbeiten / ausreichende Hilfe an Arbeitslose und Ausbau der Sozialfürsorge / Bau billiger Wohnungen und verbesserter Mieterschutz / gesunde Finanz- und Steuerpolitik / Förderung des Schul- und Unterrichtswesens / Förderung der Püntenwirtschaft und Zuzug neuer Industrien / Förderung der Kunst und Bibliotheken / Anlage von Sport und Spielplätzen[388].

Auf diesen Forderungslisten dominieren eindeutig die wirtschaftlichen Anliegen – für anderes war offenbar in dieser Zeit wenig Bedarf. Man kann sie unter zwei Stichworten zusammenfassen: Arbeitsbeschaffung und Linderung des Loses der Krisengeschädigten. Bei all den zusätzlichen Mehrleistungen sollte aber der Gemeindehaushalt gesund bleiben. Die Mittel für ihre Politik hätte die SP durch höhere Subventionen von Bund und Kanton aufbringen wollen sowie durch einen grösseren Ertrag der Krisensteuer. Allgemeine Erhöhungen der bereits sehr hohen direkten Steuer sah sie nicht vor. Einen Grossteil dieser Forderungen hätten wohl auch fortschrittliche Bürgerliche unterschreiben können und es gab keine, die nicht systemkonform gewesen wäre, ausser die Attacke gegen das Bankkapital, die aber vielleicht eher als Aufmunterungsappell an die eigenen Leute zu verstehen war. Dass sich die SP auf der Linie eines mehr oder weniger grossen Konsens mit dem fortschrittlichen Bürgertum bewegte, zeigt auch eine Analyse ihrer parlamentarischen Arbeit.

Das Finanzkapital als Verursacher der Krise: Einer der häufigsten Topoi in der Krisenargumentation der Arbeiterschaft.

Die politischen Vorstösse der SP im Gemeinderat

Einen Vorwurf kann man der SP nicht machen: dass sie zu spät auf die Krise reagiert hätte. Bereits am 15. 9. 1930, als erst wenige Leute entlassen worden waren, die von der Statistik noch gar nicht erfasst waren, reichte sie eine Motion zur Linderung der Arbeitslosigkeit ein [389]. Mit diesem Vorstoss erreichte sie, dass bereits im ersten Krisenwinter Notstandsarbeiten bereitgestellt wurden.

Im Laufe der Krise reichte die SP insgesamt 21 Motionen ein, die entweder die Verbesserung der individuellen Lage der Arbeitslosen zum Ziel hatten oder mit denen die Grundlagen für Arbeitsbeschaffung und Verbesserung der Konjunkturlage gelegt werden sollten. Von diesen 21 Vorstössen zur Krise wurde – trotz bügerlicher Mehrheit – nur ein einziger nicht für erheblich erklärt und auch das nur mit Stichentscheid des Präsidenten. In ihm verlangte die SP, dass der Stadtrat in einer Eingabe an den Bundesrat normale Handelsbeziehungen mit Russland fordern solle. Obwohl die Motion abgewiesen wurde, richtete der Stadtrat die darin gewünschte Eingabe dennoch an den Bundesrat.

Mit jährlicher Regelmässigkeit reichte die SP jeweils im Herbst eine Motion betreffend Ausrichtung von Herbst- und Winterzulagen ein. Der erste von insgesamt acht Vorstössen erfolgte 1930, der letzte 1935. Auch wenn die SP etwa schrieb:

135

«Die Winterzulagen sind nur dank dem energischen Druck unserer Behörden-
vertreter wiederum ausgerichtet worden» [390],

so war doch die Ausrichtung dieser Zulagen relativ unbestritten. Hart diskutiert
wurde jedoch um einzelne Details der entsprechenden stadträtlichen Vorlagen.
Meist entsprachen diese nicht den Vorstellungen der SP, doch drang sie mit
ihren Anträgen in der Regel nicht durch. Man kann also sagen, dass über das
Prinzip dieser Zulagen Einigkeit herrschte, dass jedoch die Meinungen über die
Höhe der Auszahlungen und die Modalitäten auseinander gingen.

Den Arbeitslosen sollte aber nicht nur punktuell geholfen werden, sondern die
SP wollte auch prophylaktisch die Entstehung von noch grösserer Arbeitslosigkeit verhindern. Da nach SP-Meinung die Krise eine Folge des chaotischen
kapitalistischen Wirtschaftssystems war, verlangte sie deshalb folgerichtig ein
planmässiges Vorgehen. So forderte sie etwa in ihrer Motion vom 11. 7. 1932
den Stadtrat auf, für den folgenden Winter ein Programm zur systematischen
Bekämpfung der Arbeitslosigkeit aufzustellen. Weiter müsse er beim Bundesrat
vorstellig werden, um Arbeitsmöglichkeiten für Winterthur zu beschaffen [391].
Auch im folgenden Jahr trat die SP wiederum mit der Forderung nach einem
Arbeitsbeschaffungsprogramm für den Winter 1933/34 an den Stadtrat heran
sowie mit der Auflage, bei Bund und Kanton Arbeit hereinzuholen [392]. Ergänzt
wurden diese Vorstösse mit Motionen, die die Bereitstellung von Notstandsarbeiten verlangten. Diesen Vorstössen war es auch zu verdanken, dass die Stadt
bei der Winterthurer Metall- und Maschinenindustrie, der Baubranche, dem
Gewerbe und den Architekten etwa 1932, 1934 und 1936/37 systematische
Umfragen über die Aussichten der einzelnen Betriebe in den nächsten Monaten
und über die Beschäftigungslage durchführte und so Grundlagen für weitere
Arbeitsbeschaffungsmassnahmen erhielt.

Obwohl ein gewisses Sicherheitsnetz bestand, gab es doch immer wieder Leute,
die durch die Maschen fielen. Für diese versuchte die SP ein zusätzliches
Fangnetz zu erstellen. So gelang es ihr etwa 1934 – gegen den Willen des
Stadtrates – die Krisenhilfe auf alle ausgesteuerten Bau- und Holzarbeiter sowie
auf Ledige auszudehnen. Der Stadtrat lehnte sie deshalb ab, weil die Motion
über die Leistung von Bund und Kanton hinausging und die Stadt deshalb keine
Subventionen erhielt [393]. Wiederum ein Jahr später gelang es der SP nochmals,
die Krisenhilfe auszuweiten. Mit diesem Vorstoss wollte sie vermeiden, dass
Ausgesteuerte armengenössig würden. Offenbar hatte man festgestellt, dass viele
Bedürftige sich aus Stolz oder andern Gründen weigerten, Armenunterstützung
zu beziehen. Stadtpräsident Widmer lehnte die Motion ab mit dem Argument,
man müsse sparsam Haushalten, damit man später noch Mittel für die
Arbeitsbeschaffung habe [394]. Für die Ausweitung der Leistungen an die
Bedürftigen kämpfte die SP noch mit weiteren Motionen, etwa mit der
Forderung nach einer Extrazulage für Arbeitslose (1932), in der Zuweisung an
den Hilfsfonds für die freiwillige Arbeitslosenfürsorge (1932), Abgabe einer

Weihnachtsgabe an alle Arbeitslosen mit mehr als 90 Tagen (1936), Teuerungszulagen an Arbeitslose durch den Bund (1937).

Ein weiteres Bündel von Motionen zielte darauf ab, auf indirektem Weg Arbeit zu beschaffen. Dazu gehörten die bereits erwähnte Forderung nach Aufnahme von Handelsbeziehungen mit Russland (siehe Kap. 6), die Schaffung einer Instanz für die Förderung neuer Industrien sowie die Förderung von billigen und gesunden Wohnungen und Subventionen für den Umbau von privaten Liegenschaften.

Selbstverständlich versuchte die SP, den Lohnabbau in der Gemeinde zu verhindern. Dem Lohnabbau in der Privatwirtschaft standen die Vertreter der Arbeiterschaft aber genauso hilflos gegenüber wie die Arbeiter selber. Wohl aus der Einsicht der Zwecklosigkeit brachten sie denn auch den Lohnabbau selten zur Sprache. Verbindliches wurde einzig in einer Motion vom 9. 12. 1935 gefordert, als dem Stadtrat auferlegt wurde, mit der Firma Sulzer Verhandlungen aufzunehmen, um die vorgesehene Reduktion der Pensionen um 20% rückgängig zu machen. Erfolg hatte allerdings diese Demarche nicht. In der unverbindlichen Form der Interpellation äusserte sich die SP anfangs 1934 zum Lohnabbau in der Metall- und Maschinenindustrie. Ferner interpellierte sie verschiedene Male zu bevorstehenden oder vorgenommenen Entlassungen, doch ausser Diskussionen im Gemeinderat brachten diese Vorstösse nichts ein.

Rein quantitativ war die parlamentarische Arbeit von SP und Gewerkschaften ein Erfolg. Von 21 Motionen während der Depression wurde nur gerade eine einzige abgelehnt. Es steht ausser Zweifel, dass diese Vorstösse die Not der Arbeitslosen und Ausgesteuerten um einiges linderten und vielen den Gang aufs Fürsorgeamt ersparten. Ohne den parlamentarischen Druck der Arbeitervertreter hätte die Arbeiterschaft bestimmt mehr leiden müssen. Der Erfolg der SP-Arbeit ist meines Erachtens auf das gut entwickelte Antizipationsvermögen der SP zurückzuführen. Sie war mit der politischen Kultur schon dermassen gut vertraut, dass sie genau wusste, wie weit sie gehen durfte, damit das Bürgertum ihre Forderungen noch akzeptierte. Wo die Grenzen waren, zeigte sich jeweils in der Detailberatung, wo die SP immer wieder Abstriche hinnehmen musste. Aus dieser Kenntnis des politischen Gegners reichte die SP gar keine Vorstösse ein, von denen sie annehmen musste, dass sie keine Chance auf Verwirklichung hatten. Solche Vorstösse gab es durchaus, und es ist aufschlussreich zu beobachten, wie sich die SP angesichts von fremden Forderungen verhielt, die sie von ihrem Engagement für die Arbeitslosen her hätte unterstützen müssen.

Die RGO forderte in einer Motion vom 25. 1. 1932 eine Ausweitung der Bezugstage der Arbeitslosenunterstützung von 90 auf 150 Tage sowie die Gratisabgabe von Milch, Brot, Heizmaterial, Gas, Strom, Übernahme des Mietzinses durch die Stadt und Vergütung von Kleidung und Schuhen für Arbeitslose und Ausgesteuerte. Selbstverständlich lehnte der Stadtrat diese sehr weit gehenden Forderungen der RGO ab – nach dem kommunistischen Gemeinderat Mosimann deshalb, weil die Forderungen an die Wurzeln des kapitalistischen Systems gingen. Die Motion wurde auch im Gemeinderat bei Stimmenthaltung der SP mit 28 zu 1 abgelehnt[395]. Im gleichen Jahr kam eine weitere Motion der RGO zur Behandlung, in der eine Winterzulage an nichtversicherte Arbeitslose sowie die Erhöhung der Notstandsarbeiterlöhne auf Fr. 1.30 bzw. Fr. 1.40 verlangt wurden. Die SP, die durch ihre Arbeitslosen-kommission mehrmals höhere Notstandsarbeiterlöhne gefordert hatte, enthielt sich wiederum der Stimme, so dass die Motion mit 23 zu 1 Stimmen verworfen wurde. Nur vier Monate später erhöhte dann der Stadtrat auf ein Gesuch der Arbeiterunion hin, welche Notstandsarbeiterlöhne von Fr. 1.25 gefordert hatte, diese auf Fr. 1.20 (siehe Kap. 4.).

Eine Motion des kommunistischen Arbeitslosenkomitees, in der der Erlass der direkten Steuern, der Bau von 1000 Arbeiterwohnungen und die Errichtung von Sportplätzen und Turnhallen für Arbeitersportvereine gefordert wurden, fand ebenfalls keine Zustimmung[396]. Dasselbe Schicksal widerfuhr einer Motion des gleichen Kommitees betreffend Ausrichtung einer Herbstzulage für Ausge-steuerte von 1 bis 2 Franken für jeden Stempel. Das Ergebnis lautete diesmal 28 zu 1 bei Enthaltung der SP. Eine mit 561 Unterschriften eingereichte Motion des Arbeitslosenkomitees forderte Mietzinszuschüsse für Arbeitslose. Obwohl die SP eigentlich Mietzinszuschüsse befürwortete, wurde die Motion mit den Stimmen der SP im Gemeinderat gebodigt. Man müsse – so argumentierten die Sozialdemokraten – das Problem auf kantonaler oder eidgenössischer Ebene lösen. Zudem würde diese Vorlage die ohnehin nicht rosige Rechnung der Stadt mit weiteren 650 000 Franken belasten, was eine Steuererhöhung von 15% bedingen würde und das sei schlicht nicht zu verkraften[397]. In der Volksabstimmung unterlag die Vorlage mit 1653 zu 9304 Stimmen.

Zwar erachtete die SP die Krisenhilfe als zu gering, doch mochte sie einer Motion der KP und der «Sozialistischen Linken», die die Ausrichtung einer Krisenhilfe an alle Ausgesteuerten in der Höhe der bezogenen Arbeitslosen-unterstützung forderten, nicht folgen. Weil diese Vorlage nicht in Einklang mit den gesetzlichen Vorschriften stand, hätte die Stadt Winterthur die ganze Krisenhilfe selber bezahlen müssen, was auch für die SP nicht tragbar war. In der Volksabstimmung wurde sie im Verhältnis 6 zu 1 abgelehnt[398].

Schliesslich wollte die SP auch nichts wissen von einer Motion der «Sozialistischen Jugend Winterthur», die die Hilfe der Stadt an Jugendliche im freiwilligen Arbeitsdienst zum Gegenstand hatte. Sie lehnte sie ab, obwohl sie in ihr einen Aufschrei der Jugend sah, für die die damalige Zeit eine grosse Belastung dargestellt habe[399].

Zwar sympathisierte die SP mit einigen der Vorstösse, die von der KP oder affilierten Organisationen eingebracht wurden, doch lehnte sie sie trotzdem immer ab oder enthielt sich der Stimme. Dafür waren in erster Linie taktisch-politische Gründe massgebend. Zum einen wollte die SP alles vermeiden, was nach Einheitsfront aussah, zum andern war sie ständig auf dem Sprung nach der absoluten Mehrheit und musste deshalb beim Stimmvolk den

Eindruck eines verantwortungsvoll budgetierenden Hausvaters machen. Obwohl auch sie die Leistungen an die Arbeitslosen und Krisengeschädigten ständig als zu gering kritisierte, schreckte sie doch vor Massnahmen zurück, die ausserhalb des von der bürgerlichen Mehrheit gesteckten Rahmens lagen. Nicht nur wären die Ausgaben der Stadt Winterthur noch weiter angewachsen, sondern sie wäre auch noch Subventionen verlustig gegangen, und das wollte auch die SP nicht riskieren. Für sie gab es ebenfalls eine obere Grenze der Belastbarkeit von Bürger und Wirtschaft, auch wenn sie oberhalb derjenigen des Bürgertums lag. Systemintegriert wie die SP war, hatte sie Rücksicht auf die Systeme Wirtschaft und Staat zu nehmen – Rücksichten, die die links der SP liegenden Organisationen von ihrer klassenkämpferischen Taktik her nicht kannten. Diese häufig auch selbstzufriedene Haltung kommt im Ratschlag eines älteren Sozialdemokraten an einige junge Genossen zum Ausdruck:

«Wir hatten kürzlich mit einigen jungen Arbeitern eine Diskussion, wobei sich die jungen Genossen darüber beklagten, dass es in der Verwirklichung unserer Ziele, des Sozialismus und der Besserstellung der Arbeiterschaft, nicht vorwärts gehe. Sie behaupteten, es fehle am Kampfwillen, mit den Mitteln der Gewerkschaftsbewegung und der Verhandlungen, mit den Mitteln von Teilstreiks und parlamentarischer Arbeit komme man nicht weiter, auf alle Fälle nicht zum Ziel. Eine revolutionäre Erhebung sei notwendig, der Kampf mit der Waffe gegen unsere Unterdrücker und Ausbeuter. Wir wollen mit diesen jugendlichen Drängern nicht rechten darüber, welche Kampfmittel zum Ziel führen werden. Aber eines wollen wir ihnen sagen: Es ist doch vorwärts gegangen in all den Jahren. Gegenüber den Zuständen, wie sie früher herrschten, ist es ganz gewaltig vorwärts gegangen.» (Es folgen Beispiele, wie es vor 100 Jahren war.) «Ja, liebe Genossen, aus der Vergangenheit und ihren Kämpfen kann man etwas lernen. Wenn es auch langsam vorwärts geht, es geht doch vorwärts, auch heute noch» [400].

Die Organisationen der Arbeitslosen

Sobald sich die ersten Anzeichen von Arbeitslosigkeit zeigten, bemühten sich Sozialdemokraten wie Kommunisten darum, die Interessen der Arbeitslosen zu vertreten. Bei dieser Interessenvertretung standen sich zwei grundverschiedene Konzepte gegenüber. Die Arbeitslosenkommission der Arbeiterunion sah sich als Forum, in dem die Arbeitslosen ihre Forderungen und Nöte artikulieren konnten. In enger Zusammenarbeit mit SP und Gewerkschaften sollten diese formuliert und den Behörden unterbreitet werden. Die Vertreter dieser beiden Organisationen würden dann auch für den nötigen politischen Druck sorgen. SP und Gewerkschaften sahen sich auch als moralisches und finanzielles Rückgrat der Arbeitslosen.

Anders das unter kommunistischem Eifluss stehende Arbeitslosenkomitee. Die Kommunisten standen zur Theorie des revolutionären Klassenkampfs. In ihren

Augen begünstigte die Krise des kapitalistischen Systems das Entstehen einer revolutionären Situation. Indem das Arbeitslosenkommitee unerfüllbare Forderungen stellte, wollte es die Unzufriedenheit der Arbeitslosen noch schüren und sie für die Revolution konditionieren[401].

Während SP und Gewerkschaften dem Arbeitslosenkomitee vorwarfen, es missbrauche die Arbeitslosen für die politischen Machenschaften der Kommunisten und habe noch keinen positiven Beitrag zur Verbesserung des Loses der Arbeitslosen geleistet[402], warf dieses den SP-Führern vor, sie hätten die Arbeitslosenbewegung gespalten und würden nur revolutionäre Phrasen dreschen, konkrete Aktionen jedoch vermeiden[403].

Den Standpunkt der SP gibt das Votum eines Vorstandsmitgliedes der Arbeiterunion wieder:

«Die ganze Arbeitslosenfrage ist unter Fühlungnahme der gesamten organisierten Arbeiterschaft zu prüfen, wobei der kommunistische Separatismus abzulehnen ist»[404].

Während die Arbeiterunion noch am Prüfen war, hatten die Kommunisten im Dezember 1930 bereits die erste Arbeitslosenversammlung durchgeführt. Wenn auch der Besuch mit 8 Teilnehmern bei der ersten und 12 bei der zweiten Versammlung bescheiden war[405], so lieferte dieses Erstgeburtsrecht doch für die ganzen 30er Jahre Propagandamunition, indem das Arbeitslosenkomitee der am 17. 2. 1931 gegründeten Arbeitslosenkommission vorwerfen konnte, sie habe die Arbeitslosenbewegung gespalten. Zur Spaltung kam es bereits an dieser ersten Versammlung. Die Kommunisten plädierten dafür, dass der Vorstand des alten Arbeitslosenkomitees beibehalten werde. Als sich die Versammlung dagegen aussprach, erklärten sie, dass sie das Komitee aufrechterhalten wollten[406]. An dieser Versammlung, so ein Bericht, habe man nichts anderes getan, als die Kommunisten beschimpft, deren Forderungen als zu hoch bezeichnet wurden[407].

Zu den ersten Postulaten, die die Arbeitslosenkommission zuhanden der SP-Fraktion aufstellte, gehörten die Erhöhung der Durchschnittslöhne der Notstandsarbeiten auf Fr. 1.20 bis Fr. 1.30, die Förderung weiterer Notstandsarbeiten sowie die Abgabe von verbilligtem Brennmaterial und Gratisessen an Arbeitslose[408]. Waren die ersten Forderungen alles andere als unverschämt, so wurde die Arbeitslosenkommission im Laufe der Jahre noch bescheidener. Der Jahresbericht 1933 umfasste etwa folgende Tätigkeitsbereiche: Wärmestube, Obst- und Kartoffelabgabe, Abgabe von Gratisessen, Bereitstellung von Pünten, Abgabe von Brennmaterialien[409]. Wegen dieser zurückhaltenden Forderungen konnte denn auch die Arbeitslosenkommission 1934 befriedigt feststellen, dass der Stadtrat einen grossen Teil der gestellten Begehren erfüllt habe[410].

Offenbar waren aber doch nicht alle Arbeitslosen mit der Arbeit ihrer Kommission zufrieden, denn im folgenden Jahr sah sie sich zu einer Rechtfertigung veranlasst:

«Weil nun eine sogenannte Arbeitslosenorganisation von den Kommunisten aufgezogen wurde, kamen verschiedene zur Ansicht, diese sei entstanden, weil die eigenen Organisationen und die verantwortlichen Instanzen zu wenig machen» [411].

Ganz ohne Grund war die Kritik an der Arbeitslosenorganisation wohl doch nicht, sonst hätte sie mehr Leute zu mobilisieren vermocht. In einem Brief vom 30. 1. 1935 an die Mitglieder der Arbeitslosenkommission beklagte sich nämlich deren Präsident, Heinrich Biedermann, über den schwachen Besuch:

«Leider zeigt sich im Jahre 1935 keine Besserung des Schlendrians, und die Gleichgültigkeit der Kommissionsmitglieder nimmt Formen an, die einer Arbeitslosenkommission absolut nicht anstehen» [412].

Obwohl die Arbeitslosenkommission schon im zweiten Jahr ihres Bestehens gemerkt hatte, dass die Sache der Arbeitslosen straffer angepackt werden müsse, änderte sich in all den Jahren wenig. In einer Sitzung vom 19. 3. 1932 wurde nämlich festgestellt:

«...prinzipiell ist man nicht für Unterstützung der K.P.-Motion (für höhere Notstandsarbeiterlöhne, T.B.), doch verhehlt man nicht, dass mehr Aggressivität nötig wäre...» [413].

Neben punktuellen Aktionen zur Verbesserung der unmittelbaren Situation unternahm die Arbeitslosenkommission jedoch auch vereinzelt Schritte mit längerfristigen Auswirkungen. So ersuchte eine von 300 Arbeitslosen besuchte Versammlung am 8. 3. 1932 die SP-Fraktion des Nationalrats, sie möge die nötigen Schritte unternehmen, um durch Einführung einer eidgenössischen Krisensteuer die notwendigen Mittel zu beschaffen, um die Wirtschaftskrise durch öffentliche Arbeitsbeschaffung wirksam zu bekämpfen [414]. Das noch im gleichen Monat beim Bundesrat eingereichte Krisenprogramm des SGB, des Föderativverbandes und der Schweiz. Angestelltenverbände, das auch eine Krisensteuer enthielt, ist wohl kaum auf die Intervention der Arbeitslosenkommission zurückzuführen, zeigt aber, dass diese vereinzelt auch weiträumiger zu handeln bereit war. Dazu gehörte auch eine Resolution, die am 7. 10. 1932 verabschiedet wurde und in der der SGB aufgefordert wurde, sich für die 40-Stunden-Woche einzusetzen. Ein Antrag zur Einführung des 6-Stunden-Tages (36-Stunden-Woche), der von mehreren Votanten gestellt wurde, unterlag [415]. Einer weiteren Resolution, die am 4. 10. 1933 von einer 600köpfigen Versammlung verabschiedet wurde und die vom Stadtrat verlangte, er möge den Regierungsrat ersuchen, die Krisenhilfe endlich auf die Bauarbeiter auszudehnen, entsprach der Stadtrat [416].

Die Arbeitslosenkommission diente aber nicht nur als Kanal für Forderungen, sondern auch als Forum, in dem die Nöte und Sorgen der Arbeitslosen artikuliert wurden. So beklagten sie sich häufig über das Unverständnis der Behörden und Beamten für ihre Lage. Sie mussten dabei den Eindruck gewinnen, dass sie für ihre Situation selber verantwortlich waren. Auch die

Schwerfälligkeit der Bürokratie und Verzögerungen bei Auszahlungen standen häufig im Zentrum der Kritik. Von der Versammlung vom 5. 9. 1932 hiess es:

«...ergingen sich die Voten einhellig über die ungerechte Behandlung und zusammenfassend gipfelten sie in dem Verlangen, dass auch der Arbeitslose als Mensch anerkannt werden will» [417].

Je länger natürlich die Arbeitslosigkeit dauerte, desto ungeduldiger wurden die Arbeitslosen. Auch wenn es nie zu Gewaltakten kam, so wurde doch machmal damit gedroht:

«In der Arbeitslosenbewegung herrschte eine masslose Erregung und Erbitterung (...). Wenn nicht hinreichend und rasch für eine wesentliche Änderung gesorgt wird, dann werden sich die Arbeitslosen auch alle Schritte vorbehalten, selbst diejenigen, die sich nicht mehr nur in Protestschreiben ergehen» [418].

Der rote Faden, der die Arbeit der Arbeitslosenkommission durchzog, war die Auseinandersetzung mit den Kommunisten. Deren Tätigkeit wurde etwa so qualifiziert:

«Dieses kommunistische Arbeitslosenkomitee versucht demnach, die von uns geplanten Aktionen zu torpedieren und auf eigene Faust Aktionen durchzuführen (...). Den früheren Gemeinheiten haben sie neue Aktionen hinzugefügt (...). Was die wenigen Stümper in der K.P. erreicht haben, ist gleich Null. Ihre Arbeitslosenversammlungen stehen auf einem bedenklichen Niveau, der Besuch ist miserabel» [419].

Die Arbeitslosenkommission grenzte sich stark vom Arbeitslosenkomitee ab und liess sich bei ihren Massnahmen – so SP-Parteipräsident Richard Bassler – auch nicht von der Kritik der KP drängen [420]. Dennoch kam es öfters vor, dass die sozialdemokratische Arbeitslosenkommission Forderungen – wenn auch in abgeschwächter Form – von den Kommunisten übernahm, wie die Erhöhung der Notstandsarbeiterlöhne oder die Abgabe von verbilligtem Essen und Heizmaterial.

Die fruchtlosen Auseinandersetzungen zwischen Sozialdemokraten und Kommunisten haben auf der einen Seite zweifellos eine wirksame Arbeit für die Arbeitslosen behindert. Auf der anderen Seite setzte das aggressive, wenngleich wenig effiziente Arbeitslosenkomitee die eher behäbige Arbeitslosenkommission in Bewegung, was ohne die Herausforderung von links vielleicht nicht geschehen wäre.

Auf eine kommunistische Initiative hin wurde versucht, die Arbeitslosen auch landesweit zu organisieren. Am 15. 9. 1932 trafen sich 14 Arbeitslosenvertreter aus verschiedenen Landesgegenden in Winterthur, um eine gesamtschweizerische Arbeitslosenkonferenz zu gründen. Drei der Anwesenden waren Sozialdemokraten, neun gehörten der RGO an. Die Konferenz wollte eine neutrale Organisation aller Richtungen schaffen, die direkt mit dem Bundesrat verkehren sollte. Zu den Forderungen, die an der Konferenz aufgestellt wurden, gehörten die Krisenanleihe von 300 Millionen Franken durch den Bund für Notstandsarbeiten, die Herabsetzung aller Hypothekarzinse, die Herabsetzung aller staatlichen Häuserschatzungen, um die Mietzinse zu reduzieren, die sofortige Reduktion der Steuern für Arbeitslose sowie eine Krisensteuer für alle Einkommen ab 4000 Franken und Vermögen ab 10000 Franken. AZ-Redaktor Robert Bolz, der als Beobachter anwesend war, und der SPS und dem SGB ein Protokoll der Konferenz zustellte, betrachtete sie als blosses kommunistisches Manöver.

«Zweck der Forderung: Überall in der Schweiz die Arbeitslosen zu sammeln und dann zu sehen, wer für die Verlangen eintritt. Ziel: Siehe kommunistische Presse» [421].

Die Arbeitslosenkommission formulierte nur wenige Begehren, die nicht ebensogut von den Vertretern der Arbeiterschaft im Parlament hätten aufgegriffen werden können. So bescheiden wie ihre Forderungen waren auch ihre materiellen Erfolge. Es fragt sich deshalb, wieso sie überhaupt gegründet wurde, zumal sie erst 1936, als sich eine Besserung der Lage bereits abzeichnete, sich überhaupt Richtlinien für ihre Tätigkeit gab [422].

Für die Kommunisten stellten die Arbeitslosen ein revolutionäres Potential dar, und sie scheuten auch nicht davor zurück, sie für ihre politischen Interessen einzusetzen. Diesem Einfluss wollte man mit einer eigenen Organisation die Arbeitslosen entziehen. Im weiteren bildeten aufmüpfige Arbeitslose einen Unruheherd. Als Vertreterin dieser Arbeitslosen und gleichzeitig als Partei, die das Vertrauen der Mehrheit der Winterthurer zu gewinnen suchte, konnte man sich das natürlich nicht leisten. Mit einer Organisation konnte man sie besser unter Kontrolle halten. Wenngleich die Tätigkeit der Arbeitslosenkommission geringfügige Verbesserungen der Situation gebracht hat, so ist doch deren Funktion als Schutzschild vor kommunistischen Einflüssen und als Disziplinierungsinstrument nicht zu übersehen.

Die Wirtschafts- und Sozialpolitik der Arbeiterschaft und die Methoden der Durchsetzung

Obgleich die Vertreter der Arbeiterschaft die Geldleistungen an die Arbeitslosen als völlig ungenügend erachteten und immer wieder Verbesserungen der Arbeitslosenunterstützung, der Krisenhilfe und der Winterzulagen forderten, standen doch diese Geldleistungen nicht im Zentrum ihrer Wünsche. In allen Eingaben, Forderungen, Vorstössen stand ein Wort zuoberst: Arbeit. Um diesem Begehren den nötigen Nachdruck zu verleihen, wurden auch Demonstrationen organisiert, so etwa der «Tag der Arbeit» am 10. 9. 1933 in Seuzach, der 6000 bis 7000 Teilnehmer anzog und unter dem Motto stand: «Arbeitsbeschaffung! Entschuldung der Kleinbauern! Wahrung der Freiheit!» [424] Ein weiterer Tag der Arbeit mit 2000 Teilnehmern fand 1935 statt und am 27.2.1936 folgte eine Arbeitslosenkundgebung auf dem Winterthurer Archplatz mit 1000 Teilnehmern. Die Parole lautete:

«Arbeit! – Arbeit! und wieder Arbeit! Wir fordern Arbeit! – Schluss mit dem Unterstützungsabbau! Ausreichende Fürsorge für unsere Alten! Arbeit für unsere Jungen!» [425]

In ihrer Wahlzeitung zu den Gemeindewahlen 1934 versprach die SP, dass eine sozialistische Mehrheit ein grosszügiges Arbeitsbeschaffungsprogramm ausarbeiten und dafür sorgen werde, dass auch Bund und Kanton in der Region Winterthur vermehrt Arbeiten ausführten [426]. Die SP sah aber in der Arbeitsbeschaffung nicht nur eine Beschäftigungsmöglichkeit für Arbeitslose, sondern sie wollte auch bleibende Werte schaffen. In der Begründung ihrer Motion vom 31.8.1936 betreffend Bereitstellung von Notstandsarbeiten verlangte sie, dass die Stadt nicht unbedingt Notstandsarbeiten wie Strassen oder Kanalisationen bereitstelle, sondern dass sie nun diejenigen Hochbauten verwirkliche, für die ein Bedürfnis vorhanden sei.

«Es werden dadurch nicht nur produktive Arbeit, sondern auch kulturelle Werte für die Nachkommen geschaffen» [427].

Bereits im Wahlkampf 1931 hatte die SP eine solch qualitative Art der Arbeitsbeschaffung verlangt, als sie den Bau von Wohnungen, Bädern, Kindergärten und Schulhäusern vorschlug. Allerdings setzte die SP nicht nur auf das Pferd der Binnenkonjunktur, weil ihr dabei teilweise die Hände gebunden waren. An einer Arbeitslosenversammlung von anfangs Februar 1934 schilderte Arbeitersekretär Bachofner wie

«die Fraktion vorzugehen habe, wie sie auf die allgemeine Finanzlage der Stadt Rücksicht nehmen müsse, mit dem Steuerfuss zu rechnen und die bürgerliche Mehrheit in Rechnung zu ziehen habe und an die Verordnungen des Bundes und der Kantone (allfälliger Verlust von Subventionen, T.B.) gebunden sei» [428].

Eine Verbesserung der Lage müsse deshalb vor allem von der Exportindustrie her kommen, und das könne nur geschehen, wenn man neue Aufträge hereinbringe, Exportprämien ausrichte und Risikogarantien gewähre [429].

An der Jahresversammlung 1936 der Grosspartei stellte Parteipräsident und Stadtrat Emil Frei die Aufgaben der Winterthurer SP folgendermassen dar:

«... dass die Krise zu einem Dauerzustand geworden ist und die Arbeitslosen ein ständiges Heer bilden. Und daraus ergibt sich für unsere Partei der Fingerzeig für ihre Gegenwartspolitik, deren Losung in erster Linie Arbeitsbeschaffung ist. Dazu kommt die Milderung der Krisenfolgen, die Verteidigung der Demokratie und die Erhaltung der Kraft unserer Organisationen, der Gewerkschaft und der Partei» [430].

Als Hauptsorge in der Kommunalpolitik bezeichnete Frei die Fürsorge für die Krisenopfer, wobei aber die Partei und Fraktion Sorge zu tragen hätten, dass die städtischen Finanzen geordnet seien. Aber – so schloss er seinen Bericht –

144

Der Lehrer Emil Frei (geb. 1897) war Parteipräsident und seit 1930 sozialdemokratischer Vorsteher des Schulamtes.

«in der Arbeitslosenpolitik dürfen wir unter keinen Umständen Konzessionen machen; sie bleibt immer das Kernstück unserer Sozialpolitik» [431].

Die Wirtschafts- und Sozialpolitik der SP stützte sich also einerseits auf die Arbeitsbeschaffung sowohl quantitativer als auch qualitativer Art durch Förderung der Binnenwirtschaft und durch Anreize für die Exportindustrie in Form von Fabrikationszuschüssen und Risikogarantien, anderseits auf eine existenzsichernde Unterstützung für Krisenopfer in Form von Arbeitslosenunterstützung sowie Krisen- und Winterhilfe. Bei all diesen Massnahmen war jedoch stets auf die Gesundheit der Gemeindefinanzen Rücksicht zu nehmen.

Mit welchen Methoden versuchten nun SP und Gewerkschaften, ihre Politik zu verwirklichen? Seit die SP sich an der Macht in kantonalen und kommunalen Exekutiven beteiligt, ist sie in einer Zwitterstellung. Als Mitglied der Regierung muss sie häufig Entscheide unterstützen, mit denen sie sich nicht identifizieren kann. Als Minderheitspartei hat sie andererseits zuwenig Einfluss und keine Chance, die Regierungsmehrheit zu erreichen. Aus dieser Konstellation heraus ergab sich, dass die SP eine zweigleisige Strategie wählte:

1. systemintegrierte Strategie wie Beteiligung an den Wahlen und Abstimmungen, Ergreifen von Initiativen und Referenden;
2. nicht-integrierte Strategie wie Demonstrationen, Kundgebungen, Streiks. Weitergehende Aktionen wie Massenstreiks. Betriebssabotage oder bewaffneter Aufstand standen ausser Frage, auch wenn sie vereinzelt während den 30er Jahren diskutiert wurden.

Die erste Strategie zeigte sich etwa in Appellen, sich an den Wahlen zu beteiligen. An der Generalversammlung der Arbeiterunion vom 19. 3. 1932 verabschiedeten die Teilnehmer eine Resolution, in der sie die Arbeiter und Angestellten daran erinnerten,

«welche wirksame Waffe sie im Stimmzettel und im Stimmrecht besitzen und appelliert an ihre Einsicht, bei den Kantonsratswahlen von dieser Waffe Gebrauch zu machen durch Stärkung des sozialistischen Einflusses im Rat» [432].

Im gleichen Atemzug wurde aber auch der nicht-systemkonforme Weg angedeutet:

«Sie (die Arbeiterunion, T. B.) lädt die Arbeiterschaft wie die Angestellten ein, sich auf den ersten Anruf hin bereitzuhalten, für die Forderung unserer sozialdemokratischen Vertreter in den Behörden in öffentlichen Demonstrationen einzustehen» [433].

Bei ihren Bemühungen zur Gewinnung der absoluten Mehrheit merkte die SP Winterthur, dass sie ohne die Unterstützung aus Angestellten- und Mittelstandskreisen auf verlorenem Posten blieb. Sie warb deshalb bereits im Wahlkampf 1931 – als schon die ersten Angestellten von der Krise betroffen waren – um deren Stimmen, indem sie auf ihre Position als Lohnabhängige aufmerksam machte.

Dass ihr dieser Einbruch ins Angestelltenlager vorübergehend gelang, zeigt der Sitzgewinn, den sie erzielte, obwohl wegen der Krise bereits zahlreiche Arbeiter weggezogen waren [434].

Der Zug nach der Mitte verstärkte sich noch, als nach der Machtübernahme Hitlers auch in der Schweiz faschistische Tendenzen aufkamen. An der Gewerkschaftsversammlung vom 21. 3. 1933 wies Arbeitersekretär Bachofner auf das ermutigende Ergebnis der Krisensteuer-Initiative hin. Dieses Resultat müsse «weiterhin zur Zusammenarbeit aller Werktätigen ermutigen». Weiter meinte er in bezug auf die Wirtschaft:

«Die Sanierung kann nur das Werk gemeinsamer Anstrengungen aller wirtschaftlichen Kreise sein. Eine loyale Verständigung mit der Landwirtschaft und Mittelstand tut not, es sind neue Wege zu suchen, die Landwirtschaft der Arbeiterschaft näher zu bringen. Eine Volksgemeinschaft auf sozialer Grundlage ist zu erzielen» [435].

Diesen Schulterschluss mit dem fortschrittlichen Bürgertum begründete der Schaffhauser Stadtpräsident und nachmalige SPS-Parteipräsidenten Walther Bringolf in einem Vortrag am 7. 10. 1936 in Winterthur:

«Denn die Arbeiterschaft kann den Kampf nicht allein führen, sie braucht Bundesgenossen aus dem Lager anderer Schichten, die bis anhin unter dem Einfluss der bürgerlichen Parteien gestanden sind, ohne dass wir dabei etwas an unserer Grundauffassung zu ändern hätten. Wir müssen dabei zu jenen Schichten, die wie wir, in einer ähnlichen sozialen Lage sind, ein Vertrauensver-

146

hältnis schaffen (. . .). Diese Auffassung entstand nicht aus Opportunismus, sondern aus der Erkenntnis der Tatsachen und unserer Aufgaben» [436].

In ihrer Wahlpropaganda versuchte die SP, sich das Image einer guten Verwalterin des städtischen Hauses zu geben. Sie wollte vor allem bei den Wählern der Mitte den Eindruck einer kompetenten und vertrauenswürdigen Sachwalterin erwecken:

«So hat die Sozialdemokratische Partei und ihre Fraktion im Grossen Gemeinderat in den letzten vier Jahren gewirkt. Ruhig, sachlich, mit Überzeugung und Zielklarheit ist sie an die vielseitigen Aufgaben herangetreten» [437].

Diese Öffnungspolitik gegen die Mitte kritisierte der kommunistische «Kämpfer» in einem Bericht über eine Versammlung der Arbeitslosenkommission:

«Bachofner machte im Schlusswort auf die Widerstände des Bürgertums und der Bauern aufmerksam. Er will nicht bestreiten, dass die SP Schweiz Kompromisspolitik betreibe, aber man müsse schlau (!) vorgehen. Diese Schlauheit haben die Proleten bald satt» [438].

Zu den Druckmitteln des nicht-integrierten Bereichs gehörten Demonstrationen und Kundgebungen. Die Arbeiterschaft machte von diesen Mitteln nicht nur am 1. Mai Gebrauch, sondern auch an den meist jährlich durchgeführten Volkstagen oder Landsgemeinden, die vorwiegend unter dem Motto der Krise standen. Sie wurden aber auch aus aktuellem Anlass gegen die Fronten, für die Kriseninitiative oder aus Protest gegen die Verschleppung des Schweizer Journalisten Jacob durch die Nazis veranstaltet. Diese Manifestationen brachten jeweils Tausende von Winterthurern auf die Strassen. Bei allen diesen Demonstrationen und Massenveranstaltungen achteten die SP und die Gewerkschaften jeweils peinlichst darauf, dass die von ihnen organisierten Demonstrationen und Massenveranstaltungen geordnet verliefen. Nach jeder in diesem Sinn erfolgreichen Demonstration hob denn auch die AZ lobend hervor, dass die Disziplin wiederum hervorragend gewesen sei. Mit einer geordneten Abwicklung wollte sich die organisierte Linke bewusst von den oft chaotischen Veranstaltungen der Fronten absetzen und andererseits beim reformfreudigen Bürgertum den Eindruck einer Organisation der Ordnung und somit des Vertrauens erwecken.

Den Organisatoren gelang es zwar immer, für einen friedlichen Ablauf zu sorgen, doch gab es auch Stimmen, die der Gewalt das Wort redeten. So forderten etwa an der Arbeitslosenversammlung vom 5. 9. 1932 verschiedene Votanten bewaffnete Demonstrationen und eine schweizerische Arbeitslosenaktion,

«um dem Kapital zu zeigen, dass die Not nicht nur in den Zeitungen stehe, sondern in krasser Form in den Arbeiterfamilien Einzug gehalten hat» [439].

Und ein Genosse Schoch fand, dass

«Demonstrationen ohne Gewehre Spaziergänge seien, die keine Wirkung haben» [440].

Nach Weick ist die stärkste Kampfwaffe der Arbeiterschaft der Streik. Der Streik hat dabei verschiedene Funktionen. Einerseits kann er Bestandteil einer Revolutionsstrategie sein, andererseits blosses Instrument zur Verwirklichung politischer und sozialer Reformen [441]. Das Mittel dafür ist der Massenstreik, während der Streik in einzelnen Betrieben oder Branchen in der Regel die Verbesserung der wirtschaftlichen Situation zum Ziel hat. Seit dem Generalstreik 1918 kam es in der Schweiz zu keinen Massenarbeitsniederlegungen, und auch die Streiks in den Betrieben gingen sukzessive zurück, bis sie dann durch das Friedensabkommen 1937 fast vollständig eliminiert wurden. Robert Grimm meinte in seinem 1930 erschienenen «12. Dez. des Bürgertums», dass der Streik in den Hintergrund treten und der Verhandlungsweg immer öfter gewählt werden müsse.

«Anstelle des offenen Kampfes ist die Diplomatie der Gewerkschaften getreten» [442].

An einem Kurs über die Kampfmittel der Arbeiter Ende 1930 in Winterthur erklärte Martin Meister, Sekretär des SGB, dass die Tendenz dahin gehe, «nur da, wo es absolut nötig sei, diese schärfste Kampfwaffe anzuwenden.» Im weiteren meinte er zur Taktik der Arbeiter,

«nur die Prüfung der wirtschaftlichen Lage könne den richtigen Weg weisen. Vor allem müsse die Stärke des Gegners abgewogen werden. Dann sei auch der Geschäftsgang ein äusserst wichtiger Faktor. Angriffsbewegungen in Krisenzeiten hätten selten den gewünschten Erfolg und kosten allzu grosse Opfer (...). Sabotage und Fabrikbesetzungen sind zu verwerfen» [443].

Die Vertreter der Arbeiterschaft wiesen ihre Genossen immer wieder darauf hin, dass bei Kampfmassnahmen auch die konjunkturelle Lage zu berücksichtigen sei. Als das Konjunkturbarometer noch auf schön zeigte, gab die AZ schon zu bedenken:

«Die Konjunktur ist immer in den gewerkschaftlichen Aktionen zu berücksichtigen. Es wird stets behauptet, in der Industrie herrsche Hochkonjunktur. Der gegenwärtige gute Geschäftsgang in der Metallindustrie darf aber nicht dazu verleiten, ihn für die Textilindustrie ebenfalls anzunehmen (...). Selbst im Baugewerbe muss auf die Konjunktur Rücksicht genommen werden, wollen die Arbeiter nicht eine Niederlage erleiden. Dass gegenwärtig keine Aussichten auf Wohnungsbauten in grossem Umfange bestehen, wird dem klarsehenden Gewerkschafter nicht entgangen sein. Sie werden also die gewerkschaftliche Taktik darnach einstellen» [444].

Vor Streiks während Zeiten der Arbeitslosigkeit warnte auch der Präsident der Arbeiterunion und nachmalige Stadtrat Heinrich Zindel an der Generalversammlung der Arbeiterunion vom 24. 3. 1933:

Der spätere Stadtrat Heinrich Zindel (1901 bis 1981) war in den 30er Jahren Präsident der Arbeiterunion Winterthur.

«Die Hauptwaffe der Gewerkschaften ist die Arbeitsniederlegung. Sie wird aber nur dort wirkungsvoll, wo noch Arbeit niederzulegen ist. In Betrieben streiken zu wollen, deren Belegschaft zu einem grossen Teil arbeitslos auf der Strasse steht wegen Mangel an Beschäftigung, wäre Selbstmord und unvernünftig» [445].

In Zeiten, da die Kampfposition in bezug auf Lohnfragen ungünstig gewesen sei, hätten die Gewerkschaften dafür ganz gewaltige Unterstützungsleistungen erbracht, was selbst die Anerkennung der Gegner finde [446].

Zu den kämpferischsten Arbeitern gehörten während der Krise die Bauarbeiter, die über die Hälfte aller Streiks in Winterthur austrugen [447]. Der Präsident der Sektion Winterthur des BHV schilderte die Methoden seines Verbandes folgendermassen:

«Von jeher war es Aufgabe des Bau- und Holzarbeiterverbandes, die Lohninteressen der Bauarbeiter zu wahren. Dies wurde durch direkte Verhandlungen mit den daran interessierten Unternehmern gemacht; scheiterten diese, so machte der Bau- und Holzarbeiterverband eine Eingabe an das Kantonale Einigungsamt mit der dazugehörenden Begründung; wurde auch dort keine Einigung erzielt, so war das letzte der Streik mit allen seinen Konsequenzen» [448].

Die Führer der Arbeiterschaft betrachteten den Streik also als ultima ratio, der eigentlich nur hätte ausgerufen werden dürfen bei guter Konjunkturlage, dicken

Auftragsbüchern und hohem Organisationsgrad. Die meisten Streiks in den 30er Jahren waren denn auch wilde Streiks oder erfolgten unter dem Druck der Basis. Wo höhere Interessen auf dem Spiel standen, wie etwa beim Sulzer-Konflikt, wurde er sogar von der Führung abgeblockt (siehe Kapitel 8.). Mit ihrem Zug zur Mitte, mit ihrer Zurückhaltung bei Arbeitskonflikten und mit ihren geordneten Massenkundgebungen versuchten SP und Gewerkschaften alles, um gewisse Schichten des Mittelstandes für ihre Politik zu gewinnen. Faktisch beschränkten sich also die Durchsetzungsstrategien von SP und Gewerkschaften auf die parlamentarische Arbeit, wobei sich die SP bemühte, sich das Image einer kompetenten und zuverlässigen Verwalterin der öffentlichen Angelegenheiten zu geben. Winterthur war ein getreues Spiegelbild für den an der SP-Spitze praktizierten Reformismus. Die Winterthurer Führer konnten sich dabei auf eine disziplinierte Arbeiterschaft verlassen, die sich – obwohl Tausende verarmten und zeitweise bis zu 20% der Arbeitsfähigen ohne Beschäftigung waren – nie zu «unüberlegten» Aktionen hinreissen liess. Es ist eigentlich nur folgerichtig, dass Winterthur der Geburtsort des Friedensabkommens war; der Boden war gut vorbereitet.

Der Handel mit Russland

«Der Bedarf Russlands an Maschinen und Lokomotiven musste vorauschauenden Wirtschaftspolitikern frühzeitig bedeutsam erscheinen. Bürgerliche Politik in der Schweiz spielte den stolzen Hirsch, als ob das grosse Russland ohne die kleine Schweiz sterben müsste! Diese lächerliche bürgerliche Politik rächt sich längst» [449].

Im Russland [450] der 200 Millionen sah die Winterthurer Arbeiterschaft ein enormes Exportpotential. Mit russischen Aufträgen hoffte sie auf eine Verringerung der Arbeitslosenzahlen. Dem stand allerdings im Wege, dass die Schweiz keine regulären diplomatischen und wirtschaftlichen Beziehungen mit Russland unterhielt. Ihre Anstrengungen richteten sich deshalb während Jahren darauf, dass der Bundesrat Russland anerkenne, damit es seine Tore dem Schweizer Markt öffnen würde. Diesen Bemühungen widersetzten sich einflussreiche Kreise des Bürgertums, die darin nur einen politischen Schachzug vermuteten und befürchteten, dass eine formelle Anerkennung unerwünschte Propagandawirkung für das Sowjetsystem zeitigen könnte.

Allerdings konnten sich weitsichtige Unternehmer, die die Praxis kannten, nicht mit solch kleinlichen Argumenten anfreunden. So schrieb Nationalrat Dr. Carl Sulzer-Schmid, damals noch Leiter der Firma Sulzer, in der NZZ:

«Die schweizerische Qualitätsindustrie hat lange vor dem Krieg wertvolle Beziehungen zu Russland gepflegt und legt in ihrer heutigen schwierigen Lage Wert darauf, alte Beziehungen nicht ohne Not zu verlieren (. . .). Das Gebot der Stunde ist die Beschaffung von Arbeit. Das ist eine Schicksalsfrage für unser Land. Was uns Arbeitgeber in dieser Sache leitet, sind nicht enge Interessen;

es ist vor allem die Verantwortung gegenüber unserer notleidenden Arbeiter-
schaft (...). Unsere Arbeiterschaft steht auf dem Standpunkt, dass sie ein
gleiches Recht auf Sicherung ihrer Arbeitsmöglichkeiten habe wie diejenigen
geschützter Inlandindustrien» [451].

Gegen Ende des Jahres 1934 lancierte die SP eine Offensive zur Anerkennung
Russlands auf verschiedenen Ebenen. Am 5. 11. 1934 reichte sie im Gemeinderat eine Motion ein. Diese sollte den Stadtrat veranlassen, in einer Eingabe den
Bundesrat aufzufordern, im Interesse der Arbeitsbeschaffung und Krisenbekämpfung mit Sowjet-Russland normale Handelsbeziehungen aufzunehmen.
In der Diskussion betonte die SP, dass keine politischen Absichten dahinter
stünden, sondern dass es nur um vermehrte Geschäfte ginge. Dr. Oscar Sulzer
bestätigte, dass seine Firma seit der Nachkriegszeit ununterbrochene Beziehungen mit Russland unterhalten und Geschäfte getätigt habe. Der Verkehr sei
immer korrekt gewesen. Nun sei jedoch das Geschäft mager geworden, weil in
Russland eine Krise im Exportmarkt eingetreten sei. In die Wiederaufnahme
der Handelsbeziehungen setzte er keine grossen Hoffnungen. Diplomatische
Beziehungen hätten auf den Handelsverkehr keinen Einfluss, weil die Russen
einzig nach realistischen Überlegungen handelten. Er lehnte die Motion ab, die
denn auch bei 27 zu 27 Stimmen mit Stichentscheid des Präsidenten abgelehnt
wurde. Dennoch erklärte sich der Stadtrat bereit, in einer Eingabe an den
Bundesrat auf die schwierige Lage in Winterthur aufmerksam zu machen und
die Aufnahme von Handelsbeziehungen zu empfehlen [452].

In diesem Brief vom 16. 11. 1934 an den Bundesrat schrieb der Stadtrat:

«In gewissen Kreisen unserer Bevölkerung ist man der Ansicht, dass die
Aufnahme der offiz. Handelsbeziehungen mit Sowjet-Russland ein weiteres
geeignetes Mittel wäre, um der hiesigen Industrie vermehrte Auslands-Aufträge
zu verschaffen. Es wird darauf hingewiesen, dass der Zeitpunkt nun wohl doch
gekommen sei, wo moralische Hemmungen hinter realpolitischen Tatsachen
zurückzutreten hätten» [453].

Gleichzeitig sandte auch die Arbeiterunion am 19. 11. 1934 eine Eingabe an den
Bundesrat, in der sie die Förderung des Exportes mit Russland verlangte. Auf
die Eingabe antwortete der Bundesrat vier Wochen später, dass der Standpunkt
der Arbeiterunion auf einer Illusion beruhe. Eine Steigerung des schweizerischen Exportes finde in der russichen Exportkapazität ihre Grenzen [454].

Eine Motion gleichen Inhalts wie im Winterthurer Gemeinderat reichte
SPS-Präsident Ernst Reinhard im Nationalrat ein, die jedoch mit grossem Mehr
abgelehnt wurde. Die AZ bezeichnete in diesem Zusammenhang die Frage der
Handelsbeziehungen als «Schicksalsfrage für unsere Stadt» [455].

Für weiteren Druck sorgte auch eine von 500 Personen besuchte Versammlung
am 16. 11. 1934, die in einer Resolution den ablehnenden Motionsentscheid des
Gemeinderates bedauerte und die SP-Vertreter aufforderte, wie bis anhin auf
die Aufnahme von Handelsbeziehungen hinzuarbeiten [456].

Doch nicht nur auf parlamentarischer, auch auf betrieblicher Ebene versuchte die Arbeiterschaft, ins Russland-Geschäft zu kommen. Bereits in der Sitzung vom 3. 5. 1932 schlug ein Mitglied der Sulzer-Arbeiterkommission der Geschäftsleitung vor, man sollte Handelsbeziehungen mit Russland anknüpfen. Dr. Hans Sulzer teilt daraufhin mit, dass die Firma beim Bundesrat vorstellig geworden sei. Man wisse aber nicht, wie lange Russland noch zahlen könne. Auch habe man zweimal einen Gesandten nach Berlin geschickt, um mit den Russen zu verhandeln[457].

Für einige Zeit war es dann still, bis 1935 dieses Thema wiederum der Geschäftsleitung unterbreitet wurde:

«Herr Dr. Hans Sulzer verrät uns, dass Herr Dr. Wolfer kürzlich drei Wochen im fraglichen Land gewesen sei. Durch einen Ingenieur soll nun ein ständiger Kontakt gehalten werden (. . .). Wir geben uns alle Mühe, mit Russland in Verkehr zu treten»[458].

Und wiederum ein Jahr später war das Geschäft nochmals auf der Traktandenliste der Sitzungen mit der Geschäftsleitung. Das Protokoll der Arbeiterkommission hält fest:

«Herr Dr. Hans Sulzer erklärt, dass sie gewiss alles daran setzen, mit Russland in Verbindung zu treten, so habe die Firma die Kommission, die nächstens eine Studienreise nach der Sowjetunion mache, mit einigen anderen Firmen finanziell unterstützt. Der Handel hänge eben auch vom Politischen ab, dass sich die Konservativen gegen die dipl. Beziehungen mit Russland kolosal auflehnen, werde uns bekannt sein»[459].

Auch wenn Hans Sulzer einer Öffnung positiv gegenüberstand, so befürchtete offenbar auch er eine Infektion mit dem kommunistischen Bazillus:

«Sollte es zu einem Geschäft kommen, so sei doch zu hoffen, dass die Schweizer Arbeiter nicht in die Russische Politik verfallen»[460].

Nach seiner Rückkehr aus Russland schrieb Dr. H. Wolfer, der Verwaltungs- ratsdelegierte von Sulzer, in der Zeitschrift «Handelsinformation Schweiz- Sowjetunion»:

«Eine Prüfung der Verhältnisse auf einer Reise nach Russland hat mich zur Überzeugung gebracht, dass normale diplomatische und Handelsbeziehungen für die Schweizer längst von Vorteil gewesen wären und dass unser Land mit der Wiederherstellung dieser Beziehungen nicht länger zögern sollte»[461].

Im März 1936 fand in Zürich eine Konferenz mit Schweizer Wirtschaftsführern statt. Der Winterthurer Stadtpräsident Hans Widmer führte in seiner Eröffnungsrede aus:

«. . . schon aus Reinlichkeitsgründen sollte mit der Anerkennung nicht länger gezögert werden. Daneben stand der Redner nicht an zu bekennen, dass er sich mit den schärfsten Massnahmen gegen die schweizerischen Kommunisten einverstanden erklären könnte»[462].

152

Mit 30 zu 2 Stimmen (bei ungefähr 20 Enthaltungen) stimmte die Konferenz der Gründung einer Vereinigung für den Russland-Handel zu.

Ein Vierteljahr nach dieser Konferenz führte die Winterthurer Arbeiterschaft eine Kundgebung durch. 1200 Teilnehmer forderten in einer Resolution den Bundesrat auf, im Interesse der 100 000 Arbeitslosen Beziehungen mit Russland aufzunehmen[463].

Als der konjunkturelle Aufschwung bereits im Gang war, kam das Geschäft im Winterthurer Stadtparlament am 22. 2. 1937 erneut zur Sprache. Gemeinderat Albert Bachofner fasste den SP-Standpunkt nochmals zusammen.

«Nach unserer Auffassung und nach rein wirtschaftlichen Erwägungen könnte die Exportindustrie noch eine weitere Förderung erfahren, wenn endlich mit der Sowjet-Union die normalen Handelsbeziehungen aufgenommen würden. Es ist ja ein offenes Geheimnis, dass in der Winterthurer Industrie heute schon für die Sowjet-Union gearbeitet wird und dass russische Ingenieure in Winterthur waren» [464].

Der Stadtpräsident fand es ebenfalls falsch, dass die Schweiz keine diplomatischen Beziehungen aufgenommen hatte. Handelsbeziehungen würden die industriellen Verhältnisse durchaus fördern. Er versprach, dass er seine Bemühungen fortsetzen werde.

Für einmal waren sich also Arbeiter und Unternehmer einig, doch selbst mit ihren gemeinsamen Anstrengungen konnten sie sich nicht gegen die äusserst konservative Aussenpolitik von Bundesrat Motta durchsetzten, der mit seiner Angst vor dem Kommunismus diese Bemühungen abblockte.

Einheimisches Schaffen geht vor

«Nicht dass wir nicht auch international denken, wie die Herren Baumeister, im Gegenteil, auch die Saisonarbeiter sollen ihr Brot verdienen können, aber erst müssen unsere Kollegen auf dem Platz beschäftigt werden; wenn dann Mangel an Arbeitskräften vorhanden ist, gut, heissen wir die Kollegen vom Ausland willkommen» [465].

Die internationale Solidarität wurde in der Krisenzeit arg strapaziert. Trotz verbalen Bezeugungen zum Internationalismus praktizierte die Arbeiterschaft eine Politik, die die Arbeitsplatzsicherung vor allem für die einheimischen Arbeiter zum Ziele hatte. Doch nicht nur gegen die Ausländer schotteten sie sich ab, auch Schweizer aus anderen Kantonen, die in Winterthur ihr Brot verdienen wollten, waren unerwünscht. Wenn ich also von einheimischem Schaffen spreche, dann grenze ich das sowohl gegen die Ausländer als auch gegen die nicht-winterthurerischen Schweizer gleichermassen ab.

Italienische Maurer und andere Bauarbeiter waren dank ihren fachlichen Qualitäten schon immer begehrt und wurden als Saisonniers schon immer beschäftigt. Sie waren offenbar so gut, dass sie oftmals Schweizern vorgezogen wurden. Als in der Bauwirtschaft noch Hausse herrschte, monierte das Arbeitersekretariat in einem Brief vom 12. 4. 1930 an die Kantonale Fremdenpolizei, dass ausländische Arbeiter die einheimischen vom Verdienst verdrängten.

«Beim Arbeitersekretariat Winterthur gehen neuerdings Klagen ein, dass in hiesigen Baugeschäften ausländische Zimmerleute eingestellt werden, trotzdem inländische Arbeiter arbeitslos sind (. . .). Das Arbeitersekretariat ersucht die zuständige Stelle dringend, diesem Übelstand abzuhelfen . . .» [466].

Ende 1930 verlangt der BHV Winterthur von der Fremdenpolizei, dass sie jedes Gesuch um Verlängerung der Aufenthaltsbewilligung von Saisonniers konsequent ablehne, «denn diese Gesuche sind absolut nicht mehr berechtigt» [467]. Und ein Bauarbeiter schreibt in der AZ:

«Dass Massnahmen gegen die Überschwemmung durch Saisonarbeiter getroffen werden müssen, erweist sich zur Zeit als sehr notwendig. Gewiss mögen wir allen Arbeitern ihren Verdienst wohl gönnen. Aber alles hat seine Grenzen» [468].

Besonders ärgerte die Arbeiter, dass die italienischen Baugeschäfte in Winterthur Solidarität mit ihren Landsleuten übten und vorwiegend Italiener beschäftigten.

Die Klagen über die ausländischen Arbeiter kamen auch an der Delegiertenversammlung der Arbeiterunion vom 18. 9. 1930 zur Sprache. Ein Genosse Gubler wies darauf hin, dass immer wieder Fälle gemeldet würden, wo hiesige Arbeiter entlassen würden, während die ausländischen Saisonarbeiter weiterhin beschäftigt blieben [469].

Konkrete Forderungen formulierte der BHV Winterthur, Sektion Maurer und Handlanger. In einem Brief vom 22. 6. 1932 verlangte er vom Stadtrat, dass er sich unverzüglich mit der Fremdenpolizei und dem Kantonalen Arbeitsamt in Verbindung setzte «zwecks Forderung der Wegweisung sämtlicher auf dem Gebiete der Stadt Winterthur arbeitenden ausländischen Saisonmaurer auf den Zeitpunkt des 1. Juli 1932» [470]. Eine weitere Forderung des BHV, die bereits ein Jahr zuvor gestellt worden war, verlangte, dass nur jene Unternehmer städtische Arbeiten ausführen dürften, die in Winterthur ansässige Arbeiter beschäftigten. Der Stadtrat antwortete auf das Gesuch, dass in den Übernahmeverträgen für Tiefbauten die Bestimmung enthalten sei, dass für solche Arbeiten nur Arbeiter aus Gross-Winterthur beschäftigt werden dürften [471].

Auch 1934 intervenierte der BHV wiederum und verlangte, man möge den ausländischen Saisonmaurern die Arbeitsbewilligung entziehen und sie anschliessend ausweisen. Diese Eingabe erfolgte am 5. 6. 1934. In seiner Antwort gab der Stadtrat zu, dass fünf Baufirmen insgesamt 13 Bewilligungen für Saisonmaurer erhalten hätten. Nachdem nun aber in Zürich 15 Maurer arbeitslos gemeldet worden seien, hätte man diesen 13 die Bewilligung auf den 14. 6. entzogen und sie hätten am 15. bereits das Gebiet von Winterthur verlassen[472].

Nicht nur in der Baubranche, auch in der Metall- und Maschinenindustrie waren auswärtige Arbeiter ein Problem. In der Sitzung vom 14. 7. 1931 beklagte sich die Arbeiterkommission bei der Geschäftsleitung, dass in einer Abteilung auswärtige Arbeiter beschäftigt seien, während gleichzeitig die «eigenen Leute» arbeitslos seien. Direktor Baumann versicherte auf diese Reklamation, dass sie nur noch für den laufenden Auftrag angestellt seien[473].

Fast jede Gewerkschaftssektion, die Arbeitslose unter ihren Mitgliedern zählte, ersuchte den Stadtrat um Sperrung ihrer Berufsgruppe für Auswärtige. So verlangte etwa der SMUV 1936, jeglichen Zuzug von auswärtigen Elektrikern zu unterbinden, in Anbetracht von 20 bis 25 arbeitslosen einheimischen

Auch die Winterthurer Arbeiterschaft versuchte, nicht nur Ausländer, sondern auch auswärtige Schweizer zur Rückkehr in ihre Heimat zu zwingen. Dass sie damit gegen das verfassungsmässige Recht auf freie Niederlassung verstiess, schien sie nicht zu kümmern.

Elektrikern. Der Stadtrat antwortete, er könne mangels gesetzlicher Grundlagen diesem Gesuch nicht entsprechen[474].

Bei ihren Interventionen kümmerten sich die Gewerkschaften wenig um verfassungsmässig garantierte Rechte. So verlangte etwa am 23. 6. 1939 der BHV, dass der Stadtrat alles daran setze, damit Tessiner Saisonmaurer durch arbeitslose Winterthurer Bauarbeiter ersetzt würden. Der Stadtrat antwortete, dass er dazu keine Möglichkeit habe, weil ein solches Ansinnen gegen das verfassungsmässige Recht der Freizügigkeit verstossen würde. Im übrigen könne der weniger gut qualifizierte Arbeiter, nur weil er auf dem Platze wohne, keinen Anspruch ableiten, einem besser qualifizierten auswärtigen vorgezogen zu werden[475].

Ihre Abwehrhaltung gegenüber auswärtigen Arbeitern rechtfertigen die Gewerkschaften jeweils damit, dass diese schon nach kurzer Zeit arbeitslos werden könnten und dann Arbeitslosenkasse und Fürsorgeeinrichtungen der Stadt Winterthur belasten würden. Die Argumente der Arbeiterschaft blieben nicht ganz ohne Wirkung. Am 1. 3. 1935 bat das Arbeitsamt in einem Zirkular die Arbeitgeber, von der Einstellung auswärtiger Arbeiter abzusehen[476].

Während der ganzen Krise und selbst in der Aufschwungphase hielten die Klagen über die auswärtigen Arbeiter an. So schrieb die AZ über den Stand der Arbeitslosigkeit im Dezember 1936:

«Es ist das recht erfreulich. Aber das Verhältnis könnte noch bedeutend besser sein, speziell in der Metall- und Maschinenindustrie, wenn wir nicht die Tatsache zu verzeichnen hätten, dass in letzter Zeit ein namhafter Zuzug von auswärtigen Arbeitskräften erfolgt»[477].

Wieso die Winterthurer Industrie trotz Appellen der Behörden und der Arbeiterschaft weiterhin auswärtige Arbeiter engagierte, liegt auf der Hand: Sie mussten ihnen geringere Löhne zahlen, und dies gaben die Arbeitgeber sogar offen zu. Anfangs 1937 erteilte nämlich der Stadtrat Sulzer und SLM eine Rüge, weil sie zwei auswärtige Arbeiter angestellt hätten, obwohl in Winterthur noch genügend Arbeitslose vorhanden gewesen wären. Die SLM begründete die Einstellung damit, dass die beiden billiger arbeiteten als Handlanger. Um sich abzusichern, liess die SLM die beiden einen Revers unterschreiben, in dem sie sich verpflichteten, bei Arbeitslosigkeit Winterthur wieder zu verlassen. Der Stadtrat drückte in einem Brief vom 29. 1. 1937 sein Befremden über dieses Vorgehen aus. Den Revers erachtete er als wertlos, da man sie nicht zum Verlassen der Stadt zwingen könne. Bei weiteren Zuwiderhandlungen drohte der Stadtrat mit der Streichung der Produktionsbeiträge und der Risikogarantien[478].

Das eigene Hemd stand also der Winterthurer Arbeiterschaft näher als die Solidarität mit den Genossen. Dass man sich gegen den Zuzug von auswärtigen Arbeitern, die als Lohndrücker missbraucht wurden, wehrte, ist verständlich. Problematisch war dagegen, dass man auch Schweizern im eigenen Land verbieten wollte, an einem andern Ort Arbeit zu suchen oder wenn man den schlechter qualifizierten Einheimischen dem besser qualifizierten Auswärtigen vorziehen sollte. Wie bei anderen Fragen zeigte auch hier die Arbeiterschaft eine widersprüchliche Haltung, etwa nach dem Motto: Not kennt kein Gebot.

Es gab jedoch auch Arbeiter, die sogar in der Krise noch die internationalistischen Prinzipien hochhielten. In einem Flugblatt vom Februar 1932 warf die RGO der SP und den Gewerkschaften die Spaltung der Arbeiterbewegung vor:

«Sie bedienen sich dabei der niedrigsten Mittel, u. a. einer niederträchtigen nationalistischen Hetze gegen die Ausländer» [479].

Aus ihrer Position heraus hatten es die Kommunisten allerdings einfach, sowohl gegen die SP als auch gegen das Bürgertum zu schimpfen. Sie waren nicht der Mehrheit der Arbeiter gegenüber verantwortlich, und ihre Vorschläge mussten niemals den Härtetest der Realität bestehen.

Solidaritätsaktionen der Arbeiterschaft

«Der Solidaritätsgedanke fand Dutzende von Wegen, sich zu verwirklichen. Für Tausende war er ein Hoffnungsanker in verzweifelter Lage» [480].

Die Arbeiterschaft verliess sich in ihrer Not nicht alleine auf staatliche Hilfe, die sie ohnehin als ungenügend erachtete, sondern Gewerkschaften und Arbeiterunion organisierten periodische Geldsammlungen unter ihren Mitgliedern. Mit dem Erlös dieser Sammlungen wurden an die Bedürftigen Lebensmittelgutscheine, Kleider, Brennmaterialien, Obst und Gemüse oder auch Weihnachtsgeschenke abgegeben. Ab 1931 führte die Arbeiterunion für einige Dutzend Kinder Ferienkolonien durch.

Als erste Gewerkschaft erhob 1931 der VPOD, der zu den gebefreudigsten Gewerkschaften gehörte, einen Solidaritätsbeitrag von sechs Franken pro Mitglied, der vor allem ausgesteuerten Textilarbeitern zugute kam [481].

Wieviel Geld die Arbeiterschaft auf freiwilligem Weg für ihre bedürftigen Kollegen aufbrachte, lässt sich nur schwer ermitteln. In den Jahren 1931 bis 1933 haben nach Bachofner die Gewerkschaften den arbeitslosen Mitgliedern der Arbeiterunion Zuschüsse von 130 740 Franken gewährt [482]. Aus den Jahresberichten der Arbeiterunion für die Jahre 1934 bis 1936 geht hervor, dass sie in dieser Zeit etwa 70 000 Franken für ihre Mitglieder ausgab. Da in diesen Zahlen kaum alle Spenden und Ausgaben enthalten sind, dürfte wohl die Summe der Solidaritätsaktionen während der Krise gegen 300 000 Franken betragen haben. Zwischen 1931 und 1937 sammelte alleine der VPOD über 100 000 Franken und der Lokomotivpersonalverband brachte in der gleichen Zeit 25 000 Franken zusammen [483]. Ein weiteres Zeichen der Solidarität erbrachten die städtischen Angestellten, die im April 1932 auf den Taglohn zugunsten der Arbeitslosen verzichteten, was einen Betrag von 13 500 Franken ergab [484]. Im Frühling 1931 sammelten die Sulzer-Angestellten auf einen Aufruf des Stadtrates 5400 Franken für die Arbeitslosen [485].

Neben der Arbeiterunion führte auch noch der SMUV einen Hilfsfonds. Aus diesem finanzierte er etwa 1933 eine Kartoffel-Aktion, bei der an 680 Mitglieder 112 865 kg verbilligte Kartoffeln abgegeben wurden, was den SMUV 4400 Franken kostete. 1936 zahlte der SMUV etwas über 10 000 Franken an Unterstützungen[486].

Eine grosse Erleichterung für viele Eltern stellten die Ferienkolonien dar. 1931 wurden drei Kolonien mit insgesamt 96 Kindern durchgeführt, 1932 drei weitere mit 94 Kindern. Diese fanden wenigstens für 14 Tage eine ausreichende Ernährung. Ein Bericht über die erste Ferienkolonie hielt fest, dass die Kinder durchschnittlich zwischen einem und drei Kilo zugenommen hätten[487]. Einen kurzen Lichtblick brachten auch die Weihnachtsaktionen. 1933 wurden beispielsweise 612 Kinder beschenkt[488].

Bitt- und Dankbriefe von Arbeitslosen und Ausgesteuerten zeigen, wie bitter nötig sie diese geringen Zuschüsse brauchten. Mit ihren Aktionen konnte die Arbeiterunion einige Maschen im allzu weiten Sicherheitsnetz enger knüpfen. Mit ihrer Spendefreudigkeit bewies die Arbeiterschaft, dass sie sich auch in der Krise mit den noch schlechter gestellten Leidensgenossen solidarisch fühlte. Befriedigt konnte die Arbeiterunion 1934 feststellen:

«Ein Rückblick auf die Sammelaktion für die Arbeitslosen auf hiesigem Platze bestätigt die grosse Solidarität der Klassengenossen. Die Gebefreundlichkeit ist auch heute noch nicht erschöpft»[489].

Linke gegen Linke: Wider die Solidarität

«Heute bildet die Kommunistische Partei der Schweiz nur einen Hemmschuh im Kampf gegen das Bürgertum»[490].

Obwohl der harte Kern der KP und der Revolutionären Gewerkschaftsopposition (RGO) nur einige wenige Dutzend Mitglieder zählte und die KP bei Wahlen auch zu ihren besten Zeiten auf höchstens 300 Stimmen kam, wussten diese beiden Organisationen doch immer wieder für Wirbel zu sorgen und verwickelten vor allem SP und Gewerkschaften ständig in Scharmützel. Zum besseren Verständnis der Auseinandersetzungen ist es nützlich, kurz Entstehung und Funktion der RGO zu skizzieren.

1921 wurde die «Rote Gewerkschafts-Internationale» (RGI) gegründet, die zum Ziel hatte, die sozialdemokratischen Gewerkschaften zu unterwandern und zu spalten. Dieses Ziel wurde explizit am vierten Kongress der RGI Ende März 1928 formuliert, als die Aktionseinheit der Gewerkschaften zugunsten der Gewerkschaftsspaltung aufgegeben wurde. Die RGO, die der RGI angeschlossen war, hatte die Aufgabe, innerhalb der «gegnerischen» Gewerkschaften Oppositionsgruppen aufzubauen. Sie sollte eine Mehrheit von Arbeitern für den Aufbau von neuen, revolutionären, auf dem Boden des Klassenkampfes stehenden Gewerkschaften gewinnen[491]. Sie fühlte sich folglich auch nicht mehr an die Gewerkschaftsdisziplin gebunden und konnte, falls sie es für nötig erachtete, selbständig Streiks organisieren. Die Folge war, dass die RGO meist aus den Betrieben gedrängt, ihre Mitglieder entlassen wurden. RGO und KP wurden so zu Organisationen von meist Arbeitslosen.

Die RGO setzte sich aus Kommunisten, die auch im SGB Mitglieder waren, aus nichtorganisierten Arbeitern sowie wegen ihrer revolutionären Tätigkeit aus dem SGB Ausgeschlossenen zusammen.

Am 6. Weltkongress der Kommunistischen Internationalen vom Oktober 1928 wurde beschlossen, dass die RGI das Zentrum aller revolutionären Arbeiter sei,

«die gegen den Reformismus, gegen die Sozialdemokratie, gegen den Verrat der Gewerkschaften den Kampf führen» [492].

Diese Zielsetzung führte denn auch zu einer ausserordentlichen Polarisierung zwischen KP/RGO einerseits und SP/SGB andererseits. Anhänger dieser Organisationen wurden von jenen pauschal als «Sozialfaschisten» beschimpft. Als auch ihnen klar wurde, von welcher Seite der Faschismus drohte, vollzogen die Kommunisten einen Schwenker. Am 6. Parteitag 1936 propagierte die KPS die Einheitsfront und forderte ihre Mitglieder auf, in den SGB einzutreten, um die Gewerkschaftseinheit herzustellen. Gleichzeitig verurteilte sie die «sektiererischen Widerstände» in den Reihen der RGO und löste diese Gewerkschaftsorganisation auf[493].

Die Auseinandersetzungen zwischen den Gewerkschaften und der RGO waren in erster Linie auf die unterschiedliche Kampfstrategie zurückzuführen. Während die Gewerkschaften mit systemkonformen Mitteln die Krise innerhalb des kapitalistischen Systems überwinden wollten, stellte sich für die Kommunisten die Frage überhaupt nicht, wie die Krise gelöst werden könnte. Für sie stellte die Depression eine Schwächung des Kapitalismus dar, die, je grössere Ausmasse sie annahm, desto eher zu einer revolutionären Situation führen musste.

Dass bei dieser Auseinandersetzung äusserst heftig gekämpft wurde, zeigen folgende Passagen:

«Die Reformisten und Sozialfaschisten wollen die Arbeitsgemeinschaft mit den Kapitalisten, sie wollen den Wirtschaftsfrieden. Aber das bedeutet nichts anderes, als dass die Arbeiterschaft auf jeden Kampf gegen die Unternehmer verzichten und alle Lasten der Krise, Arbeitslosigkeit, Massenelend, freiwillig auf sich nehmen soll. Die reformistischen Sekretäre werden niemals für das Recht der Arbeiter kämpfen, sondern zuerst immer die Interessen der Schlotbarone wahrnehmen (. . .). Abfahren mit diesen Verrätern» [494].

Und auf einem SP-Flugblatt zu den Gemeindewahlen 1934 heisst es:

«Was die Kommunisten versprachen, waren Bluff und eitle Versprechungen. Hochtönende Worte haben sie ins grosse Maul genommen, aber positiv nichts erreicht. Niemand nimmt sie ernst! Trug war ihre Politik an euch Arbeitslosen.

Nicht eure Not ist bei diesen Leuten entscheidend, sondern ihre Partei-politik» [495].

SP und Gewerkschaften warfen den Kommunisten auch vor, dass sie auf Kosten der Arbeitslosen Parteipolitik trieben oder dass ihre Führer sich sogar persönliche Vorteile verschafften. Über die parlamentarische Arbeit urteilte die Arbeiterunion 1935:

«Wir konnten bei dieser Motionenfabrikation feststellen, dass dieselben teils persönlicher Vorteile der Kommunisten wegen eingereicht wurden. Die Arbeitslosen waren nur Mittel zum Zweck. Eine gemeinere und verwerflichere Politik als die Kommunisten mit den Arbeitslosen treiben, kann man sich schlechthin nicht vorstellen (...). Seit Krisenbeginn haben die Kommunisten nichts anderes getan, als der fortschrittlichen Sozialfürsorge unserer Gemeinde Schwierigkeiten zu machen» [496].

Eine Bestätigung ihrer These von den persönlichen Vorteilen sah die SP darin, dass der führende Kommunist Laibacher sich in einem Brief an verschiedene Unternehmer als Unterakkordant empfohlen hatte. Die AZ schrieb denn auch:

«Auch in ihrem Kampfe um den Lohnabbau nehmen sie es nicht so genau. Es ist doch nicht einerlei, wenn man stets gegen die kleinen Löhne, gegen die Lohnsenkungen wettert, hinter dem Rücken sich aber den Unternehmern als Unterakkordant empfiehlt, und zwar zu den Preisen, die direkt einen Lohnabbau bedeuten» [497].

Einer der Hauptkampfplätze zwischen Sozialdemokraten und Kommunisten war das Feld der Arbeitslosen. Indem die RGO an ihren Arbeitslosenversammlungen sehr populäre Forderungen vertrat, war die Chance gross, dass sie an Attraktivität gewann. Um die Finanzierung dieser Forderungen musste sie sich zudem nicht gross kümmern; das war Sache des kapitalistischen Staates. Stereotyp antworteten jeweils ihre Vertreter, dass man das Geld einfach dort holen müsse, wo es sei: bei Banken, Versicherungen und Warenhäusern. In ihren Versammlungen machte die RGO jeweils die reformistischen Sozialdemokraten für das Scheitern dieser Begehren verantwortlich.

Für Sozialdemokraten und Gewerkschafter war es natürlich schwierig, glaubhaft zu versichern, weshalb sie diese Forderungen nicht oder nur zum Teil unterstützten. Eine ihrer Hauptsorgen war denn auch, dass die Arbeitslosen zu den Kommunisten überlaufen würden. Anfang 1931 stellte die Arbeiterunion fest, dass die Kommunisten Anstrengungen unternahmen, die Arbeitslosen für ihre Parteizwecke einzuspannen. Sie stellte daraufhin Richtlinien auf, nach denen die Arbeiterunion die Führung über die Arbeitslosen übernehmen sollte [498].

Von der gleichen Sorge war auch SP-Gemeinderat und AZ-Redaktor Robert Bolz erfüllt. In einem Brief an die Leitung von SPS, SGB, Gewerkschaftskartell Zürich und Arbeiterunion wies er auf gewisse Mängel in der Führung der Arbeitslosen und auf die Wichtigkeit des Kontakts zur Basis hin. Es scheine

160

ihm nötig, dass man die Arbeitslosenversammlungen überall in die Hand bekomme und in der Hand behalte. Man solle die Strömungen im Heer der Arbeitslosen feststellen und in die Politik hineintragen und ebenso die SP-Politik in die Masse der Arbeitslosen einfliessen lassen. Die Aktivitäten der Zeit müssten stark von der Arbeitslosennot bestimmt sein; sollte man das übersehen, so dürften unliebsame Belehrungen nicht erspart bleiben[499]. Dieser Brief lässt vermuten, dass es der SP noch nicht im gewünschten Mass gelungen war, die Anliegen der Arbeitslosen zu formulieren, und dass sie deshalb befürchten musste, die Kommunisten könnten weitere Anhänger gewinnen.

Sobald die Kommunisten Anstrengungen unternahmen, die Arbeitslosen zu organisieren, riefen sie die Sozialdemokraten auf den Plan. So etwa anfangs 1935:

«Ein Organisationsplan zur Gewinnung der Arbeitslosen (Aufruf zu Arbeitslosenversammlungen im Restaurant ‚Lamm', T. B.) und die Angriffe gegen die Arbeitslosenkommission entspringen einer kommunistischen Filiale; die Absicht, die Schlagkraft der Arbeiter zu lähmen soll indessen verhindert werden durch das Mittel einer Abwehrreaktion der organisierten Arbeitslosen selbst» [500].

Dass die Arbeiterunion die Konkurrenz der Kommunisten fürchtete, zeigt auch folgendes Votum des Präsidenten der Arbeitslosenkommission über die Einrichtung von Suppenküchen:

«Er wünscht, dass in dieser Beziehung etwas getan werde, um nicht der K.P. den Vortritt zu lassen» [501].

Eine weitere Episode unterstreicht die Angst der Arbeiterunion vor kommunistischen Erfolgen. An der Unionsversammlung der Arbeiterunion vom 18. 3. 1931 berichtete Arbeitersekretär Bachofner, dass Stadtpräsident Widmer der RGO Sondervergünstigungen in Form von früheren Vorauszahlungen versprochen und auch ausgerichtet habe.

«Diese Machenschaften, die als Spitze gegen uns bewertet werde, schreiben die R.G.O. als einen Erfolg für sich gut. Es könne möglich sein, dass die K.P. dadurch Zuzug erhalte. Wir sollten Widmer ersuchen, solche Sonderaktionen ohne unser Wissen nicht durchzuführen» [502].

Die Kommunisten warfen den Sozialdemokraten und Gewerkschaftern vor, sie würden sowohl Arbeitskämpfe verhindern, als auch die fortschrittlichen Forderungen der Kommunisten im Stadtparlament blockieren. So kritisierte etwa die Zeitung «Der Arbeitslose», die vom Arbeitslosenkomitee herausgegeben wurde, das Verhalten der SP-Gemeinderäte:

«Die sogenannten Arbeitervertreter der sozialdemokratischen Partei haben dabei in schamloser Weise mitgeholfen (bei der Verwerfung einer Motion des Kommunisten Wolfer betr. Abgabe von verbilligtem Essen, T. B.) indem sie sich der Stimme enthielten oder gar dagegen stimmten (. . .). Die Sozialdemokraten

buhlen um die Stimmen der Arbeitslosen, deren Not sie im Gemeinderat solange verleugnet haben (...). Dieses neue Arbeitslosenkomitee (die Arbeitslosenkommission, T. B.) zeigt so recht drastisch, wie die SP-Bonzen nach altbewährter Weise einzuseifen, einzulullen und abzubiegen (sic!) (...). Diese neue Machenschaft zeigt allen Arbeitern, wo die Mistmacher und Spalter zu suchen sind» [503]

Und zur Taktik der Gewerkschaften, die beim Lohnkampf 1930 in der Maschinenindustrie eine schwere Niederlage erlitten hatten, als sie neben anderen Forderungen eine generelle Lohnerhöhung von 7 Rappen pro Stunde verlangt hatten, aufgrund eines Vorschlages des Kantonalen Einigungsamtes aber nur die Hälfte der Belegschaft eine individuelle Lohnerhöhung erhielt, meinte die «Revolutionäre Metallarbeiteropposition Winterthur», die damals zum Streik aufgerufen hatte:

«Weil letztes Jahr zwischen den Maschinenindustriellen und den Verbandsbonzen abgemacht wurde, sämtliche Fragen auf friedlichem Wege zu lösen. Das heisst nichts anderes, als die Arbeiter dauernd den Unternehmern ausliefern. Weil die revolutionäre Opposition dieses verbrecherische Treiben, das die Bonzen mit dem Manöver eines Scheinkampfes vertuschen, entlarvt, soll sie mundtot, soll sie brotlos gemacht werden» [504].

Obwohl 1930 die Sulzer-Arbeiterschaft seit 10 Jahren keine generelle Lohnerhöhung mehr erhalten hatte, und die Konjunkturlage im Frühling noch gut war, verzichteten die Gewerkschaften auf Kampfmassnahmen. Über die Taktik der Gewerkschaften schrieb der «Sulzer-Prolet»:

«Sie haben durch ihre Flaumacherei, durch ihre Bremserei, durch ihre infame Hetze gegen die revolutionäre Opposition, den Versuch unternommen, die Metallarbeiterschaft zu kastrieren, um sie zu willigen Eunuchen der Unternehmer zu machen» [505].

Die Taktik der Gewerkschaftsführung segnete indessen eine gemeinsame Betriebsversammlung der Betriebe Sulzer und SLM vom 10. 4. 1930 ab, die «aufs schärfste die gegenwärtigen kommunistischen Treibereien» verurteilte und feststellte:

«dass die gesamten Verbesserungen, die die Arbeiterschaft der Metallindustrie seit je erkämpft hat, einzig und allein dem Wirken des S.M.U.V. zu verdanken hat» [506].

Für die Gewerkschaften war die Taktik der RGO reine Katastrophenpolitik. Die AZ fasst sie so zusammen:

«Die Kommunisten bleiben ihrer Taktik treu. Erst: Rein in den Kampf, ganz gleichgültig, was nachher wird – wenn wir bloss nachher den ‚reformistischen Verrätern' schuld geben können» [507]

Obwohl die RGO zahlenmässig klein war, sorgte sie doch immer wieder mit ihren Aktivitäten für Aufregung, und das nicht nur bei der reformistischen

162

Linken, sondern selbst in der obersten Führungsspitze der Winterthurer Industrie, die es oftmals an der nötigen Gelassenheit gegenüber diesem kleinen Grüpplein fehlen liess. Als im September 1930 die Steuerzahlen von Dr. Hans Sulzer und Dr. Oscar Denzler, dem Leiter der SLM, im «Sulzer-Proleten» veröffentlicht wurden, löste das grosse Nervosität und etliche Briefwechsel aus, in denen darüber diskutiert wurde, welche Abwehrmassnahmen man gegenüber solchen Machenschaften ergreifen könnte. Nach der Publikation dieser Zahlen setzte sofort eine grosse Recherchierarbeit ein, um das Leck herauszufinden. Dr. Oscar Sulzer rechtfertigte in einem Brief vom 20. 9. 1930 an Dr. Oscar Denzler diese Detektivarbeit:

«Sie ist erfolgt aus dem Gedanken, dass wir allen Anlass haben, unsere Gegner kennenzulernen. Ich glaube nicht, dass es richtig wäre, jetzt schon bestimmte Gegenmassnahmen ins Auge zu fassen, wohl aber liegt in dem Vorgehen der Kommunisten soviel systematische, von unsichtbarer Hand gelenkte Zielbewusstheit, dass wir nichts unterlassen dürfen, um uns darüber sorgfältig zu unterrichten» [508].

Indem Oscar Sulzer ihre Tätigkeit fast mystisch überhöhte, tat er den Kommunisten doch ein bisschen viel Ehre an. Die Recherchen führten schliesslich zum Ergebnis, dass ein Schriftsetzer die Zahlen beim Steueramt besorgt hatte. Nach Ansicht von Oscar Sulzer war dieser Mann nur vorgeschoben. In einem Brief an dessen Arbeitgeber bat er diesen, mit dem Betreffenden zu sprechen, um die Quelle dieser Umtriebe herauszufinden und

«gewisse Feststellungen zu machen, die uns für später nützlich sein können» [509].

Es versteht sich, dass die beiden Kontrahenten auf der Linken einander vorwarfen, sie würden die Arbeiterschaft spalten und sich zu Kettenhunden des Unternehmertums erniedrigen. In der Sprache der SP klang das so:

«Die Scharfmacher im Unternehmerlager könnten sich keine besseren Kulis wünschen als diese kommunistischen Katastrophenhelden mit ihrer anarchistischen Organisationsfeindlichkeit» [510].

worauf die so Titulierten konterten:

«Die Sozialdemokratische Partei hat mit den Grosskapitalisten, den Herren Sulzer, Denzler und Cie., ein Abkommen getroffen. Für ihre treue ‚Arbeit‘, für ihren Verrat an der Arbeiterschaft, hat sie drei Sessel im Stadtrat zugesichert erhalten. Die Herren Sulzer & Cie., die Blutsauger der Winterthurer Arbeiter, sind sehr zufrieden mit ihren Handlangern, den Herren Sozialdemokraten Bernhard, Frei und Messer. Sie belohnen sie weiterhin mit ihrem Vertrauen» [511].

Die «Besudelungspolitik» der Kommunisten wurde der Arbeiterunion schon frühzeitig zu bunt. Ein Antrag an den Vorstand der Arbeiterunion vom 18. 3. 1932 verlangte, dass Organisationen oder Vereine, welche in Wort und Schrift die der Arbeiterunion angeschlossenen Gewerkschafts-, Partei-, Sport- und Kulturorganisationen bekämpfen und beschimpfen, die Benützung der Lokalitäten im Volkshaus «Helvetia» nicht mehr zu gestatten sei. Zu diesen Organisationen zählte der Antrag die KP, RGO, die kommunistische Jugendorganisationen, die Rote Hilfe, die Arbeiterschutzwehr und gewisse religiöse Gemeinschaften [512]. Dieser Antrag wurde an der Generalversammlung von März 1932 gutgeheissen.

Mehrmals ersuchte daraufhin die KP die Arbeiterunion, diesen Beschluss rückgängig zu machen. In einem Brief vom 5. 12. 1938 glaubte die KP, dass die damaligen Gründe nicht mehr massgebend seien. Sie bat deshalb die Arbeiterunion, das Verbot aufzuheben. Wie die drei vorangegangenen wurde aber auch dieses Gesuch abgelehnt. Als Gründe gab man an, dass im neuen, 1938 erstellten Volkshaus bereits ein gewisser Platzmangel herrsche. Im weiteren sei es nicht erwünscht, wenn im Volkshaus Differenzen ausgetragen würden. Die Arbeiterunion unterstrich, dass SP und SGB durchaus in der Lge seien, die Interessen der Arbeiter zu vertreten und dass deshalb die Liquidation der KP in derem Interesse sei, da zwei Parteien der Gesamtbewegung nur schadeten [513]. Die Kartelldelegiertenversammlung vom 21. 12. 1938 hielt denn auch das Verbot aufrecht. Ein weiteres Gesuch stiess am 25. 1. 1939 auf Ablehnung [514].

Wortkriege, politische Rückenschüsse und taktische Differenzen verhinderten jedoch nicht, dass die KP der SP immer wieder Angebote zur Bildung einer proletarischen Einheitsfront machte. Eine gewisse Arroganz kann man diesem Werben um die SP nicht absprechen: Die Mini-KP wollte ihre mindestens zwanzigmal grössere Schwester auf einen Einheits-Kurs bringen, den natürlich die KP mehr als nur proportional mitbestimmen wollte. Unter dem Titel «Und wiederum ein Einheitsfront-Angebot» meinte Arbeitersekretär Hermann Oldani zu diesem Scharwänzeln der KP:

«Mit einer Aufdringlichkeit, die Prostituierten eigen ist, offerieren sich diese Herrschaften und für jeden aufrechten Büetzer ist das Gehaben der KP nichts als politische Prostitution (. . .). Was uns trennt, ist nicht das Wollen oder Nichtwollen des Sozialismus, sondern die Art und die Methoden, mit denen man glaubt, dem Sozialsmus zu dienen» [515].

Als für die Kommunisten die Sozialdemokraten nur «Sozialfaschisten» waren, stellte die SPS klar, dass ein Zusammengehen mit Kommunisten im Gegensatz zu Basel, Zürich und Schaffhausen ausser Frage stehe. In einer Resolution vom 6. 6. 1931 erklärte sie, dass für Mitglieder der SPS die Zugehörigkeit zu Vereinigungen, die ausserhalb der Partei stehen oder die offen oder versteckt mit kommunistischen Organisationen paktieren, unvereinbar mit der Mitgliedschaft zur SP sei. Sie hielt die Mitgliedschaft zu kommunistischen Organisationen für gleichermassen unvereinbar wie zu jenen Vereinigungen, die

«die Politik der S.P.S. im Sinne der Preisgabe des proletarischen Klassenkampfes und seines Endzieles, der sozialen Revolution zu beeinflussen suchen» [516].

164

Zwei Jahre später doppelte der SGB nach. Er lehnte ein Zusammengehen mit Kommunisten und allen unter ihrem Einfluss stehenden Organisationen bei Maifeiern und ähnlichen Veranstaltungen ab. Die angeschlossenen Verbände und Sektionen wurden aufgefordert, dafür zu sorgen, dass der Beschluss strikte durchgeführt werde[517].

An den Parteitagen von 1933 (Biel) und 1936 (Zürich) bestätigte die SPS ihre Haltung und lehnte die Offerte der KPS zur Zusammenarbeit ab. Dies, obwohl die KP ihren Kurs ab 1934 etwas nach rechts korrigierte. Nachdem nämlich Hitler die Bekämpfung des Bolschewismus zum vorrangigen Ziel erklärt hatte, musste die Komintern (Kommunistische Internationale) von ihrer Theorie des Sozialfaschismus abkommen. Zur neuen Taktik erklärte sie deshalb im Juni 1934 die «Einheitsfront von oben». Diese Taktik wurde dann am letzten Kominternkongress vom August 1935 zur «Volksfronttaktik» erweitert, und die Sozialdemokratie wurde somit zu einem akzeptablen Bündnispartner[518].

Plädoyer der Kommunistischen Partei für eine Volksfront, nachdem für sie Mitglieder der SP und des SGB keine «Sozialfaschisten» mehr waren.

Trotz den Richtlinien von SPS und SGB kam es zu einer gemeinsamen Aktion zwischen Arbeiterunion und Kommunisten. An der Sitzung vom 1. 12. 1933 beschloss der Vorstand der Arbeiterunion zusammen mit dem Kommunisten Mosimann, gemeinsam eine Massenkundgebung gegen den Reichstagsbrandprozess durchzuführen. Die Kundgebung verlief dann allerdings nicht nach dem Geschmack der Arbeiterunion. An einer Sitzung vom 12. 1. 1934 kritisierte der Vorstand:

«Die vereinigte Durchführung der Volksversammlung betr. Reichstagsbrandprozess mit der K.P. hat wiederum gezeigt, das die unehrliche Art des kommunistischen Kampfes die Gesamtarbeiterschaft nur enttäuschen muss. Zukünfig ist alle Vorsicht zu üben. Bei noch so beweglichen Versuchen gemeinsam zu tagen, hat die Zentralinstanz die Begehren abzuweisen» [519].

Am 7. 4. 1933 schlug die RGO der Arbeiterunion vor, die Maifeier gemeinsam durchzuführen und je einen Redner zu stellen.

«Angesichts des Ernstes der Lage reichen wir Euch die Bruderhand zum Kampfe, trotz programmatischer und taktischer Differenzen. Wir stellen keine Bedingungen, sondern unterbreiten Euch hier folgende Lösungen als Vorschläge für die gemeinsame Maidemonstration».

Es folgten 12 Punkte gegen Faschismus, Lohnabbau, für Arbeitslosenunterstützung usw. Die Arbeiterunion lehnte das Gesuch mit der Begründung ab, dass in Winterthur die Einheitsfront der Arbeiterschaft nicht erst gebildet werden müsse, sondern durch die Organe der Arbeiterunion schon bestehe. Wenn die RGO wolle, könne sie an der Maifeier teilnehmen, es dürften aber nur Affichen der Arbeiterunion getragen werden [520].

Es blieb meines Wissens bei einem einzigen Versuch der Zusammenarbeit während den 30er Jahren. Die kühle Schulter der Arbeiterunion verhinderte aber nicht, dass die KP weiterhin Avancen unternahm. Am 8. 10. 1935 richtete sie ein Gesuch an die SP, gemeinsam eine Kundgebung gegen den Krieg durchzuführen. Grosszügig schlug sie vor, sich jeglicher Polemik gegen die SP zu enthalten. Am 19. 10. erteilte ihr die SP einen Korb. Der Vorstand sei einhellig der Ansicht, dass von einer Demonstration abzusehen sei,

«da solche nicht am laufenden Band und willkürlich arrangiert werden können» [521].

Für später möchte er eine Demonstration nicht ausschliessen, lehnt aber eine Zusammenarbeit mit den Kommunisten stillschweigend ab.

Einer Zusammenarbeit stand nach Ansicht der SP auch die Abhängigkeit der KP von Moskau im Wege. Als ihr das Angebot einer gemeinsamen Spanienkundgebung zuging, nahm sie Stalins Schauprozesse und Hinrichtungen zum Anlass für ihre Ablehnung und zugleich als Abgrenzungskriterium gegenüber der KP:

«Die Basis einer gemeinsamen Versammlung mit Euch ist durch die Urteile von Moskau zertrümmert worden (. . .). Die Solidarisierung mit Moskau, resp. mit dem Kurs Stalins in der Anwendung der Mittel, die politische Opposition zu treffen, zeigte mit erschreckender Deutlichkeit Eure Abhängigkeit, und diese

verhindert, zu einer eigenen, unseren Verhältnissen entsprechenden Aktions-einheit zu kommen» [522].

Den Wunsch der KP, am 1. Mai 1938 einen Referenten bei der offiziellen Feier der Arbeiterunion stellen zu dürfen, beantwortete diese ebenfalls negativ:

«Überdies glauben wir nicht, dass das Gewerkschaftskartell, das durch die Beschlüsse des Gewerkschaftbundes und dessen Statuten, gemeinsame Sachen mit der K.P. ausschliesst, sich einverstanden erklären könnte, einen kommunistischen Referenten zuzulassen» [523].

Für die Gemeinderatswahlen 1938 schlug die KP der SP ein formelles Wahlbündnis vor. In einem Brief vom 28. 1. 1938 ersuchte sie die SP um eine Aussprache, um die Grundlagen für ein einheitliches Vorgehen festzulegen. Sie versprach, dass sie nicht mit Bedingungen kommen werde, die vom Gesichtspunkt des Parteiprestiges diktiert seien, sondern

«einzig vom Gesichtspunkt der Stärkung der Arbeiterschaft, der Schaffung aller Garantien für einen siegreichen Ausgang der kommenden Wahlen für das arbeitende Volk» [524].

Auch dieses Ansinnen beantwortete die SP abschlägig. Die Parteitagsbeschlüsse der SPS und der SP des Kantons Zürich verhinderten, mit der kommunistischen Partei zwecks eines Wahlabkommens in Verbindung zu treten. Auch hätte die SP den Richtlinienvereinbarungen zugestimmt und damit die Verpflichtung übernommen, mit der kommunistischen Partei keinerlei Bindungen einzugehen. Die SP habe im übrigen schon immer die Ansicht vertreten, dass in der Schweiz die Daseinsberechtigung von zwei Arbeiterparteien nicht gegeben sei. Sie forderte die KP auf, bei den kommenden Wahlen die SP zu unterstützen.

«Jede eigene Aktion, jeder Versuch, auf eigene Faust etwas zu machen von seiten der kommunistischen Partei müsste in Winterthur eine Schädigung der Sache des werktätigen Volkes nach sich ziehen» [525].

SP und Gewerkschaften konnten es sich leisten, die entgegengestreckte kommunistische Hand abzuweisen. Sie vertraten mindestens 95% aller Arbeiter und waren damit in einer ausserordentlich starken Position. Der Idee der Einheitsfront waren sie beileibe nicht abgeneigt, aber wenn schon, dann hatten sich die Kommunisten den Bedingungen der Sozialdemokraten zu fügen. Und diese bestanden darin, dass sich die KP und RGO auflösten und ihre Mitglieder einzeln in die sozialdemokratischen Organisationen übertraten. Kurz und bündig wurde an der Vorstandsitzung der Arbeiterunion vom 18. 10. 1935 erklärt:

«Die Frage der Einheitsfront hängt davon ab, in welcher Form die Liquidation der K.P. Tatsache werde» [526].

Ein halbes Jahr später wird die Frage der Einheitsfront erneut diskutiert. Der ehemalige Arbeitersekretär Albert Bachofner zeigt sich konziliant und meint, dass sich die Zustände geändert und dass beide Seiten gelernt hätten: «Es soll beidseitig das Bestreben platzgreifen, sich zu finden.» Die harte Linie vertritt der amtierende Sekretär Hermann Oldani:

«Der Union sind heute 7000 Mitglieder angeschlosen, dieser grossen Einheit haben sich einfach die paar wenigen Kommunisten einzufügen» [527].

Diesen Standpunkt bekräftigte die Unionsversammlung einen Monat später:

«. . . die Einheitliche Front besteht in Winterthur; die paar Kommunisten haben sich dem Gesamtwillen einzuordnen oder sie stehen nebenaus» [528].

Konnten sich die älteren Sozialdemokraten nicht für eine Zusammenarbeit mit den Kommunisten erwärmen, so gaben sich die jungen bedeutend weniger zurückhaltend. Vermutete oder tatsächlich bestehende Kontakte zwischen der Jugendorganisation der SP und der KP, auch wenn sie nur informeller Art waren, bildeten immer wieder Anlass zu Auseinandersetzungen zwischen der Sozialistischen Jugend (SJ) und den älteren Genossen. In einem Brief vom 30. 6. 1934 machte die SP-Sektion Altstadt die AZ auf «unhaltbare Zustände in der Soz. Jugend Sektion Winterthur aufmerksam». Sie vermutete eine Zusammenarbeit zwischen ihr und der KP, die in der Hauptsache in der Bekämpfung der Fronten zum Ausdruck komme. In dieser Tätigkeit komme eine «Revolutionsromantik zustande, die zu Bedenken Anlass gebe» [529].

In einer Aussprache vom 5. 7. bestritt die SJ, dass sie mit den Kommunisten zusammenarbeite. Ein Vierteljahr später kamen die Differenzen nochmals zur

Oppositionsschrift der SP-Linken gegen den reformistischen Kurs der Partei. Im Vorwort schrieb sie: «Was heute noch fehlt, das ist in allen Ländern die revolutionär-marxistische Orientierung und Führung der Arbeiterklasse und ihrer Organisationen. Diesen entscheidenden Mangel in unserm Lande zu beheben, betrachtet die Linke als ihre Aufgabe und diesem Zwecke soll auch die Plattform dienen.»

Sprache und die SJ wiederholte, dass sie keine Kontakte zur KP pflege und auch keine Einheitsfront anstrebe[530]. Offenbar konnte man aber der SJ doch kommunistische Tätigkeiten nachweisen, denn einige führende Mitglieder wurden später aus der SP ausgeschlossen.

Obwohl sich SP und KP die meiste Zeit über heftig bekämpften, bestand über alle Differenzen hinweg doch eine gewisse Solidarität, da man sich ja über das Endziel einig war und sich «nur» über Taktik und Methoden stritt. Als Bestrebungen im Gang waren, die Kommunistische Partei zu verbieten, was ab 1937 in einigen Kantonen und 1940 gesamtschweizerisch auch geschah, wandte sich die SP energisch gegen diese Einschränkung der politischen Rechte. In einem Aufruf, der am 7. 11. 1936 auch in der AZ erschien, schrieb die SPS über die Absichten der Kommunistengesetze:

«Das Volk abzulenken von den wirklichen Gefahren, die ihm drohen aus der Wirtschafts- und Finanzpolitik der herrschenden Parteien, abzulenken vom Versuch, unter dem Vorwand der Bekämpfung des Kommunismus eine Einschränkung der Volksrechte und Volksfreiheiten einzuleiten» [531].

Während der ganzen Periode kam es nur zu einer einzigen gemeinsamen Aktion zwischen Sozialdemokraten und Kommunisten, und diese verlief für erstere unbefriedigend. Von ihrer Taktik und ihren Methoden her waren die beiden zu ungleich, als dass ein gemeinsames Vorgehen möglich gewesen wäre. Hatte die SP schon anfangs der 30er Jahre kein besonderes Vertrauen in die KP, so musste deren plötzliches Einschwenken in den Einheitsfront-Kurs 1935 – nachdem die Sozialdemokraten jahrelang als «Sozialfaschisten» beschimpft wurden – sie zusätzlich stutzig machen. Für die KP waren die Sozialdemokraten Handlanger des Kapitals und Verräter an der Sache der Arbeiterschaft.

Umgekehrt bezeichneten diese die Kommunisten als Katastrophenpolitiker, die mit völlig unrealistischen Forderungen die Unzufriedenheit schürten und damit eine revolutionäre Situation heraufbeschwören wollten. Diese gegenseitige Plakatierung trug auch nicht dazu bei, dass man sich näher kam. Letzten Endes standen sich aber einfach zwei Konzepte gegenüber: SP und Gewerkschaften verdammten zwar verbal das kapitalistische System, das für Not und Krise verantwortlich gemacht wurde, versuchten aber dennoch, es von innen heraus zu reformieren und ihm einen sozialen Anstrich zu geben. Die Kommunisten sahen in der Krise ihre These von den Widersprüchen des Kapitalismus bestätigt. Nach dem Motto: Stossen, was sowieso fällt, kümmerten sie sich überhaupt nicht um Lösungsmöglichkeiten, sondern betrachteten die Krise im Gegensatz als Katalysator für eine revolutionäre Entwicklung. Die Stabilität der politischen Verhältnisse in Winterthur selbst in extremen Krisensituationen zeigt aber, dass für dieses Konzept offenbar kein Platz war.

7. Der Kampf um Lohn und Arbeit

«Die Lohnhöhe ist das traditionelle Symbol für den wirklichen Konflikt und nicht sein eigentlicher Gegenstand. Das grundlegende Problem ist ein Konflikt zwischen der Auffassung des Unternehmens vom Lohn als Kosten und der des Beschäftigten vom Lohn als Einkommen» [532].

In der Tat ist das, was Dahrendorf hier anspricht, einer der zentralen Punkte in der ganzen Lohnabbaufrage (siehe auch Fussnote 183). Dennoch: Obwohl die Lohnhöhe für einen Arbeitnehmer, der nur seine Arbeitskraft zu verkaufen hatte, von existentieller Bedeutung war, bildete diese Diskussion nur das Symptom für ein tieferliegendes Problem. Unter der Oberfläche des Lohnkampfes zeigte sich der eigentliche Konflikt: Es ging letzten Endes um die Frage, mit welchem Wirtschaftskonzept die Krise am ehesten überwunden werden konnte, mit dem liberalistischen, das in einem mühsamen und schmerzvollen Anpassungsprozess der Produktionskosten die Lösung sah, oder im sozialistischen, das mit einer Erhöhung der Massenkaufkraft die Absatzkrise beseitigen und Produktionsanreize schaffen wollte. Der Streit um den Lohn war also teilweise nur der emotionalisierte Aufhänger für einen tieferliegenden Konflikt.

Arbeitsplatz und Lohn standen für einen grossen Teil der Arbeiterschaft unmittelbar in Frage. Es ist deshalb klar, dass diese beiden wirtschaftlichen Kernpunkte in einer Zeit der Existenzgefährdung die politische Diskussion und die Kämpfe der Arbeiterschaft dominierten. So wurde etwas mehr als die Hälfte aller Streiks in Winterthur wegen Lohnkonflikten ausgetragen und über zwei Drittel aller Streitfälle vor dem Kantonalen Einigungsamt betrafen Lohnfragen. Bei diesem Streit um den Lohn befanden sich die Gewerkschaften in einem Dilemma. Auf der einen Seite hatten sie als Interessenvertreter ihrer Mitglieder Lohnkürzungen möglichst zu verhindern, auch wenn sich dabei die Auseinandersetzungen mit den Arbeitgebern verschärften. Auf der anderen Seite mussten sie sich als wirtschaftspolitische Grossverbände in ihren Forderungen soweit zurückhalten und den Arbeitsfrieden soweit garantieren, dass ein neuer Konjunkturaufschwung, der nicht zuletzt von den Investitionsentscheiden der Arbeitgeber abhing, nicht behindert wurde [533].

In diesem Kapitel werde ich zeigen, wie die Existenzgefährdung an die Arbeiterschaft herankam, wie sie darauf reagierte und welche Verhaltensweisen sowohl Arbeiter als auch Unternehmer entwickelten, um ihre Interessen durchzusetzen.

Deflationspolitik und Senkung der Produktionskosten

«Als Deflation bezeichnen wir jene Wirtschaftspolitik, die durch Preis- und Lohnsenkung die Produktionskosten unseres Landes an diejenigen des Weltmarktes anpassen will» [534].

Nach Ansicht des Ökonomen Eugen Böhler, der in seinen Äusserungen zur Krise und deren Behebung die Ansichten der Wirtschaft teilte, konnte nur eine Kostensenkung die Wirtschaft wieder beleben. Eine Steigerung der Beschäftigung sei nur erzielbar, wenn Produktionspreise und Produktionskosten in ein rentables Verhältnis gebracht und dadurch Anreize zu vermehrter Investitionstätigkeit geschaffen würden. Das einzig wirksame Mittel dafür sei die Kostensenkung, also die Senkung aller Preise, Gehälter und Löhne, die den spontanen Anpassungsprozess noch nicht mitgemacht hätten[535]. Böhler ging davon aus, dass nur eine verbesserte Exporttätigkeit der Gesamtwirtschaft wieder auf die Beine helfen könne, und diese Verbesserung ihrer Position sei nur erreichbar, wenn sie auf dem Weltmarkt wieder konkurrenzfähig werde. Die wichtigste theoretische Grundlage seiner Anpassungstheorie bildete die Feststellung, dass die Konjunkturschwankungen im wesentlichen Schwankungen in der Kapitalanlage seien und dass somit eine Überwindung der Krise nur möglich sei, wenn es gelänge, Neuinvestitionen zu veranlassen.

Solche Investitionen seien aber nur zu erwarten, wenn das Preis-Kosten-Verhältnis auf dem investierten Kapital wieder eine Rendite ermögliche. Der Weg dazu könne nur über eine Kostensenkung erfolgen, die er als den ungefährlicheren Weg als die Abwertung betrachtet. Eine weitere unabdingbare Voraussetzung sei das Vertrauen der Kapitalträger in die staatliche Wirtschafts-, Währungs- und Finanzpolitik. Dazu müsse man die Budgets ausgeglichen halten, die Steuerlast auf ein tragbares Mass beschränken und klare Richtlinien für die Wirtschafts- und Währungspolitik bekanntgeben[536].

Diese theoretischen Überlegungen fasst der Wirtschaftsführer Carl Sulzer-Schmid kurz und bündig zusammen, indem er feststellt,

«dass allein der Abbau unserer Lebens- und Produktionskosten, die Anpassung an die Lage des Weltmarktes, eine wirkliche Gesundung herbeizuführen vermöge»[537].

Nach Catalan waren die in den wichtigsten Unternehmerverbänden zusammengeschlossenen Arbeitgeber (Schweiz. Handels- und Industrieverein, Zentralverband Schweiz. Arbeitgeber-Organisationen, Schweiz. Bankiervereinigung) einheitlich der Ansicht, dass sämtliche Bemühungen darauf ausgerichtet sein müssten, die Konkurrenzfähigkeit der schweizerischen Aussenwirtschaft auf den ausländischen Märkten zu erhalten oder wiederherzustellen. Eine Gesundung der Wirtschaft könne nur durch eine Erhaltung der auf den Export gerichteten Zweige erfolgen. Alle anderen Versuche zur Überwindung der Krise, die von einer Anpassung an die Weltwirtschaft abwichen, mussten in den Augen der Unternehmer zum Zusammenbruch der Wirtschaft führen. Mit dieser Haltung einher ging natürlich die Forderung nach Senkung der Produktionskosten und damit nach einem Lohnabbau. Diese Forderung dehnten sie auch auf den Bereich der öffentlichen Wirtschaft aus. Die vom Bundesrat ausgearbeitete, vom Volk aber verworfene Lohnabbau-Vorlage war weitgehend auf Drängen der Exportwirtschaft entstanden.

172

Dr. Carl Sulzer-Schmid (1865–1934) führte das Sulzer-Unternehmen vor Hans Sulzer. Er war jahrelang einer der einflussreichsten Politiker im Nationalrat.

Der Lohnabbau wurde von den Unternehmern so lange als konjunkturpolitisch unbedenklich betrachtet, als der Reallohn erhalten blieb[538]. Ebenso grosse Bedeutung wie einem Lohnabbau mass die Unternehmerschaft einer Steuersenkung zu. Weil die Unternehmer von der Doktrin des ausgeglichenen Rechnungsabschlusses ausgingen, wehrten sie sich gegen die Erschliessung von neuen Finanzquellen und verlangten statt dessen eine Reduktion der Ausgaben.

Massive Kürzungen der Subventionen, die sogar die Krisenunterstützung miteinbezog, sollten zu einer ausgeglichenen Rechnung führen. Auch wenn sie sich schliesslich darin schickten, neue Quellen anzuzapfen, so forderten sie, dass die indirekten Steuern erhöht und das in der Wirtschaft investierte Kapital von einer Steuererhöhung verschont werde. Die Unternehmerschaft bestritt, dass der Staat mit Arbeitsbeschaffung, durch monetäre Massnahmen oder durch die Steuerpolitik die wirtschaftliche Tätigkeit ankurbeln könne. In seiner Dissertation spricht Catalan der Unternehmerpolitik der 30er Jahre jede konjunkturpolitische Zweckmässigkeit ab[539].

Nicht ganz ohne Selbstkritik charakterisiert Böhler retrospektiv die Wirtschaftspolitik der 30er Jahre so:

«Man stützte sich vielmehr in seinen Überlegungen auf die liberale Harmonielehre und den klassischen Gleichgewichtsbegriff der Teilmärkte, der nahelegt, dass die Überwindung von Gleichgewichtsstörungen wie Preis-

senkung, Überstickung oder Überkapazität, nur durch Anpassung der Preise und Löhne oder der Angebotsmengen möglich sei, wobei man glaubte, die Preise müssten ihre stabilisierende Funktion praktisch simultan entfalten (...). Der Staat beschränkte sich zur Hauptsache auf die Milderung der Krisenfolgen, während vorbeugende Massnahmen praktisch für unmöglich gehalten wurden» [540].

Marbach glaubt, dass volkswirtschaftlich gesehen die Lohnsenkung in einer grundsätzlich reichen Welt niemals Massnahme zur Krisenbelebung darstellen könne, weil das Mittel, das einzelwirtschaftlich zweckmässig sein könnte, volkswirtschaftlich zu einer immer stärkeren Schrumpfung der Umsätze und damit zu einer Fixkostenprogression führen müsse [541].

Was die Deflation für den Staatshaushalt bedeutete, schilderte die AZ in einem Kommentar zum Wirtschaftsprogramm des Bundesrates vom Frühling 1932:

«Deflation bedeutet Arbeitslosigkeit, lawinenartiges Anwachsen der öffentlichen Lasten und der Subventionen, Rückgang der Staatseinnahmen, und zwar sowohl der indirekten wie der direkten Steuern! Deflation bedeutet Defizit-Periode für alle öffentlichen Körperschaften, für Gemeinden, Kantone und Eidgenossenschaft» [542].

Der die Interessen des Finanz- und Industriekapitals vertretende Bundesrat hielt bis 1936 an seiner Anpassungspolitik fest. Die Abwertung im Herbst jenes Jahres war das direkte Eingeständnis für das Scheitern dieser Politik, zumal der Bundesrat immer wieder betont hatte, dass eine Abwertung nicht in Frage käme. Ein weiteres Eingeständnis für diese verfehlte Politik lieferte der Bundesrat im Jahre 1940, als er im Radio erklärte, dass Arbeit für alle um jeden Preis die Hauptaufgabe des Staates von morgen sei [543]. Max Weber schätzte, dass das Festhalten an der Deflationspolitik das Schweizer Volksvermögen zwischen 1929 und 1936 um 30% entwertet habe [544].

Die städtische Lohnpolitik

«Die Abstimmung vom 28. Mai a.c. wird in erster Linie entscheiden, ob wir dauernd dem Terror der Gewerkschaften verfallen sollen oder nicht» [545].

In der Privatwirtschaft begannen die Löhne bereits im Jahre 1931 zu sinken. Nach Ansicht der Unternehmer genügte aber ein Abbau bei den Arbeitern und Angestellten in der Privatwirtschaft nicht, sondern auch die öffentliche Hand sollte die Löhne senken. Einerseits sollten keine Differenzen zur Privatwirtschaft entstehen, andererseits bei steigenden Auslagen für die Krisenunterstützung das Budget im Gleichgewicht gehalten und allenfalls durch Steuersenkungen der Wirtschaft Impulse vermittelt werden. Darauf begann die Unternehmerschaft Druck auf den Stadtrat auszuüben. Am 17. 5. 1932 richtete der Arbeitgeberverband Winterthur und Umgebung eine Eingabe an den Stadtrat, in der er ihn aufforderte,

«die Frage eines Lohnabbaus bei der städtischen Verwaltung zu prüfen, damit ein billiger Ausgleich zwischen den Lohnsätzen der öffentlichen Hand und der Privatwirtschaft herbeigeführt werde» [546].

Im weiteren war der Arbeitgeberverband der Ansicht, dass die von der Privatwirtschaft durchgeführten Spar-und Abbaumassnahmen nicht genügten, um über die Krise hinwegzukommen, vielmehr müsse dazu auch die öffentliche Hand beitragen.

«Das Ziel der öffentlichen Verwaltung muss sein, der Privatwirtschaft nicht nur keine neuen Lasten aufzulegen, sondern im Gegenteil sie nach Möglichkeit von den jetzigen schweren Belastungen zu befreien» [547].

Konkret verlangte die Eingabe eine Einsparung bei den Löhnen der städtischen Angestellten von jährlich 300 000 bis 400 000 Franken. Der Lohnabbau sollte am 1. 1. 1933 in Kraft treten. Der Stadtrat nahm die Eingabe als Meinung eines Interessenkreises entgegen. Er wies darauf hin, dass er sich schon früher Gedanken über einen Lohnabbau gemacht habe [548]. Diese Eingabe schien die Gedanken des Stadtrates zu beflügeln. Er wartete zwar noch die Verhandlungen der Eidgenössischen Räte ab, die im Herbst 1932 einem Lohnabbau von 7,5% zustimmten, arbeitete dann aber rasant eine Vorlage aus, die in der Stadtratssitzung vom 15. 11. 1932 behandelt wurde. Das Finanzamt beantragte, es sei zur Verbesserung des Voranschlages ein Besoldungsabbau bei den städtischen Funktionären von 10% durchführen, und zwar ab 1. 1. 1933. Auf keinen Fall – so argumentierte der freisinnige Finanzvorstand – dürfe eine Steuererhöhung ins Auge gefasst werden, wenn nicht gleichzeitig ein Lohnabbau durchgeführt werde. Mit 4 zu 3 Stimmen nahm der Stadtrat gegen den Willen der SP den Vorschlag zuhanden des Gemeinderates an [549].

Die Personalverbände lehnten die Vorlage des Stadtrates entschieden ab. Sie boten ihm eine freiwillige Spende von 3% an, was jährlich 200 000 Franken eingebracht hätte. Die bürgerliche Mehrheit des Stadtrates erachtete aber dieses Angebot als zu gering und forderte mindestens 400 000 Franken. Damit ging er über die Forderungen des Arbeitgeberverbandes hinaus. Nach einer weiteren Offerte der Verbände von 3% bzw. 5% ab 6000 Franken Jahresverdienst schlug der Stadtrat einen generellen Abbau von 7,5% vor [550].

In seiner Sitzung vom 28. 2. 1933 diskutierte der Gemeinderat die stadträtliche Vorlage. Die SP trat für den Vorschlag der Personalverbände ein. Sie vermutete dass die Industrie Druck auf den Stadtrat ausgeübt habe. Die Bürgerlichen fanden es nicht in Ordnung, dass die städtischen Angestellten durch die Senkung der Lebenskosten eine Lohnerhöhung von 15% bis 20% erhalten hätten [551]. Mit 31 zu 29 Stimmen billigte der Gemeinderat den Antrag der RPK auf einen 7,5prozentigen Abbau [552].

Nach einem mit grossem Engagement von seiten der Gewerkschaften geführten Abstimmungskampf lehnten am 23. 4. 1933 die Stimmbürger den Lohnabbau mit 7728 zu 6750 Stimmen ab. Nachdem seine Sparvorschläge gescheitert waren, sah sich der Stadtrat gezwungen, eine Nachsteuer von 27% zu erheben. Gleichzeitig nahm er ein erhöhtes Angebot der Personalverbände von 500 000 Franken für die Jahre 1933 und 1934 an, bedingte sich aber dennoch freie Hand für eine gesetzliche Regelung des Lohnabbaus aus[553].

Diese liess denn auch nicht lange auf sich warten. Anlässlich der Budgetsitzung vom 26. 10. 1933 beschloss der Stadtrat mit 4 zu 3 Stimmen, dem Gemeinderat erneut eine Lohnabbau-Vorlage zu unterbreiten. Der Vorsteher des Finanzamtes, Dr. Robert Bühler, schlug 15% vor, was 675 000 Franken ergeben hätte. Am 10. 11. beschloss der Stadtrat gegen den Willen der SP-Mitglieder, den Verbänden einen Abbau von 10% vorzuschlagen, wobei 1500 Franken abzugsberechtigt gewesen wären. Die Verhandlungen führten aber zu keiner Einigung; der VPOD lehnte jeden Abbau prinzipiell ab[554].

Stadtrat Dr. Robert Bühler (1902–1971) war während der Krisenzeit Vorsteher des Finanzamtes. Sein erster Versuch, die Löhne der städtischen Beamten und Angestellten massiv abzubauen, scheiterte in der Volksabstimmung. Eine gemässigtere Lösung wurde dann von den Stimmbürgern angenommen.

Dem Gemeinderat beantragte der Stadtrat einen auf drei Jahre befristeten Abbau von 10%, bei einem Freibetrag von 1500 Franken und einem Minimum von 3200 bzw. 3900 Franken. Der durchschnittliche Abbau betrage 7,5% und die Einsparung 450 000 Franken. In seiner Weisung bekannte der Stadtrat, er stelle den Antrag «nur mit innerem Widerstreben», doch müsse der erschütterte Haushalt in Ordnung gebracht werden[555]. Obwohl die SP-Fraktion Nichteintreten beantragt hatte, nahm der Gemeinderat an seiner Sitzung vom

18. 12. 1933 diesen Vorschlag mit 30 zu 29 Stimmen an. In der Diskussion wies der freisinnige Gemeinderat Dr. Hauser darauf hin, dass es sich beim Lohnabbau um ein längerfristiges Projekt handle, die städtischen Finanzen wieder ins Gleichgewicht zu bringen. Auch das Kapital habe – so Hauser – seinen Beitrag zur Krisenbewältigung geleistet, aber mit 180 Steuerprozenten habe man die oberste Grenze dessen erreicht, was noch tragbar sei. Ihm hielt SP-Gemeinderat P. Fischer entgegen, dass der Lohnabbau krisenverschärfend wirke und dass man alle Veranlassung habe, die Kaufkraft in der Stadt zu erhalten. Der Kommunist Mosimann, der den Gemeinderat des öftern mit skurrilen Einfällen geärgert hatte, schlug vor, man solle statt eines Lohnabbaus die Ausgaben für die Polizei und den Religionsunterricht streichen[556]. Bei der zweiten Volksabstimmung hielt die Front der Arbeitenden nicht mehr stand: Mit 7208 zu 7094 Stimmen nahm das Volk den Lohnabbau am 28. 1. 1934 an.

Mitte 1936 diskutierte der Stadtrat einen zweiten Lohnabbau, weil in der Zwischenzeit die Löhne in der Privatwirtschaft noch stärker als die städtischen abgesenkt worden waren. Am 14. 8. 1936 stellte das Finanzamt den Antrag, die Löhne vom 1. 1. 1937 an um weitere 10% zu senken. Die Mehrheit des Stadtrates stimmte diesem Vorschlag zu. Wiederum lehnten ihn aber sämtliche Personalverbände (Polizisten, Lehrer, städtische Beamte, VPOD) ab. Wegen der Abwertung und der damit befürchteten Preissteigerung liess dann aber der Stadtrat diesen Antrag fallen und forderte nur noch die unbefristete Verlängerung des in der Volksabstimmung vom 28. 1. 1934 beschlossenen Abbaus. Die Personalverbände erklärten sich mit der Weiterführung um ein Jahr einverstanden, die Mehrheit des Stadtrates bestand jedoch auf einer unbefristeten Verlängerung. Er argumentierte dabei, dass die Reallöhne trotz der zu erwartenden Preiserhöhung noch immer höher seien als in der günstigsten Periode 1923 bis 1929[557]. Im Gemeinderat konnte sich dann der Antrag der SP und der Gewerkschaften, den Lohnabbau bis Ende 1937 zu befristen, durchsetzen. Diese Weiterführung des Beschlusses vom 28. 1. 1934, die auch bei der SP unbestritten war, wurde vom Volk am 13. 12. 1936 mit 6616 zu 3262 Stimmen sanktioniert.

Im Jahr darauf musste sich das Gemeindeparlament erneut mit den Löhnen der «Städtischen» befassen. Wegen den seit der Abwertung erfolgten Preiserhöhungen und den in der Privatwirtschaft gewährten Lohnaufbesserungen beantragte der Stadtrat, den Lohnabbau auf die Hälfte (5%) herabzusetzen. Dabei war ein Freibetrag von 1500 Franken und ein minimaler Jahreslohn von 3300 Franken bzw. 3700 Franken zu berücksichtigen. Die Stadt verzichtete damit auf Einnahmen von 200 000 Franken. Die SP-Minderheit des Stadtrates trat jedoch für 225 000 Franken ein. Um die Volksabstimmung nicht zu gefährden, stimmte die Stadtratsmehrheit diesem grosszügigeren SP-Vorschlag zu. Am 28. 11. 1937 nahm das Volk diesen Antrag mit 11 498 zu 2627 Stimmen an[558].

Die städtische Lohnpolitik verlief ziemlich synchron zu derjenigen der Privatwirtschaft. Auffällig ist die Koinzidenz zwischen der Eingabe des

Arbeitgeberverbandes und der ersten Abbauvorlage. Befremdend – und für diese These eher erhärtend – wirkt die Bemerkung des Stadtrates, er habe sich nicht erst seit dieser Eingabe mit dem Lohnabbau befasst. Dass der Abbau mit 7,5% während drei Jahren und 3,75% im vierten relativ bescheiden blieb, ist auf die nicht selbstverständliche Solidarität zwischen den Arbeitern in der Privatwirtschaft und den Beschäftigten im öffentlichen Dienst zurückzuführen. Diese zahlten es zurück, indem sie wie keine zweite Gruppe Beiträge an Unterstützungen für Arbeitslose und Ausgesteuerte leisteten. Dank dieser Solidarität blieb es beim bescheidenen Abbau. Wäre es nach dem freisinnigen Finanzvorstand Dr. Bühler gegangen, so hätte der Abbau rund 25% betragen, womit er etwa der Senkung in der Privatwirtschaft entsprochen hätte.

Dass SP und Gewerkschaften diesen Abbau bekämpften, versteht sich. Ihnen ging es nicht nur um die Löhne der «Städtischen», sondern sie befürchteten auch, dass eine Lohnsenkung bei der öffentlichen Hand Rückwirkungen auf die Privatwirtschaft hätte und dort eine erneute Drehung der Lohnspirale nach unten in Gang setzen würde[559]. Dass sie einer einjährigen Verlängerung des Lohnabbaus 1937 zustimmten, liegt wohl darin, dass mittlerweile die Differenz zur Privatwirtschaft zu gross geworden war und man aus Gründen der Lohngerechtigkeit die «Städtischen» nicht noch mehr privilegieren wollte.

Auch wenn die SP einen Lohnabbau nicht ganz verhindern konnte, so war sie in ihrer Lohnpolitik recht erfolgreich. Zum einen blieb der Abbau relativ bescheiden, zum andern konnte sie gegen die Mehrheit von Stadt- und Gemeinderat einige Verbesserungen durchbringen. Die grösste Leistung war aber wohl, dass sie bei der ersten Abstimmung über den Lohnabbau eine Solidarisierung zwischen der schon stark benachteiligten Arbeiterschaft in der Privatindustrie und den öffentlichen Beschäftigten zustande brachte. Allerdings dürfte auch das freiwillige Krisenopfer der städtischen Arbeiter und Angestellten stark zu dieser Solidarisierung beigetragen haben.

Der Lohnabbau in der Privatwirtschaft

«Über 20 Millionen Arbeitslose und unglaubliches Elend in vielen Ländern erheben eine wuchtige Anklage gegen die Torheit des unrationellen Preis- und Lohnabbaus» [560].

Als die Schweizer Wirtschaft noch immer mit voller Kapazität produzierte und überall Hochkonjunktur herrschte, wiesen Wirtschaftsführer bereits auf die unterschiedlichen Lohnverhältnisse zwischen der Schweiz und den wichtigsten Konkurrenten der Exportindustrie hin und forderten eine Anpassung der Schweizer Löhne. Bei den Verhandlungen vor dem Einigungsamt am 26. 6. 1930, als noch um eine Lohnerhöhung von 7 Rappen gestritten wurde, warnte Dr. Hans Sulzer:

178

«In England und Deutschland spricht man allgemein von einem Lohnabbau. Ich möchte durchaus nicht behaupten, dass diese Frage in absehbarer Zeit nicht auch an die schweizerische Industrie herantreten muss» [561].

Was auf die Arbeiter zukommen würde, teilte Dr. Oscar Denzler den Aktionären der SLM noch im Herbst des gleichen Jahres mit:

«Notgedrungen werden daher die unvermeidlichen Lohnsenkungen in den Ländern, deren Index noch unter demjenigen der Schweiz steht, auch auf unser Land zurückwirken» [562].

Ende 1930 befasste sich dann auch der ASM mit der Frage des Lohnabbaus. In einem Zirkular vom 30. 12. 1930 teilte er seinen Mitgliedern mit, dass für den Verband ein allgemeiner Lohnabbau nicht in Frage käme, sondern dass er Sache derjenigen Firmen sei, die ihn besonders nötig hätten. Die Generalversammlung vom 24. 6. 1931 sanktionierte diese Empfehlung des Ausschusses. Man war sich einig, dass sich ein Lohnabbau aufdränge, dass aber die einzelnen Mitglieder Zeitpunkt und Art des Vorgehens bestimmen müssten. Diese kamen dem Rat ihres Dachverbandes denn auch unmittelbar nach, und schon im ersten Quartal 1932 waren zwei Drittel aller Arbeiter und Angestellten von ASM-Firmen vom Lohnabbau betroffen [563].

Ein Vierteljahr nach dem ersten Lohn-Rundschreiben ging der ASM noch einen Schritt weiter. In einem Zirkular vom 17. 4. 1931 an seine Mitglieder empfahl er im Hinblick auf die Krise:

«Wir spüren diese aber in zunehmendem Masse und müssen fürchten, vom Markt mehr und mehr abgedrängt zu werden, weil unsere schweizerischen Produktionskosten soviel höher sind als in den für uns wichtigsten Konkurrenzländern. Die Reduktion dieser Kosten ist das Ziel jedes Fabrikanten» [564].

Nach einem Bericht der AZ soll der ASM am genau gleichen Tag seinen Mitgliedern einen allgemeinen Lohnabbau empfohlen haben. Das Durchschnittssalär und der durchschnittliche Stundenverdienst sollten um nicht mehr als 10% herabgesetzt und die Realeinkommen von 1923 nicht unterschritten werden [565].

Nach diesen Vorwarnungen setzte dann anfangs 1931 der Lohnabbau in grösserem Umfang ein. Bereits ein Vierteljahr vorher war allerdings bei der SLM für zwei Abteilungen mit insgesamt 60 Arbeitern eine Reduktion von 7 bis 9 Rappen oder rund 6% vorgesehen. Eine von 1200 Arbeitern besuchte Betriebsversammlung lehnte am 22. 1. 1931 die Kürzung ab und erklärte sich mit den Betroffenen solidarisch. Falls die Firma auf dem Abbau beharrte, würde sie mit Konsequenzen drohen. Diese Drohung war jedoch nur ein Strohfeuer, denn der Jahresbericht des SMUV vermeldet, dass die Betriebsversammlung von schärferen Massnahmen abgesehen habe, wodurch sich der Lohnabbau erledigt habe [566]. Im Klartext heisst das, dass die Arbeiterschaft dem Lohnabbau machtlos gegenüberstand, wie das der Jahresbericht der Arbeiterunion feststhielt:

«In keinem der mit Lohnabbau betroffenen Betriebe konnte der Abbau ganz verhindert werden. Der von den Sektinen geleistete Widerstand hatte lediglich zur Folge, dass die Kürzung des Lohnes nicht in der von den Unternehmern verlangten Höhe durchgeführt wurde, sondern eine teilweise Milderung erfuhr» [567].

Diese relative Erfolgslosigkeit der Gewerkschaftsführer im Kampf gegen den Lohnabbau brandmarkte die RGO in einem Flugblatt von anfangs 1931:

«Jedem Arbeiter muss es klar sein, dass der Kampf gegen die Lohnräuber nicht mit, sondern nur gegen den Willen der reformistischen Gewerkschaftsbürokratie geführt werden kann. Die Arbeiter müssen die Führung dieses Kampfes in ihre eigenen Hände nehmen» [568].

Auch in dieser Äusserung zeigt sich wieder die Strategie der RGO, die Arbeitslosen als eigene Gruppe zu erfassen und mit ihnen unabhängig von Gewerkschaften und Parteien den Kampf zu führen. Indem die RGO den Gewerkschaftsführern die kampflose Aufgabe von Positionen vorwarf, lag sie für einmal richtig, wie eine Bemerkung von Konrad Ilg zeigt:

«Als der Lohnabbau einsetzte, fanden wir, es sei besser, wenn davon nicht zuviel geredet werde! Es hätte dies niemand genützt (…). Man muss begreifen, dass die Entwicklung ganz zwangsläufig geht; sie hängt nicht einmal mehr vom Willen der Unternehmer ab» [569].

Konrad Ilg als Redner an einer Maifeier.

Die Kritik gegen diese erste Lohnabbauwelle kam aber nicht nur aus dem roten Lager. Selbst der demokratische «Landbote», der eine bürgerliche Politik mit mehr sozialem Einschlag vertrat, stimmte mit ein:

«Die Herren Unternehmer werden ja nicht müde, weiteren Abbau zu verlangen – wobei aber die freisinnigen Ordnungshüter nachher nicht fragen sollen, warum die Armenunterstützungsausgaben Jahr für Jahr steigen» [570].

Einen konzertierten Vorstoss für den Lohnabbau leitete die Winterthurer Metall- und Maschinenindustrie im Januar 1932 ein. Sie verlangte einen gestaffelten Abbau von 2 bis 12 Rappen pro Stunde und einen Abbau der Akkorde von 10%. Die Arbeiterschaft lehnte natürlich ab und gelangte unverzüglich ans Kantonale Einigungsamt. Weil der SMUV diesen Lohnkonflikt als Präzedenzfall betrachtete, der in der schweizerischen Metall- und Maschinenindustrie eine Abbaurunde einläuten sollte, schickte er seinen Präsidenten Konrad Ilg vor, der die Arbeiterschaft von Sulzer, Rieter und SLM vertrat. Vor dem Einigungsamt erklärte er, dass der Abbau 1,5 bis 1,8 Millionen Franken oder 10% betrage. Unnötig erachtete er ihn, weil der Lohnanteil am Verkaufspreis nur 20% ausmache. Zudem sei schon durch tiefere Einstellungslöhne ein kalter Lohnabbau von 5% durchgeführt worden. Mit dem Abbau der Jahre 1930/31 ergäbe das schon eine Reduktion von 18%. Heute verdienten die Teilarbeitslosen nur noch 70% bis 80% ihres früheren Lohnes [571]. Der Präsident der Arbeiterkommission gab zu bedenken, dass es sich um den zweiten Abbau handle, nachdem zuerst die Akkorde reduziert worden seien.

In gewohnter Manier rechnete die Geschäftsleitungs-Seite vor, wieviel der Arbeiterschaft real noch immer bliebe, worauf ein Mitglied der Arbeiterdelegation erwiderte: «Von statistischen Zahlen können wir nicht leben.» Als Rechtfertigung des Abbaus benutzte Dr. Oscar Sulzer die Metapher von der lebenswichtigen Operation:

«Wir wissen genau, dass die Lage unserer Leute, welche nicht voll schaffen können, keine günstige ist, wir mussten die Operation aber trotzdem machen, gleich wie ein Arzt eben an diese herantreten muss, ob gern oder ungern, wenn der Krankheitszustand des Patienten es erfordert» [572].

Obwohl er einen Abbau verlangte, erwartete er dadurch keine starke Belebung, weil immer mehr Länder ihre Tore dem Export verschlössen [573]. Direktor Halter von Rieter, dessen Firma die Krise ja glänzend überstanden und immer Dividenden gezahlt hatte, war der Ansicht, dass der geforderte Abbau von 10% noch viel zu klein sei. Dr. Steiner, ein weiteres Mitglied der Arbeitgeber-Seite, konnte keine Zusicherung geben, dass man nach dem Abbau wieder voll arbeiten könne. Das wäre möglich, wenn man die Löhne um 30% reduzierte. Lobende Worte für die Arbeiterschaft fand Direktor Oscar Denzler von der SLM:

«Die Art und Weise, wie sich die Leute der Situation angepasst haben, war sogar direkt bewundernswert. Die Rollen sind heute eben umgekehrt. Bisher waren immer wir die Gebenden und nun ist es anders» [574].

Die Arbeitgeber gingen nur eine einzige Konzession ein: Die untersten Lohnkategorien sollten für die ersten vier Zahltage nach dem Abbau einen Zuschlag von drei Stundenlöhnen erhalten.

Lehnte Konrad Ilg den Abbau in der ersten Sitzung vom 15.1.1932 kategorisch ab, so erachtete er eine Lösung in der zweiten, eine Woche später, nicht mehr als grundsätzlich ausgeschlossen. Wenn der Abbau um 5% und die Akkordlöhne von 30% auf 20% reduziert worden sowie die Stundenlöhne unverändert geblieben wären, dann hätte er den Abbau zur Annahme empfohlen. So wie die Dinge standen, gingen die Meinungen zu weit auseinander, so dass sich das Einigungsamt zu keinem Vorschlag durchringen konnte und den Kontrahenten weitere Verhandlungen empfahl[575].

Die Arbeiterschaft versuchte bereits beim Kampf gegen den Lohnabbau beim Bund die Bauern für sich zu gewinnen. Auch bei der Kriseninitiative und bei der Richtlinienbewegung strebte sie eine Allianz mit den Bauern an.

Eine gemeinsame Betriebsversammlung der drei Grossbetriebe vom 28.1.1932 stellte fest, dass bereits 1931 eine indirekte und direkte Lohnsenkung vor allem auf den Akkorden erfolgt sei und dass eine weitere Reduktion «bei der Mehrzahl der Betroffenen zu einer Verarmung führen» müsste[576]. Der Lohnabbau diene nur dazu, die Kapitalinteressen zu schützen. Sie ersuchte die Arbeiterkommission, nochmals mit den Geschäftsleitungen zu verhandeln, um «wesentliche Erleichterungen und Reduktionen der angedrohten Lohnkürzungen zu erlangen»[577].

In einer anschliessend verabschiedeten Resolution drückte die Versammlung ihre Empörung aus:

182

«Die Auswirkung dieser doppelten Lohnreduktion (. . .) ist in bezug auf die soziale Lage der Arbeiterschaft geradezu ungeheuerlich» [578].

Die Resolution spricht von einem Abbau von 5% bis 7%, und das bei einem Beschäftigungsgrad von nur 50%. Bei einer 28-Stunden-Woche käme ein Arbeiter nur noch auf 2200 bis 2400 Franken, von denen nach Abzug der Miete und Steuern nur noch 1600 bis 2000 Franken übrig blieben.

Weitere Verhandlungen auf Betriebsebene brachten allerdings nichts ein, und die Arbeiterschaft musste den von den Unternehmen geforderten Lohnabbau vollumfänglich akzeptieren. Resigniert schrieb der SMUV in seinem Jahresbericht 1932, die Arbeiter hätten sich zwar ans Einigungsamt gewandt, jedoch ohne Begeisterung:

«Die Unternehmer haben bei diesen Lohnverhandlungen wieder einmal so richtig ihr wahres Gesicht gezeigt. Was war die Folge dieser unverantwortlichen Politik: das Jahr 1932 brachte trotz Lohnabbau vermehrte Arbeitslosigkeit und damit Not und Elend in die Familien» [579].

Wo es nicht gelang, den Angriff auf die Löhne abzuwehren, schrieb dies der SMUV der Gleichgültigkeit der Arbeiter zu. Immerhin blieben noch einige kleinere Betriebe der Metall- und Maschinenindustrie verschont. Ein Erfolg war auch, dass die Betriebsversammlung ein weiteres Gesuch von Rieter um Kürzung der Akkorde ablehnte, worauf die Firma dann verzichtete. Als einzige Kategorie innerhalb des SMUV war das Elektrogewerbe noch von keinem Abbau betroffen [580]. Die «Gewerkschaftliche Rundschau» schrieb, dass 1932 5300 Winterthurer Metallarbeiter vom Lohnabbau betroffen worden seien, wobei die durchschnittliche Reduktion 10% betragen habe [581].

Während in der Metall- und Maschinenindustrie die Löhne der meisten Arbeiter bis 1932 um 10 oder mehr Prozent abgebaut worden waren [582], konnte im Gewerbe und in der Baubranche eine Reduktion grösstenteils verhindert werden, obwohl es auch dort nicht an Versuchen fehlte. So kündigten etwa im Herbst 1932 die Schreinermeister den Tarifvertrag und legten einen neuen Entwurf vor, der Verschlechterungen beim Lohn und bei den Ferien vorsah. Zudem wollten sich die Meister angesichts der Krise nicht durch einen Vertrag binden.

Die Arbeiter liessen sich die Verschlechterungen nicht gefallen und traten am 23. 9. in den Streik. Am 4. 10. trafen sich die beiden Parteien erstmals vor dem Einigungsamt, das eine Verlängerung des alten Vertrags bis zum 13. 9. 1933 vorschlug. Darauf wollten nun die Meister den Vertrag sogar bis Ende 1933 verlängern. Dieser Lösung stimmten auch die Arbeiter zu, die den Streik am 10. 10. aufgaben [583]. Zur festen Haltung der Schreiner dürfte auch beigetragen haben, dass sich die Arbeiterunion mit ihnen solidarisierte:

«Der U.V. (Unionsvorstand der Arbeiterunion, T.B.) beschliesst grundsätzlich, falls sich die Einigungsverhandlungen zerschlagen sollten, mit einer Sym-

pathiekundgebung in der Arbeiterpresse zugunsten der Streikenden aufzurufen
und die Sektionen zu veranlassen, ihre Mitwirkung zur Verstärkung der
Streikposten bereitzuhalten»[584].

Im folgenden Jahr war die Aubbaufront relativ ruhig. Die Metallarbeiter
mussten – ausser in einigen kleineren Betrieben – keine Reduktion in Kauf
nehmen. Einzig das bisher verschonte Elektrogewerbe sowie vereinzelt die
Dachdecker wurden zur Kasse gebeten[585]. Die Direktion der Gelatinefabrik
wollte von ihren Arbeitern gleich 18% zurückbehalten. Vor dem Einigungsamt
rechneten diese aus, dass die Reduktion zusammen mit der Streichung von
Zulagen und dem Verdienstausfall wegen Arbeitslosigkeit eine Einkommens-
minderung von 50% ergäbe. Zwar war die Direktion zu einem Abbau von 10,6%
bereit, doch auch das war den Arbeitern zuviel. Nach einem eintägigen
Proteststreik einigten sich die Parteien auf eine Senkung von 7,5% wobei jedoch
ein weiterer Abbau von 2,5% ein Vierteljahr später in Aussicht gestellt wurde.
Ein Nebenresultat dieses Lohnabbaukonflikts war, dass sich die Arbeiterschaft
zu 80% organisierte[586].

18 Verbandsfirmen innerhalb des ASM starteten anfangs 1934 zu ihrer ersten
gemeinsamen, koordinierten Lohnabbauaktion. Die beteiligten Firmen hätten,
falls es zu Kampfmassnahmen der Arbeiterschaft gekommen wäre, den Schutz
des Verbandes genossen[587]. In einem Zirkular an seine Mitglieder vom
28.12.1933 argumentierte der ASM, dass die Exportindustrie keine Rücksicht
auf die unverantwortlich hohen Löhne der öffentlichen Hand und der
geschützten Zweige der Inlandindustrie nehmen dürfe, sondern dass sie sich den
Verhältnissen anpassen müsse[588].

Diese Einheitsaktion sah einen Abbau von etwa 5% bis 6% vor. An einer
Betriebsversammlung vom 16.1.1934 nahm die Arbeiterschaft der drei
Grossbetriebe Stellung. Sie lehnte die angekündigte Lohnsenkung einmütig ab
und beauftragte die Arbeiterkommisson, mit der Geschäftsleitung in Verbin-
dung zu treten, um den Beschluss der Arbeiterschaft mündlich zu begründen.
Falls nach vierzehntägigen Verhandlungen die Arbeiterschaft ein negatives
Resultat erhalten sollte, würde sie die Arbeit niederlegen[589]. In einer
Schlagzeile bezeichnete die AZ den Lohnabbau als «frivol und brutal». Weiter
führte sie aus:

«Wäre während diesen Zeiten nur ein kleiner Teil der grossen Gewinne und
Profite für Krisenzeiten reserviert worden, so wäre es heute nicht schwer, ohne
die in Not und Elend führenden Massnahmen auszukommen»[590].

Bevor jedoch über den Streik entschieden wurde, rief man das Interkantonale
Einigungsamt an.Die jeweiligen Standpunkte vertraten Konrad Ilg und
Dr. Fritz Dübi, Präsident des ASM und Verwaltungsratspräsident der
Von Roll. Das Einigungsamt nahm seine Arbeit sehr gründlich, stellte für jeden
der 18 Betriebe umfangreiche Recherchen über Arbeits- und Geschäftslage an
und liess sich in unzähligen Sitzungen und Expertengesprächen von jeder der

184

beiden Seiten ihren Standpunkt erläutern. Gemäss diesem Vorgehen schlug es denn auch für jeden Betrieb eine individuelle Lösung vor. In der Begründung seines Entscheides vom März äusserte das Einigungsamt die Ansicht, dass die Firmen nicht nur einen Lohnabbau vornehmen müssten, sondern dass auch eine Dividendenkürzung fällig sei. «In Krisenzeiten vertragen sich zu hohe Dividenden schlecht mit einem Lohnabbau» [591]. Für die drei Winterthurer Betriebe schlug es folgende Lösung vor:

Sulzer: Senkung der Akkordsätze von 117% auf 110%. Die Stundenlöhne (einschliesslich Zuschläge) bis und mit 100 Rappen werden um höchstens 5% gesenkt, diejenigen über 100 Rappen um 5% bis 6%. Unter 85 Rappen erfolgt keine Reduktion.
SLM: Senkung der Akkordsätze von 112,5% auf 105%. Abbau der Stundenlöhne: 81 bis 90 Rp. um 3%, 91 bis 96 Rp. um 4%, 97 bis 103 Rp. um 5%, 104 bis 117 Rp. um 6%, 118 bis 131 Rp. um 7%, über 132 Rp. um 8%. Unter 80 Rp. kein Abbau.
Rieter: Akkordlöhne mit Exportabzug bleiben auf 105%. Alle übrigen werden von 117% auf 105% rduziert. Stundenlöhne: Bis 100 Rp. werden 4 Rp. abgezogen, über 100 Rp. max. 5%. Unter 85 Rp. keine Reduktion. Der Abbau tritt am 1.9.1934 in Kraft [592].

Für die Arbeiterschaft war dieser Entscheid unakzeptabel, so dass es zu einer Abstimmung über einen Streik kam. Schrieb die AZ am 17.1.1934 über die Betriebsversammlung:

«Die Winterthurer Metallarbeiter sind noch nicht schlapp und lassen sich auch nicht zu politischen Zwecken missbrauchen (. . .). Die Arbeiter lassen es, wenn nötig, auf einen Kampf ankommen» [593].

so lautete nun die Streikabstimmung:

	Sulzer	Rieter
ausgeteilte Stimmzettel	2124	708
nein	951	294
ja	627	292
leer oder ungültig	223	73

Nach diesem Beschluss trat der vom Einigungsamt vorgeschlagene Lohnabbau in Kraft.

Von verschiedenen Seiten wurde Konrad Ilg scharf für seine Verhandlungsführung kritisiert. Nach einem Bericht des kommunistischen «Kämpfer» vom 12.2.1934 habe er auf dem SMUV-Kongress vom Februar 1934 den Lohnabbau verteidigt und jegliche Kampfmassnahmen abgelehnt.

«Streik in dieser Lage sei eine Verrücktheit, sagt Ilg. Man habe doch andere Möglichkeiten und solle diese benützen. Der gesetzliche Lohnschutz über den Weg des Bundesrates und des Parlaments» [595].

Gegen den Lohnabbau hätten an diesem Kongress je ein Arbeiter von Sulzer und der SLM gesprochen, doch seien diese – immer laut «Kämpfer» – scharf angegriffen worden[596].

Dass Ilgs Politik nicht unbestritten war, zeigt sich auch darin, dass in Oerlikon, Schlieren und Winterthur «provisorische Kampfkomitees» gegründet wurden, die einen einheitlichen Kampf gegen den Lohnabbau führen wollten. In einem Flugblatt, das mit «einige Mitglieder des SMUV» unterzeichnet war, wurde jeglicher «Lohnraub» abgelehnt. Die Vorschläge des Einigungsamtes würden die Arbeiter vor die Entscheidung stellen, ihre «Hunger- und Schwundlöhne noch tiefer sinken zu sehen» und auch «als beschäftigte Fabrikarbeiter von der Armenpflege abhängig zu sein». Durch den Lohnabbau sollten die Arbeiter- organisationen zermürbt und mutlos gemacht werden. Entgegen der Mehrheit der Arbeiter waren sie überzeugt, dass auch in der Depression ein Streik Erfolg haben könnte:

«Es ist nicht wahr, dass man in der Krise nicht kämpfen, nicht streiken kann. Die Krise hat den Glauben an den Kapitalismus erschüttert. Ein von der gesamten Arbeiterschaft energisch geführter Lohnkampf hat heute die Sympathie des gesamten werktätigen Schweizervolkes, und dieser Massen- druck wird die Unternehmer zum Nachgeben zwingen»[597].

Nach dem verlorenen Lohnkampf herrschte in der Arbeiterschaft eine tiefe Niedergeschlagenheit. In einem Brief an die AZ klagte ein Arbeiter, dass sich ein «unmöglich bitteres Gefühl» über den verlorenen Kampf seiner bemächtigt habe. Den Grund für die Niederlage sah er im Gegensatz zu den oppositionellen SMUV-Mitgliedern nicht in der Verhandlungsführung des Verbandes, sondern in der Krise, die bei den vielen Arbeitern Angst erzeugt habe vor Arbeitslosigkeit und Massregelung. Zudem liessen es die Arbeiter auch an Interesse fehlen, und auch mit der gewerkschaftlichen Schulung und der Organisierung hapere es. Nur etwa 50% seien organisiert[598].

Offenbar wollte die Arbeiterschaft diese Schlappe so schnell als möglich verdrängen, denn bezeichnenderweise kam es in der AZ, die sonst dem kleinsten Arbeitskonflikt Raum öffnete, zu keiner Diskussion. Lediglich einen Artikel der «Gewerkschaftskorrespondenz» veröffentlichte sie einen Monat nach der Streikabstimmung, in dem sich der Autor über das Einigungsamt beklagte, das sich zu stark von der Exportindustrie habe beeinflussen lassen und dem Lohn als Kostenfaktor eine zu grosse und der Kaufkraft eine zu kleine Bedeutung beigemessen habe[599].

Dass die SP den Lohnabbau nicht verhindern konnte, gab Robert Grimm an einer Sitzung des Parteivorstandes vom 21.4.1934 zu:

«Wollen wir die Idee des Sozialismus preisgeben? Und das gerade in einer Zeit, wo wir der Arbeiterschaft nicht mehr das geben können, was wir zuvor geben konnten, wo wir den Lohnabbau und den Stillstand der Sozialgesetzgebung nicht verhindern können»[600]?

186

Weil die Arbeiterschaft auf Kampfmassnahmen verzichtete und den «vernünftigen» Verhandlungsweg wählte, rühmte sie Dr. Hans Sulzer so:

«Die Tausende von Angestellten und Arbeitern der notleidenden Exportindustrie haben sich diesem Abbau mit einem Verständnis und einer Resignation unterzogen, die hohe Achtung verdienen» [601].

Und das Jahrbuch des ASM meinte ebenfalls:

«Das Verständnis für die Notwendigkeit einer allmählichen Anpassung an die veränderten Verhältnisse und für eine Senkung der allgemeinen Unkosten unserer Volkswirtschaft hat bei der werktätigen Bevölkerung zweifellos an Boden gewonnen (. . .). In manchen Verhandlungen konnten wir dementsprechend die Feststellung machen, dass die Arbeitnehmerschaft den Theorien und Schlagworten der Gewerkschaftsführer, insbesondere hinsichtlich deren allzu bequemen ‚Kaufkrafttheorie' wenig Glauben schenkt» [602].

Der ASM errechnete, dass 1934 die Löhne in der Metall- und Maschinenindustrie seit 1931 um durchschnittlich 9 bis 10% gesenkt worden seien, womit die Lohnerhöhungen der Jahre 1923 bis 1930 wettgemacht worden seien. Der Lohnabbau gegenüber dem Höchststand von 1920 betrage 46 Rappen oder 26,2% [603]. Das schien indes noch nicht genug. Gewaltigen Aufwind erhielten die Befürworter des Lohnabbaues durch die Aarauer Rede von Bundesrat Edmund Schulthess vom 29. 11. 1934. Er führte darin aus:

«Industriekreise haben errechnet, dass, um die Konkurrenzfähigkeit der Schweiz etwelchermassen herzustellen, eine Senkung der Produktionskosten von 20% notwendig wäre. Wir möchten diese Schätzung nicht bestreiten» [604].

Die Reaktion der Industrie liess nach dieser Aufforderung nicht lange auf sich warten. In einer Eingabe vom 28. 1. 1935 an den Bundesrat forderte der Vorort einen Abbau von zunächst 20%:

«Die einzige Lösung, die es hier gibt, liegt in einem weiteren Abbau der Kosten der Produktion und der Lebenshaltung (. . .). Er soll für die schweizerische Exportindustrie die Gestehungskosten auf ein Niveau bringen, das es ihr wieder ermöglicht, die Konkurrenz mit den wichtigsten ausländischen Industrien mit einiger Aussicht auf Erfolg zu bestehen (. . .). Dieser Abbau müsste zunächst einmal 20% betragen. Damit wäre ein Schritt in der Richtung der Anpassung erfolgt; das zu verfolgende Ziel muss aber immer eine möglichste Annäherung an die Verhältnisse der wichtigsten Konkurrenzländer bleiben» [605].

Trotz dieser Intervention des Vororts kam es in der Metall- und Maschinenindustrie zu keinen nennenswerten Lohnreduktionen mehr. Bereits 1935 begann sich im einen oder anderen Betrieb eine leichte Besserung abzuzeichnen, die sich dann vor allem 1936 fortsetzte. Zudem schloss die im Herbst 1936 erfolgte Abwertung und die damit befürchtete Teuerung von gegen 10% einen weiteren Lohnabbau aus. Von diesem Zeitpunkt an setzten dann auch wieder Lohnerhöhungen ein, die jedoch für den grössten Teil der Arbeiterschaft bis zum Krieg nur einen Teil der in der Krisenzeit erlittenen Verluste kompensierten.

Auf wenig Gegenliebe stiess der Vorschlag des Vorortes vom 28.1.1935 natürlich bei der Arbeiterschaft. Die Arbeiterunion schrieb in ihrem Jahresbericht 1935, dass die vom Handels- und Industrieverein geforderte Lohnsenkung von 20% bei Tausenden schon auf 50% angewachsen sei. Die eingesparten Gelder würden zu dem nicht für die Arbeitsbeschaffung verwendet, sondern für die Profitvermehrung. Am Wohlergehen der Unternehmer und Aktionäre habe sich noch nichts geändert. Trotz der Krise forderte das Unternehmertum zuerst ihr Lebensrecht, und der Arbeiter werde übergangen[606].

Der Lohnabbau im Gewerbe und in der Baubranche blieb deutlich hinter demjenigen in der Metall- und Maschinenindustrie zurück und setzte in der Regel auch erst 1934 ein. Wiederum waren es die Schreiner, die im Frühling mit einem Streik einen 5prozentigen Lohnabbau verhindern wollten, doch brachte er ihnen diesmal ausser Massregelungen und Entlassungen nichts ein[607].

In der Regel betrug der Lohnabbau bei den gewerblichen Berufen um die 5%. In den Jahren 1937 und 1938 wurde er meist ohne grosse Opposition der Meister, in einigen Fällen auch mit Hilfe des Einigungsamts, wieder rückgängig gemacht. Zu den wenigen, deren Löhne nicht abgebaut wurden, gehörten die Zimmerleute[608].

Dass das Gewerbe beim Lohnabbau relativ zurückhaltend war, lag darin, dass es ausschliesslich für den Inlandbedarf arbeitete und deshalb an einer hohen Kaufkraft interessiert sein musste. Weiter mögen auch die engeren Arbeitsbeziehungen eine Rolle gespielt haben, die es den Meistern aus psychologischen Gründen schwieriger machten, ihren Arbeitern den Lohn zu kürzen. Dass sie es in den meisten Fällen dennoch taten, hängt mit dem Druck zusammen, den die führenden Wirtschaftskreise auf das Gewerbe ausübten. Zur Durchsetzung ihres wirtschaftspolitischen Konzepts der Lohnangleichung konnten sie weder beim Staat noch bei der für den Inlandbedarf arbeitenden Industrie Lohninseln dulden. Die widersprüchliche Haltung des Gewerbes kommt in einer Eingabe des Schweizerischen Gewerbeverbandes vom 17.1.1935 zum Ausdruck:

«Man ist sich im Gewerbe bewusst, das ein Lohnabbau nicht zum Nutzen des eigenen Betriebes, sondern im Interesse der Allgemeinheit durchgeführt würde und dass zudem jeder Lohnabbau, wie bereits angedeutet, die wirtschaftliche Lage des Gewerbes selbst verschlechtert»[609].

Die Textilarbeiter gehörten traditionell zu den am schlechtesten entlöhnten Arbeitern. Trotzdem traf sie der Lohnabbau zuerst und auch am stärksten. Die AZ schrieb anfangs 1931 über die Lohnreduktion bei der Seidenweberei:

«Es ist eine Herausforderung der Arbeiterschaft, wenn man in Betrieben, wo man schon seit Jahren immer um die acht Prozent Dividenden ausbezahlt hat,

im ersten schlechten Moment dem Arbeiter von dem ohnehin schon spärlichen Auskommen noch einen Teil abzwacken will» [610].

Und ein halbes Jahr später über die Praktiken der Textilindustriellen:

«In Winterthur gibt es von sämtlichen Textilbetrieben nicht einen einzigen, der nicht in irgendeiner Form Lohnraub an der Arbeiterschaft begangen hat, in den letzten zwei Jahren. Für wen? Für die armen Aktionäre der Textil- und chemischen Fabriken und für die Tantiemen, die an unsere Direktoren zurückfliessen. Über die Provisionen, die sie zum fetten Gehalt hinzu einstecken, schweigen sie und bekämpfen die Krise mit Lohnabbau» [611].

In der Tat schüttete die Seidenweberei, deren Löhne schon 1932 um 20% bis 30% abgebaut wurden und die teilweise Stundenlöhne von 70 Rappen zahlte [612], während der Jahre 1930 bis 1938 immer eine Dividende von 4% bis 8% aus [613].

Die Direktion der AG Carl Weber forderte im Frühling 1931 einen Abbau von 10%. Die Arbeiterschaft lehnte ab und ging vors Einigungsamt, wo sich die Firma mit 5% einverstanden erklärte, was auch die Arbeiter akzeptierten. Nur neun Monate später forderte die Direktion wiederum 10% Abbau. Erneut ging die Arbeiterschaft vors Einigungsamt, das eine Reduktion von 5% vorschlug. Zwei Drittel der Arbeiter nahmen diesen Vorschlag an, der Rest stimmte dagegen und befürwortete einen Arbeitskampf. Kurz vor der Abwertung im Sommer 1936 verlangte die Firma erneut eine 10prozentige Reduktion. Eine Betriebsversammlung lehnte den Abbau ab und beschloss den sofortigen Streik. Vor dem Einigungsamt war die Firma einverstanden, den Abbau auf 3% zu limitieren und eine untere Lohngrenze von 90 bzw. 60 Rappen für Frauen festzulegen. Diesen Vorschlag nahm die Arbeiterschaft an, wodurch der Streik abgewendet wurde [614].

Mit einer massiven Verschlechterung wartete auch die Elasticfirma Ganzoni & Co. im Sommer 1936 auf, nachdem sie die Löhne schon früher gesenkt hatte. Sie forderte eine Reduktion um 22% auf 80 bzw. 60 Rappen pro Stunde. Die Arbeiterschaft sprach sich an einer Betriebsversammlung für die alten Löhne aus. Als dann der Abzug ohne weitere Verhandlungen vollzogen wurde, legten sie spontan die Arbeit nieder. Das angerufene Einigungsamt stützte im wesentlichen den Vorschlag des Arbeitgebers, wobei allerdings noch einige Verbesserungen dazu kamen. Beide Parteien stimmten schliesslich dieser Lösung zu [615].

Der Fall der Seidenweberei, die während der ganzen Krise Dividende ausschüttete, ist eher eine Ausnahme. Tatsächlich waren viele Textilunternehmen in einer schwierigen Lage, und der Arbeiterschaft war das auch durchaus bewusst. Wenn sie sich trotzdem gegen den Lohnabbau wehrte, so deshalb, weil ihre Löhne einfach das Existenzminimum unterschritten hatten. Trotz voller Berufstätigkeit war ein Teil der Arbeiterschaft auf Armenunterstützung der öffentlichen Hand angewiesen [616].

Die Arbeiterschaft hatte der Abbauwelle nichts entgegenzusetzen. Einge-schüchtert durch Arbeitslosigkeit, Massregelungen und Pressionen (siehe Kap. «Die Reaktion der Unternehmer») verzichtete sie weitgehend auf Kampfmassnahmen und sah ihr Heil einzig in den Einigungsämtern, die zwar meist einige Retuschen an den Forderungen der Unternehmer anbrachten, aber nie einen Abbau verhindert hätten. Wenn gegen den Lohnabbau gekämpft wurde, dann waren es meist die Bauarbeiter, die teils mit, teils ohne Erfolg gegen Lohnreduktionen streikten. Die Metallarbeiter, oder deren Führung, verzichte-ten dagegen völlig auf Kampfmassnahmen.

Ob ein Streik während der Krise tatsächlich eine «Verrücktheit» gewesen wäre, wie es etwa der SMUV behauptete, müsste man an einem Fallbeispiel untersuchen. Hat man nur den unmittelbaren materiellen Erfolg im Auge, dann vielleicht schon. Tatsächlich kann aber ein – materiell erfolgloser – Arbeitskampf die Kampfbereitschaft und Solidarität der Arbeiterschaft stärken oder den Organisationsgrad erhöhen[617]. Im Verzicht auf Kampfmassnahmen – der bei einem Grossteil der Basis nicht unbestritten war – zeichnete sich schon während der Krise jene Politik ab, die schliesslich 1937 zum Friedensabkom-men führte. Beim «Kampf» um den Lohn, der eher einer kampflosen Kapitulation gleichkam, bestätigten SP und Gewerkschaften wiederum, dass sie zwar das System, das sie für die Leiden der Arbeiterschaft verantwortlich machten, verbal verdammten, dass sie aber vor Massnahmen zurückschreckten, die eben dieses ihrer Ansicht nach hassenswerte System gefährdet hätten.

Betriebsschliessungen und Entlassungen

Es kann nicht darum gehen, nun jeden einzelnen Fall von Entlassung oder Produktionseinstellung darzustellen. Vielmehr will ich an einigen Beispielen zeigen, wie einzelne Unternehmer vorgingen, und wie sie die Krise durchaus auch für ihre eigenen Zwecke nutzen konnten. Ich untersuche nicht, ob die Entlassungen objektiv notwendig waren; sicher waren sie es in vielen Fällen, sondern es geht mir nur um das Vorgehen.

Am 4.3.1932 teilte die Geschäftsleitung der Seidenweberei mit, dass sie auf den 2.4. der ganzen Belegschaft von 340 Leuten kündigen werde. Sie äusserte die Absicht, in ihrem Hauptexportland, in England, eine Fabrik zu eröffnen. Eventuell werde sie versuchen, mit einem Fünftel der Belegschaft den Betrieb in Winterthur weiterzuführen. Als Grund für diesen Entscheid gab die Firmenleitung Absatzschwierigkeiten an[618]. Die Entlassenen mit über 20 Dienstjahren sollten eine Abfindung von 10 Franken pro Jahr erhalten, was bei einer 20jährigen Dienstzeit etwa einem knappen Monatslohn entsprochen hätte. Für die Entlassungen machte die AZ indirekt eine verfehlte Management-politik verantwortlich, indem sie kritisierte, dass der Reingewinn der Jahre 1927 bis 1930 1,5 Millionen Franken betragen habe, während die gesamten Reserven nur 0,5 Millionen ausmachten[619].

Nach Bekanntwerden dieser Hiobsbotschaft interpellierte die SP im Gemeinderat und bat den Stadtrat, in dieser Sache etwas zu unternehmen. In seiner Antwort teilte der Stadtpräsident mit, dass nun nur 200 der 340 Beschäftigten entlassen werden sollten. Man habe für diese versucht, etwas mehr herauszuholen, doch habe die Firma nicht nachgegeben[620]. Zwar entliess die Seidenweberei den grössten Teil der Belegschaft, doch stellte sie im Laufe des Jahres die meisten der Entlassenen wieder ein. Wieso diese Übung durchgespielt wurde, schilderte die Arbeiterunion in ihrem Jahresbericht:

«Man hat heute durchaus die Ansicht, dass die Entlassungen durchgeführt wurden, um einen rücksichtslosen Lohnraub möglich zu machen. Die Tatsache, dass die Wiedereingestellten mit 20 bis 50 Prozent kleineren Löhnen beschäftigt werden, spricht dafür» [621].

Offenbar waren solche Praktiken gang und gäbe. Ein Angestellter, der bei Sulzer wegen Arbeitsmangel entlassen wurde, teilte der AZ mit:

«Zahlreiche der entlassenen Angestellten sind ersetzt worden durch junge Techniker» [622].

Wie rücksichtslos beim folgenden Entlassungsentscheid nur das Rentabilitätsprinzip beachtet wurde, zeigt ein interner Bericht, den Sulzer-Direktor Baumann zuhanden von Dr. Hans Sulzer im Herbst 1933 verfasst hatte:

«Wir haben wieder eine Untersuchung in allen Betriebsabteilungen durchgeführt zur Feststellung von Personal, das in bezug auf Arbeitsleistungen nicht mehr befriedigt, ohne Rücksicht auf Alter und Dienstalter. Die Gründe, aus denen diese Leute nicht mehr befriedigen, sind verschiedener Art; zum grossen Teil sind es Alterserscheinungen, die sich eben bei den einen früher, bei den anderen später bemerkbar machen. Bei den älteren Leuten handelt es sich durchwegs um solche, die der Firma während langen Jahren gute, treue Dienste geleistet haben» [623].

Diesem Bericht folgt eine Liste mit ungefähr 100 Leuten zwischen 20 und 66 Jahren, die z. T. 30 bis 40 Dienstjahre aufwiesen und die nun entlassen werden sollten.

Die gleiche Methode wie die Seidenweberei wandte auch die Spinnerei und Zwirnerei AG Niedertöss an, die im Frühling 1932 80 Arbeiter entliess. Arbeitersekretär Bachofner erklärte in der Begründung seiner Interpellation zu diesen Entlassungen, dass man den Leuten kündige, im gleichen Atemzug ihnen aber zu verstehen gebe, dass sie zu reduzierten Löhnen wieder arbeiten könnten[624].

Die Unternehmer stellten die Abeiterschaft vor die Alternative Lohnabbau oder Entlassung. Sie erweckten den Anschein, dass sie bei einer Lohnsenkung vielleicht eine grössere Anzahl Arbeiter weiterbeschäftigen würden. Diese Illusion verflog indes bald. Als zu Beginn des Jahres 1932 die Diskussionen und Verhandlungen über einen Lohnabbau in der Metall- und Maschinenindustrie im Gang waren, entliess die SLM noch während der Verhandlungen 52 Arbeiter. Die AZ kommentierte:

«Man sollte meinen, in einem solchen Moment würde alles vermieden, was nach Zynismus oder Drohung aussieht (...). Man muss sich angesichts neuer Entlassungen in diesem Zeitpunkt fragen, ob die Geschäftsleitungen wirklich Wert darauf legen, guten Glauben in ihre Loyalität zu rechtfertigen»[625].

Nachdem der Lohnabbau durchgesetzt war, teilte die SLM mit, dass sie ab 1.3.1932 ihre Fabrikanlagen am Samstag bis auf weiteres schliessen müsse. Praktisch synchron mit dem Lohnabbau mussten die Arbeiter neben den bisher erfolgten Entlassungen auch noch Kurzarbeit in Kauf nehmen.

Mit den geplanten Entlassungen versuchte auch die Spinnerei Hermann Bühler & Co. Druck auf den Stadtrat auszuüben. Am 21.6.1934 ersuchte sie die Stadtregierung, ihr die Steuern für 1933/34 zu stunden, fünf Waldparzellen für 9000 Franken und eine Liegenschaft für 100000 Franken abzukaufen. Nur wenn sie diese Mittel erhalte, könne sie den Betrieb sanieren und modernisieren und weiter durchhalten. Andernfalls müsste man liquidieren und 200 Arbeiter und Angestellte entlassen, an die jeden Monat eine Lohnsumme von 28000 Franken ausbezahlt worden sei[626]. Die freien Unternehmer, die sonst nichts so sehr fürchteten wie Staatsinterventionen ins Wirtschaftssystem, scheuten sich also nicht, mit derartigen Forderungen an die öffenliche Hand zu gelangen.

Kritik an solchen Praktiken kam nicht nur aus dem linken Lager. Stadtpräsident Widmer, ein Demokrat, schrieb über die Verhaltensweisen gewisser Unternehmer:

«Leider gibt es auch unter den Arbeitgebern einzelne ‚schwarze Schafe’. Man gibt sich keine besondere Mühe mehr, die Arbeiterschaft durchzuhalten. Gehen die Aufträge zurück, so entlastet man sich dadurch, dass man seine Arbeiter, auch langjährige, entlässt –, man kann das ohne Skrupel tun, die Arbeitslosenversicherung sorgt ja für sie. – Ein Stück eigene Verantwortung hat man der Allgemeiheit, zu der man sich in diesem Fall nicht zählt, übertragen»[627].

Diese Beispiele sollen nicht verallgemeinert werden. Zweifellos bemühten sich die Unternehmer, in der Regel ihre Arbeiter durchzuhalten, den Lohn nur zu kürzen und Entlassungen vorzunehmen, wenn die Existenz des Betriebs gefährdet war. Daneben es aber auch Firmen wie Rieter, die an Personalbestand und Löhnen Abstriche vornahmen und trotzdem weiter Dividenden und Tantiemen auszahlten. In der Tat vertrugen sich Lohnkürzungen und hohe Dividenden – wie schon das Einigunsamt 1934 festgestellt hatte – schlecht. Nur gab es eben keine Handhabe, unredliche Unternehmer zur Veranwortung zu ziehen. Viele waren der Verantwortung, die ihre führende Stellung mit sich brachte, eben nicht gewachsen.

Die Arbeiterschaft wehrt sich

Die wirksamste Waffe der Arbeiterschaft – wenn auch eine zweischneidige – ist die Arbeitsverweigerung. Bevor mit dem Friedensabkommen institutionalisierte Konfliktregelungsmechanismen geschaffen wurden, machte die Arbeiterschaft von ihr bedeutend häufiger Gebrauch. Obwohl ein konjunktureller Aufschwung die Streikhäufigkeit begünstigt, fanden auch während der Depression Streiks statt. Im folgenden soll eine Systematik der Streiks während der 30er Jahre in Winterthur erstellt und an einigen Beispielen untersucht werden, unter welchen Bedingungen sie stattfanden und welche Resultate sie zeitigten.

Zu den Regelungsmechanismen, die neben den Arbeiterkommissionen bereits bestanden, gehörte das Einigungsamt. Zwar wurde es von der Arbeiterschaft häufig angerufen und hatte dadurch auch eine streikverhindernde Wirkung, doch hatte die Arbeiterschaft nur geringes Vertrauen in diese Institution, da sie vielfach im Sinne der Unternehmer entschied. Auf das Instrument der Arbeiterkommission konnten sich die Arbeiter ebenso wenig verlassen, weil die strukturellen Unterschiede zwischen Geschäftsleitung und Arbeiterkommission (Informationsvorsprung, Machtungleichgewicht, keine Kompetenzen und keine Arbeitsplatzsicherheit der Arbeiterkommission) zu gross waren. Andere, eher passive Formen des Arbeitskampfes wie Betriebssabotage, Krankfeiern und Blaumachen, Dienst nach Vorschrift, Produzieren von Ausschuss usw. können in dieser Untersuchung wohl vernachlässigt werden, weil sie gerade in Krisenzeiten kaum eine grosse Bedeutung hatten. Zudem wären diese Formen auch sehr schwer zu erfassen.

Während die Arbeitgeber eine ganze Palette von Kampfmassnahmen zur Hand hatten wie etwa Massregelungen, Entlassungen, Herabsetzung der Akkordsätze, Einführung neuer Arbeitsbewertungssysteme, den Arbeitnehmer benachteiligende Veränderungen in den Produktionsmethoden, schnelleres Arbeitstempo, Verschlechterung der Arbeitsbedingungen, Kapitalflucht oder Investitionsstreik[628], verfügten die Arbeiter im wesentlichen nur über die Möglichkeit der Arbeitsverweigerung. Und auch das nur bedingt, da sich in Zeiten hoher Arbeitslosigkeit leicht Streikbrecher fanden, die noch so gerne die Plätze der Streikenden füllten.

Streiks und Streikformen

Während der 30er Jahre kam es in Winterthur zu insgesamt 18 Streiks. Eine Aufgliederung dieser Streiks zeigt folgendes Bild[629]:

1930: 6, 1931: –, 1932: 2, 1933: 3, 1934: 1, 1935: –,
1936: 4, 1937: 1, 1938: –, 1939: 1.

Branche

Baugewerbe	10
Metall- und Maschinenindustrie	6
Textilindustrie	1
chemische Industrie	1

Art des Streiks

Abwehrstreik gegen Lohnabbau	5
Streik für Lohnerhöhung	4
Solidarität mit Entlassenen, Forderung nach Entlassung, Rückgängigmachung einer Kündigung	4
Kündigung des Kollektivvertrags durch Meister	1
Forderung nach Kollektivvertrag	1
schlechte Behandlung	1
unbekannt	2

Dauer des Streiks

1 Tag und weniger	4
1 bis 7 Tage	7
8 bis 20 Tage	4
über 20 Tage	1
unbekannt	2

Von den 6 Streiks der Metallarbeiter fanden deren fünf entweder noch vor der Krise oder in der Aufschwungphase statt. Nur gerade der Monteurenstreik von 1932 ereignete sich während der Krise[630]. Von den zehn Streiks der Jahre 1931 bis 1936 betrafen deren sieben die Baubranche, von denen zwei einen Lohnabbau und einer eine Lohnerhöhung zum Inhalt hatten. Auffällig ist, dass von den sechs Streiks des Jahres 1930 nicht weniger als vier nicht den Lohn zum Thema hatten, sondern Solidarität mit Entlassenen, Forderung nach Entlassung eines Arbeiters oder Rücknahme einer Kündigung. In der ganzen Folgezeit gab es keine solchen Streikinhalte mehr. Dass wegen solcher Konflikte Streiks ausgelöst wurden, ist wohl vor allem auf das Fehlen von institutionalisierten Beschwerdekanälen zurückzuführen. Im folgenden werde ich von verschiedenen Streiktypen je ein Beispiel näher darstellen. Es handelt sich um Streiks aus Solidarität mit einem Entlassenen, zur Abwehr eines Lohnabbaus, aus Protest gegen schlechte Behandlung und zur Durchsetzung einer Lohnerhöhung.

Beim Neubau der Schweizerischen Bankgesellschaft kam es im Sommer 1930 zu einem Konflikt zwischen dem von der Arbeiterschaft sehr geachteten Polier und dem von der Bank angestellten Bauführer, dem die Arbeiter Unfähigkeit und menschenunwürdige Behandlung vorwarfen. Als der Polier erklärte, er könne unter diesem Bauführer nicht mehr weiterarbeiten und den Bauplatz verliess, stellten auch die übrigen 110 Arbeiter ihre Tätigkeit ein und erklärten, sie würden die Arbeit nur unter dem von ihnen geschätzten Polier der Firma

Corti, Fantoni, aufnehmen und nicht unter SBG-Bauführer Urech arbeiten; die Forderung ging also auf Entlassung des Bauführers. Aus Solidarität mit diesen Arbeitern der Firma Corti & Co. streikten ebenfalls die 12 Arbeiter der Firma Hirschi, die die Grabarbeiten besorgte.

Den Gewerkschaften war dieser «wilde» Streik, der spontan von den mehrheitlich unorganisierten Arbeitern ausgelöst worden war, nicht geheuer. Auch befürchteten sie, dass er ihnen entgleiten könnte. Dem Protokoll der Arbeiterunion ist zu entnehmen:

«Von der KP ist versucht worden, den Konflikt auf breitere Basis zu stellen (Arbeitszeitverkürzung und Lohnerhöhung). Den Tendenzen konnte begegnet werden. Der Kampf ging vor allem um eine menschenwürdige Behandlung» [631].

Die Gewerkschaft hatte dann aber doch – wie bei andern Streiks, die nicht unter ihrer Kontrolle standen – ein Mittel parat, um ihn in die gewünschten Bahnen zu lenken: die Streikkasse. Zuerst überlegte sich die Arbeiterunion, ob sie überhaupt eine Streikunterstützung auszahlen solle, «wegen den Konsequenzen, die eine Unterstützung haben könnte» [632], beschloss dann aber doch einen Solidaritätsbeitrag von 200 Franken. Unterstützung erhielten allerdings nur diejenigen Streikenden, die im SBHV organisiert waren oder während des Streiks in ihn eintraten [633].

Die Bauherrschaft (SBG) weigerte sich zuerst, den Vorschlag der Arbeiterschaft, sie würde die Arbeit aufnehmen, wenn Fantoni wieder eingestellt würde, anzunehmen. Nach 5^{1}/$_{2}$tägigem Streik einigten sich die Kontrahenten auf einen Kompromiss: sowohl Fantoni als auch Urech durften bleiben; der Bauführer musste allerdings die Beleidigungen den Arbeitern gegenüber zurücknehmen. Zusätzlich verzichtete der Arbeitgeber auf jegliche Massregelungen der Streikenden. Die AZ, die diesen Streik als Erfolg feierte, charakterisierte ihn so:

«Jeder Bauarbeiter hat erkennen können, dass es in der Arbeiterbewegung nicht allein um Lohn und Arbeitszeit geht, sondern dass auch die Menschenwürde gewahrt und verteidigt wird» [634].

Trotz anfänglicher Skepsis über diesen «wilden» Streik, der zudem von meist Unorganisierten geführt wurde, stellte nach erfolgreichem Abschluss der BHV diesen Streik als beispielgebend dar:

«Die organisierten Arbeiter können an dieser bewundernswürdigen Solidarität und Disziplin, mit der der Streik fünfeinhalb Tage geführt wurde, ein Beispiel nehmen» [635].

Achtung verdient in der Tat, dass die Arbeiter aus Solidarität zu einem geschätzten Vorgesetzten in den Streik traten, obwohl sie nicht wussten, ob sie eine Streikunterstützung erhalten würden. Mit diesem Streik wurde ein Stück jener «Menschwerdung des Arbeiters» erreicht, wie sie schon in den frühen Schriften der Arbeiterbewegung gefordert wurde.

Ende 1933 lief der Tarifvertrag der Schreiner zwischen dem Baumeisterverband und dem BHV Winterthur aus. Die Meister wollten sich in dieser unsicheren

Zeit durch keinen neuen Vertrag binden lassen, versicherten jedoch in Verhandlungen im Dezember 1933, dass sich am alten Vertrag nichts ändern würde. Ein Lohnabbau – so argumentierten sie – würde auch einen Preisabbau bedeuten, und daran hätten sie kein Interesse. Gleichwohl kündigten sie am 22. 3. 1934 einen Lohnabbau von 7% auf den 1. 4. an. Als Reaktion legte der BHV am 21. 4. einen Vertrag vor, der Verbesserungen enthielt und deshalb bei den Meistern helle Empörung hervorrief. Vor dem Einigungsamt fuhr der Sekretär des Schweizerischen Schreinermeisterverbandes die Gegenseite an:

«Die Leute haben die Frechheit, heute noch einen Gesamtarbeitsvertrag in Vorschlag zu bringen, welcher Verbesserungen vorsieht.»
Und zur Verhandlungstaktik und Kampfbereitschaft der Gewerkschaften meinte er:

Diese demagogische Art kann man nur in diesen Kreisen finden» [636].

Das war etwa das Klima, in dem der Konflikt ausgetragen wurde. Das Einigungsamt machte den Vorschlag, die Löhne für schwere Arbeiten um 5% abzubauen und den Vertrag bis zum 1.1.1935 zu verlängern. Die Meister nahmen den Vorschlag an, die Arbeiter lehnten ihn ab. Wie hart die Verhandlungen geführt wurden, zeigen die Äusserungen zweier Beteiligter. So drohte der Zentralsekretär des SBHV, Reichmann, vor dem Einigungsamt:

«… und wenn es eine Verständigung nicht gibt, so wird eben der offene Konflikt entscheiden müssen»,

worauf der Baumeistersekretär Huonder in der gleichen Sitzung konterte:

«Wir wünschen heute den Streik» [637]. *Wenn gestreikt würde, dann stünden sofort 100 christliche Arbeiter zur Verfügung, um die Plätze der Streikenden aufzufüllen.*

Vor dem Einigungsamt gingen die Meister von 7% auf 5% zurück, doch lehnten die Schreiner an einer stürmisch verlaufenen Versammlung vom 22. 5. diesen Vorschlag empört ab. Nur mit Mühe waren sie davon abzubringen, sofort in den Streik zu treten. Was die Arbeiter zusätzlich verbitterte, war, dass die Einzelvertragsfirmen dazu gebracht wurden, die Löhne ebenfalls zu reduzieren, womit sie einen klaren Vertragsbruch begingen. Als die Meister auf den 1. 6. eine Lohnsenkung um 5% ankündigten, beschlossen die Schreiner, vom 6. 6. an zu streiken. Dennoch waren sie zu einem minimalen Abbau bereit und wollten unter folgenden Bedingungen die Arbeit wieder aufnehmen:
1. Abbau von 5 Rappen pro Stunde ab 1. 7.
2. Mindestlöhne der Anschläger von Fr. 1.65
3. keine Unterbrechung des Dienstverhältnisses wegen Arbeitslosigkeit in der Ferienzeit
4. Durchschnittslohn von 1.62 für Winterthur
5. Vertragsverlängerung bis Frühling 1936.

Als auf diese Vorschläge keine Antwort eintraf, traten sie endgültig in den Streik.

196

Die Arbeiter waren durchaus zu finanziellen Konzessionen bereit. Was sie jedoch forderten, waren Sicherheiten, dass der Lohn nicht schon ein paar Tage nach Vertragsabschluss wieder abgebaut würde. Ein Arbeiter begründete das in der AZ so:

«Wenn die Schreiner einem Lohnabbau zustimmen, aber dafür Sicherheiten verlangen, dass im nächsten Vierteljahr nicht schon wieder einer kommt, haben sie recht, und es geht nicht an, in diesem Fall von einer Verständnislosigkeit der Schreiner zu sprechen» [638].

Über einen Lohnabbau von 5% und eine Vertragsverlängerung bis Ende 1935 konnten sich die Parteien bereits nach sechs Tagen einigen. Differenzen bestanden noch in bezug auf die Sicherheiten bei den Ferien, Wiedereinstellung der Arbeiter nach dem Streik und Mindestlöhne der Anschläger. Der BHV verlangte, dass alle Streikenden nach Abbruch wieder eingestellt würden und dass Massregelungen unterblieben. In Anbetracht der 200 bis 1100 Arbeitslosen im Baugewerbe während des Jahres 1934 war das eine verständliche Forderung. Die Meister hingegen wollten die Streikenden nach Beendigung des Arbeitskampfs nur nach Bedarf wieder einstellen. Die Arbeiter durchschauten diese Taktik jedoch mühelos. Ein «Unbeteiligter» kommentierte in der AZ:

«Was nützt den Arbeitern ein Vertrag, wenn ein Teil von ihnen wegen Beteiligung an diesem Konflikt der Rache der Meister preisgegeben wird, weil keine vertraglichen Sicherheiten geschaffen worden sind» [639].

Über die Frage der Sicherheiten wurde der Arbeitskampf immer härter. Die Meister warfen den Gewerkschaften vor, es gehe ihnen nicht mehr um Sicherheiten, sondern um die Machtfrage. Die Arbeiter ihrerseits beklagten sich über den fragwürdigen Kampfstil der Schreinermeister.

Als diese nach zweiwöchiger Streikdauer langsam in Schwierigkeiten gerieten, erinnerten sie sich an den Ausspruch ihres Sekretärs Huonder, der die in der christlichen Gewerkschaft organisierten Arbeiter als Lückenbüsser empfohlen hatte. In den «gelben» Gewerkschaftern als auch in den jungen Meisterssöhnen fanden die Meister willfährige Streikbrecher. Damit diese Taktik auch Erfolg hatte, versuchten sie vom Stadtrat ein Verbot der Streikposten zu bewirken. In einer Eingabe vom 18.6.1934 schrieb der Schreinermeister-Verband:

«Die Lage im Schreinergewerbe auf dem bestreikten Platz Winterthur verschärft sich von Tag zu Tag. Rotten von Streikenden tun sich zusammen, fahren im Corso durch die Stadt von einem Betrieb zum anderen, hindern Arbeitswillige auf dem Wege zur und von der Arbeit» [640].

Am 22.6. erliess dann der Stadtrat ein Verbot jeder Belästigung von Arbeitswilligen durch Beschimpfungen und durch Tätlichkeiten sowie von Massenansammlungen vor Werkstätten und Baustellen. Auf ein Verbot von Streikposten verzichtete er jedoch. Es versteht sich, dass diese Massnahmen von der SP-Minderheit im Stadtrat abgelehnt wurden.

Obwohl kein Streikpostenverbot bestand, forderten verschiedene Schreinermeister von der Polizei Hilfe an, weil Streikende Posten standen. Laut einem Polizeirapport musste sie jedoch nie einschreiten, und es kam auch zu keinen Tätlichkeiten [641]. Rückblickend schrieb die Arbeiterunion über die Polizeieinsätze:

«*Die offensichtliche Parteinahme der städtischen Polizeiorgane zeigte uns wieder einmal mit aller Deutlichkeit, dass nicht der wirtschaftlich Schlechtergestellte ihre Hilfe beanspruchen kann, sondern dass die Polizei ein Werkzeug der herrschenden Klasse ist, um sie im gegebenen Momente gegen die aufkommende Arbeiterschaft einzusetzen*» [642].

Wie recht die Arbeiterschaft hatte, als sie auf ihren Sicherheiten pochte, bestätigte sich, als ein Meister streikende Arbeiter, die zehn bis zwanzig Jahre bei ihm gearbeitet hatten, mit der Erklärung entliess, er brauche sie jetzt nicht mehr, er habe Ersatz und gedenke, diesen zu behalten. Auch auf einer anderen Ebene versuchten die Meister, Druck auszuüben. So verklagte ein Schreinermeister seine Arbeiter auf Schadenersatz, weil sie ihre Arbeit ohne Kündigung verlassen hätten. Zudem hielt er den ihnen zustehenden Lohn als Deckung für seine vermeintlichen Ansprüche in gesetzwidriger Weise zurück.

Am 20.6. erhielt der Kampf der Schreiner eine neue Dimension. Die Arbeiterunion erklärte nämlich den Kampf der Schreiner zum Kampf aller Winterthurer Arbeiter und kündigte Massnahmen der gesamten Winterthurer Arbeiterschaft an, wenn keine Einigung gefunden würde. Zu einer Einigung kam es dann aber nach genau dreiwöchigem Streik durch die Vermittlung des Stadtpräsidenten. Die Parteien einigten sich in einem neuen Vertrag auf folgende Regelung:

1. Lohnabbau von 5%, Durchschnittslohn von Fr. 1.59.
2. Vertragsverlängerung bis zum 1.1.1936.
3. Frühere Bestimmungen betreffend Ferien, Zulagen usw. bleiben unverändert.
4. Alle Arbeiter werden wieder eingestellt, Massregelungen sind verboten.
5. Das Dienstverhältnis gilt durch den Streik als nicht unterbrochen.

In einem Zusatzabkommen wurde noch vereinbart, dass in allen Fällen, in denen eine Weiterbeschäftigung wegen Arbeitsmangels nicht möglich war, der Arbeiter unter die Bestimmungen der Arbeitslosenversicherung falle. Schliesslich erklärten sich die Meister auch dazu bereit, bei Neueinstellungen in erster Linie die ortsansässigen arbeitslosen Schreiner und Glaser zu berücksichtigen.

Für einige Meister blieb dieser Vertrag allerdings nur Makulatur. In vertragswidriger Weise wurde z.B. Heinrich Näf, dem Sekretär des BHV Winterthur und einem der Hauptexponenten des Streiks, gekündigt. Ein anderer Schreiner verlor seine Stelle, weil er im Gespräch mit Näf von seinem Meister beobachtet wurde. In der Diskussion über eine SP-Interpellation zu diesen Fällen von Massregelung teilte Stadtrat Bernhard mit, dass es zu einzelnen Vertragsbrüchen seitens der Meister gekommen sei. Auf jeden Fall

Der Möbelschreiner Heinrich Naef (geb. 1903) führte als Sekretär des BHV Winterthur während der Krise manchen Kampf gegen Schreiner und Bauunternehmer. Bei einem Streik gegen den Lohnabbau verlor er seine Stelle.

stellte das Verhalten einzelner Meister unbedingt eine Missachtung des Stadtrates dar[643]. Nach Stadtpräsident Widmer war indes die Meisterschaft bemüht, sich an die Abmachungen der Vereinbarung zu halten. Die Verhandlungen seien mit ausserordentlicher Verbitterung geführt worden. Weil das Vertrauen tiefgreifend gestört gewesen sei, sei es zu einzelnen Entlassungen gekommen. Ein Meister habe dazu beigetragen, dass es unter den Arbeitern zu einer erregten Stimmung gekommen sei. Ausser in einem Fall seien die Entlassungen aber regulär erfolgt.

In seiner Sitzung vom 11.1.1935 beschäftigte sich der Stadtrat nochmals mit diesen Vertragsverletzungen. Er stellte fest, dass er erst durch die Interpellation Näf erfahren habe, dass verschiedene Meister die Vereinbarung nicht einhielten. Es stehe ihm aber nicht zu, diese Fälle zu prüfen, darüber müssten andere Instanzen entscheiden. Eine Minderheit des Stadtrates war der Auffassung, dass die

«bestimmte Erklärung abgeben werden sollte, dass denjenigen Meistern, die sich nicht an die Vereinbarung hielten, von der Stadt keine Aufträge mehr zugewiesen würden» [644].

Wie hart die Fronten gewesen sein müssen, geht aus einer Äusserung von SP-Stadtrat Bernhard hervor, der anlässlich einer Sitzung, an der über angebliche Fälle von Massregelung diskutiert wurde, erklärte, er habe schon an ähnlichen Verhandlungen teilgenommen,

«doch habe nie ein solch erbitterter Gegensatz geherrscht, wie er in den Verhandlungen während dieses Arbeitskonflikts zum Ausdruck kam» [645].

Beide Seiten bezeichneten den Ausgang des Arbeitskampfes als Erfolg. Die Meister konnten ihren 5prozentigen Abbau durchsetzen, die Arbeiter mussten zu ihrem ersten Angebot beim Abbau noch etwa 2% abschreiben und bei den Durchschnittslöhnen 3 Rappen. Bei der Vertragsverlängerung konnten die Schreiner ihre Forderungen praktisch durchsetzen. Wieso also dieser erbitterte Streit, der wohl der heftigste der ganzen 30er Jahre in Winterthur war?

Da es sich um den ersten Lohnabbau im Gewerbe handelte, wollten beide Seiten ein Exempel statuieren. Die Arbeiter fühlten sich zudem durch die ewigen Forderungen nach Lohnabbau auch in der Inlandindustrie verunsichert. Zwar sahen sie ein, dass sie schon aus Solidarität zu den Metallarbeitern eine gewisse Reduktion in Kauf nehmen mussten, doch wollten sie Garantien, dass für die nächsten zwei Jahre das Niveau beibehalten werde. Die Meister ihrerseits konnten und wollten sich bei der schlechten Baukonjunktur nicht längerfristig binden lassen. Zu ihrer starren Haltung mag auch beigetragen haben, dass sie glaubten, die hohe Arbeitslosigkeit zu ihrem Vorteil ausnützen zu können, in dem sie beispielsweise statt der im SBHV organisierten Arbeiter unorganisierte oder «gelbe» Gewerkschafter anstellten[646]. Rückblickend schreibt die Arbeiterunion, dass es dem BHV Winterthur klar gewesen sei, dass auch bei den Schreinern ein Lohnabbau erfolgen werde. Die Frage sei aber gewesen:

«Wie schaffen wir uns die notwendigen Garantien, dass nicht in absehbarer Zeit wieder ein zweiter Lohnabbau vorgenommen werden kann?» [647]

Ich habe diesen Streik deshalb so ausführlich geschildert, weil er mir als Beispiel dafür erscheint, dass auch bei Konjunkturflaute und hoher Arbeitslosigkeit mit Streiks wenigstens Teilerfolge erzielt werden können. Zu untersuchen wäre allerdings, wie sich der Vertrag nach Beilegung aller Konflikte in der Praxis bewährte. Immerhin scheint die These, wonach Streiks während der Krise zum Scheitern verurteilt seien, nicht in jedem Fall haltbar. Bei hohem Organisationsgrad, guter Kampfdisziplin und Solidarisierung der übrigen Arbeiterschaft, können auch Streiks in der Depression erfolgreich sein.

Auf der Baustelle eines USEGO-Lagerhauses häufte sich im Sommer 1936 eine ganze Reihe von Unzulänglichkeiten, die die Arbeiter erbosten. So erbitterte sie etwa, dass als Neuheit ein Grossbagger eingesetzt wurde, der den immer noch zahlreichen Arbeitslosen die Stellen wegnahm. Auf der Baustelle herrschte ein unerträglicher Leistungsdruck, der noch verschlimmert wurde durch die schlechte Behandlung seitens des Poliers. Auch soll es zu ungerechtfertigten Entlassungen gekommen sein. Weiter beklagten sich die Arbeiter über ungenügende Barackenverhältnisse und willkürliche Überzeitarbeit ohne Bezahlung. Das Fass zum Überlaufen brachte schliesslich ein Fehler des Poliers, durch den ein Arbeiter mit Beton übergossen wurde. Am 19. 6. 1936 beschlossen dann die ungefähr 100 Arbeiter zu streiken, bis durch Vertrag die Verhältnisse befriedigend gelöst würden.

Die Unternehmer drohten, das Arbeitsverhältnis aufzulösen, konnten aber die Beteiligten nicht einschüchtern. Den Zweck des Streiks schilderte der BHV so:

«Es wurde nicht um Lohn gestreikt, sondern um die menschenwürdige Behandlung und menschliche Zustände» [648].

Am 26. wurden Verhandlungen aufgenommen, die noch gleichentags zum Abschluss eines Lokalvertrags führten. Die meisten Forderungen der Arbeiter wurden angenommen, ausser diejenige nach Entlassung des umstrittenen Poliers. Zudem erhielten die Verschaler eine durchschnittliche Lohnerhöhung von 12 bis 15 Rappen. Die Arbeiter feierten den Streik als erfolgreichen Abwehrkampf. An einer Sitzung der Arbeiterunion wurde allerdings eingeschränkt:

«Die zum Teil erreichten Forderungen bei den Bauarbeitern des Bauplatzes 'Usego' werden illusorisch durch die Willkür und die Schikanen Beglingers (des Poliers, T.B.)» [649].

Dass die Bauarbeiter nicht vor einem Arbeitskampf in der Krise zurückschreckten, wenn sie von ihrer Sache überzeugt waren, geht aus dem Bericht über den Streik hervor:

«Die Krise im Baugewerbe macht den Bauarbeiter noch lange nicht rechtlos, denn um sein Lebensrecht kämpft der Bauarbeiter auch in der Krise, weil für ihn das Menschsein nie aufhört» [650].

Wiederum also ein Beispiel, das zeigt, dass in der Krise ein Abwehrstreik wenigstens mit Teilerfolgen abgeschlossen werden konnte.

Im Juni 1937 verlangten die Arbeiter der SLM eine Lohnerhöhung von 5 Rappen pro Stunde und eine Erhöhung der Akkorde um 10%. Den Gegenvorschlag der Geschäftsleitung, der individuelle Lohnanpassungen vorsah, lehnten sie ab. An einer Betriebsversammlung vom 15.6. sahen sie vorläufig von Kampfmassnahmen ab und beschlossen, ans Einigungsamt zu gelangen. Nach dieser Betriebsversammlung fand eine separate Zusammenkunft der Gruppe «Dreherei-Lokomotivbau» statt, an der beschlossen wurde, am nächsten Morgen wohl zur Arbeit zu gehen, diese aber nicht aufzunehmen. Die 72 Dreher erschienen denn auch am 16.6. um 7 Uhr, blieben aber untätig vor ihren Drehbänken stehen. Sie teilten der Geschäftsleitung mit, dass sie die Arbeit erst wieder aufnehmen würden, wenn die ursprünglichen Forderungen erfüllt seien. Die Geschäftsleitung weigerte sich zu verhandeln, worauf die Streikenden die Fabrik eine halbe Stunde später verliessen.

Nach einem 1½tägigen Streik war die Geschäftsleitung bereit, die vor einiger Zeit zugesagte Angleichung der Dreherlöhne im Lokomotivbau an diejenigen im Motorenbau durchzuführen. Die individuellen Lohnerhöhungen sollten durchschnittlich 4 Rappen betragen [651]. In Unkenntnis der Lohnstruktur ist es problematisch, Vergleiche anzustellen, doch erhielten beispielsweise die übrigen Dreher der SLM vor dem Einigungsamt nur 3 Rappen zugesprochen, was sie akzeptierten. Mit ein Grund für die erfolgreiche Durchführung und den raschen Abschluss war die gute Organisation der Dreher.

Streiks können, auch wenn sie nicht immer zum gewünschten Erfolg führen oder sogar in einer Niederlage enden, dennoch die Kampfkraft der Arbeiterschaft stärken und wertvolle Erfahrungen vermitteln. Diese Feststellung machte auch Walther Bringolf, der 1924 – im Gegensatz zum Sekretär des SMUV – die Arbeiter bei Georg Fischer zu einem Solidaritätsstreik mit den Streikenden der Firma Rauschenbach aufrief. In seinen Erinnerungen äussert er die Ansicht,

«dass Streikaktionen, wenn sie sich auf eine solide, gerechte Ursache stützen, zu einer Stärkung der Sache der Arbeiterschaft führen, selbst wenn sie nicht mit einem vollen Erfolg enden» [652].

Diesen Aspekt hatten auch die Bauarbeiter im Auge, die nicht nur um den Lohn kämpften, sondern selbst in der Krise um Menschenwürde und Menschenachtung streikten, auch wenn der Ausgang dieser Kämpfe sehr ungewiss war. Auch ein verlorener Streik kann dem Bewusstseinsstand der Arbeiter eine neue Qualität verleihen [653]. Im Gegensatz zu dieser Haltung stand etwa der SMUV, aus dessen Nützlichkeitsdenken heraus nur gestreikt werden sollte, wenn auch ein materieller Erfolg zu erzielen war. Konsequenterweise führte dieser Standpunkt zum Friedensabkommen, das den materiellen Fortschritt über die gesellschaftspolitischen Anliegen stellte. Dabei gingen auch noch Kampfbereitschaft und Solidarität verloren.

Durchsetzungsstrategien von Arbeitern und Unternehmern

Einige der Mittel, welche die Arbeiterschaft zur Durchsetzung ihrer Interessen zur Verfügung hat, wurden im vorhergehenden Kapitel schon erwähnt und an Beispielen erläutert. Im folgenden sollen die Methoden der Arbeiterschaft und der Unternehmer gegenübergestellt und an einigen Fällen erläutert werden.

Mittel zur Durchsetzung von Interessen

Arbeiter

Parlamentarische Vorstösse (Motionen, Postulate, Interpellationen), Petitionen, Kundgebungen und Demonstrationen, Einigungsamt, Schiedsgericht, Streiks, Sabotage, Dienst nach Vorschrift, Absentismus, Fabrikbesetzung, Betriebssperre, Streikposten.

Unternehmer

Parlamentarische Vorstösse, Petitionen, Einigungsamt, Schiedsgericht, Disziplinierung durch Lohnabbau, Vergünstigungen, Ferien, Massregelung bei Arbeitskämpfen (Entlassung und Nichtwiedereinstellung), Entlassung von politischen Aktivisten, Aussperrung, Einsatz von Streikbrechern unter dem Schutz der Staatsgewalt, Schwarze Listen, Versetzung an schlechter bezahlte Posten, Erhöhung des Arbeitstempos, Betriebsschliessung, Investitionsstreik, Verlegung der Produktion ins Ausland, Neubewertung von Arbeitsplätzen.

Aus dieser Gegenüberstellung geht zweifellos ein strukturelles Übergewicht der Durchsetzungsmittel der Unternehmer hervor. Eines der Mittel, das sowohl von Arbeitern als auch Unternehmern angerufen werden konnte, war das Einigungsamt. Anhand einer Typologie zeige ich, welche Fälle dort behandelt wurden und wie es entschieden hat[654].

Das Einigungsamt

Zwischen 1930 und 1939 hatte das Einigungsamt insgesamt 44 Fälle vom Platz Winterthur zu behandeln. Auf die einzelnen Jahre verteilt sieht das so aus:

1930: 8   1931: 5   1932: 5   1933: 7   1934: 4
1935: 1   1936: 6   1937: 6   1938: 1   1939: 1

Gliederung nach Branche

Metall- und Maschinenindustrie	7
Baugewerbe	24
Textilindustrie	7
Nahrungs- und Genussmittel, chemische Industrie	2
Dienstleistungen, übrige	4

Gegenstand des Konflikts (Mehrfachnennungen möglich)

Lohnerhöhung	10
Lohnabbau	15
Gewährung von Ferien, Feiertagen, Kürzung	4
Anerkennung des Tarifvertrages	5
Vertragsverletzungen und -differenzen	6
neuer Vertrag, Vertragsverlängerung oder -kündigung	6
Massregelung	3
Mindestlöhne, Lohn nach Tarif	2

Einigung zustande gekommen

ja	nein	verschoben/sistiert
32	8	4

Wiederum waren es also die Bauarbeiter und verwandten Berufe, die – wie schon bei der Arbeitsniederlegung – vom Mittel des Einigungsamts weitaus am häufigsten Gebrauch machten. In etwa der Hälfte aller dieser Fälle waren Lohnfragen der Gegenstand der Verhandlungen. Die Baubranche muss also ein ausserordentlich hohes Mass an Konfliktträchtigkeit aufgewiesen haben.

In der Regel wählt man eine bestimmte Taktik ja nur, wenn auch gewisse Aussichten auf Erfolg bestehen. Entscheidend ist folglich, ob die Arbeiterschaft ihre Ansichten und Forderungen beim Einigungsamt, das in den meisten Fällen von ihr angerufen wurde, grösstenteils durchsetzen konnte. Einer solchen Erfolgskontrolle stehen allerdings einige Schwierigkeiten im Wege. Zum einen bedürfte es dazu einer Analyse jedes einzelnen Falles. Zum andern ist es äusserst schwierig über Erfolg oder Misserfolg zu urteilen. Ist etwa ein Kompromiss, bei dem man sich auf einen Lohnabbau einigte, jedoch nicht in der von den Unternehmern ursprünglich geforderten Höhe, ein Erfolg oder eine Niederlage?

Oberflächlich könnte man sagen, dass bei den 32 Fällen, bei denen eine Einigung zustande kam, weder das eine noch das andere zutraf, sondern dass beide Seiten Abstriche machen mussten. Bei den 8 Fällen, wo man sich nicht einigte, müssen wohl die Unternehmer als Sieger hervorgegangen sein, da die Arbeiterschaft in der Regel ja keine Sanktionsmöglichkeiten hatte. Etwas differenzierter kann man feststellen, dass ein Lohnabbau durch das Einigungsamt nie verhindert, sondern lediglich etwas gemildert wurde. Meist lag der Entscheid jedoch nicht in der Mitte, sondern eher in der Nähe des Arbeitgeber-Vorschlags. Bei den Lohnerhöhungen dürfte man sich etwa in der Mitte getroffen haben. Schlug 1930 das Pendel noch eher zugunsten der Unternehmer aus, so war es 1937 umgekehrt. Erfolgreich war die Arbeiterschaft meist, wenn es um die Anerkennung eines Tarifvertrages, die Verlängerung eines Vertrages oder Vertragsverletzungen ging. Das Einigungsamt konnte die Arbeitgeber fast immer dazu bewegen, einen Vertrag abzuschliessen oder sich an die Vertragsbestimmungen zu halten.

Dass meist die Arbeiterschaft das Einigungsamt anrief, lässt eigentlich darauf schliessen, dass sie von seinen Entscheiden eine Unterstützung ihrer Positionen erwartete. Häufig jedoch kritisierten die Arbeiter, dass bei diesen Entscheiden vorwiegend der Standpunkt der Unternehmer berücksichtigt worden sei[655]. Aber auch die Arbeitgeber waren nicht immer glücklich über das Einigungsamt. So berichtete der ASM 1932, dass die Taktik der Gewerkschaften darauf ausgerichtet sei, einen Vermittlungsvorschlag durch das Einigungsamt ausarbeiten zu lassen[656]. Diese Bemerkung deutet darauf hin, dass die Gewerkschaften mit dieser Taktik auch Erfolg hatten.

Eines dürfte indes das Einigungsamt bewirkt haben: Durch diese Institution wurden Konflikte kanalisiert, die sonst einen andern Verlauf genommen hätten. Nicht selten konnte durch eine Verhandlung vor dem Einigungsamt ein Streik abgewandt oder beendet werden. Bezeichnend ist denn auch, dass die Metall- und Maschinenindustrie, die mit dem Friedensabkommen einen vierstufigen Konfliktregelungsmechanismus schuf, nach dem Inkrafttreten sich nicht ein einziges Mal mehr vor dem Einigungsamt traf. Das neue Instrument machte die alte Art der Konfliktregelung überflüssig.

Die Reaktion der Unternehmer

«In den Abteilungen wird rücksichtslos diktiert, zu Hause zu bleiben, selbst wenn es die vorhandene Arbeit fast nicht erlaubt; dafür wird dann von Dienstag bis Freitag tüchtig gehetzt und gejagt. Leider gibt es Meister und Chefs, die wähnen, jetzt sei für sie die günstige Zeit, die Starken zu spielen, und jene

Arbeiter, die sich einmal unbeliebt gemacht haben, die Macht fühlen zu lassen. Es ist ein unrühmliches Rachenehmen» [657].

Wurde der Arbeiterschaft immer vorgeworfen, sie predige den Klassenkampf, so kam mit der Krise für verschiedene Unternehmer die Zeit, diesen zu praktizieren. Nicht immer stellten sie nämlich – wie man aus Gründen der Betriebsrationalität erwarten müsste – die unfähigsten oder leistungsschwächsten Arbeiter auf die Strasse, sondern diejenigen, die sich aufzumucken getrauten, die Vorgesetzte kritisierten, die politisch engagiert und aktiv waren. Neben der Unfähigkeit konnte also auch die politische Farbe ein Entlassungskriterium sein. Neben der Parteifarbe konnte aber auch die Sympathie des Meisters eine Entlassung verhindern. War die nicht vorhanden, so erkaufte man sich diese eben.

«Im ‚Verschiedenes’ wird berichtet, dass ein sogenannter ‚Säcklipur’ in einer Giessereiabteilung resp. dessen Reparaturwerkstätte seinem Meister Speck und Eier bringe» [658].

Andere Fälle dürften nicht so leicht feststellbar gewesen sein, doch müssen sie trotzdem häufig vorgekommen sein. In den Protokollen der Sulzer-Arbeiterkommission war nämlich die ungerechte Verteilung der Arbeit und die Bevorzugung einzelner Arbeiter ein Problem, das regelmässig auf der Traktandenliste stand. Ein Arbeitsplatz konnte aber auch auf immaterielle Art erkauft werden. Die Arbeiterunion beklagte sich über die Metall- und Maschinenindustrie:

«... ein Arbeitsfeld scheint dort nur noch zu besitzen, wer sich als bürgerlicher Turner, Jodler oder eifriger Militarist auszeichnet» [659].

Reklamieren und kritisieren zahlte sich in dieser Zeit nicht aus. Der Präsident der Sulzer-Arbeiterkommission monierte in der Sitzung vom 3. 5. 1932 bei der Geschäftsleitung, dass Leuten, die wegen ungerechter Behandlung oder knappen Akkorden reklamierten, die Kündigung angedroht worden sei. Direktor Meier hatte allerdings noch nie jemanden reklamieren gehört, was Präsident Studer zur Bemerkung veranlasste, dass diejenigen, die noch den Mut hätten zu reklamieren, «bei der ersten besten Gelegenheit auf die Strasse gestellt» würden [660].

Einen solchen Fall schilderte der «Sulzer-Prolet» vom September 1930, wobei die Berichte dieser kommunistischen Betriebszeitung immer mit einer gewissen Vosicht zu interpretieren sind.

«Seit über einem Jahr arbeite ich bei Sulzer. Nie kritisierte man meine Arbeit. Nun kommt aber die Krise, oder besser, sie ist schon da. Der Meister teilte mir mit, dass man mir kündige wegen Arbeitsmangel. Der famose Baumann (Direktor bei Sulzer, T.B.) stellte die Kündigung aus auf mangelnde ‚Arbeitsleistung’. Ein Jahr lang waren meine Leistungen gut und jetzt schmeisst man mich auf die Strasse. Mehr noch, mit dieser Art Kündigung raubt mir die Sulzerbande das Letzte: die Arbeitslosenunterstützung. Die Direktion ver-

sprach der Arbeiterkommission, nur diejenigen auf die Strasse zu schmeissen, die ein ‚freches Maul' hätten, d. h. die, welche sich wehren für ihren Lohn» [661]

Neben den engagierten Sozialdemokraten und Gewerkschaftern waren die Kommunisten die häufigsten Opfer von Repressionen seitens der Unternehmer. Der «Metall-Prolet» schildert, wie Entlassungen vorgenommen werden:

«Die Chefs kommen zu den Meistern und erklären: So und soviel Arbeiter müssen raus. Die Meister können dann ganz willkürlich diejenigen Arbeiter aufs Pflaster werfen, die ihnen unangenehm sind. Unangenehm sind alle Proleten, die für ihre Interessen eintreten. Die ‚Arbeiter'kommission sieht diesem Treiben mit untertänigster Miene zu» [662].

Die Unternehmer verstanden es auch, die Staatsgewalt gegen agitierende Arbeiter einzusetzen. Ein Dorn im Auge waren ihnen die von der KP bzw. RGO herausgegebenen Zeitungen «Sulzer-Prolet» und «Metall-Prolet», die in revolutionärem Jargon die Unternehmer aufs heftigste attackierten und manchmal mit Indiskretionen aufwarteten, wie etwa den Steuerzahlen von Sulzer und Denzler. Verschiedene Male wurden die Verteiler dieser Zeitungen von der Polizei festgenommen und wegen Verstössen gegen das Pressegesetz verzeigt. Eine Kopie des Polizeirapports ging jeweils direkt an die Sulzer-Geschäftsleitung. Aus einem Rapport vom 29. 11. 1930 geht hervor, dass die Verteiler erneut verzeigt worden seien. Wohl sei ein verantwortlicher Redaktor angegeben gewesen, doch sei – und das war der Grund der Verzeigung – auf einem Handzettel zu einem Unkostenbeitrag aufgefordert worden. Mit einer blossen Verzeigung hatte es jedoch sein Bewenden nicht:

«Um eine höhere Busse, als sie das Polizeiamt Winterthur aussprach, erwirken zu können, habe ich diesmal die Verzeigung an das Statthalteramt Winterthur gerichtet» [663].

In einem Brief vom 9. 12. 1930 an den Kantonspolizisten Ernst Löpfe, den späteren SP-Bezirksanwalt und Stadtrat, in dem er ihm für die Kopie eines Rapports an die Kantonspolizei dankte, versicherte Dr. Oscar Sulzer, dass er für nächstes Frühjahr angeordnet habe,

«dass wir die tapferen kommunistischen Volksredner auch im Bilde festhalten – jetzt ist es bei den üblichen Versammlungen nach Feierabend für die Kamera schon zu dunkel» [664].

Wenn es also gegen die Kommunisten ging, waren sich Sozialdemokraten und Freisinnige plötzlich einig und arbeiteten Hand in Hand.

Kommunisten waren auch im Baugeschäft Wülflingen nicht toleriert. Auf eine Anfrage der Arbeiterunion vom 27. 3. 1934, ob es stimme, dass sie nur Arbeiter anstelle, die der Nationalen Front angehörten, dementierte die Firma dieses Gerücht und erklärte, dass sie sich nicht um die politische Einstellung ihrer Arbeiter kümmere. Sollten sich aber Arbeiter an kommunistischen Aktionen beteiligen, so behalte sie sich vor, diese zu entlassen [665].

Noch weniger brauchte es beim Warenhaus EPA für eine Entlassung. Gemäss Vorstands-Protokoll der Arbeiterunion soll der Geschäftsführer der EPA Verkäuferinnen mit Entlassung gedroht haben, sofern sie weiterhin an Versammlungen der Gewerkschaften teilnähmen[666]. Wer sich an Arbeitskonflikten engagierte, musste ebenfalls mit Entlassung rechnen. Im Sommer/-Herbst 1930 fand in der Schuhfabrik Hoffmann in Elgg ein Arbeitskonflikt statt, der mit einem Vergleich vor dem Einigungsamt endete. Kurze Zeit darauf kündigte die Firma dem Vertreter der Arbeiterschaft, der auch an den Verhandlungen teilgenommen hatte, ohne Angabe von Gründen. Das Arbeitersekretariat taxierte diese Massnahme als Massregelung wegen gewerkschaftlicher Tätigkeit[667].

Die Methoden zur Ausschaltung politischer Gegner waren vielfältig. Eine besondere Variante bestand darin, den Arbeitgeber eines Aktivisten zu dessen Entlassung zu drängen. Aufschlussreich ist der Brief, den der Präsident der SP Turbenthal, Albert Martig, am 15. 3. 1934 ans Arbeitersekretariat Winterthur richtete:

«Montag den 12. März a.c. eröffnete mir der Geschäftsführer meiner Arbeitgeberin (Buchdruckerei Robert Furrers Erben, Turbenthal), dass er sich leider gezwungen sehe, mir wegen meiner politischen Tätigkeit zu kündigen, d.h. ich solle mich schnellstens nach einer neuen Stelle umsehen, damit ich in allernächster Zeit kündigen könne. Schon letzten Sommer hätten die Industriellen und Gewerbetreibenden verlangt, dass er mich entlasse. Er hätte jedoch ihren Wünschen nicht Rechnung getragen, mit der Bemerkung, dass ich bisher meinen Posten zu seiner vollsten Zufriedenheit versehen habe und dass ihn meine politische Tätigkeit nichts angehen würde. Mit dieser seiner Erklärung habe es aber sein Bewenden nicht gehabt, vielmehr hätten diese Herren einen wirtschaftlichen Druck auf ihn ausgeübt, dadurch, dass ihm Aufträge, die er früher immer erhalten habe, entzogen worden seien»[668].

Martig kündigte schliesslich – allerdings die Präsidentschaft der SP Turbenthal; ob er weiterhin in diesem Betrieb arbeiten konnte, ist mir unbekannt. Am 27.1.1935 teilte er dem Arbeiterskretariat mit, dass er sich wegen den zunehmenden Repressionen gezwungen sehe, als Präsident der SP Turbental zurückzutreten. In seinem Demissionsschreiben bekannte er sich weiterhin zur SP, obwohl ihm die Diskussion um die Programmrevision zu denken gebe. Arbeitersekretär Hermann Oldani bat ihn, weiterhin im Amt zu bleiben und nicht zu resignieren:

«Wir wissen, was wirtschaftlicher Druck ist, keiner von uns hat diese Erfahrung entbehren müssen, wir alle haben in ungleich schwierigeren Situationen ausgehalten und durchgerungen»[669].

Es kam auch vor, dass man unliebsame Arbeiter zwar nicht entliess, sie aber an Arbeitsplätze versetzte, wo sie weniger verdienen konnten. Andere Unternehmen gingen noch einen Schritt weiter, indem sie sie zwar entliessen, ihnen aber gleichzeitig das Angebot machten, sie weiterzubeschäftigen, allerdings zu tieferem Lohn:

«Das die Herren Baumeister uns Bauarbeiter mürbe machen wollen, geht deutlich genug hervor aus folgendem Müsterchen. Die bekannte Firma A.G. Wülflingen hat letzte Woche, als sie Maurer entlassen musste wegen Abeitsmangel, das Angebot gemacht, sie weiterzubeschäftigen – wenn sie um den Handlangerlohn arbeiten» [670].

Trotz Krise wurden in vielen Betrieben Rationalisierungsinvestitionen vorgenommen. Diese dienten dazu, das Arbeitstempo und damit die Produktivität zu vergrössern, wobei natürlich die Produktivitätsgewinne nicht an die Arbeiter weitergegeben wurden, im Gegenteil:

«Neuerdings haben sie da draussen die ‚Fürstenlöhne' der Spulerinnen auf eine ausgerechnete Schlaumeierweise etwas ‚beschnitten'. Man geht und ändert an einigen Maschinen einige Kleinigkeiten, eventuell bringt man eine neue, und weil nun die einzelnen besser gehen, drückt man der ganzen Abteilung den Lohn um ein Erkleckliches herunter» [671].

Wie die Unternehmer bei ihren Krisenmassnahmen vorgingen, fasst in prägnanter Weise ein Korrespondent der AZ zusammen:

«Das Erste ist natürlich immer, dass es Kündigungen in grösserem Umfange gibt. Hier trifft es natürlich in erster Linie diejenigen, die in ihrem Berufe nicht so leistungsfähig sind, wie es der profitgierige Unternehmer verlangt. Aber auch derjenige, der sich seiner Haut zu wehren weiss, wird bei der ersten besten Gelegenheit abgeschoben, denn der Unternehmer kann nur willige Schäfchen brauchen. Als weitere Massnahme gibt es Arbeitszeitbeschränkungen und Beurlaubungen. In der heutigen Krise wird speziell vom letzteren in grösserem Umfange Gebrauch gemacht. Aber auch im Bussenmachen erlaubt man sich selbstverständlich in Krisenzeiten mehr als in Hochkonjunkturen» [672].

Neben diesen individuellen und direkten Pressionen kannten die Unternehmer aber auch noch ein subtileres Instrument zur Beeinflussung der Arbeiter. Die Herausgabe von Zeitungen wie «Sulzer-Prolet»,«Metall-Prolet» u.a. (ähnliche Agitationsschriften tauchten auch in anderen Grossbetrieben auf) schreckte die Unternehmer auf. Offenbar massen sie diesen Zeitungen grosse Propagandawirkung zu. In seinem Jahresbericht von 1930 beschäftigte sich der ASM mit diesen kommunistischen Betriebszeitungen und empfahl als Abwehrstrategie die Herausgabe einer offiziellen Fabrikzeitung, um das «Sich-Kennen-Lernen» zu fördern [673]. Diese Idee wurde denn auch aufgegriffen, und im Jahre 1933 wurde die «Werkzeitung der schweizerischen Industrie» gegründet. Ziel war «das wirtschaftliche Verständnis und den sozialen Frieden in der Schweiz durch publizistische Aufklärung über wirtschaftliche, kulturelle und soziale Fragen zu fördern». In einer Kritik sah es Max Weber allerdings anders. Die «Werkzeitung» werde *«an die Arbeiterschaft gratis verschickt, um ihr neben den materiellen auch noch geistige Fesseln anzulegen»* [674].

Die «Werkzeitung» wurde durch Beiträge des ASM und durch Inserate der Metall- und Maschinenindustrie (ein häufiger Inserent war Sulzer) finanziert und in einer Auflage von 70000 gedruckt. Die einzelnen Firmen abonnierten jeweils ein Kontingent und sandten die Nummern ihren Arbeitern meist direkt nach Hause.

Obwohl die «Werkzeitung» den Anspruch erhob, das wirtschaftliche Verständnis und den sozialen Frieden fördern zu wollen, wurde sie zu einem Träger polemischer Kämpfe mit den Gewerkschaften im allgemeinen und dem SMUV im besonderen. Das wirkliche Ziel dieses Blattes erwähnte der Jahresbericht 1932 des VSM. Demnach sollte die «Werkzeitung» dazu dienen, «alle Volkskreise, vornehmlich aber die Arbeiterschaft unserer Industrie» über die «Notwendigkeit einer Lebenskostensenkung» aufzuklären [675]. Sowenig wie die kommunistischen Betriebszeitungen dürfte auch diese Kampfschrift die gewünschte Wirkung gezeitigt haben.

Eines dürften diese Beispiele sichtbar gemacht haben: Gewerkschaftliche Aktivität, eine nicht-konforme Gesinnung und Kritik an Arbeitsverhältnissen oder Vorgesetzten wurde in gewissen Fällen mit dem Entzug der Arbeit oder Versetzung an schlechterbezahlte Posten bestraft. Wer seine Stelle nicht verlieren wollte, musste schweigen. Damit zeigt sich auch eine psychologische Auswirkung der Depression: Die Krise förderte das Duckmäusertum. Bei ihren Strafmassnahmen gegen unbotmässige Arbeiter konnten sich die Unternehmer nicht selten auf die Hilfe der Behörden verlassen. Während die Gewerkschaften – und insbesondere der SMUV – eine Politik der Klassenversöhnung und der Verständigung mit den Unternehmern praktizierten, wandten die Arbeitgeber häufig Methoden des Klassenkampfes an.

Trotz vehementer Gegenwehr musste die Arbeiterschaft in allen Sektoren einen massiven Lohnabbau in Kauf nehmen. Am stärksten reduziert wurden die Löhne in der traditionell schlecht bezahlten Textilindustrie. In der Textilindustrie waren vorwiegend Frauen beschäftigt.

8. Die Wirtschaftskrise am Beispiel der Gebrüder Sulzer AG

Als grösster Arbeitgeber, der etwa einen Viertel aller Winterthurer Arbeitsplätze zur Verfügung stellte, war die Gebrüder Sulzer AG[676] der entscheidende Wirtschaftsfaktor der Stadt. Wohl und Weh der Stadt Winterthur hingen in vielfältiger Weise von Sulzer ab: von der Höhe der Löhne und Saläre, die Sulzer ihren Arbeitnehmern entrichtete, von den Steuern, die sie der Stadtkasse ablieferte und von den Aufträgen, die Sulzer ihren Zulieferern und Baugeschäften in der Stadt vergab. Entsprechend ihrem Gewicht übte Sulzer natürlich auch Einfluss auf die Gemeindepolitik aus, was vor allem auf informellem Weg geschehen sein dürfte. Formell wurde dieser Einfluss dadurch sichtbar, dass traditionell immer ein Vertreter der Firma Sulzer einen Sitz als Mitglied der Freisinnigen Partei im Gemeinderat innehatte.

Erste Flugaufnahme aus dem Jahre 1931 der Sulzer-Werkanlagen an der Zürcherstrasse.

Am Beispiel Sulzer beschäftige ich mich im folgenden mit Lohnabbau und Arbeitskonflikten. Anhand eines Fallbeispiels lassen sich die Verhaltensweisen

211

und Mechanismen anschaulich nachzeichnen. Besonderes Augenmerk lege ich auf die Konfliktregelungsmechanismen, die ja bei Sulzer in der Form der Arbeiterkommission seit 1890 institutionalisiert waren. Dass diese Kommission ihre Aufgabe infolge eines starken strukturellen Ungleichgewichts kaum zu erfüllen vermochte, möchte ich ebenfalls zeigen. Grosses Gewicht lege ich auf die Analyse des Lohnkonflikts vom Juni 1937, dessen friedliche Beilegung den Abschluss des Friedensabkommens beschleunigt hat. Ich möchte aufzeigen, dass dieser Weg zum Friedensabkommen nicht nur – wie das oft etwa von Ilg-Biographen dargestellt wird – die grosse Tat eines weitsichtigen Mannes in schwerer Stunde war, sondern ebensoviel mit der Verfolgung von persönlichen Zielen und Machtansprüchen zu tun hatte.

Die wirtschaftliche Entwicklung

Im Kapitel über die Konjunktur in der Metall- und Maschinenindustrie habe ich die Entwicklung der Firma Sulzer kurz skizziert. Ich werde mich in diesem Kapitel auf Ergänzungen beschränken.

Grossereignis für die Bevölkerung: Ein Sulzer-Kessel für die Brauerei Haldengut wird durch die Strassen des Neuwiesen-Quartiers Richtung Haldengut transportiert.

Obwohl sich nach Ansicht der Firma Sulzer bereits Mitte 1930 in der schweizerischen Metall- und Maschinenindustrie ein Konjunktureinbruch am Horizont abzeichnnete und die Firma im Herbst schon die ersten Entlassungen vornahm, wirkte sich die Konjunkturabschwächung im Geschäftsergebnis eigentlich erst 1931, vor allem aber 1932 aus. Während vier Jahren blieb dann die Rechnung defizitär, bis dann 1936 wieder die Wende einsetzte. Der Saldo der Gewinn- und Verlustrechnung hat folgendes Bild [677]:

Jahr	Gewinn (+)/Verlust (−)	Jahr	Gewinn (+)/Verlust (−)
1929	+ 2 024 843.49	1935	− 313 202.09
1930	+ 2 193 211.29	1936	+ 138 792.93
1931	+ 687 479.59	1937	+ 1 217 439.61
1932	− 1 137 797.59	1938	+ 1 266 036.49
1933	− 3 190 638.12	1939	+ 1 362 179.76
1934	− 1 551 890.21		

Tabelle 47

Noch an einem anderen Indikator ist die dramatische Entwicklung von Sulzer abzulesen: Zwischen 1930 und 1935 sank die Lohnsumme von 24 487 000 Franken auf 13 953 000 Franken. Im gleichen Zeitraum gingen die jährlichen Gratifikationen von 1,35 Millionen Franken auf 520 000 Franken zurück [678]. Ein interner Bericht über die Sparaktion 1935/36 stellte fest:

«Die Summe der buchmässigen Verluste während der 4 Rechnungsjahre 1932/35 war fast auf 10 Millionen aufgelaufen. Sämtliche ausgewiesenen Reserven und ein Teil des Aktienkapitals waren verloren» [679].

Drastisch war der Rückgang der geleisteten Arbeitsstunden: Betrug 1930 der Index noch 100, so sank er schon im folgenden Jahr auf 72 und erreichte 1933 den Tiefststand mit 42,7. Er erholte sich erst 1937, als er auf 80,8 stieg. Der Wert von 100 wurde jedoch vor dem Krieg nicht mehr erreicht. Ein ähnliches Bild zeigt auch der Index der Fakturensummen. Im einzelnen [680]:

Jahr	Index der Fakturensumme	Jahr	Index der Fakturensumme
1930	100,0	1935	39,3
1931	87,6	1936	37,4
1932	50,7	1937	62,4
1933	47,9	1938	73,8
1934	54,7	1939	75,0

Tabelle 48

Hätte die Firma nicht an allen Ecken und Enden Einsparungen vorgenommen (neben den Lohnkosten), dann wären die Abschlusszahlen noch viel ungünstiger ausgefallen. In der Bewilligung von Investitionen für Einrichtungen und Anlagen herrschte grösste Zurückhaltung. Weil trotz allen Sparmassnahmen seit 1930 die Rechnung nicht ausgeglichen werden konnte, führte die Geschäftsleitung 1935/36 eine radikale Sparaktion durch. Sie setzte einen Einsparungsplafond von 1,2 Millionen Franken, der unter allen Umständen eingehalten werden musste. Dieses Ziel wurde dann sogar noch um 210 000 Franken übertroffen[681].

Von den Sparmassnahmen blieben auch die Zuwendungen von Sulzer an die Pensionskassen der Arbeiter und Angestellten nicht verschont. Sie zeigen folgende Entwicklung:

Jahr	Arbeiter	Angestellte
1930	150 000.—	679 095.55
1931	100 000.—	495 096.30
1932	50 000.—	416 184.60
1933	50 000.—	412 498.25
1934	50 000.—	305 024.40
1935	50 000.—	130 132.15
1936	50 000.—	127 043.—
1937	300 000.—	700 000.—
1938	300 000.—	700 000.—
1939	400 000.—	900 000.—

Tabelle 49

Die unterschiedliche Dotierung dieser Fonds (die Zahl der Angestellten war bedeutend kleiner) war ein häufiger Klagepunkt der Arbeiterschaft bei der Geschäftsleitung[682].

Sulzer war natürlich wegen ihrer starken Exportabhängigkeit einer der Hauptfürsprecher einer Anpassung der Löhne und Preise an diejenigen der Konkurrenzländer und wurde deshalb nicht müde, in immer neuen Varianten Lohnsenkungen zu verlangen. Die Jahresberichte, die sonst eher nichtssagend abgefasst sind, legen davon beredtes Zeugnis ab.

1931: *«Und endlich gesellt sich für unsere schweizerische Exportindustrie zu allen diesen Schwierigkeiten als allergrösste diejenige ungenügender Konkurrenzfähigkeit als Folge des unhaltbar hohen schweizerischen Preis- und Lohnniveaus.»*

1932: *«Der unerhört scharfe Konkurrenzkampf hat die Preise unserer Produkte auf dem Weltmarkt auf eine Stufe heruntergedrückt, bei welcher von einer Deckung der Herstellungskosten nicht mehr die Rede sein kann.»*

1933: *«Wir sind uns bewusst, dass der Abbau der Generalunkosten noch nicht den Stand erreicht hat, den ihre Anpassung an den heutigen Beschäftigungsgrad erfordert.»*

1934: *«Die Anpassung der Produktionskosten an die Schrumpfung von Umsatz und Preisen hat weitere Fortschritte gemacht, muss aber trotz den sich ihr entgegenstellenden Schwierigkeiten mit aller Energie fortgesetzt werden.»*

1935: *«Seit fünf vollen Jahren sind die verantwortlichen Leiter der Exportwirtschaft nicht müde geworden darauf hinzuweisen, dass auf die Dauer nur eine Anpassung des schweizerischen Lohn- und Preisniveaus die Exportindustrie retten kann.»*

1936: *«Die Erfahrung bestätigt sich eben immer wieder, entgegen der Ansicht unserer unentwegten Kaufkraft- und Binnenmarkttheoretiker, dass neben der Qualität in der Überwindung dieser Hemmnisse der Preisfrage für unseren Export ausschlaggebende Bedeutung zukommt.»* [683]

Während sechs Jahren wälzte Sulzer die Schuld für ihre Schwierigkeiten auf das zu hohe Lohnniveau ab, obwohl 1936 die Löhne praktisch um den von der Exportindustrie anfangs der Krise geforderten Betrag abgebaut waren.

Dass im Jahr nach der Abwertung der Bestellungseingang bei Sulzer um 75% höher war als 1936, zeigt, dass dieser Weg schon viel früher hätte gegangen werden sollen, wobei allerdings auch grosse Kreise der Arbeiterschaft sich gegen eine Abwertung des Franken stemmten, weil sie eine starke Teuerung befürchteten.

Sulzer versuchte, den Geschäftsausfall durch Entlassungen, Kurzarbeit, Lohnkürzungen und Verminderung der übrigen Generalunkosten aufzufangen. Ob diese Massnahmen – vor allem im getroffenen Ausmass – nötig und richtig waren, lässt sich ohne betriebswirtschaftliche Analyse nicht entscheiden. Etwas musste die die Firma unternehmen, sonst hätten die Verluste vielleicht existenzbedrohende Ausmasse annehmen können. Auch wenn die Firma das Verständnis der Arbeiterschaft für ihre Massnahmen rühmte, kritisierte diese dennoch gewisse Auswüchse. So schrieb etwa die AZ:

«Das Winterthurer Haus lief bei nicht abgebauten Löhnen noch gut, als die Filiale in Ludwigshafen unter dem Lohnabbau-Regime so hohe Verluste verursachte, dass die Winterthurer Gewinne aufgezehrt wurden» [684].

Der Firma selber blieben gewisse Mängel ihrer Sanierungsbemühungen nicht verborgen. Infolge Entlassungen und Rationalisierungen wurde die Arbeit zum Teil auf unqualifizierte Leute verteilt. Die Nachteile dieser Umverteilung schilderte der Bericht über die Sparaktion 1935:

«Die grossen Nachteile dieser heute unvermeidlichen Arbeitsverteilung bestehen in der erhöhten Gefahr von viel zu langen Ausführungszeiten, ungenügender Qualität und erhöhtem Ausschuss» [685].

Bei Sulzer mussten allerdings nicht nur die Arbeiter, sondern auch die Aktionäre Opfer bringen. In einer Sanierungsaktion wurde im Frühling 1937 das Aktienkapital von 40 auf 28 Millionen Franken reduziert und damit die Verluste abgeschrieben. Dafür konnten sich die Aktionäre bereits im Folgejahr wieder Dividenden auf ihrem reduzierten Kapital gutschreiben lassen.

Zusammenfassend lässt sich die konjunkturelle Entwicklung bei Sulzer so skizzieren: Mitte 1930 machten sich die ersten Anzeichen einer Abflachung bemerkbar, die im Herbst zu ersten Entlassungen und Lohnabbau auf kaltem Weg führten. Ein scharfer Einbruch erfolgte 1931, der dann im Folgejahr erstmals Verluste verursachte. In diesem Jahr wurde auch der erste generelle Lohnabbau vorgenommen, der 1934 eine Fortsetzung fand. Zwischen 1932 und 1935 stabilisierte sich der Geschäftsumsatz auf tiefem Niveau bei permanenten Verlusten. Die Abwertung im Herbst 1936 brachte einen rasanten Bestellungseingang und damit wieder erhöhte Beschäftigung. Die verbesserte Weltkonjunktur und die einsetzende Kriegskonjunktur führten dazu, dass ab 1938 Vollbeschäftigung herrschte und dass qualifizierte Arbeitskräfte bereits wieder rar wurden. Der Konjunkturaufschwung sorgte dafür, dass das Geschäftsergebnis von Sulzer bis Kriegsbeginn schon fast wieder das Niveau der Hochkonjunktur vor der Depression erreichte.

Lohneingaben, Lohnabbbau und Entlassungen

In der Sitzung vom 20. 8. 1930 eröffnete Dr. Hans Sulzer der Arbeiterkommission: «Wir leben von der Hand in den Mund»[686]. Der schlechte Geschäftsgang mache es unumgänglich, dass man eine gewisse Anzahl Entlassungen vornehme. Ungefähr 10 «unfähige, junge Leute» würden davon betroffen. Zudem müsste die Metallgiesserei die Arbeit am Samstag und am Montag einstellen. Der Arbeiterkommission, die die Ansicht vertrat, man solle auf Kündigungen verzichten und die vorhandene Arbeit unter Reduktion der Arbeitszeit auf möglichst viele Hände verteilen, versprach er, dass man danach trachte, unter möglichster Beibehaltung der Arbeiterzahl die Arbeitszeit zu verkürzen.

In der Folge blieb es nicht bei diesen 10 Entlassungen, sondern sie häuften sich in kurzer Reihenfolge: 1931: 800, 1932: 550, 1933: 200, 1934: 100, so dass bis 1935 die Belegschaft um etwa 1700 Arbeiter und Angestellte oder etwa 37% derjenigen von 1929 abgebaut wurde[687]. Damit lagen die Entlassungen bei Sulzer etwa im Bereich der übrigen Grossfirmen[688].

Die Arbeiterschaft stellte sich immer auf den Standpunkt, dass Kurzarbeit ein geeigneteres Mittel wäre, den Arbeitsmangel zu kompensieren. Selbst zu Lohnabbau war sie bereit, falls damit Entlassungen umgangen werden könnten. So erklärte anfangs 1934 der Präsident der Arbeiterkommission, dass er gegen einen weiteren Lohnabbau nichts einzuwenden habe, wenn damit die

216

Kündigungen vermieden würden. Dr. Hans Sulzer konnte dann eine solche Zusicherung «selbstverständlich» nicht geben [689].

Die Arbeiterkommission beschäftigte sich natürlich stark mit diesen Entlassungen; ein Gesprächsthema bei den Sitzungen mit der Geschäftsleitung waren sie jedoch selten. Sie wurden offenbar mit einem gewissen Fatalismus in Kauf genommen; grundsätzlich in Frage gestellt wurden sie kaum. Die Arbeiterkommission versuchte lediglich, den Zeitpunkt der Entlassungen hinauszuzögern, die Zahl zu reduzieren, die Familienväter herauszunehmen sowie die Zusicherung zu erhalten, dass die Entlassung wegen Arbeitsmangel erfolgt sei, damit die Entlassenen Arbeitslosenunterstützung erhielten.

Zu den 800 Entlassungen des Jahres 1931 schrieb die Arbeiterkommission in ihrem Jahresbericht lakonisch:

«Mangelnder Absatz brachte Arbeitsstockungen und Arbeiterentlassungen in erhöhtem Masse, welche gewiss nicht leicht genommen werden konnten. Die schwersten Opfer hatte in erster Linie die Arbeiterschaft zu tragen» [690].

Erstaunlicherweise gingen die Emotionen bei Entlassungen nie so hoch wie etwa beim Lohnabbau. Die Arbeiterschaft forderte und unterstützte selbstverständlich alle Massnahmen, welche Arbeitslosigkeit verhindern sollten beziehungsweise solche, die den Arbeitslosen zugute kamen. Zum Zeitpunkt von Entlassungen verhielt sie sich indes sehr zurückhaltend und unternahm nur schwache Versuche, diese rückgängig zu machen. Grössere Aktionen zur Vermeidung von Entlassungen führte sie hingegen nicht durch. Sie setzte sich also entweder für die noch Beschäftigten ein oder aber für die Arbeitslosen. Diejenigen, die gerade vor einer Entlassung standen, fielen zwischen Stuhl und Bank.

Vehementer wurde der Streit über Lohnerhöhungen und Lohnabbau ausgetragen. Mit der Darstellung dieser «Lohnkämpfe» sollen die Verhaltensweisen der Konfliktparteien skizziert werden. 1930 war noch das letzte Jahr vor der Krise, in dem die Arbeiter in der Metall- und Maschinenindustrie Lohnbegehren anmelden konnten. In den drei Winterthurer Grossbetrieben wurden in diesem Jahr nicht weniger als 20 Lohneingaben deponiert [691]. Am 24.3.1930 reichte die Sulzer-Arbeiterschaft eine Lohneingabe ein, die folgende Forderungen enthielt:
1. Erhöhung der Stundenlöhne um 7 Rappen, entsprechende Erhöhung der Akkordlöhne;
2. Minimale Stundenlöhne von 1.10 bis 1.40;
3. Vergütung von Feiertagen;
4. Verzicht auf weitere Anwendung der 52-Stunden-Woche.

Die Forderungen der Kommunisten gingen noch bedeutend weiter: Minimallöhne von 1.40 bis 1.90, volle Bezahlung der Feiertage, 44-Stundenwoche, 6 bis 12 Tage Ferien.

In der Sitzung vom 23. 3. wurde diese Eingabe mit der Arbeiterkommission diskutiert[692]. Mit der Einberufung der Sitzung wollte Dr. Hans Sulzer vor «voreiligen Schritten warnen». Der Arbeiterkommission rechnete er aus, dass die Forderungen die Firma 1 056 000 Franken kosten würde. Zwar erachtete die Geschäftsleitung die Lage im März noch befriedigend, doch habe sie nur unter grossen Opfern die Konkurrenzfähigkeit aufrechterhalten können. Sulzer erwähnte die Bereiche, die rationalisiert werden sollten und welch ungeheure Summen das verschlingen würde:

«Alles im Interesse der dauernden Erhaltung der Lebenskraft unseres Unternehmens, an der Sie nicht weniger interessiert sind als wir» [693].

Nach einem Hinweis auf die allgemein hohen Löhne in der Schweiz bekannte Sulzer:

«Am guten Willen, hohe und immer höhere Löhne zu zahlen, fehlt es uns nicht» [694].

Es sei immer das Bestreben der Firma gewesen, der Arbeiterschaft soweit als möglich entgegenzukommen, aber: «Es gibt Grenzen. Das sind die Grenzen der Wirtschaftlichkeit unserer Industrie»[695]. Hans Sulzer lehnte die Forderungen kategorisch ab, weil das eine «ernsthafte Gefährdung der Prosperität» der Firma bedeuten würde. Er wollte lediglich individuelle Erhöhungen zahlen. Die Forderung nach Mindestlöhnen verwarf er gemäss Politik des ASM. Diejenige nach Abschaffung der 52-Stundenwoche fand er das «Betrübendste» und eine «Anmassung». Die Überzeit auf das Notwendigste zu beschränken, war für ihn der «Gipfelpunkt des Unverstandes». Weiter:

«Ja, sind denn Leute, die derartige Forderungen einfach so in den Tag hinein stellen, mit Blindheit geschlagen» [696].

Auch diese Forderung lehnte er natürlich pauschal ab und erachtete es als lächerlich, wegen dieser Massnahme, die im Interesse der Konkurrenzfähigkeit sei, eine solche Geschichte zu machen. Sulzer wollte nur solchen Arbeitern eine Lohnerhöhung zusprechen, deren spezielle Leistungen es rechtfertigten. Von einer generellen Erhöhung könne aber keine Rede sein. Auch bei der Lohnrevision der Taglöhner gab Sulzer nicht nach.

Hans Sulzer versuchte in seiner Argumentation immer wieder an die Loyalität der Arbeiterkommission mit dem Betrieb und der Industrie zu appellieren und einen Keil zwischen sie und die Gewerkschaft zu treiben. Er bedauerte, dass die Arbeiterkommission die von der Gewerkschaft formulierten Forderungen unterschrieben habe.

«Die Arbeiterkommission degradiert sich damit zu einem blossen Instrument der sozialistischen Gewerkschaft» [697].

Er liess sich auf keinen Kompromiss ein und gab sich überzeugt:

«Und hinter uns wird auch der einsichtige Teil der Arbeitschaft stehen. Ich behaupte, das ist die grosse Mehrheit [698].

Nach dieser Zurechtweisung beharrte zwar Präsident Studer auf den Forderungen der Arbeiterkommission, betonte aber schüchtern, dass er deswegen nicht wie ein in Russland Geborener betrachtet werden möchte[699].

Eine Woche nach dieser Sitzung begründete Sulzer auch noch schriftlich in einem Brief an die Arbeiterkommission ihre ablehnende Haltung. Das Hauptargument war, dass irgendwelche Mehrbelastungen einfach nicht tragbar seien. Der Brief endete mit einer Warnung an die Kommission:

Wir warnen Sie davor, nach dieser Richtung neuerdings Massnahmen zu erschweren, die wir im Interesse der Konkurrenzfähigkeit für nötig halten und die in erster Linie den Arbeitnehmern zugute kommen. Sie würden durch eine solche Stellungnahme eine grosse Verantwortung auf sich laden»[700].

Eine Betriebsversammlung vom 16.4.1930 lehnte das Angebot der Firma ab, beschloss aber, nur auf die Forderung nach Lohnerhöhung zu insistieren und die übrigen fallenzulassen. Die Versammlung verurteile in einer Resolution die «kommunistischen Treibereien». Diese hatten nämlich zum sofortigen Streik aufgefordert. Die AZ kommentierte die gemässigte Politik des SMUV so:

«Besser ein ‚Reformismus', der von Erfolg zu Erfolg führt, als ein ‚Radikalismus' der sich in bombastischen Redensarten und gemeinem Herunterreissen des bisher Erreichten erschöpft»[701].

Diese Reaktion erfolgte auf eine heftige Kritik des «Metall-Proleten» an den reformistischen Gewerkschaften:

«Es handelt sich für die Führer des Metallarbeiterverbandes darum, schon vor der Eröffnung der Frühjahrsbewegung die Opposition mundtot zu machen, um ungestört neuerdings die Arbeiter an die Unternehmer verraten zu können»[702].

Dr. Hans Sulzer kannte offenbar seine Schäfchen gut. In einem Brief an den ASM vom 9.4.1930 teilte er mit, dass die Arbeiter die Forderungen 2 bis 4 fallen gelassen hätten und dass auch Punkt 1 «nicht zum Gegenstand eines Konfliktes gemacht werden dürfte»[703]. In der Tat kam es denn auch nicht dazu: Die Arbeiterschaft wandte sich an das Einigungsamt, das am 26.5. vorschlug, die Firma sollte die Löhne in den von der Arbeiterkommission beanstandeten Fällen überprüfen und wohlwollend einer Revision unterziehen. Der SMUV lehnte diesen arbeitgeberfreundlichen Vorschlag ab[704], unternahm aber keine weiteren Massnahmen. In einem Brief an die Geschäftsleitung vom 18.6.1930 erklärte die Arbeiterkommission, dass sie sich mit den Erhöhungen nicht zufrieden geben könne, da nur ungefähr 50% aller Arbeiter Verbesserungen erhalten hätten. Für bestimmte Gruppen bat sie um eine Revision. Sulzer lehnte eine Überprüfung kategorisch ab und erachtete auch eine Sitzung darüber nicht als notwendig[705].

Die gross angekündigte Frühjahrsoffensive der Gewerkschaften endete also mit einer kläglichen Niederlage. Die Firma Sulzer gewährte genau soviel, wie sie von Anfang zu zahlen bereit gewesen war und keinen Rappen mehr. Selbst der

SMUV musste – auch wenn er die Niederlage nicht zugab – selbstkritisch feststellen:

«Wohl muss auch gesagt werden, dass die Arbeiterschaft etwas mehr Interesse der ganzen Sache hätte entgegenbringen sollen»,

und als Entschuldigung:

«Alle Firmen benutzten eben die schlechte Wirtschaftslage und stellten vielerorts den starken Mann in den Vordergrund» [706].

Der Jahresbericht der Arbeiterkommission meinte zu diesem «Lohnkampf» lakonisch:

«Ein Erfolg konnte auch diesmal nicht gezeitigt werden» [707].

Bis zum Sommer 1937 (siehe Kapitel über den Lohnkonflikt vom Juni 1937) war es nach diesem verlorenen Lohnkampf mit umfassenden Lohnerhöhungen vorbei.

Anfangs 1932 startete die Metall- und Maschinenindustrie zu ihrer ersten grossen Abbauoffensive, nachdem sie die Löhne bereits vorher auf kaltem Wege durch Neukalkulierung von Akkorden, Versetzung an schlechter bezahlte Arbeitsplätze oder Streichung von Zulagen gekürzt hatte. Die Reduktion sollte abgestuft durchschnittlich etwa 3% bis 9% betragen und die Akkorde von 130% auf 117% abgebaut werden. Ofenbar rechnete die Metall- und Maschinenindustrie mit Kampfmassnahmen der Gewerkschaften. 17 Firmen schlossen sich nämlich zu einem Schutzverband zusammen, um den Lohnabbau besser durchführen und sich gegen Kampfmassnahmen der Gewerkschaften schützen zu können. Wäre es in einem der Betriebe zu einem Streik gekommen, dann hätten nach dem fünften Streiktag die übrigen Unternehmen 20% der Arbeiterschaft auf 14 Tage gekündigt. Bedingung war, dass der Streik vom SMUV ausgelöst und vom ASM als ungerechtfertigt bezeichnet wurde. Selbstverständlich konnte die bestreikte Firma mit finanzieller Unterstützung des Verbandes rechnen. Aussperrungen wurden dabei wie Streiks behandelt. Dieses Abkommen bedeutete eine Ausweitung eines ähnlichen vom 13.4.1929 [708].

Die Arbeiterkommission beschloss, dass sie an der Sitzung vom 7.1.1932 der Geschäftsleitung mitteilen wolle, dass sie den Abbau nicht billige und dass er zu hoch sei. Auch wollte sie den Zeitpunkt hinausschieben, damit eine Betriebsversammlung dazu Stellung nehmen könne [709]. An der Sitzung begründete Hans Sulzer den Abbau mit dem Rückzug der Beschäftigung. Der Auftragsbestand gehe zurück, eine Reduktion der Unkosten sei unumgänglich geworden. Jeder müsse ein Opfer bringen. Weiter rechtfertigte er den Abbau mit dem Sinken der Lebenskosten. Für Hans Sulzer stellte der Abbau ein Minimum dar. Ein Hinausschieben lehnte er ab. Während die Geschäftsleitung mit Statistiken über Lebens- und Reallohnkosten operierte, konnten die Arbeiter nur psychologisch argumentieren:

«Auskunft wäre erwünscht, wie ein Arbeiter bei der heutigen Entlöhnung seine Familie ernähren kann» [710].

Zudem verlören die Arbeiter – so die Kommission – bei tiefen Löhnen das Interesse an vermehrter Arbeitsleistung. Hans Sulzer gab zu verstehen, dass der Abbau einige Arbeiter schwer treffen könnte. Er versprach denn auch, dort, wo es nötig sei, mit Unterstützung nachzuhelfen. Aber «Notlage und Lohnabbau» müssten auseinandergehalten werden [711]. Dass das eine das andere bedingen könnte, lag wohl ausserhalb von Sulzers Erfahrungsbereich. Wie schon bei der Lohneingabe zwei Jahre zuvor, gab auch diesmal die Arbeiterschaft ihre Position kampflos auf.

Nur ein Jahr nach diesem Lohnbau war es der Geschäftsleitung klar, dass es damit sein Bewenden nicht haben konnte. In einem internen Bericht an die Direktoren und Abteilungschefs schrieb die Verwaltungsdelegation im Frühling 1933:

«Die Delegation ist sich darüber klar, das in diesem Zusammenhang auch eine weitere erhebliche Reduktion der Personalkosten unvermeidlich ist, sowohl in Form einer Verminderung des Personalbestandes, als auch in Form eines zweiten generellen Salärabbaus» [712].

Die Arbeiter ruhen sich während eines Kessel-Transportes aus. Die Aufnahme entstand ganz in der Nähe des jetzigen Hochhauses.

Als die Geschäftsleitung an der Sitzung vom 10.1.1934 einen durchschnittlichen Lohnabbau von 7,5% bekanntgab, protestierte keines der Mitglieder der Arbeiterkommission laut. Präsident Studer kritisierte lediglich den indirekten

Abbau in Form von Akkordkürzungen, während AK-Mitglied Krebs vorschlug, dass im Betrieb andere Einsparungen gemacht werden sollten, um einen Lohnabbau zu vermeiden[713]. Für Hans Sulzer liess ein Vergleich der Lebenskosten mit den Reallöhnen den Abbau als gerechtfertigt erscheinen. Wer voll arbeite, könne nach dem Abbau noch immer 19% mehr kaufen als 1923. Nach Sulzer könnte sogar ein Abbau von 20% auf das Niveau von 1923 für zulässig erklärt werden. Einen weiteren Abbau schloss er nicht aus. Und wiederum appellierte er an die Opferbereitschaft aller:

«Wir müssen unseren Mitarbeitern Opfer zumuten, um für alle schlimmere Folgen zu verhüten und Sie müssen diese Lage verstehen»[714].

Für Hans Sulzer gab es «selten ein Geschäft, an dem man noch Freude haben kann». Die Werkstätten seien halb leer, teilweise fast ganz leer; überall finde ein schwerer Kampf um die Existenz statt. Am bemühendsten sei für die Geschäftsleitung der Abbau der Personalausgaben, doch könne er nicht umgangen werden, sondern müsse sogar den Hauptfaktor bilden[715]. Der Präsident der Arbeiterkommission konnte sich bei einem Rundgang durch die Fabrik überzeugen, dass das Geschäft schlecht stand. Er könnte einen Abbau eher hinnehmen, wenn alle Arbeitslosen Krisenunterstützung und Winterzulage erhielten, was Sulzer zur Bemerkung veranlasste, dass es der Exportindustrie um so schlechter gehe, je mehr sie durch den Staat belastet werde[716]. Erneut präsentierte die Sulzer-Geschäftsleitung der Arbeiterkommission Zahlen, die diese nicht überprüfen konnte, ihr aber beweisen sollten, wieviel der Arbeiter noch verdiene.

Nachdem die Arbeiterschaft das Einigungsamt angerufen hatte, zeigte sich Hans Sulzer noch zu geringfügigen Konzessionen bereit. Dabei kritisierte er das Einigungsamt, weil

«es unter dem Eindruck gestanden habe, als ob bei uns die Akkorde nach Willkür zu Ungunsten der Arbeiter geändert würden»[717].

Trotz Streikparolen der RGO resignierte die Arbeiterschaft auch vor diesem zweiten Abbau. Damit hatten die generellen und direkten Lohnkürzungen ihr Ende, nicht aber die indirekten. Der «Sulzer-Prolet» vom Juli 1935 schrieb:

«Heute wird ein Lohnabbau nicht mehr angeschlagen, sondern da macht man den Dreh anderst. Man entlässt in einer Abteilung eine Anzahl Arbeiter unter der Parole: Wegen Arbeitsmangel zu Hause bleiben. Nach einiger Zeit stellt man wieder ein. Man gibt aber den Neueingestellten weniger Lohn. Dann kommen die anderen Arbeiter an die Reihe und so geht es von Abteilung zu Abteilung»[718].

Laut einem internen Bericht an die Geschäftsleitung hatten sich die Arbeiterstundenverdienste zwischen 1930/31 und 1935 um durchschnittlich 13,7% verringert. Allerdings – so der Bericht –

«*wird die verkürzte Arbeitszeit mitberücksichtigt (die in Jahr 1935 durchschnittlich 80% betrug), so steigt die durchschnittliche Reduktion der Stundenverdienste der Arbeiter (ohne Jugendliche) bei 80%iger Arbeitszeit auf 31,5%*»[719].

Als Richtzahlen für das Ausmass des Abbaus muss die Zahl von etwa 30% angenommen werden, da während der Krise nur etwa 10% der Sulzer-Arbeiter nicht von der Arbeitslosigkeit betroffen wurden.

Eines haben die drei Lohnbewegungen gezeigt: Die Arbeiterschaft wehrte sich gegen keinen einzigen Fall. Trotz heftigen verbalen Attacken gegen den Kapitalismus und die Unternehmer an Versammlungen verzichteten sie auf den Kampf und vertrauten jeweils auf das Einigungsamt, das sie in der Regel auch prompt enttäuschte. War die Arbeiterschaft 1932 und 1934 zweifellos in einer schwierigen Lage, so befand sie sich 1930 noch in einer starken Position, und hätte wohl nur in jenem Jahr einen Arbeitskampf gewinnen können. Die Friedenspolitik des SMUV zeichnete sich indes bereits vor der Krise ab. Dass er auch 1937 bei günstiger Ausgangslage auf einen Kampf verzichtete, war nur folgerichtig und konsequent.

Die Arbeiterkommission spielte bei den Lohnverhandlungen lediglich die Rolle eines Transmissionsriemens (siehe Fussnote 692). Sie war den Argumenten der Geschäftsleitung weder taktisch noch verbal oder von ihrer Machtposition her gewachsen. Dass in den Verhandlungen zwischen der Geschäftsleitung und der Kommission um Positionen gefeilscht wurde, gab es nicht. Was die Geschäftsleitung praktizierte, war ein Diktat, das höchstens durch das Einigungsamt gemildert werden konnte.

Das 1929 erstellte Verwaltungsgebäude der Firma Sulzer an der Zürcherstrasse.

Nicht nur die Löhne der Arbeiter wurden abgebaut, auch die Saläre der Angestellten wurden gekürzt, teilweise noch stärker als bei den Arbeitern. Weil sie aber ein höheres Ausgangsniveau hatten, litten sie auch weniger unter den Auswirkungen. Am 1.11.1931 erfolgte eine 10prozentige Arbeitszeitreduktion und eine Gehaltskürzung von 5%. Auf den 1.1.1932 ordnete Sulzer eine gestaffelte Reduktion von 6% bis 20% an. Die Angestelltenvereinigung bat in mehreren Briefen und Verhandlungen mit der Geschäftsleitung um eine Milderung dieser Skala. Der rigorose Abbau werde die deprimierte Stimmung der Angestellten noch mehr drücken, argumentierte sie. Als jedoch Sulzer hart blieb, akzeptierte sie den Abbau, ohne mit Sanktionen zu drohen[720].

Neben den Salären wurden den Angestellten auch die Gratifikationen, die bei gewissen Angestelltenkategorien bis zu sechs Monatslöhne betragen konnten, radikal gekürzt. So wurde im Mai 1932 noch die halbe Gratifikation des Vorjahres ausbezahlt, im Jahr darauf noch ein Drittel und 1934 nur noch 22,2% derjenigen von 1930. Nachdem die Löhne der Arbeiter bereits anfangs 1934 abgebaut wurden, teilte die Firma ihren Angestellten am 17.9.1934 mit:

«Der Eingang der Bestellungen ist im dritten Krisenjahr, trotzdem es im allgemeinen an Anfragen nicht fehlt, nicht besser als im vorangehenden Jahr. Die Beschäftigung der Werkstätten bleibt zum Teil ganz ungenügend und die Preise sind ausserordentlich gedrückt, namentlich für Aufträge, bei denen wir der ausländischen Konkurrenz gegenüberstehen. Ein weiteres Anschwellen der bereits aufgelaufenen Defizite ist daher unvermeidlich, wenn nicht erneut Massnahmen getroffen werden, um die Ausgaben einzuschränken. Unter diesen Umständen sehen wir uns gezwungen, unserer Angestelltenschaft einen weiteren Salärabbau zuzumuten. Wir sind uns bewusst, dass es für die meisten eine harte Massnahme ist, und dass sie uns die Verpflichtung auferlegt, auch nach anderer Richtung jede unnütze Ausgabe wegzuschneiden. Aber die Sorge um den Fortbestand der Firma geht voran, und wir zählen auf die Einsicht unserer Mitarbeiter. Es darf daran erinnert werden, dass auch unsere Arbeiterschaft, die von der Arbeitslosigkeit schwer betroffen ist, in der Erkenntnis der Lage einen zweiten Lohnabbau auf sich genommen hat»[721].

Die Saläre wurden daraufhin um 10% gekürzt, allerdings bei gleichzeitiger Vollarbeit, so dass für ca. 60% der Angestellten das Einkommen gleich blieb[722]. 1935 mussten schliesslich die Angestellten einen Teil der bisher von der Firma geleisteten Versicherungsbeiträge übernehmen, was eine Jahresbelastung von 80 bis 100 Franken bedeutete. Den höheren Angestellten wurde die Gratifikation um weitere 10% herabgesetzt[723].

Die Summe der ausbezahlten Gratifikationen sank von 1 354 000 Franken 1931 auf 520 250 Franken. Machte im Oktober 1931 die Lohnsumme 641 618 Franken aus, so betrug sie anfangs 1936 noch 473 000 Franken. Bei einer von 1277 auf 1059 reduzierten Angestelltenzahl verringerte sich das durchschnittliche Monatssalär des Angestellten um 14,8% von 523 auf 446 Franken. Bei höheren Angestellten konnte die Kürzung allerdings bis auf 48% ansteigen[724].

224

GEBRÜDER SULZER
Aktiengesellschaft
WINTERTHUR
(Schweiz)

Winterthur, den 17. September 1934.

An unsere Angestelltenschaft.

Der Eingang der Bestellungen ist im dritten Krisenjahr, trotzdem es im allgemeinen an Anfragen nicht fehlt, nicht besser als im vorangehenden Jahr. Die Beschäftigung der Werkstätten bleibt zum Teil ganz ungenügend und die Preise sind außerordentlich gedrückt, namentlich für Aufträge, bei denen wir der ausländischen Konkurrenz gegenüberstehen. Ein weiteres Anschwellen der bereits aufgelaufenen Defizite ist daher unvermeidlich, wenn nicht erneut Maßnahmen getroffen werden, um die Ausgaben einzuschränken.

Unter diesen Umständen sehen wir uns gezwungen, unserer Angestelltenschaft einen weiteren Salärabbau zuzumuten. Wir sind uns bewußt, daß es für die meisten eine harte Maßnahme ist, und daß sie uns die Verpflichtung auferlegt, auch nach anderer Richtung jede unnütze Ausgabe wegzuschneiden. Aber die Sorge um den Fortbestand der Firma geht voran, und wir zählen auf die Einsicht unserer Mitarbeiter. Es darf daran erinnert werden, daß auch unsere Arbeiterschaft, die von der Arbeitslosigkeit schwer betroffen ist, in der Erkenntnis der Lage einen zweiten Lohnabbau auf sich genommen hat.

Der mit Wirkung ab 1. Oktober d. J. eintretende Salärabbau beträgt 10% des heute für die volle Arbeitszeit gültigen Betrages. Auf den gleichen Zeitpunkt wird durchgehends — mit Ausnahme derjenigen Bureaux, in denen es die schwache Beschäftigung nicht zuläßt — die volle Arbeitszeit wieder eingeführt, so daß für diejenigen Angestellten, die bisher verkürzt gearbeitet haben, der Betrag derselbe bleibt. Für diejenigen, die weiterhin verkürzt arbeiten müssen, wird der wegen Zeitausfall vorzunehmende Salärabzug bis auf weiteres auf 5% begrenzt.

Über den Umfang dieser Maßnahme und die Notwendigkeit ihrer Inkraftsetzung schon auf den 1. Oktober haben wir den Vorstand der Angestelltenvereinigung in einer Aussprache am 27. Juli in Kenntnis gesetzt, und wir hoffen, daß auch unsere Angestelltenschaft die zwingenden Gründe, die uns dazu veranlassen, zu würdigen versteht. Für diejenigen Angestellten, die sich dem Salärabbau nicht unterziehen wollen, bleibt selbstverständlich das bisherige Salär während der vertraglichen Kündigungsfrist aufrecht.

Gebrüder Sulzer
Aktiengesellschaft

Mitarbeiter-Information über den beschlossenen Lohnabbau auf den 1.10.1934.

Verglichen mit den Arbeiterlöhnen liess sich mit diesen Salären noch auskommen, auch wenn die unteren Kategorien auf das Niveau der Arbeiterlöhne gesunken waren. Immerhin waren die Angestellten weniger von der Kurzarbeit und Arbeitslosigkeit betroffen und konnten somit auf ein tiefes, dafür aber regelmässiges Einkommen zählen.

Nachdem die verbesserte Geschäftslage des Jahres 1936 auch der Arbeiterschaft bekannt wurde, wagte sie es wieder, Lohnbegehren anzumelden, wenn auch vorerst nur abteilungsweise. So verlangte am 4. 7. 1936 die Abt. 70 eine Erhöhung von 10 Rappen, mit der Begründung, dass die Lebenskosten gestiegen und die Einstufung der Löhne dieser Abteilung seit jeher tief gewesen sei. In der Sitzung mit der Arbeiterkommission, vier Tage später, teilte Hans Sulzer mit, dass eine generelle Erhöhung für die Werkstatt-Abteilung nicht in Frage käme, sie würde sich auf das ganze Werk auswirken. Er versprach aber, die Lohnverhältnisse durchzusehen und Korrekturen anzubringen, wo es angezeigt sei[725]. Dem ASM schrieb Sulzer, dass diese Eingabe durch einige individuelle Korrekturen erledigt worden sei,

«in einem Ausmass, das keinerlei Rückwirkungen irgendwelcher Art auf andere Abteilungen zur Folge gehabt hat»[726].

Ende August gelangten die Winterthurer Metallarbeiter in einer gemeinsamen Aktion an ihre Arbeitgeber mit der Forderung nach einer Herbstzulage von 20 bzw. 30 Franken pro Arbeiter zuzüglich 5 Franken pro Kind. Als Grund wurden wiederum die gestiegenen Lebenskosten angegeben. Die drei Grossbetriebe lehnten das Begehren ab. In der Sitzung vom 9. 9. 1936 begründete Hans Sulzer sein Veto gegenüber der Arbeiterkommission:

«Es war stets das Bestreben der Firma, berechtigten Wünschen in Lohnfragen entgegenzukommen. Heute ist jedoch die geschäftliche Lage derart, dass eine allgemeine Aufbesserung (. . .) ausgeschlossen ist»[727].

Weiter wies Sulzer auf die ausgebliebenen Dividenden hin. Zudem würden sich die Verluste mehren. In Einzelfällen – so Sulzer – möge Not herrschen, doch zeige die Statistik, dass die Löhne 23% über denjenigen von 1914 seien. In der Teuerung könne die Begründung der Forderung also nicht liegen. Zur Entlastung der Arbeiterhaushalte schlug er vor, die Gewerkschaftsbeiträge zu kürzen. Zur Geschäftslage meinte er, man stehe gerade am Anfang einer Besserung. Er konnte deshalb nicht begreifen, wieso die Kommission ausgerechnet in diesem Zeitpunkt eine solche Forderung stellte[728].

Lehnte Hans Sulzer die Eingabe wegen ihres Inhalts ab, so begrüsste er sie aus taktischen Gründen. Dem ASM schrieb er am 1. 9. 1936:

«Im allgemeinen sind wir der Auffassung, dass diese Bewegung als Symptom nur begrüsst werden kann,. Sie bringt der Öffentlichkeit endlich zum Bewusstsein, wie falsch die bisherige und anscheinend auch weiterhin andauernde Wirtschaftspolitik unserer Regierung der Stützung des inländischen Preisniveaus ist und zwingt die Gewerkschaften, Farbe zu bekennen»[729].

226

Sulzer hielt also wenige Tage vor der Abwertung noch immer an der Deflationspolitik fest.

Nach einer generellen Lohnerhöhung im Sommer 1937 wurden bis Kriegsbeginn weiterhin nur individuelle Aufbesserungen gewährt. Meist war es so, dass eine ganze Abteilung eine Lohneingabe einreichte. In der Regel wurden dann einem Drittel bis der Hälfte der Arbeiter die Löhne heraufgesetzt, was die Arbeiterkommission meist als ungenügend bezeichnete. Auch wenn die Geschäftsleitung diese abteilungsweisen Lohnbegehren nicht generell ablehnte, so erfüllte sie die Forderungen der Arbeiterschaft, die gerade in den Jahren 1937 bis 1939 kaum als übertrieben bezeichnet werden können, auch nicht annähernd. Da nach 1937 die Friedenspflicht herrschte, blieben die Protestschreiben an die Geschäftsleitung das einzige «Druckmittel» der Arbeiterkommission.

Bemerkenswert scheint mir nicht die Tatsache, dass die meisten Lohnforderungen der Arbeiter zunächst einmal rundweg abgelehnt wurden, sondern die Art, wie das geschah. In den Beziehungen zwischen Geschäftsleitung und Arbeiterkommission manifestierte sich das Mächtegleichgewicht dieser beiden Parteien auserordentlich deutlich. Während Sulzer dank seinem Informationsvorsprung, seinen Statistiken und seiner psychologischen Raffinesse den Arbeitern auch in der grössten Not vorrechnen konnte, wie gut es ihnen eigentlich ging, hatten diese dem nur entgegenzusetzen, dass alles teurer werde oder dass es sich mit Sulzer-Löhnen einfach nicht mehr leben liesse.

Dem rational-analytischen Denken Sulzers konnten solche emotionalen Hinweise allerdings kaum genügen. Die Arbeiterkommission war in einer wenig beneidenswerten Lage. Mit Appellen an das gemeinsame Interesse, das sie an der Firma hätten, versuchte Sulzer deren Firmenidentität und -loyalität zu stärken. Andererseits musste sich die Arbeiterkommission auch als Teil der Arbeiterbewegung verstehen, deren Ziele denjenigen der Sulzer-Geschäftsleitung diametral gegenüberstanden. Dass diese gemeinsamen Interessen der Gesamtarbeiterbewegung zugunsten der firmen- und branchenspezifischen Gruppeninteressen aufgegeben wurden, zeigt wiederum das Friedensabkommen. Das Verhalten der Sulzer-Arbeiterschaft während den Lohnbewegungen der 30er Jahre verdeutlicht, dass ihre politische und gewerkschaftliche Sozialisation im Sinne der SMUV-Verhandlungsstrategie offenbar schon so weit fortgeschritten war, dass sie selbst in Zeiten grösster Not den Verhandlungsweg dem Streik oder anderen Kampfformen vorzog[730].

Arbeitskonflikte, die zu Streiks führten

Konflikte treten überall auf, wo versucht wird, Machtpositionen zu erringen oder zu verteidigen. Nach Dahrendorf sind Konflikte ein

«Problem einer Struktur, in der einige Gruppen Herrschaftspositionen innehaben und andere diese Herrschaftspositionen erlangen wollen» [731].

In einem Betrieb ist also permanent für Konfliktstoff gesorgt. Ich werde im nächsten Kapitel aufzeigen, mit welchen Instrumenten man diese Konflikte lösen wollte. In diesem Kapitel geht es um eine Darstellung derjenigen Konflikte, die sich in Form von Streiks manifestierten.

Von den insgesamt fünf Konflikten, die in Streiks ausmündeten, entfielen vier auf das Jahr 1930. Zwei von ihnen hatten die Erhöhung von Zulagen für Sandstrahler und Gussputzer zum Gegenstand. Die «Sandstrahlerei Kl. Giesserei» stellte am 13.1.1930 für eine halbe Stunde die Maschinen ab, um endlich zu einer «bescheidenen Zulage» zu kommen. Für den laufenden Zahltag seien keine Prozente bezahlt worden, was zu diesem Schritt Anlass gegeben habe. Auf Interventionen von AK-Präsident Studer richtete die Firma eine Zulage von 10% aus. Im weiteren versprach sie, die Sache zu prüfen [732]. Ein Vierteljahr später streikten die Gussputzer der Kleingiesserei für eine Stunde. Sie verlangten eine Zulage von 25% [733].

Zwei der vier Streiks wurden in erster Linie aus Solidarität mit einem Entlassenen durchgeführt. So stellten am 24.6.1930 die Arbeiter der Giesserei ihre Tätigkeit für dreiviertel Stunden ein, um damit gegen die Entlassung eines jungen Giessers zu protestieren, der Ausschuss produziert habe. Es kam daraufhin zu Verhandlungen zwischen Dr. Robert Sulzer und Direktor Meier als Vertreter der Geschäftsleitung sowie der Arbeiterkommission und weiteren Vertretern der Arbeiterschaft. Zwar wurde die Entlassung nicht rückgängig gemacht, doch erhielt der Entlassene ein Zeugnis, das ihn zum Bezug der Arbeitslosenunterstützung berechtigte [734]. Die AZ vermutete, dass dieser Proteststreik nur das Symptom für tieferliegende Ursachen bedeutete:

«Sicher war diese Entlassung nicht der einzige Grund zum Aufruhr. Akkordkürzungen, missliche Zustände im Betrieb, schroffe und grobe Behandlung sowie Entlassungen in letzter Zeit gaben ohne jeden Antrieb den Anlass, Dienstag um 13.15 Uhr die Arbeit nicht aufzunehmen» [735].

Interessant wäre zu wissen, weshalb der entlassene Arbeiter Ausschuss produzierte. Dass in Zeiten des erhöhten psychischen und physischen Drucks die Arbeiter zusätzlichen Ausschuss als Ausdruck ihres individuellen Protestes produzierten, ist denkbar.

Diese spontanen Streiks sind typisch für das Fehlen einer strukturierten Konfliktregelung sowie die ungenügende Information. Solange keine eingespielten Regelungsmechanismen vorhanden waren, griffen die Arbeiter immer wieder zu solch unberechenbaren Mitteln. Die vier Sulzer-Streiks des Jahres 1930 müssen als blosse Warnstreiks bezeichnet werden, denn ihre Dauer beschränkte sich auf höchstens eine Stunde. Ihre Häufung bedeutet zweierlei: Einerseits war offenbar eine gewisse Malaise in der Giesserei vorhanden und das Unbehagen in diesem Jahr besonders gross, andererseits genügten die vorhandenen Kanäle für die Konfliktregelung nicht. Da die vier Streiks kaum dokumentiert sind, muss ich mich auf diese summarische Darstellung beschränken.

**Verrat
Betrug
Terror
gegen**

Streik

Der Streik der Sanitär- und Elektromonteure
Juli und August 1933 in Zürich

Preis 20 Cts.

Herausgegeben von der Landesleitung der RGO Schweiz

Kampfschrift der «Revolutionären Gewerkschafts-Opposition» zum Monteuren-Streik in Zürich, an dem auch Sulzer-Monteure beteiligt waren.

Einer der heftigsten Arbeitskämpfe in der Geschichte der Arbeiterbewegung war wohl der Streik der Monteure im Mai/Juni 1932, der zwar vor allem die Stadt Zürich betraf, an dem aber auch 100 Sulzer-Monteure teilnahmen, von denen vier Vertreter in der Streikleitung waren[736]. Vordergründig ging es beim Streik der Monteure um die Abwehr eines Lohnabbaus, in zweiter Linie aber auch um eine Auseinandersetzung zwischen Kommunisten und Sozialdemokraten. Der Streik wurde vom SMUV nicht unterstützt, im Gegenteil, sogar bekämpft.

Der Vertrag der Monteure beinhaltete eine gleitende Lohnskala, die der Teuerung angepasst wurde. Als nun die Lebenskosten sanken, forderten die Unternehmer einen Lohnabbau. In einem Zirkular vom 13. 5. 1932 wies der SMUV darauf hin, dass er durch einen Vertrag gebunden sei, auch wenn er sich gegen die Arbeiterschaft auswirke. Er verurteilte deshalb den am 10. seiner Ansicht nach von den Kommunisten angezettelten Streik und verweigerte die Auszahlung von Streikunterstützung. Der SMUV kritisierte den Streik als «wildes kommunistisches Abenteuer», das kein disziplinierter Gewerkschafter billigen könne. «Aus absolut sicherer Quelle» wisse er, dass der Streik zu einem grossen Mitgliederfang für die KP umgebogen werden sollte[737].

Demgegenüber nahmen die Sulzer-Monteure, die 1931 aus Protest aus dem SMUV ausgetreten waren, in einem Flugblatt mit «ungeheuerlicher Entrüstung» zur Kenntnis, dass die Sekretäre des SMUV und das «Volksrecht» ihnen in den Rücken gefallen seien, indem sie versuchten, eine einheitliche Kampffront zu zerschlagen. Sie wehrten sich gegen die These des «kommunistischen Putsches». Die Mehrheit der Streikenden gehöre nämlich nicht der KP an. Der Streik richte sich ausschliesslich gegen die Kürzung der Löhne. Von einem Vertragsbruch könne zudem keine Rede sein, weil die Monteure dem Vertrag, der hinter ihrem Rücken abgeschlossen worden sei, niemals zugestimmt hätten [738].

Vordergründig war der Streik der Heizungsmonteure ein Kampf gegen den Lohnabbau, doch ging es auch um eine Auseinandersetzung über die «richtige» Taktik zwischen dem SMUV und den kommunistischen bzw. unorganisierten Arbeitern.

Nachdem der Kampf bereits einige Wochen mit äusserster Härte von beiden Seiten geführt worden war, rief man das Einigungsamt an. Die Verhandlungen scheiterten jedoch, und eine Streikversammlung lehnte am 24. 6. das Angebot der Heizungsindustriellen ab. In einem Kommentar warf der «Kämpfer» der Firma Sulzer vor, sie habe eine Einigung verhindert. Sie hoffe nämlich, den Streik benützen zu können, um kleinere Konkurrenzfirmen ausschalten zu können[739]. Nach zweimonatiger Dauer und nachdem die Polizei des «roten Zürich» auf demonstrierende Arbeiter geschossen und dabei einen getötet und einige verletzt hatte, ging der Streik zu Ende. Die Monteure mussten bei der Einigung einen reduzierten Lohnabbau in Kauf nehmen.

Mit seiner kommunistischen Verschwörungstheorie machte es sich der SMUV allzu einfach. Während Jahren war die Führung der Monteure vernachlässigt und zentrale Anliegen verschlafen worden. Bei Streikausbruch musste der SMUV plötzlich feststellen, dass SMUV-Mitglieder bei den Monteuren in der Minderzahl waren. Kritik am Verhalten der SMUV-Führung geht auch aus dem Protokoll der Arbeiterunion vom 5. 7. 1932 hervor, wo ein Genosse Grau über den Streikverlauf referierte. Er beanstandete, dass zwischen der Verbandsleitung und den Sektionen zuwenig Fühlungnahme bestanden habe. Ausserdem habe die Leitung der Bewegung zuwenig Beachtung geschenkt und die Forderungen der Monteure zum Teil ignoriert. Durch diese «Machinationen der Verbandsleitung» seien langjährige, treue Mitglieder verärgert worden. Berichte über die Streiklage gäben ausserdem ein unrichtiges Bild. Berechtigte, wesentliche Verbesserungen wie etwa die Verschiebung der Ortskategorien seien von den Zentralinstanzen mit zuwenig Nachdruck vertreten worden. Weiter kritisierte Grau, dass

«... dagegen die berechtigten Forderungen der Monteure an der Untätigkeit der Verbandsleitung und der abweisenden Haltung Ilgs scheiterten. Auch Sekretär Uhlmann habe die Gewerkschaft irregeführt, weil er sie betr. Kündigungsschutz nicht richtig orientiert habe. Die mangelhafte Führung und Orientierung seitens der Verbandsleitung hat die Mitglieder empört (...). Eine Reihe von Verärgerungsmomenten, in der Hauptsache eine ungenügende Orientierung, lockerte die Einheit im Kampfe»[740].

In einem Flugblatt erklärten KP und RGO, dass sich die Streikenden in einer «glänzenden Einheitsfront gegen die Heizungsindustriellen, an deren Spitze die Lohnabbaufirma Sulzer steht» wehrten. Auch wenn dagegen die AZ behauptete, der Kampf gegen den Lohnabbau sei lediglich sekundär und bloss Mittel zum Zweck[741], so tönte das zu stark nach verspätetem Aufwachen. Der SMUV musste feststellen, dass ihm die Führung der Monteure entglitten war und dass sie nun selber ihr Schicksal in die Hände nahmen. Ein Streik zu diesem Zeitpunkt kam der SMUV-Leitung deshalb äusserst ungelegen, weil sie schon damals voll auf die Verhandlungsstrategie gesetzt hatte.

Der Kampf der Monteure wurde mit äusserster Härte ausgetragen. Bei Auseinandersetzungen zwischen protestierenden Arbeitern und der Polizei wurde ein Arbeiter getötet und mehrere wurden verletzt.

Konfliktregelungsmechanismen

Nach Höpfliger sind die Konfliktregelungsmechanismen tendenziell um so effektiver, je stärker der Konflikt organisatorisch strukturiert, institutionalisiert und institutionell isoliert werden kann. Weiter bedeutet Regelung von Konflikten, dass nicht versucht wird, die strukturellen Konfliktursachen aufzuheben und dass vorhandene Konflikte nicht einfach durch einseitige Machtausübung unterdrückt werden[742]. In der Institution der Arbeiterkommission bestand bei Sulzer schon seit 1890 ein Instrument, mit dessen Hilfe Konflikte kanalisiert und normiert werden konnten. Allerdings geschah die Regelung der betrieblichen Konflikte nicht im Dialog, sondern – wie ich am Beispiel der Lohnfragen gezeigt habe – durch einseitige Machtausübung. Dennoch konnte offenbar das Instrument seine Funktion erfüllen, was sich beispielsweise in der Streikhäufigkeit zeigt. Mit dem Abschluss des Friedensabkommens wurde die Institutionalisierung der Konfliktregelung verstärkt: Was vorher nur auf einer oder zwei Ebenen geregelt war, wurde nun auf vier Ebenen verlagert. Schliesslich – und das ist wohl das Wichtigste – zeigte der Ausschluss von Streiks, dass man sich bereits auf einen hohen Konsens über «globalgesellschaftliche» Werte geeinigt hatte[743].

Im folgenden stelle ich Funktion und Wirkungsweise der von der Arbeiterschaft gewählten Arbeiterkommission, die sich regelmässig mit der Geschäftsleitung traf, in diesen Konfliktbezügen dar sowie ihr Verhältnis zur Betriebsversammlung, das eine Art basisdemokratisches Instrument war.

232

Die Arbeiterkommission

«Die Arbeiterkommission hat zum Zweck: ein friedliches Zusammenwirken, ein gegenseitiges Vertrauen und ein gutes Einvernehmen zwischen der Geschäftsleitung und der Arbeiterschaft im allseitigen Interesse zu erhalten und zu fördern. Insbesondere soll sie allfällige Differenzen ernster Natur der Geschäftsleitung sofort zur Kenntnis bringen und dabei auf eine möglichst sachliche Behandlung der Angelegenheit auch in den Arbeiterkreisen drängen» [744].

Auch wenn dieser Zweckartikel für die Arbeiterkommission der SLM galt, so dürfte die Sulzer-AK nach Ansicht der Geschäftsleitung eine ähnliche Funktion gehabt haben. Das kommt etwa in der naiven Betrachtungsweise der Arbeit von Hungerbühler über die Sulzer-AK zum Ausdruck:

«Indem sie bei Lohnabbau und Betriebseinschränkungen die Arbeiterschaft sachgemäss aufklärte, leistete sie auch der Geschäftsleitung wertvolle Dienste. Immer wieder suchte sie der Hoffnungslosigkeit und Erbitterung unter den Arbeitern durch Aufrufe zum Durchhalten zu begegnen» [745].

Demnach hätte also der Zweck der Arbeiterkommission darin bestanden, mit Durchhalteparolen die Arbeiterschaft auch in der schlimmsten Krise bei Laune zu halten.

Die Arbeiterkommission wurde 1890 vom noch ganz in patriarchalischen Unternehmervorstellungen behafteten E. Sulzer-Ziegler gegründet, um den Einfluss der Gewerkschaften von den Arbeitern fernzuhalten [746]. In der Tat dürfte das bei den meisten Gründungen der Fall gewesen sein, bis sie dann durch das Friedensabkommen eine Neudefinition erhielten. Die Arbeiterkommissionen waren von den Arbeitgebern eingesetzt worden und beruhten auf einem einseitigen, jederzeit widerrufbaren Entschluss. Sie waren als Zwischenglieder im Verkehr zwischen Geschäftsleitung und der Belegschaft gedacht, da die Arbeitgeber es vorzogen, direkt mit den Arbeitern statt mit den Gewerkschaften zu verhandeln. Dass die Gewerkschaften den Kommissionen anfänglich misstrauisch gegenüberstanden, weil sie sie als Hemmschuh für die Gewerkschaftsbewegung betrachteten, ist deshalb verständlich [747]. So verabschiedete der SGB-Kongress vom 18./19. 4. 1908 in Biel folgende Resolution:

«Der Kongress verwirft die von Sulzer-Ziegler und Konsorten empfohlenen Arbeiterkommissionen, weil er in denselben einen Hemmschuh der Gewerkschaftsorganisation der Arbeiter sieht» [748].

Bereits Jahre, bevor sie im Friedensabkommen verankert wurden, setzte sich hingegen SMUV-Zentralsekretär Ilg für die Arbeiterkommissionen ein:

«Wir müssen in erster Linie bestrebt sein, dafür zu sorgen, dass die Arbeiterkommissionen, wenn nicht vertraglich, so doch durch Verabredung, überall anerkannt werden» [749].

Sogar 50 Jahre nach deren Gründung war die Abschottung gegen Einflüsse von aussen noch immer ein wichtiger Zweck der Kommission. Das geht aus einem internen Exposé von Dr. Oscar Sulzer vom 8. 4. 1937 hervor:

«Eine Sicherung gegenüber Einflüssen von aussen (Gewerkschaften) ist schwieriger zu erreichen» [750].

Weiter empfahl er bei der freien Wahl der Kommission zu ausserordentlichen Mitteln zu greifen, falls sich der Einfluss der Kommunisten zu stark bemerkbar machen sollte.

In Definitionen von Unternehmerseite werden immer wieder die Gemeinsamkeiten zwischen Arbeitgebern und -nehmern betont, mit der Absicht, via Arbeiterkommission ein Gefühl der Firmenidentität zu erzeugen. So sah Sulzer 1934 den Zweck der Kommission darin, dass sie «als frei gewählte Vertretung der Arbeiterschaft gemeinsame Interessen mit den Firmeninhabern beraten soll» [751]. Nach Welti kann man nun folgende Definition der Arbeiterkommission geben:

«Die Arbeiterkommission ist eine aus den Arbeitern des gleichen Betriebes oder Unternehmens zusammengesetzte ständige Einrichtung, mit dem hauptsächlichen Zwecke, über die die Arbeiter des betreffenden Betriebes angehende Fragen mit dem Arbeitgeber zu verhandeln» [752].

Wie diese Verhandlungen jeweils vonstatten gingen, habe ich schon in den vorhergehenden Kapiteln gezeigt.

Die Arbeitgeber wollten durch ihre Arbeiterkommission aber auch besser über die jeweilige Stimmung innerhalb der Arbeiterschaft informiert sein und erwarteten davon eine Hilfe bei gewissen Unternehmensentscheiden.

Zudem hätten ohne dieses wichtige Instrument der Konfliktregelung ad-hoc-Komitees eine härtere Position als die Arbeiterkommission eingenommen und häufiger Arbeitskämpfe ausgelöst. Gerade deshalb lehnten die Kommunisten von ihrer Revolutionsstrategie her die Arbeiterkommissionen ab. Der «Sulzer-Prolet» schrieb im September 1930:

«Um Ruhe im Betrieb zu haben, hat Sulzer die Arbeiterkommission engagiert, die in allen Werkstätten herumheult und jammert: ‚Man kann nichts machen.‘ Jagt solche Unternehmervertreter zum Teufel, die in faschistischer Art und Weise euch zwingen, alles zu dulden» [753].

Und anfangs 1931 wetterten die Kommunisten:

«Die heutige Arbeiterkommission vertritt nicht die Interessen der Arbeiterschaft und hat deshalb nicht das Recht, im Namen der Arbeiterschaft zu sprechen» [754].

Dass die Arbeiterkommission bei Massnahmen, die die Geschäftsleitung durchsetzen wollte, völlig hilflos war, wurde schon gezeigt. Fehlende Kampfbereitschaft und anpasserische Haltung führten öfters zu Kritik, insbesondere auch an ihrem Präsidenten. So reklamierte die Revolutionäre Metallarbeiteropposition Winterthur im Frühling 1930:

«Der AK-Präsident weigerte sich trotz des Beschlusses der Gruppenvertrauensleute, bei der Direktion wegen der Massregelung vorzusprechen; das bedeutet nichts anderes als Zustimmung zur Massregelung» [755].

Die Vorwürfe an Präsident Studer häuften sich offenbar so sehr, dass er auf Ende 1934 zurücktrat. Das Protokoll der Arbeiterkommission gibt als Grund an:

«Er wurde auf ungerechte Art und Weise angegriffen, hauptsächlich während der Lohnabbaufrage. Bei der diesbezüglichen Abstimmung wurden unverantwortliche Sprüche auf die Stimmzettel geschrieben» [756].

Sein Nachfolger Krebs begriff den Entschluss nicht und forderte ihn zum Bleiben auf:

«Nur einer kleinen Zahl Arbeitern wegen sollte dies nicht gemacht werden» [757].

So klein muss allerdings diese Zahl nicht gewesen sein, denn im Protokoll vom 11.2.1935 wurde vermerkt, dass der abtretende Präsident Studer viele Feinde gehabt haben soll, «was hauptsächlich auf die letzten Lohnabbau-Verhandlungen zurückzuführen sei» [758].

Die Kritik an der Arbeiterkommission verdeutlicht sich durch ihr eigenes Verhalten. An der Sitzung der Kommission vom 9.7.1935 wurde das Mitglied Kürsteiner getadelt, weil er an einer Sitzung mit der Geschäftsleitung eine allgemeine statt eine individuelle Lohnerhöhung gefordert habe.

«Kürsteiner wird von Studer und Flückiger in unschöner Art getadelt, er habe an der Konferenz zu weit ausgeholt» [759].

Endlich hatte es ein Mitglied einmal gewagt, weitergehende Forderungen zu stellen, da wurde es prompt von den eigenen Kollegen zurechtgewiesen. Die Kritik dürfte aber nicht nur deshalb erfolgt sein, weil die Forderung zu weit ging, sondern weil das Mitglied gegen die Gruppennormen verstossen hatte. Vetterli hat in seiner Untersuchung über Georg Fischer festgestellt, dass die an den vorberatenden Sitzungen bereinigten Anträge im allgemeinen vom Kommissionspräsidenten vorgetragen worden seien. Die übrigen Mitglieder hätten allenfalls kleinere Klagen aus ihren Abteilungen zur Sprache bringen können» [760].

Genau dasselbe Verhandlungsmuster galt auch für die Sulzer-Arbeiterkommission. In den Protokollen der Sitzungen mit der Geschäftsleitung ist höchst selten ein Votum eines Mitglieds vermerkt, die Anträge und Diskussionsvoten brachte der Präsident vor, eventuell sekundiert vom Vizepräsidenten. Eine weitere Parallele zur Fischer-Arbeiterkommission wird sichtbar: Vetterli erwähnte, dass unter dem «anpasslerischen» Präsidenten Schwyn die Kommission besser funktioniert habe, weil vor allem Detailprobleme besprochen worden seien [761]. In den Sitzungen mit der Sulzer-Geschäftsleitung war etwa die fehlende Zahl von Veloständern ein fast ebenso häufiges Traktandum wie der Lohnabbau, mit dem Unterschied jedoch, dass bei Traktanden, die die Interessen der Firma direkt tangierten, vor allem die Geschäftsleitung referierte, während bei Detailfragen auch die Arbeiterkommission mitreden durfte.

Wie wenig die Geschäftsleitung die Arbeiterkommission als Partner betrachtete, zeigte sich auch darin, dass Dr. Hans Sulzer zwar gelegentlich über die wirtschaftliche Lage des Unternehmens referierte, diese Schilderung aber jeweils mit einem Plädoyer für einen Lohnabbau verknüpfte und dabei mit sehr selektivem Zahlenmaterial operierte, das die Arbeiterkommission nicht überprüfen konnte. Eine Besprechung von Bilanz und Erfolgsrechnung, ergänzt mit weiteren Angaben, war hingegen undenkbar. Konnte sich die Arbeiterkommission als nützlich erweisen, so wurde sie hingegen von der Geschäftsleitung als gleichberechtigter Partner behandelt. Beispiel: Mitte November 1933 orientierte die Geschäftsleitung die Kommission über den schlechten Geschäftsgang und insbesondere über die katastrophale Lage in der Dieselmotorabteilung. Ein grösserer Auftrag der Stadt Winterthur für zwei 3500-PS-Motoren stehe zwar in Aussicht, doch sei auch die SLM ein Mitkonkurrent:

«Es wurde auch die Frage aufgeworfen, ob nicht die Kommission zur Einbringung der Bestellung mitwirken könnte und auf welchen Wegen» [762].

Die Probleme, die die Arbeiterkommission an ihren Sitzungen diskutierte, können in sechs Gruppen eingeteilt werden:

1. Lohnfragen
Lohneingaben (gruppen- oder abteilungsweise)
Lohnabbau
zu kleine Akkordansätze (Reduktionen)
ungerechtfertigte Abzüge
ungerechtfertigte Bussen
zu geringe Bezahlung für bestimmte Arbeiten
Gratifikationen, Feriengeld
Festsetzung der Akkorde und der Richtzeiten (sehr häufig)
nicht erhaltene Überzeit- und andere Zulagen
Vergütung für Werkzeuge

2. Personelle Konflikte
Behandlung durch Vorgesetzte
Streitigkeiten zwischen Arbeitern
ungerechte Verteilung der Arbeit bei Mangel (es durften häufig die gleichen Leute arbeiten)

3. Fragen der Sicherheit, Hygiene, Verbesserung der Arbeitsbedingungen
Hygienische Verhältnisse
Klagen über den Fabrikarzt wegen zu schneller Gesundschreibung
Abgabe von Warmwasser
Missstände und Verbesserungen am Arbeitsplatz

Reklamationen wegen Kantinenessen
Tram oder Zug nach Oberwinterthur
Kranken- oder Pensionskassen-Angelegenheiten
zu knappe Termine für Arbeiten
Veloständer (häufig)
Klagen über zuwenige Handlanger bei Akkordarbeiten
Versicherungsfragen
Waschgelegenheiten

4. Probleme wegen Überzeit, Ferien, Arbeitszeit
Reduktion der Überzeitarbeit (v. a. im Sommer und bei Arbeitsmangel)
Arbeitszeit- und Feiertagsregelung
Ferienregelung
Einteilung der Schichtarbeit
Verletzung der Bewilligung für Überzeitarbeit

5. Kündigungen und Entlassungen
Entlassungen wegen Arbeitslosigkeit
Rücknahme von Kündigungen
Bessere Zeugnisse für gekündigte Arbeiter

6. Allgemeine wirtschaftliche und politische Fragen
Sicherheit des Arbeitsplatzes
Arbeitslosigkeit
Fröntlerische Aktivitäten
Handel mit Russland

Die Arbeiterkommission hatte mit ihren Interventionen dann am ehesten Erfolg, wenn es sich um Fragen der Hygiene, z. T. Verbesserungen der Arbeitsbedingungen und personelle Konflikte handelte. Bei denjenigen Fragen also, die die Firma wenig bis nichts kosteten. Allerdings führten Klagen gegen Vorgesetzte selten zum Erfolg[763]. Die Geschäftsleitung nahm das Kader durchwegs in Schutz. Ob sie die Beschwerden trotzdem zur Kenntnis nahm und auf informellem Weg erledigte, kann nicht überprüft werden.

Die Arbeiterkommission, kritisiert von den Arbeitern, ohne Machtbasis und mit einem Informationsdefizit gegenüber der Geschäftsleitung behaftet, war zweifellos in einer schwierigen Position. Ihre Stellung zwischen den Fronten formulierte sie 1935 so:

«Auf der einen Seite stehen die Sparmassnahmen der Geschäftsleitung, welche jeden Wunsch und jede Verbesserung mehrmals prüft, bevor sie ihre Zustimmung geben will. Auf der anderen Seite die Arbeiterschaft, welche durch jahrelange Teilarbeitslosigkeit und vermindertes Einkommen mürrisch und schlechtgelaunt ihre Begehren vorbringt. Dazwischen sind Vorgesetzte welche es in der Hand hätten, Gegensätze zu überbrücken, wobei aber – wenn Gefühl und Verständnis fehlen – die AK angerufen werden muss, um zu vermitteln» [764].

Zu dieser schwierigen Lage kam noch, dass die Mitglieder häufig auch der antigewerkschaftlichen Politik von Hans Sulzer ausgesetzt waren und dadurch in einen Interessenkonflikt gerieten. An der Sitzung vom 18. 5. 1936 empfahl er der Komission:

«Herr Dr. meint, es wäre besser, wenn wir nicht allzuviel auf die Gewerkschafts-führer, z. B. einen Bratschi hörten, diese gehen nicht so sehr mit der Wahrheit um. Es wäre besser, meinte Herr Sulzer, etwas mehr auf uns zu horchen, ich habe sie noch nie angelogen» [765].

SGB-Präsident und Nationalrat Robert Bratschi (1891–1981) an einer Mai-Feier.

Nur wenige Monate später versuchte Hans Sulzer erneut, einen Keil zwischen Arbeiterschaft und Gewerkschaftsführung zu treiben und an die Firmenloyali-tät zu appellieren:

«Besser wäre es, das Geld, das die Arbeiterschaft den Gewerkschaften zufliessen lasse, anders zu verwenden, durchschnittlich werde jährlich pro Mann ca. 100 Franken in die Gewerkschaft bezahlt, die ein Vermögen von ca. 40 Millionen besitzen (. . .). Es wäre besser, mit der Geschäftsleitung etwas mehr zusammen-zumachen, als alles aufzunehmen, was uns unsere Gewerkschafts- und Parteiführer repräsentieren» [766].

Das Problem der Arbeiterkommission war, dass sie gewissermassen im luftleeren Raum hing und völlig von der Geschäftsleitung abhing. Was diese für gut befand, bewilligte sie, den Rest lehnte sie ab, ohne dass die Arbeiterkommission eine Sanktionsmöglichkeit gehabt hätte. Wo es um die Lebensinteressen der Arbeiter ging, konnte sich die Kommission nicht

238

durchsetzen. Dennoch gab sie sich der Illusion hin, sie könnte die Interessen der Arbeiter wirksam vertreten und verkannte dabei, dass sie die Geschäftsleitung genau in jene Position hineinmanövrierte, in der sie sie haben wollte: als Mittel zur Verbesserung der Beziehungen zwischen Arbeitnehmer und -geber. Dass die Firma mit ihrer Kommission zufrieden sein konnte, bestätigte auch der Lohnkonflikt vom Juni 1937. In der Sitzung vom 21.6. erklärte AK-Präsident Krebs, dass die Basis viel höhere Forderungen gestellt, die Arbeiterkommission ihr jedoch klar gemacht habe, dass man Anträge stellen müsse, die für die Firma im Rahmen der Möglichkeiten lägen. Die Leute hätten sich daher beklagt, dass immer nur für die Interessen der Firma, nicht aber für diejenigen der Familien geschaut werde[767]. Die geringe Anzahl von Konflikten bei Sulzer bestätigt, dass die Firma mit ihrer Taktik reüssierte.

Die Sitzungen mit der Geschäftsleitung

Die Sitzungen zwischen der Arbeiterkommission und der Geschäftsleitung waren keine regelmässige Einrichtung, sondern wurden je nach Bedarf einberufen. Den Bedarf bestimmte die Geschäftsleitung, die immer zu den Sitzungen einlud. Zwar stellte auch die Arbeiterkommission Gesuche um Sitzungen, die manchmal bewilligt, in einigen Fällen aber auch abgelehnt wurden. Dass die Kommission einer Einladung der Geschäftsleitung nicht gefolgt wäre, kam nie vor.

In den 30er Jahren trafen sich Arbeiterkommission und Geschäftsleitung gemäss den Protokollen zu insgesamt 16 Sitzungen[768]. Auf die einzelnen Jahre verteilt, sieht das so aus:

1930: 4   1931: –   1932: 2   1933: –   1934: 2
1935: 1   1936: 2   1937: 3   1938: 1   1939: 1.

Die Konzentration auf bestimmte Jahre zeigt, dass meist ein aktueller Anlass der Grund für die Sitzung war. Von den 13 Sitzungen der Jahre 1930, 1932, 1934, 1936, 1937 betrafen nicht weniger als 11 die Haupttraktanden Lohnerhöhung und Lohnabbau. In 7 von 16 Fällen war Lohnabbau oder -erhöhung sogar das einzige Traktandum. Nach der «Diskussion» des Haupttraktandums, dessetwegen die Geschäftsleitung die Sitzung im allgemeinen einberief, konnte die Arbeiterkommission noch Wünsche, Anregungen, Klagen vorbringen. Dazu gehörte ein Grossteil der im vorhergehenden Kapitel aufgeführten Geschäfte. Meist war dieser Teil der Sitzung rasch beendet. Die Geschäftsleitung nahm jeweils mit einigen unverbindlichen Worten die Anliegen zur Prüfung entgegen. Auf konkrete Versprechungen liess sie sich sehr selten ein und eine Diskussion fand nur ansatzweise statt.

Es versteht sich, dass sich die Arbeiter eines anständigen Umgangstones zu befleissigen hatten. Als ein Mitglied der Arbeiterkommission wegen eines zu heftigen Tones gegen die Normen verstiess, wurde es von der Geschäftsleitung aus dem Sitzungszimmer verwiesen. Wie jedoch die Geschäftsleitung mit Wünschen der Kommission umging, zeigen folgende Beispiele: Als am 10. 5. 1930 über die niedrigen Akkordpreise geklagt wurde, bezeichnete Direktor Meyer diesen Ausdruck als ungerecht und unangebracht, der «nicht sachlich genommen werden kann». Ein stetes Ansteigen der Verdienste beweise das Gegenteil.

«Fortwährende Neueinrichtungen und Verbesserungen würden eigentlich ein Reduzieren der Akkordpreise rechtfertigen» [769].

Als im Lohnkonflikt vom Juni 1937 die Arbeiterkommission die Geschäftsleitung bat, sie möge doch ein klein wenig entgegenkommen, damit es nicht zu Unruhen komme, weil die Stimmung unter den Arbeitern ausserordentlich geladen sei, antwortete Dr. Hans Sulzer, dass er Drohungen nicht nachgebe und dass er sich «mit voller Energie» wehren werde. Dass hingegen Drohungen seitens des Arbeitgebers nicht selten waren, zeigt die Klage der Kommission vom Mai 1932, als sie sich beschwerte, dass Meister oft Leuten, die reklamierten, mit Kündigung drohten [770]. Da die Vorgesetzten von der Geschäftsleitung ausnahmslos gedeckt wurden, nahm sie offenbar solche Praktiken in Kauf, um die Autorität aufrecht zu erhalten. Weitere Beispiele sind etwa die Bezeichnung «Anmassung» für die Forderung der Arbeiter nach Einhaltung der gesetzlichen 48-Stundenwoche, die gleichzeitig auch der «Gipfelpunkt des Unverstandes» war. Schliesslich warf Hans Sulzer der Arbeiterschaft auch politischen Unverstand vor, da sie nicht deutlich gegen die Kriseninitiative Stellung genommen habe [771].

Der Ablehnung der Lohnforderungen der Arbeiterkommission ging in der Regel ein ausführlicher Tour d'horizon von Hans Sulzer voraus. Gleich wie die Lage war, Sulzer schilderte sie immer in düsteren Tönen. Einige Beispiele:

«Wir leben von der Hand in den Mund» (1930)
«Ernstliche Gefährdung der Prosperität» (Lohnforderungen vom Frühling 1930)
Eine Senkung der Löhne und Saläre sei dringend notwendig, damit Sulzer ihre Stellung auf dem Weltmarkt behaupten könne (1932)
«Überall ein schwerer Kampf um die Existenz» (1934)
«Wir müssen unseren Mitarbeitern Opfer zumuten, um für alle schlimmere Folgen zu verhüten» (1934)
Schwieriges Geschäft im Ausland wegen der billigen Konkurrenz und der Handelshemmnisse (1935)
«Heute ist die geschäftliche Lage derart, dass eine allgemeine Aufbesserung (. . .) ausgeschlossen ist» (1936)
Man stehe gerade am Anfang einer Besserung. Die Arbeitsvermehrung entspreche aber nicht der finanziellen Situation (1937)
«Wir wollen Ihnen entgegenkommen, soviel wie möglich, aber es gibt Grenzen, wo wir nein sagen müssen» (1937)
Ausserordentlich starker Bestellungsrückgang. An eine generelle Lohnerhöhung ist nicht zu denken (1938)
Volle Beschäftigung. Die Firma hat sich wieder erholen können (1939) [772].

240

Sehr häufig verknüpfte Sulzer in seiner Argumentation die Lohnforderungen mit dem Weiterbestand des Unternehmens. Wie sollten da die Arbeiter noch auf ihren Forderungen bestehen können, wenn sie dadurch die Existenz ihres Brotgebers gefährdet hätten? Mit selektiven Zahlen, die die Arbeiterkommission nicht überprüfen konnte, verstärkte Sulzer noch seine Argumentation. Zu Recht beklagte sich die Kommission, dass die Arbeiter diese Zahlen nicht verstünden. Als man an der Betriebsversammlung die Zahlen der Realeinkommen bekanntgegeben habe, hätten die Arbeiter – so Präsident Krebs an der Sitzung vom 24.6.1937 – nur gelacht und gemurrt. Für die Arbeiterschaft seien diese Zahlen eben schwer verständlich [773].

Die Sitzungen mit der Geschäftsleitung zeigen deutlich, dass die Arbeiterkommission ein blosser Informationsvermittler war. Sie sammelte Klagen, Beschwerden, Forderungen und Anliegen von der Belegschaft oder aus ihrer eigenen Mitte und übermittelte sie der Geschäftsleitung, welche sie – ohne konkrete Versprechungen abzugeben – zur Prüfung entgegennahm. Auf der anderen Seite musste sie die Beschlüsse der Geschäftsleitung, an denen es an den Sitzungen nichts zu rütteln gab, zu den Arbeitern tragen. Lösten diese Widerspruch aus, so ging das Echo wiederum via Kommission an die Unternehmensleitung. Von der einen Seite als Transmissionsriemen und Puffer benutzt, von der andern ob ihrem Mangel an Durchsetzungsvermögen kritisiert, befand sich die Arbeiterkommission in einer ungemütlichen Position. Seine Frustrationsgefühle drückte Präsident Krebs so aus:

«Aber ich kann Ihnen schon sagen, dass wie es diese Woche getönt hat, es nicht mehr schön ist, in der Kommission zu sein» [774].

Blick in eine Sulzer-Speditionshalle.

Die Betriebsversammlung

Die Institution der Arbeiterkommission hing bis zum Friedensabkommen vom Willen des Arbeitgebers ab; gewählt wurde jedoch die Kommission von der Arbeiterschaft, die sie in periodischen Wahlen bestätigen musste. Neben dieser Repräsentation gab es auch noch ein gewissermassen basis-demokratisches Instrument: die Betriebsversammlung. Sie konnte selbstverständlich nicht über Unternehmerentscheide abstimmen, sondern nur der Arbeiterkommission bei Verhandlungen ein Mandat aufgeben. Wegen der Schwerfälligkeit dieser Institution wurde sie nur bei wichtigen, die ganze Belegschaft betreffenden Massnahmen einberufen, so bei der Lohneingabe 1930, beim Lohnabbau 1932 und 1934, beim Lohnkonflikt 1937. Diese vier Versammlungen wurden im Durchschnitt von 1000 bis 2000 Arbeitern besucht.

Die Betriebsversammlung war eigentlich das einzige Forum, wo sich die Arbeiter ungeschminkt und direkt zu Fragen «ihres» Betriebs äussern konnten. Entsprechend heftig prallten jeweils Meinungen aufeinander. An der Versammlung vom 10.4.1930 etwa musste die Arbeiterkommission zur Vernunft mahnen, nachdem auf Antrag der Kommunisten hin «eine regelrechte Anöderei» entstanden war[775]. Unruhig verlief auch die Versammlung vom 26.6.1937:

«Mit sichtlicher Unruhe hat die Versammlung dies (den Standpunkt der Geschäftsleitung, T.B.) entgegen genommen, und nachdem ein weiterer Weg, von Verband zu Verband zu verhandeln, abgelehnt wurde, wollte der Präsident der Arbeiterkommission die Verhandlung schliessen. Es entstand ein Tumult und es wurde aus der Versammlung heraus die Streikparole gestellt» [776].

Die Unruhe der Versammlung musste selbst SMUV-Zentralsekretär Konrad Ilg erfahren, der beim Konflikt vom Juni 1937 mit seiner Verhandlungsstrategie an die Falschen geraten war:

«Ein Sturm der Empörung brach los. ‚Abtreten von der Bildfläche!' so tönten die Rufe. Es war ein Duell zwischen Ilg und der Versammlung. Dem stürmischen Widerspruch der Metallarbeiter mit den kleinen Löhnen musste Ilg weichen: Ilg konnte nicht zu Ende reden, er musste abtreten» [777].

Eine vier Tage zuvor abgehaltene Betriebsversammlung, an der die Lohnvorschläge der Firma diskutiert wurden, muss gleichfalls stürmisch verlaufen sein. In seinem Protokoll zuhanden der Geschäftsleitung hielt AK-Präsident Krebs fest: «Helle Empörung löste die ungenügende Offerte der Firma aus» [778].

Ebenfalls mit der Streikdrohung endete die Betriebsversammlung vom 16.1.1934. Zwar erhielt die Arbeiterkommission den Auftrag, weiter mit der Geschäftsleitung über den Lohnabbau zu verhandeln, sollten diese Verhandlungen aber negativ ausfallen, dann würde die Arbeit niedergelegt[779].

Für die Kommunisten bedeutete natürlich die Betriebsversammlung ein ideales Propagandaforum, auf dem sie ihre Streik- und Revolutionsstrategie verkünden konnten. Die Aufforderung zum Streik, die an drei Betriebsversammlungen gestellt wurde, dürfte vor allem aus dieser Ecke gekommen sein. Es versteht sich, dass die Möglichkeit einer Manipulation der Massen durch einige wenige geschickte Volkstribunen Sulzer beunruhigen musste. In einem Flugblatt vom 2.7.1937 warnte die Geschäftsleitung vor einer Arbeitsniederlegung:

«Es zeigt sich, dass durch die von Anfang nicht einwandfrei klare Haltung der Gewerkschaft eine tiefe Beunruhigung unserer Arbeiterschaft entstanden ist. Heute sind es allerlei unkontrollierbare Elemente, die sie nach Kräften ausnützen» [780].

Nicht nur der Geschäftsleitung, auch der Arbeiterkommission und den Gewerkschaften musste es Sorge bereiten, dass eine Massenversammlung spontan ihren Intentionen zuwiderlaufende Entscheide fällen könnte. Insbesondere den SMUV, der ja während der ganzen Krise konsequent die Verhandlungsstrategie verfolgt hatte, musste eine aufmüpfige Basis irritieren, da sie durch unkontrollierbare Aktionen die von ihm als richtig erachtete Politik gefährden konnte.

Immerhin verstand es auch die Geschäftsleitung mit Erfolg, die Arbeiterschaft zu beeinflussen. Als am 3.7.1937 definitiv über Streik abgestimmt wurde, erläuterte die Geschäftsleitung nochmals an einer Betriebsversammlung ihre Argumente und warnte eindringlich vor einem Streik. Der Appell wirkte so überzeugend, dass die Arbeiterschaft entgegen einer ersten Abstimmung in letzter Minute auf den Streik verzichtete.

Obwohl die Betriebsversammlung radikaler war als die Arbeiterkommission, konnte auch sie weder einen Lohnabbau verhindern noch eine Lohnerhöhung im gewünschten Mass durchsetzen und dies vielleicht deshalb, weil sie sich letzten Endes jeweils gegen das Druckmittel Streik aussprach. Somit beschränkte sich ihre Funktion auf ein Artikulationsforum der Arbeiterschaft, das allerdings noch genügend Sprengkraft hatte, um sowohl Arbeiterfunktionäre als auch die Geschäftsleitung zu beunruhigen.

Der Lohnkonflikt vom Juni 1937

Wenngleich es vordergründig im folgenden Konflikt um den Lohn geht, so ist er doch nur Teil einer grundlegenden Auseinandersetzung: der Beziehung zwischen Arbeitern und Unternehmern. Der Juni 1937 bildete insofern eine Zäsur, als sich der Arbeiterschaft das letzte Mal die Frage stellte, Konfrontation oder Kooperation.

Wäre es zum Streik bei Sulzer gekommen, so wäre vermutlich die ganze Metall- und Maschinenindustrie davon betroffen worden; Aussperrungsdispositionen wurden jedenfalls getroffen. Dass es statt zu einer Streik- und Aussperrungswelle zum Friedensabkommen kam, hat nicht nur die wirtschaftliche Entwicklung der Schweiz, sondern auch die politische Kultur und die Sozialbeziehungen nachhaltig beeinflusst.

Am 11. 2. 1937 reichte die Arbeiterkommission eine Lohneingabe ein, in der sie die Erhöhung der Mindestlöhne auf 1 Franken, eine Revision der übrigen Löhne und die Gewährung der Ferien wie 1929 verlangte. Als Begründung gab sie an, dass die Löhne zurückgeblieben, die Lebenskosten erhöht und die Beschäftigung verbessert worden seien. An der Sitzung vom 19. 2. «belegte» Dr. Hans Sulzer anhand von Statistiken, dass der Lohnabbau geringer sei als der Rückgang der Lebenskosten. Zur Lage des Unternehmens gab er zu bedenken, dass man gerade erst am Anfang einer Besserung stehe. Die Geschäftsleitung wolle das Begehren wohlwollend, aber auch mit einer gewissen Zurückhaltung prüfen [781]. In einem Brief vom 30. 3. 1937 an den ASM teilte Sulzer mit, dass die Geschäftsleitung die Festsetzung von Mindestlöhnen ablehne und entsprach damit der Politik des ASM. Sie habe aber aufgrund der Eingabe individuelle Lohnerhöhungen vorgenommen, die sich vor allem auf jüngere Arbeiter erstreckten. Im Durchschnitt betrage die Erhöhung 3 Rappen und das Feriengeld werde wieder voll gewährt [782].

Diese Lohnrevision, in deren Genuss etwa ein Drittel der Belegschaft kam, fiel für die Arbeiter enttäuschend aus. Nach intensiver Diskussion reichte sie deshalb am 20. 5. 1937 ein weiteres Lohnbegehren ein. Darin forderten sie:
1. Erhöhung der Stundenlöhne für alle Arbeiter um 5 Rappen (ab 1. 6. 1937),
2. Erhöhung der Akkordansätze von 110% auf 117%,
3. Erhöhung der Stundenlohnzulagen um 7%.

In Anbetracht der tiefen Löhne und des stark verbesserten Geschäftsgangs war das zweifellos keine übertriebene Forderung. Selbst der Bundesrat hatte in einem Bericht an die Bundesversammlung über die Abwertung festgehalten:

«Wo ein solcher Abbau in weitgehendem Masse Platz gegriffen hatte, wird die Lohnerhöhung nicht vermieden werden können» [783].

Ein weitgehender Abbau war während der Krise bei Sulzer zweifellos eingetreten. In anderen Branchen – etwa im Baugewerbe – wurden zur gleichen Zeit Lohnerhöhungen von 5 bis 10 Rappen gewährt. Die Arbeiterkommission stellte also keine zu hohe Forderung und wollte daher auch keine Abstriche machen. Im Protokoll der Kommission heisst es dazu:

«Wohl wurden immer wieder Stimmen laut, dass das viel zu wenig sei, aber die überwiegende Mehrheit ist, der Auffassung, dass wir die Forderungen so stellen, und dann ohne zu markten durchsetzen» [784].

Am 2. 6. 1937 fand eine Sitzung zwischen Vertretern von Sulzer, Rieter, SLM und dem ASM statt. Nach ASM-Sekretär Dolde ging es vor allem um die Frage, ob eine allgemeine Lohnerhöhung erfolgen solle oder nicht. Die Versammlung beschloss, das bis auf weiteres zu unterlassen. Sulzer teilte mit, dass sie bereit sei, für einen Drittel der Belegschaft individuelle Erhöhungen von 3 bis 4 Rappen zu gewähren [785] und war also von allem Anfang an nicht bereit, eine generelle Erhöhung zu leisten. Es macht den Anschein, als ob das mehr eine prinzipielle denn eine finanzielle Frage gewesen sei.

An der Sitzung mit der Geschäftsleitung vom 21. 6. begründete die Kommission die Eingabe damit, dass sich die Arbeiter beklagt haben, die Erhöhung vom Februar sei hinausgeschoben und die Akkorde nicht hinaufgesetzt worden. Die Arbeiterkommission selber argumentierte mit volkswirtschaftlichen Einwänden gegen weitergehende Forderungen der Arbeiter. Hans Sulzer war erstaunt, dass die Arbeiter zwei Monate nach der ersten Eingabe, die teilweise erfüllt worden sei, eine zweite einreichten. Zwar sei die Arbeit für längere Zeit gesichert, doch wisse man nicht, was die Zukunft bringe. Auch habe die Firma sechs Jahre lang sehr grosse Verluste erlitten und die Reserven seien geschwächt. Mit Hilfe von Statistiken «zeigte» er der Kommission erneut, dass die Realeinkommen höher seien als in der Periode 1927–1930. Zudem böten auch die Überstunden eine willkommene Aufbesserung. Obwohl er innerlich gerne bereit wäre, dem Gesuch zu entsprechen, konnte er es nicht:

«Aber heute, bei diesem Einkommens-Verhältnis, können wir es nicht verantworten, dass wir die Löhne generell erhöhen» [786].

Erst wenn die Teuerung noch mehr ansteige, wäre die Geschäftsleitung zu weiteren Verhandlungen bereit. Im Moment müsse man aber alles versuchen, um konkurrenzfähig zu bleiben und Reserven anzulegen.

Die Arbeiterschaft sah die Argumente der Geschäftsleitung durchaus ein, doch waren ihre Löhne so tief, dass sie einfach mehr zum Leben brauchte. Die AZ begründete das so:

«. . . aber man soll nicht der Arbeiterschaft, die durch die langandauernde Krise ausgehöhlt ist, noch zumuten, sie solle auch noch die schlechten Auswirkungen der Abwertung auf ihrem Buckel tragen. So stehen die Dinge und nicht anders. Gewiss wissen wir, dass nicht willkürliche Lohnerhöhungen gemacht werden können, sollen nicht die günstigen Auswirkungen der Abwertung für den Export verlorengehen. Was die Arbeiterschaft will und fordert, ist eine Lohnerhöhung als Anpassung an die veränderten, gesteigerten Lebenshaltungskosten, also eine Massnahme, die der Bundesrat selbst in seinen Verfügungen vorgesehen hat, im Zusammenhang mit der Abwertung» [787].

An einer Betriebsversammlung wurden am Tag nach der Sitzung mit der Geschäftsleitung die Vorschläge der Firma bekanntgegeben, die «mit heller Empörung» aufgenommen und als «Herausforderung» bezeichnet wurden. Die Versammlung beschloss, der Arbeiterkommission nochmals den Auftrag zu weiteren Verhandlungen zu geben. Nach diesen Verhandlungen werde man an einer Versammlung vom 26.6. einen Beschluss über das weitere Vorgehen fassen [788].

An der Sitzung vom 24.6. teilte AK-Präsident Krebs mit, dass die Betriebsversammlung auf ihren Forderungen beharren werde. Viele Arbeiter hätten ihre Ersparnisse aufgebraucht. Er befürchtete, dass sich die Arbeiter nicht mehr ruhig halten werden. Darauf antwortete Hans Sulzer, ihm sei es nur wohl, wenn es den Arbeitern wohl sei, aber die finanzielle Situation der Firma lasse es nicht zu, dass er die Verantwortung für eine generelle Lohnerhöhung übernehmen könne. Er warnte vor unüberlegten Aktionen und bat die Kommission, in der Betriebsversammlung für Ruhe zu sorgen. Krebs ersuchte ihn, ein klein wenig entgegenzukommen, damit man an der Versammlung wenigstens etwas in den Händen habe. Er befürchte, dass an der Versammlung ein Antrag auf Streik eingereicht werde und lehne jede Verantwortung für das Handeln der Arbeiterschaft ab. Für Sulzer war die Sache hingegen klar:

«Wir sind immer entgegengekommen, und wenn wir es in diesem Moment nicht können, so ist das eben so» [789].

In einem Brief vom 25. 6. an die Arbeiterkommission begründete Sulzer seine Ablehnung noch einmal. Ein Unternehmen könne nicht mehr ausgeben, als es einnehme. Sulzer sei ein sehr lohnintensiver Betrieb, deshalb hätten die Löhne eine grosse Bedeutung. In den vergangenen sechs Jahren habe die Firma grosse Verluste erlitten, die Reserven seien zurückgegangen und Abschreibungen habe man nicht im erforderlichen Ausmass vornehmen können. Die Aktionäre hätten keinen Ertrag mehr gesehen und grosse Opfer auf sich nehmen müssen. Die Preise seien noch immer unbefriedigend, die Zukunft ungewiss. Zudem sei die Senkung der Löhne hinter derjenigen der Preise zurückgeblieben. Die Geschäftsleitung bezeichnete die Forderungen als «unzeitgemäss», war aber bereit, weitere individuelle Erhöhungen zu gewähren [790].

Die AZ äusserte in ihrer Ausgabe vom 26. 6. die Ansicht, dass die Arbeiter jahrelang Verständnis für die Firma bewiesen hätten, jetzt solle einmal Sulzer ihr Verständnis für die Arbeiter bekunden:

«Nun glauben die Arbeiter wirklich, die Zeit sei gekommen, wo sie ebenfalls etwas von der spürbaren Besserung verspüren sollten, nachdem sie jahrelang grosses Verständnis bekundet, nachdem sie jahrelang sich durchgehungert hatten (...). Wie lange sollen die Arbeiter noch warten?» [791]

Am 26. 6. fand auf der Schützenwiese eine Betriebsversammlung statt, an der 2200 von 3300 Arbeitern teilnahmen. Die Stimmung war ausgesprochen kämpferisch und Votanten, die einer Mässigung das Wort redeten, kamen schlecht an. Das musste auch Konrad Ilg erfahren. Die kommunistische «Freiheit» kommentierte:

«Zentralpräsident Ilg wirkte mit seiner Rede wie eine kalte Dusche auf die Arbeiter. Nichts vom Kampf, nichts vom Festhalten an der berechtigten Forderung. Verhandeln, Rücksicht nehmen...» [792].

Die AZ schilderte die Stimmung so:

«So kam in der Versammlung eine geradezu gehässige Stimmung auf, die sich bei der Rede eines Verbandsfunktionärs (Konrad Ilg, T.B.) in Zwischenrufen

Winterthur, 28. Juni 1937.

An unsere Arbeiterschaft!

Auf die Lohnforderungen, die zum heutigen Konflikt führten, hat die Geschäftsleitung der Arbeiterkommission zuhanden der von ihr vertretenen Arbeiterschaft in mündlicher und schriftlicher Form ausführlich erklärt und begründet, warum sie zur Zeit diese Forderungen auf allgemeine Erhöhung der Lohn- und Akkordsätze ablehnen muß.

Dagegen hat sich die Geschäftsleitung bereit erklärt, die kürzlich durchgeführte individuelle Lohnrevision in wesentlichem Maße zu erweitern und hiebei vor allem die unteren Verdienstkategorien zu berücksichtigen.

Für den Fall, daß die Arbeiterschaft sich mit der Antwort der Firma nicht zufrieden geben sollte, ist bei den letzten Verhandlungen mit der Arbeiterkommission auf die Möglichkeiten hingewiesen worden, die der Arbeiterschaft zur weiteren legalen Verfolgung ihrer Forderungen zur Verfügung stehen. Es sind dies: Das kantonale Einigungsamt oder Verhandlungen zwischen den Verbänden.

Die Geschäftsleitung ersucht jeden Einzelnen unserer Mitarbeiter dringend, sich dafür einzusetzen, daß keine illegale Arbeitsniederlegung beschlossen wird, bevor die genannten Vermittlungswege beschritten worden sind.

Sie macht eindrücklich auf die schweren direkten und indirekten Schäden aufmerksam, die ein Streik auf alle Fälle der Arbeiterschaft und der Firma zufügen würde.

Gebrüder Sulzer
Aktiengesellschaft

Die Firma Sulzer warnt vor einem Streik im Lohnkonflikt vom Juni 1937.

247

Luft machte (...). Der Wille zu einer Kampfaufnahme war fast 100prozentig vorhanden. Ein aus der Mitte der Versammlung gestellter Antrag, am Montag (die Versammlung fand an einem Samstag statt, T.B.) die Arbeit nicht mehr aufzunehmen, vereinigte mehr als 90 Prozent der Anwesenden auf sich (...). Hoffen wir, dass nicht durch die Unnachgiebigkeit der Betriebsleitung die Arbeiterschaft zu einem Schritt getrieben wird, den sie nur mit schwerem Herzen zu tun gezwungen wäre» [793].

Das Resultat lautete: 1560 für Streik, 208 dagegen, 68 Enthaltungen [794]. Die überwiegende Mehrheit sprach sich also für einen Streik aus. Dieser Streikbeschluss lief jedoch den Intentionen des SMUV, der sich auf Initiative von Konrad Ilg seit dem Frühling in intensiven Verhandlungen mit Vertretern der Metall- und Maschinenindustrie über eine Vereinbarung befand, gründlich zuwider. Weil er die Vereinbarung gefährdet sah, musste er etwas unternehmen. In einem Brief vom 28.6.1937 stellte der SMUV gegenüber dem ASM klar:

«Dass nach Abschluss auch nur einer provisorischen Vereinbarung für uns kein Streik mehr in Frage kommen kann, ist ganz selbstverständlich. Schon heute und nach der Unterzeichnung des Abkommens erst recht sind Beschlüsse der Betriebsversammlung, selbst wenn sie von anderen Verbänden unterstützt würden, für uns und unsere Mitglieder in keiner Weise verbindlich. Dagegen möchten wir nicht den Anschein erwecken, als wäre die Vereinbarung gerade jetzt abgeschlossen worden, um die Beschlüsse der Betriebsversammlung zu ignorieren. Es könnte dies nur eine unnötig gesteigerte Aufregung zur Folge haben» [795].

Für Konrad Ilg hatten also basisdemokratische Entscheide keine Bedeutung. Da zudem die erwähnte Vereinbarung die Stellung der Basis schwächen würde, wusste er genau, dass sie diese kaum gutheissen würde [796].

Ilg sprach sich gegen einen Streik aus, weil er eine Abneigung gegen dieses Kampfmittel hegte und das Abkommen dadurch gefährdet sah. Am SMUV-Kongress vom September in Bern bestätigte er dies ausdrücklich:

«... andererseits wurde durch diese ganze Bewegung das Abkommen gefährdet (...). Tatsächlich kamen die Verhandlungen erst wieder in Gang, nachdem die Bewegung in Winterthur erledigt und das Schiedsgericht eingesetzt worden war» [797].

Weil an der Versammlung vom 26.6. bereits ein Teil der Leute vor der Abstimmung gegangen war, wurde am 29.6. nochmals eine geheime Urabstimmung über den Streik durchgeführt. Das Ergebnis lautete:

Stimmberechtigte	3081	für Streik	1996
ausgeteilte Stimmzettel	2721	gegen Streik	614
abgegebene Stimmzettel	2679	leer, ungültig	69

Damit wurde die laut SMUV-Statuten für einen Streik erforderliche Dreiviertelsmehrheit um 14 Stimmen nicht erreicht. Eine Vertrauensmänner-Versamm-

An unsere Arbeiterschaft!

Im gegenwärtigen Lohnkonflikt ist eine Wendung eingetreten, die uns veranlaßt, noch einmal an unsere Arbeiterschaft zu gelangen.

Es wird mit Streik gedroht, falls die Firma nicht bis heute abend materielle Konzessionen macht. Gestern haben Verhandlungen stattgefunden, über deren Inhalt die Arbeiterschaft nicht oder nicht richtig orientiert ist. Die Firma hat sich bereit erklärt, die strittige Lohnfrage einem Schiedsgericht zu unterbreiten. Dieses soll im beidseitigen Einverständnis aus neutralen, unabhängigen Männern gebildet werden. Die Geschäftsleitung der Firma hat sich bereit erklärt, **sich dem Schiedsspruch zu unterziehen, unter der Voraussetzung, daß seitens der Arbeiterschaft ein Gleiches geschehe.** Dieses Schiedsgericht soll sofort eingesetzt werden, sodaß ein Entscheid bis Mitte Juli erwartet werden darf.

Zu unserer großen Überraschung wurde von der Arbeiterkommission heute dieser Vorschlag abgelehnt und uns eröffnet, man werde sofort in den Streik treten, wenn nicht dem Lohnbegehren nachgegeben werde.

Wir möchten darauf hinweisen, daß bei dieser Sachlage der Streik gänzlich nutzlos ist und nur beiden Teilen schweren Schaden zufügen wird.

Wenn der Streik ausbricht, wird nichts anderes übrig bleiben, als früher oder später den Lohnkonflikt doch vor eine neutrale Instanz zu bringen. Die Situation wird also durch den Streik in unbedachter und gänzlich unnötiger Weise verschärft.

Wir möchten ein letztes Mal dringend vor einer illegalen Arbeitsniederlegung warnen und möchten die Arbeiterschaft in ihrem eigenen Interesse auffordern, sich noch einmal schlüssig zu werden, ob sie obligatorisches Schiedsgericht oder Streik für richtig hält.

Die Verantwortung für den schweren Schaden, der für die Firma und die Arbeiterschaft eintreten wird, fällt auf diejenigen, die den Streik wollen.

Winterthur, den 2. Juli 1937.

Gebrüder Sulzer
Aktiengesellschaft

Sulzer empfiehlt den Arbeitern, den Weg der Schiedsgerichtsbarkeit einzuschlagen.

lung hielt aber dennoch am Streikbeschluss fest und lehnte am 1. 7. auch ein Angebot der Firma ab, an ein neutrales Schiedsgericht zu gelangen[798]. Die Arbeiterkommission bestätigte diesen Entscheid. Die Vertrauensleute-Versammlung konnte nicht verstehen, wieso Sulzer keine Konzessionen machte, obwohl die Firma erklärt hatte, sie wolle sich dem Spruch des Schiedsgerichts unterziehen, selbst wenn er der Forderung der Arbeiter gleichkäme[799]. Weil die Geschäftsleitung den Eindruck hatte, die Arbeiterschaft sei über die Verhandlungen vom 1. 7. nicht richtig orientiert worden, sprach sie sie in einem Flugblatt direkt an. Sie warnte darin vor einer «illegalen Arbeitsniederlegung» und empfahl nochmals eine Schlichtung vor dem Schiedsgericht. Weiter wies sie darauf hin, dass ein Streik nutzlos sei und nur beiden Teilen schweren Schaden zufügen werde[800].

Die Arbeiterschaft war jedoch – das geht aus dem Abstimmungsresultat und der überwiegenden Zahl der Äusserungen hervor – zu einem Kampf entschlossen. Die AZ schrieb darüber:

«Die Arbeiter sind entschlossen, mit allen Kräften an den aufgestellten Forderungen festzuhalten und wenn nötig Opfer zu bringen. Sie seien sich gewöhnt, Opfer zu bringen, sagten die Arbeiter; jahrelang hätten sie während der Krise die grössten Opfer bringen müssen; nun könnten sie es auch für ihre gerechte Sache.»

Und die «Freiheit» doppelte nach:

«Der Entscheid bei Sulzer und die Stimmung der gesamten Belegschaft beweisen eindrücklich: für ihre Lebensrechte werden diese Metallarbeiter kämpfen. Die hinzögernde Haltung der SMUV-Zentrale wurde verschiedentlich aber eindeutig zurückgewiesen» [801].

Sulzer rechnete offenbar fest mit einem Streik. In einem Telegramm an den in Berlin weilenden Hans Sulzer bezeichnete sein Vetter Oscar das Abstimmungsergebnis als «wider Erwarten ungünstig». Er kalkulierte denn auch bereits, wieviel man von der Streikversicherung der Metall- und Maschinenindustriellen erhalten werde[802].

Die Arbeiterschaft hielt an ihrem Streikbeschluss für den 5. 7. fest. Am gleichen Tag sollte auf der Schützenwiese eine weitere Betriebsversammlung stattfinden. Besorgt warnte der «Landbote» in seiner Ausgabe vom 2. 7.:

«Bereits machen sich die Kommunisten mit Flugblättern bemerkbar, um die Arbeiter aufzuwiegeln» [803].

Am Samstag, dem 3. 7. sollte noch eine letzte Versammlung vor dem Streik stattfinden. Als die Arbeiterkommission der Geschäftsleitung diesen Wunsch unterbreitete, spielte diese ihren letzten Trumpf aus. Sie erklärte der Kommission, dass sie ebenfalls um 10 Uhr eine Betriebsversammlung in der grossen Montagehalle abhalten wolle. Als die Geschäftsleitung einige Bedingungen der Arbeiterkommission akzeptierte, einigte man sich auf eine gemeinsame Versammlung.

Die Sulzer-Arbeiter bezeichneten Dr. Robert Sulzer (1873–1953) als eigentliche Seele des Betriebes. Mit seiner Rede konnte er 1937 in allerletzter Minute verhindern, dass sich die Sulzer-Arbeiter für einen Streik entschieden. Der Appell zeigte die erhoffte Wirkung: Zwar stimmten die Winterthurer Sulzer-Arbeiter für einen Streik, doch weil das Werk Bülach klar dagegen war, fiel das Gesamtresultat gegen einen Streik aus. Wäre es damals zu einem Streik gekommen, so wäre das Friedensabkommen kaum unterzeichnet worden, zumindest nicht zum damaligen Zeitpunkt.

251

Vor versammelter Belegschaft erläuterte Dr. Robert Sulzer[804] – auf einem mächtigen Dieselmotor stehend – nochmals die Argumentation der Geschäftsleitung und legte der Arbeiterschaft nahe, den Weg des Schiedsgerichts zu gehen. Der Präsident der Arbeiterkommission sowie Arbeitersekretäts Ferdinand Aeschbacher empfahlen ebenfalls den neuen Weg der Schiedsgerichtsbarkeit. Nachdem die Geschäftsleitung abgetreten war, diskutierte die Arbeiterschaft pro und kontra. Insgesamt 20 Arbeiter ergriffen das Wort. Die mahnenden Worte von Robert Sulzer verfehlten ihre Wirkung nicht. Zwar stimmte der Winterthurer Betrieb mit 1114 zu 1056 für den Streik, doch war das Werk Bülach fast geschlossen dagegen (94 zu 24). Das Endresultat der geheimen Abstimmung lautete 1138 für und 1150 gegen den Streik. Den Ausschlag gab also das Werk Bülach. Werner Gilomen erinnerte sich, dass ein Grossteil der dortigen Arbeiter sogenannte «Säcklipuure» gewesen seien, die überhaupt kein Proletarierbewusstsein gekannt hätten und die der Meister völlig in seiner Hand gehabt habe: «Sie haben ihm aus der Hand gefressen»[805].

Die letzte Trumpfkarte stach also. Hans Egli, der spätere AK-Präsident, schreibt rückblickend:

«So war denn diese schlimme Situation gemeistert worden, und es war nicht zuletzt den zur Vernunft mahnenden ruhigen Worten von Herrn Robert Sulzer zu verdanken, dass am Ende der Beschluss, das Schiedsgericht anzurufen, durchgebracht werden konnte»[806].

Von der bürgerlichen Presse, die immer auf den volkswirtschaftlichen Schaden hingewiesen hatte, wurde dieses Resultat natürlich freudig begrüsst. So meldete etwa die Schweizerische Mittelpresse, die eine ganze Reihe kleinerer Zeitungen mit Informationen belieferte: «Die Vernunft hat doch gesiegt» (4.7.) und die «Thurgauer Zeitung» schrieb:

«Es ist erfreulich, dass durch den festen Entschluss der Geschäftsleitung und durch die Einsicht der Mehrheit der Arbeiterschaft diese Disziplin in Winterthur gewahrt worden ist»[807].

Weniger erfreut waren natürlich die Kommunisten. Für «Die Freiheit» war schon der Beschluss zur Durchführung einer gemeinsamen Versammlung unverständlich gewesen. Ausschlaggebend war für sie der hohe Anteil von Stammarbeitern und die persönliche Bindung (Darlehen, Pensionskasse, Hypotheken), die «noch in bedeutendem Mass vorhanden sind»[808]. Weiter meinte sie zur Versammlung:

«In dieser entscheidenden Beratung entdeckte Dr. R. Sulzer seine ,enge Verbundenheit' mit den Arbeitern. Er sprach vom Prestige der Firma Sulzer, drei Jahre hätte er selbst ,Freud und Leid' als Arbeiter an der Drehbank ,mit seinen Kollegen' geteilt. Auf die zahlreichen Stammarbeiter bei Sulzer hatte dieses Lied seine Wirkung nicht verfehlt. Die höchsteigene Gegenwart von Direktoren hatte ihre Wirkung getan»[809].

Die Zeitung der Genfer Kommunisten, «La Lutte», machte auf einen psychologischen Aspekt aufmerksam:

«La Maison Sulzer (. . .) suivit l'exemple de Ilg! Elle ne reconnut pas le résultat de la votation au bulletin secret et décida d'organiser une nouvelle votation, dans ses ateliers. On assembla le personnel, avec le consentement du syndicat, et la direction fit jouer la corde sentimentale. Puis on offrit la parole à la contradiction! Dérision! Pouvait-t-il se trouver un ouvrier qui, face au patron, vint parler pour la grève? C'eut été demander être mis au chomage!» [810].

Einen etwas ambivalenten Standpunkt nahm die AZ ein. Zwar unterstützte sie selbstverständlich die Forderungen der Arbeiter, hoffte aber wohl noch immer auf ein Einlenken der Firma. Sie warf Sulzer vor, aus reinen Prestigegründen einen Kampf eingegangen zu sein. An der Versammlung vom 3. 7. habe Dr. Wolfer gesagt, wenn das Schiedsgericht 5 Rappen zuspreche, werde sie die Firma anstandslos bezahlen [811]. Das Unternehmen musste also – entgegen den Behauptungen von Hans Sulzer – über die Mittel für die Lohnerhöhungen verfügen, sonst hätte nicht ein Mitglied der Geschäftsleitung ein solches Versprechen abgeben können. Die AZ vermutete:

«Dass bei der Firma tatsächlich dieser Prestigestandpunkt ausschlaggebend ist, beweist auch die Tatsache, dass die Firma einer grösseren Zahl von Arbeitern Lohnerhöhungen ausrichten will; man hofft so vieleicht, die Arbeiter entzweien zu können; man hofft durch diese Massnahme, dass diejenigen, welchen Lohnerhöhungen versprochen wurden, sich vom Kampfe abhalten lassen» [812].

Gleichentags meldete die AZ, der Maschinenindustriellen-Verband habe mit einer Generalaussperrung gedroht, falls es zum Streik komme. Davon wären 28 000 Arbeiter betroffen worden. Diese Meldung wurde allerdings von Sulzer umgehend dementiert.

Rhetorisches Geschick von Robert Sulzer, die Überzeugungskraft der Arbeiterführer sowie psychologischer und finanzieller Druck ebneten den Weg zum Schiedsgericht. Nach Ilg war es nämlich deshalb nicht zum Streik gekommen, weil – wie er dem Schiedsgericht erklärte – sich der SMUV geweigert hätte, Streikunterstützung zu zahlen. Ungefähr die Hälfte der Sulzer-Arbeiter waren im SMUV organisiert [813], ein Sechstel in den evangelischen oder christlichen Gewerkschaften, der Rest war unorganisiert. Pikant ist, dass der SMUV alles versuchte, um einen Streik zu verhindern, dass aber die christliche und evangelische Gewerkschaft die ersten gewesen seien – so Oscar Sulzer in einem Brief vom 2. 7. an den Verwaltungsrat – die die Streikparole herausgegeben hätten [814].

Dass es nicht zum Kampf kam, lasteten die Kommunisten vor allem Ilg und seiner Verhandlungsstrategie an. Allerdings – und darin mag sie Ilg durchschaut haben – ging es ihnen nicht bloss um die Lohnerhöhung, sondern für sie sollte der Streik bei Sulzer den Auftakt zu einem Arbeitskampf bilden, der die gesamte schweizerische Arbeiterschaft umfasst hätte. In einem Flugblatt teilte die KPS unter dem Titel: «Streik bei Sulzer, das war eben das Sturmsignal für das ganze Land» mit:

«Doch es wurde nicht gekämpft, der Streik wurde abgewürgt (...). Der schimpfliche Rückzug, die kampflose Niederlage ist das Ergebnis Ilgscher Politik. Ilg will keinen Kampf (...). Die Sulzer-Proleten waren kampfbereit. Doch sie konnten nicht das Gefühl einer allseitigen Unterstützung im Lande herum haben und die Gewerkschaftsleitung, deren Aufgabe es hätte sein müssen, die Solidarität der gesamten schweizerischen Arbeiterschaft für den Kampf der Sulzer-Arbeiter zu mobilisieren, sie hat sich diesem Kampf entgegengestellt» [815].

Nach dem ablehnenden Streikentscheid machte sich das Schiedsgericht, dem Stadtpräsident Dr. Hans Widmer vorstand, sogleich an die Arbeit. Es führte umfangreiche Gespräche mit den drei Gewerkschaften und der Firma durch. Nachdem sich Sulzer bereits früher verpflichtet hatte, den Schiedsspruch zu befolgen, wünschte Hans Sulzer auch von der Arbeiterkommission, dass sie ihren ganzen Einfluss geltend mache, «um die Arbeiterschaft zur Befolgung des Schiedsspruchs zu bewegen» [816]. Metallarbeitersekretät Aeschbacher gab diese Erklärung ab, doch bezweifelte Oscar Sulzer seine Legitimation, da er nicht Mitglied der Kommission war [817].

In den Verhandlungen beharrten die Gewerkschaften selbstverständlich auf ihren Forderungen. Als Hauptargument wurde die Teuerung geltend gemacht. In einem Brief vom 16.7. ans Schiedsgericht bezeichnete der Christliche Metallarbeiter-Verband (CMV) die Forderung «als gering bemessen, auf keinen Fall übersetzt». Für die Arbeiter sei eine Teuerung nicht von 6% bis 7%, sondern von 15% bis 20% eingetreten. Nach Ansicht des SMUV wurden die Löhne bei Sulzer seit 1932 effektiv um etwa 20% abgebaut. Dazu komme, dass vielleicht 90% der Arbeiterschaft während der Krise wiederholt teilweise oder ganz arbeitslos waren. In grossen Kreisen der Arbeiterschaft habe eine

«fast für unmöglich gehaltene Notlage und Verarmung überhand genommen, worin sich die bitterböse Stimmung, die während dem Lohnkonflikt leider zum Ausdruck gekommen ist, erklärt».

Der Schweizerische Verband Evangelischer Angestellter und Arbeiter (SVEA) meinte in einem Brief vom 15.7. ans Schiedsgericht, dass die Teuerung etwa 10% betrage und dass die Löhne in diesem Ausmass anzupassen seien. Die Forderung sei so bescheiden, dass man sich nur verwundern könne, dass die Firma nicht von sich aus Entgegenkommen gezeigt habe [818].

Nachdem das Schiedsgericht in einem ersten Urteilsentwurf von einer Erhöhung von 4 bis 5 Rappen gesprochen hatte, legte es sich in seinem Urteil auf den unteren Wert fest. Es lautete:

1. Erhöhung der Stundenlöhne um 4 Rappen,
2. Heraufsetzung der Akkordlöhne von 110% auf 115%,
3. Erhöhung der Stundenlohnzulagen um 5%.

Der Urteilsspruch, der von beiden Parteien strikte eingehalten wurde, ebnete endgültig den Weg zum Friedensabkommen, das wenige Tage später unterzeichnet wurde. Es ist offensichtlich, dass der SMUV mit allen Mitteln versuchte, einen Streik zu verhindern. Er war nicht gewillt, einen kurzfristigen Erfolg, den er mit einem Streik hätte erzielen können, gegen das langfristige Ziel der Konfliktregelung auf friedlichem Weg einzutauschen. Er musste dabei wissen, dass ein Schiedsgericht nach den bisherigen Erfahrungen kaum die Forderungen der Arbeiter vollumfänglich stützen würde. So wie Ilg das Friedensabkommen praktisch im Alleingang einholte, war er auch bereit, sich gegen die Mehrheit der Arbeiterschaft zu stellen, wenn er durch sie seine von ihm als richtig erachtete Politik bedroht sah.

Entgegen einer weitverbreiteten Verschwörertheorie war der Streikaufruf kein kommunistisches Manöver. Wie die Bewegung entstand, schilderte die AZ wie folgt:

«Die Bewegung ist aus der Masse der Sulzer-Arbeiter herausgewachsen; nicht die führenden Männer der Gewerkschaft haben zum Kampfe getrieben – das hat die Versammlung am letzten Samstag auf der Schützenwiese deutlich genug gezeigt –, sondern die Arbeiter drängten auf die Erfüllung ihrer Forderungen, sie drängen zur Anwendung der äussersten Mittel . . .» [819].

Der SMUV zusammen mit der Sulzer-Geschäftsleitung brachte also die Masse der Arbeiter doch noch zur «Vernunft». Wie vernünftig der Verzicht auf den Streik war, ist letzten Endes keine historische, sondern eine politische Frage. Wer diesen Entscheid vom Standpunkt der Prosperität und der ungestörten Wirtschaftsentwicklung sieht, wird ihn begrüssen, wer den Verlust von Kampf- und Klassenbewusstsein bedauert, lehnt ihn ab. Dass die Arbeiterschaft mit dem (faktischen) Verzicht auf die Streikwaffe vielleicht doch zu viel hergegeben hat, zeigen meiner Meinung nach die Diskussionen in jüngster Zeit um die Relativierung der Friedenspflicht.

Der Weg zum Friedensabkommen

Obwohl der Abschluss des Friedensabkommens in direktem Zusammenhang mit dem Arbeitskonflikt bei Sulzer vom Juni 1937 steht, ist er doch nur die Abrundung eines Prozesses, der schon Jahre zuvor angelaufen war. Bereits 1930 hatte sich Konrad Ilg, als die Erfolgsaussichten eines Streiks noch günstig waren, gegen dieses Mittel ausgesprochen. Erst recht dann während der Krise, als er Streiks bei hoher Arbeitslosigkeit geradezu als selbstmörderisch betrachtete. Verschiedenes deutete darauf hin, dass Konrad Ilg mindestens 10 Jahre vor

Abschluss kontinuierlich auf sein Ziel hingearbeitet hat, wenn nicht schon seit seiner Wahl zum SMUV-Zentralsekretär [820]. Gewisse Ereignisse, wie etwa eine drohende staatliche Zwangsschlichtung von Arbeitskonflikten im Jahre 1937, oder eben der Sulzer-Konflikt, beschleunigten diesen Prozess. Dass die Metallarbeiter bereits seit 1925 sehr zurückhaltend mit Streiks waren, bestätigt eine Aufstellung des ASM [821].

In der Schweiz durch Streiks verlorengegangene Arbeitstage 1911–1939

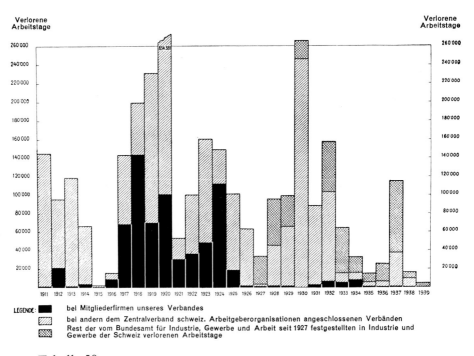

LEGENDE: ■ bei Mitgliederfirmen unseres Verbandes
▨ bei andern dem Zentralverband schweiz. Arbeitgeberorganisationen angeschlossenen Verbänden
▩ Rest der vom Bundesamt für Industrie, Gewerbe und Arbeit seit 1927 festgestellten in Industrie und Gewerbe der Schweiz verlorenen Arbeitstage

Tabelle 50

Die Idee einer Vereinbarung zwischen Arbeiterschaft und den Unternehmern der Metall- und Maschienindustrie, die alleine auf der sittlichen Kraft der Vertragsparteien, auf dem Grundsatz von Treu und Glauben beruhen sollte, war ausschliesslich Ilgs Kind. Im grösseren Kreis wurde diese Idee erstmals an einer Sitzung des erweiterten SMUV-Zentralvorstandes vom 25./26. 2. 1937 erörtert. Am 11. 3. wandte sich dann Ilg direkt an den Generaldirektor der Von Roll'schen Eisenwerke und Präsidenten des ASM, Dr. Ernst Dübi. In einem Brief an Dübi vom 23. 4. konkretisierte Ilg seine telefonisch geäusserten Vorstellungen und schlug ein Abkommen zur Regelung aller Fragen der Arbeits-, Lohn- und Existenzbedingungen auf dem Weg der Verständigung vor [822]. Am gleichen und folgenden Tag nahm eine grosse Konferenz, bestehend

256

aus dem erweiterten Zentralvorstand des SMUV, Vertretern von verschiedenen Arbeiterkommissionen und weiteren Vertrauensleuten, einen Bericht über die bereits schwebenden Verhandlungen entgegen. Die Arbeitgeber ihrerseits hatten die Idee einer Vereinbarung am 11.–13. 4. an einer Konferenz in Ouchy diskutiert. Wenig Begeisterung zeigte anfänglich die Firma Sulzer. In einer internen Vernehmlassung äusserte Dr. Oscar Sulzer am 5. 4. die Ansicht, dass es sich für den Verband empfehle, wenn er sich nach wie vor mit allen Mitteln gegen kollektive Anstellungs- und Tarifverträge zur Wehr setze[823].

Ernst Dübi (1884–1947) war Verwaltungsrats-präsident der Von Roll'schen Eisenwerke und als Präsident des Arbeitgeberverbandes Schweiz. Maschinen- und Metall-Industrieller eine der wichtigsten Persönlichkeiten des Schweizer Wirtschaftslebens. Zusammen mit Konrad Ilg war er einer der Schöpfer des Friedensabkommens.

Konrad Ilg (1877–1954) war gelernter Schlosser, dann Sekretär und später Präsident des SMUV. Er leitete den Verband auf ziemlich selbstherrliche Art, was ihm zwar des öftern Kritik von Genossen einbrachte, ihm aber auch ermöglichte, das Friedensabkommen ohne äussere Störung durchzubringen.

Am 25. 5. erhielt Ilg Gelegenheit, auf Einladung des ASM seine Vorstellungen einem kleinen Kreis von Industrievertretern zu erläutern und gleichzeitig einen Entwurf der Vereinbarung vorzulegen. Bei anschliessenden Verhandlungen machte Hans Sulzer dem ASM den Vorschlag, dass das Abkommen die Institution der Arbeiterkommission nicht erwähnen solle, um zu vermeiden, dass die Gewerkschaften die Frage der Kompetenz und Zusammensetzung der Arbeiterkommission aufwerten und diskutieren würden[824]. Obwohl anfangs von Seiten der Arbeitgeber ein ziemlich grosses Misstrauen eine Abkommen entgegengebracht wurde, kamen die Verhandlungen rasch voran. Auf der

Arbeiterseite waren keine Widerstände zu überwinden, da sie ja nicht gefragt wurde. Man hätte die vom ASM vorgeschlagene Fassung, die der SMUV in einem Brief vom 28. 6. an den ASM ausdrücklich gebilligt hatte, bereits am 10. 7. in Kraft setzen können[825], wenn nicht der Sulzer-Konflikt dazwischen gekommen wäre.

«Ein störendes Element trat dann noch mit der Lohnbewegung bei der Firma Gebrüder Sulzer AG in Winterthur auf, die sich rasch bedrohlich zuspitzte und nur knapp an einem Streik vorbeikam. Die Verhandlungen um das Friedensabkommen wurden deshalb zeitweilig ausgesetzt. Konrad Ilg trat mit aller Macht gegen die Streikabsicht auf»[826].

In der Tat kam Ilg – wie schon im letzten Kapitel erwähnt – mit seinem praktisch perfekten Abkommen, von dem die Arbeiter auf der Schützenwiese am 26. 6. wegen seiner Geheimdiplomatie wohl zum ersten Mal hörten, nicht gut an:

«Der neue vorgeschlagene Weg, zuerst zu verhandeln und erst dann zu kämpfen, schien vielen älteren Arbeitern nicht der richtige Weg zu sein. Konrad Ilg wurde mit Pfui- und Schmährufen ganz lautstark niedergebrüllt. Die Funktionäre, die einer solchen Lösung zustimmen würden, wurden als Arbeiterverräter tituliert»[827].

Dass vor allem ältere Arbeiter im Abkommen einen Verrat an ihrer Sache witterten, bestätigt auch Werner Gilomen, der als junger Arbeiter dem neuen Weg positiv gegenüberstanden war. Vielleicht lässt sich das mit einer bei jungen Arbeitern verbreiteten Aufsteigermentalität erklären:

«Wir Jungen wollen uns die Chance eines jetzt möglichen Aufstiegs nicht verscherzen durch unüberlegtes Handeln. Wir müssen zeigen, dass uns momentan auch ein etwas bescheidener Lohn nützlicher ist als irgendeine Parteimachtstellung. Schätzt das Geschäftsinteresse höher als die schmeichelhaften Worte der die Verantwortung doch nicht Tragenden»[828].

Dem Konflikt bei Sulzer kam deshalb so grosse Bedeutung zu, weil er gewissermassen ein Testfall für das Funktionieren des neuen Abkommens sein sollte, weshalb Ilg ja auch alles daran setzte, einen Streik zu verhindern. Das geht deutlich aus der Sitzung vom 24. 6. zwischen Geschäftsleitung und Arbeiterkommission hervor, in der Hans Sulzer auf die Verhandlungen zwischen ASM und SMUV hinwies. Dieses Abkommen sollte – erklärte er der Arbeiterkommission – ein Konfliktlösungsmodell enthalten, das das Einigungsamt überflüssig machen würde. Er bat die Kommission, mit Massnahmen zu warten, damit man den bei den Verhandlungen zwischen den Verbänden vorgezeichneten Weg gehen könne[829]. Zudem wurde die Einhaltung des Schiedsspruchs im Sulzer-Konflikt direkt an die zu treffende Vereinbarung gekoppelt. In den Protokollnotizen vom 10. 7. zum Abkommen machten die Arbeitgeber den Vorschlag, dass die Vertragsparteien eine Erklärung abgeben, wonach sie im Sulzer-Konflikt dem zu fällenden Schiedsspruch nach den Bestimmungen der Vereinbarung nachleben würden[830].

Nachdem der Streik verhindert wurde, stand einer Vertragsunterzeichnung nichts mehr im Wege. Sie erfolgte am 19. 7. 1937 und trug die Unterschriften der Vertreter des ASM, SMUV, CMV, SVEA, LFSA. Die wichtigste Vereinbarung findet sich in der Präambel. Die Vertragsparteien verpflichteten sich darin, allfällige Meinungsverschiedenheiten und Streitigkeiten nach dem Grundsatz von Treu und Glauben zu lösen, d. h. keiner soll dem andern etwas vorenthalten, was er zu leisten fähig wäre und keiner soll etwas fordern, was der andere nicht geben kann. Weiter wird festgehalten, dass während der Dauer des Abkommens unbedingt der Arbeitsfriede zu wahren ist.

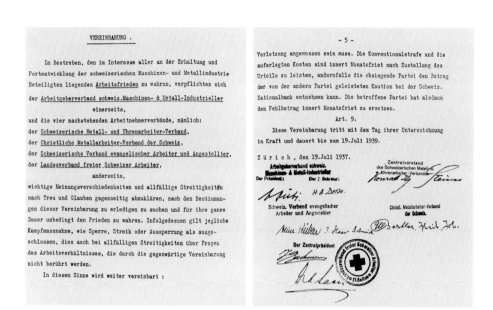

Das Friedensabkommen mit den Unterschriften der beteiligten Verbände.

«*Infolgedessen gilt jegliche Kampfmassnahme, wie Sperre, Streik oder Aussperrung als ausgeschlossen, dies auch bei allfälligen Streitigkeiten über Fragen des Arbeitsverhältnisses, die durch die gegenwärtige Vereinbarung nicht berührt werden*» [831].

Was hingegen nicht geregelt ist, sind die Lohnverhältnisse, die in jedem Betrieb separat – entsprechend der Leistungsfähigkeit des Unternehmens – zwischen Arbeiterkommission und Geschäftsleitung ausgehandelt werden müssen.

Das Friedensabkommen war also zunächst kein Gesamtarbeitsvertrag im herkömmlichen Sinn, sondern ein Abkommen für die schiedsgerichtliche

Erledigung aller Streitfälle, die nicht durch gegenseitige Verständigung beigelegt werden können. Das Einigungsverfahren sah so aus: Wenn Arbeiterkommission und Unternehmensleitung keine Einigung erzielen können, sollen die Verbandsinstanzen subsidiär eingreifen. Finden auch diese keine Lösung, dann wird der Fall der Schlichtungsstelle unterbreitet, die einen Vermittlungsvorschlag ausarbeiten muss. Sofern die Parteien sich dazu bereit erklärt haben, kann die Schlichtungsstelle einen Schiedsspruch fällen. Kommt auch vor der Schlichtungsstelle keine Einigung zustande, so kann jede der Parteien noch eine Schiedsstelle anrufen.

Die Arbeiterschaft – vertreten durch ihre Delegierten – konnte zwei Monate nach Abschluss zum Friedensabkommen Stellung nehmen. Am SMUV-Kongress vom 16./17. 9. 1937 in Bern wurde die Vereinbarung von den Delegierten in einer Resolution mit 218 zu 3 Stimmen angenommen. Dieses Resultat täuscht allerdings darüber hinweg, das eine ziemliche breite Opposition – und zwar nicht nur auf dem linken Flügel der Arbeiterbewegung – gegen das Abkommen bestand. Wohlweislich wurde es denn auch nicht einer Urabstimmung unterbreitet. Für das Abkommen standen in erster Linie die Arbeiterfunktionäre ein.

Am Kongress rechtfertigte Ilg die Vereinbarung damit, dass es nicht möglich gewesen wäre, ohne schwerwiegende Nachteile in der Maschinenindustrie grosse Streiks zu führen. Was die Arbeiterschaft materiell gewinnen könnte, würde sie moralisch verlieren. Zudem sichere das Abkommen die notwendige Aufbesserung der Löhne. Weiter meinte er, dass die Zeit vorbei sei, da man mit Worten und Taten einander überboten habe. Jene Mitglieder, die stets mit wohltönenden Resolutionen zur Stelle seien, hätten jetzt Gelegeheit zu beweisen, dass sie auch zu Taten fähig seien [832].

Es ist bezeichnend, dass gerade die Winterthurer Delegierten an diesem Kongress dem Abkommen skeptisch gegenüberstanden. Diese Skepsis lag wohl in der Art begründet, wie die Winterthurer Arbeiterschaft beim Sulzer-Konflikt von der SMUV-Zentrale überspielt worden war. Nachdem sich die Basis für einen Streik ausgesprochen hatte und die Vertrauensleute (zwar statutenwidrig) darauf insistiert hatten, mussten sie sich desavouiert vorkommen, als der SMUV alles daran setzte, den Streik doch noch zu verhindern. Zudem störte sie auch, dass über ihre Köpfe hinweg das Abkommen erstmals am Fall Sulzer getestet werden sollte. Die AZ berichtete über das Verhalten der Winterthurer Delegation:

«Bei der Abstimmung über die vom Zentralvorstand vorgelegte Resolution über das Abkommen enthielten sich die meisten Winterthurer Delegierten der Stimme. Ihre Opposition richtete sich nicht gegen das Abkommen als solches, sondern gegen den ungewöhnlichen Weg, durch welchen es zur Verwirklichung gebracht wurde» [833].

Die Vorbehalte der Winterthurer Sektion kamen auch in einer Resolution zum Ausdruck, die dem Kongress zur Abstimmung vorgelegt wurde. In dieser

Resolution, die vom Zentralvorstand abgelehnt wurde, forderten die Winterthurer für die Zukunft ein grösseres Mitspracherecht für die Sektionen.

«Die Winterthurer Metallarbeiter nehmen in ihrer Versammlung vom 31. August 1937 Kenntnis vom Abkommen in der Schweiz. Maschinen- und Metallindustrie. Die Versammlung bedauert, dass vor dem Abschluss des Abkommens die gesamte Mitgliedschaft nicht genügend orientiert worden ist. Sie erwartet, dass vor Ablauf des Abkommens den beteiligten Sektionen Gelegenheit gegeben wird, sich zu einem eventuellen neuen Abschluss auszusprechen» [834].

Die Resolution wurde bei sehr vielen Enthaltungen mit 91 zu 82 Stimmen verworfen. Bei der ablehnenden Haltung des Zentralvorstands war dieses knappe Resultat eigentlich eher peinlich für ihn. Die AZ glaubte, dass sie deshalb durchfiel, weil sie nicht ins Französische übersetzt worden war. Dass der Vorstand diese wichtige Resolution nicht übersetzen liess, ist unverständlich.

Einer der Hauptvorwürfe an Ilg war, dass er das Abkommen gewissermassen im Sololauf durchgepaukt hatte. Er rechtfertigte dieses Vorgehen damit, dass er sich vor Einmischungen von aussen habe schützen müssen:

«Besonders für die Kommunisten wäre es eine grossartige Gelegenheit gewesen, ihr reinrassiges Klassenkämpfertum zu propagieren» [835].

In der Tat waren es denn auch vor allem die Kommunisten, die das Friedensabkommen am heftigsten kritisieren. «Die Freiheit» schrieb unter dem Titel: «Ein schandbares Abkommen»:

«Sekretär Ilg, der von den Sulzerarbeitern ausgepfiffen worden ist, hat so über die Köpfe der 62 000 Gewerkschaftsmitglieder, über die Köpfe der gesamten Metallarbeiterschaft der Schweiz, ein Abkommen mit den Unternehmern abgeschlossen, das einer schweren Schädigung des Kampfes der Arbeiter und eine offene Unterstützung der Unternehmer darstellt» [836].

Weil das Abkommen von rechtsbürgerlichen und fröntlerischen Kreisen als Anfang einer kooperativen Regelung der Arbeiter-/Unternehmerbeziehungen gefeiert wurde, sahen die Kommunisten in ihm die Gefahr, dass er das Eindringen faschistischer Tendenzen ermögliche. Der führende Kommunist Karl Hofmaier, der die Position der Kommunisten in einer 27seitigen Broschüre darstellte, meinte:

«Geht aber die schweizerische Gewerkschaftsbewegung – und mit ihr auch die sozialdemokratische Arbeiterbewegung – den «neuen Weg», den ihr das Abkommen in der Metallindustrie zeigt, dann geht die Arbeiterbewegung und mit ihr die Demokratie den verhängnisvollen Weg, den die deutsche Arbeiterbewegung und die deutsche Demokratie gegangen sind. Sie treiben dem Faschismus zu» [837].

Kritik kam auch von der linkssozialistischen Wochenzeitschrift ABC:

«... die Arbeiter über den grössten Betrug hingwegzutäuschen, beweisen schon der Jubel der finanzkapitalistischen Presse und die Tatsache, dass die Arbeitgeber den Vertrag überhaupt geschlossen haben»[838].

Hofmaier vermutete, dass die Unternehmer die Vereinbarung deshalb abgeschlossen hätten, um die gute Konjunktur ausnützen zu können[839].

Auch von einem der Mitunterzeichner des Friedensabkommens kam erstaunlicherweise Kritik. Jakob Haas, der Präsident der evangelischen Gewerkschaft SVEA glaubte, dass die Gewerkschaften mit dem Verzicht auf Kampfmittel an Schlagkraft eingebüsst hätten. Auch bemängelte er das Fehlen von materiellen Inhalten[840].

Die Zustimmung im Lager der Metall-Industriellen war nach den ersten Erfahrungen praktisch einhellig. Hans Sulzer, der in der Verhandlungsphase verschiedentlich Zweifel angemeldet hatte, meinte in einer Rede vor dem Industrie-Verein St. Gallen.

«Und ich möchte, nachdem ich früher so oft an der Verständnislosigkeit unserer Arbeiterführer für die Existenzgrundlagen unserer Industrie irre geworden bin, meine Ausführungen nicht schliessen, ohne meiner rückhaltlosen Anerkennung Ausdruck zu geben für den Weitblick und den Geist des Verständnisses für die Bedürfnisse unserer Zeit, die die Führer des Metallarbeiter-Verbandes heute auszeichnet und den sie in dem bekannten Abkommen in der Maschinenindustrie unter Beweis gestellt haben»[841].

Die «Werkzeitung», die nach Max Weber dem Arbeiter «geistige Fesseln» anlegen wollte, bezeichnete das Friedensabkommen als «Gratisreklame für die schweizerische Industrie im Ausland»[842]. Sie führte sogar einen Wettbewerb mit dem Titel «Auf welche Art kann das Friedensabkommen für die Arbeitsbeschaffung ausgenützt werden?» durch. In die gleiche Richtung wie das Lob der «Werkzeitung» ging auch dasjenige von Dr. J. Buchli, dem Verwaltungsratspräsidenten der SLM:

«Dass der in der Maschinenindustrie herrschende Arbeitsfriede seinerseits zu einer Festigung ihrer Kampfposition auf dem Weltmarkte beigesteuert hat, ist selbstverständlich»[843].

Wie nahe sich der SMUV und die Maschinenindustriellen ideologisch bereits waren, kommt in den beiden folgenden Statements zum Ausdruck:

«Auf beiden Seiten müssen die letzten Reste jener Klassenideologie verschwinden, die Arbeitgeber und Arbeitnehmer in zwei verschiedene Lager absondern»[844].

«Wir begrüssen dieses Abkommen, weil in ihm der Gedanke der Schicksalsverbundenheit von Arbeitgeber und Arbeitnehmer zum Ausdruck kommt...»[845].

262

Die Bauarbeiter, die auf eine ausgesprochene Kampftradition zurückblicken konnten und in den 30er Jahren gesamtschweizerisch mehr als die Hälfte aller Streiks ausgetragen hatten, konnten sich mit der Vereinbarung kaum befreunden . Der Präsident der Sektion Winterthur des SBHV stellte seine Sicht so dar:

«Die Bauarbeiter können sich durch diese schönen Worte nicht beeinflussen lassen. Die Arbeit des Bauarbeiters im Vergleich zum Exportarbeiter ist so grundverschieden, dass hier eine Trennung in bezug auf den «Arbeitsfrieden» gemacht werden muss. Dieser «Friede» kann bei den Bauarbeitern nicht angenommen werden, solange keine Gewissheit besteht, dass die vertraglich abgemachten Löhne auch von den nichtorganisierten Firmen bezahlt werden» [846].

Er befürchtete also für seine Branche, dass der Arbeitsfriede für alle Arbeiter gelten müsste, während nur die organisierten Firmen die vertraglichen Löhne zahlen würden.

Wichtig für das Verständnis des Friedensabkommens ist das Umfeld, in dem es zustande kam. Als nach der Abwertung eine starke Teuerungswelle befürchtet wurde, drohte vom Staat her eine Zwangsschlichtung der zu erwartenden Lohnkämpfe. Ilg, der eine grosse Abneigung vor zu starker staatlicher Einmischung hatte – zumal damals der Bundesrat ausgesprochen rechtsbürgerlich orientiert war – zog eine private Regelung vor [847]. Auch wenn Ilg in seinem Verband die Demokratie kaum praktizierte, so war er doch ein vehementer Verteidiger der schweizerischen demokratischen Institutionen. Er war zweifellos überzeugt, dass in einem Klima sozialer Spannungen und Unrast, von Streiks und Arbeitskämpfen, die autoritären Tendenzen zunehmen und die Demokratie zurückgedrängt würde. Verschiedene Autoren betonten denn auch diese Komponente des Friedensabkommens, so etwa SMUV-Sekretär Emil Giroud:

«Mit der Bereitschaft, sogenannte Arbeitskonflikte im Geist des Friedens zu erörtern, haben die Parteien dem am tiefsten in unserem Volk verwurzelten Wunsch entsprochen und einen guten Teil zur Erhaltung der Demokratie beigetragen» [848].

Den Vorwurf, das Friedensabkommen trage den Kern eines Korporationenmodells in sich, konterte der SMUV mit dem Argument, dass nichts den faschistischen Bestrebungen in der Schweiz mehr Auftrieb geben würde, als wenn es zu schweren sozialen Konflikten käme.

Nachdem sich die Winterthurer Metallarbeiter-Funktionäre zuerst noch über das einsame Vorgehen der SMUV-Spitze geärgert hatten, waren auch sie befriedigt, als sie sahen, wie sich das Abkommen bei der SLM auswirkte:

«Die Tatsache steht heute schon fest, dass der Verkehr zwischen Arbeiterkommission und Geschäftsleitung seit dem Bestehen des Abkommens ein viel

besseres ist, das heisst, die Direktion ist für unsere Forderungen viel zugänglicher, als das früher der Fall war» [850].

Und zwei Jahre später, als das Abkommen bereits einmal erneuert worden war, rühmte der SMUV, dass die Arbeiterschaft von der Geschäftsleitung informiert werde und dass sie das Recht habe, angehört zu werden.

«Seit dem Bestehen dieses Abkommens (…) ist es uns gelungen, alle Differenzen in gemeinsamen Verhandlungen, mit der tit. Geschäftsleitung zu beseitigen. Wir stellen fest, dass uns die tit. Geschäftsleitung über alle Massnahmen, die sie getroffen, orientierte und unsere Meinung anhörte (…). Wir können zu jeder Zeit die Geschäftsleitung interpellieren oder die Direktoren zu Besprechungen anrufen, um die Rechte der Arbeiterschaft zu wahren» [851].

Wenn das Friedensabkommen wirklich die Anerkennung der Metallarbeiter als Sozialpartner brachte, erstaunt dieser devote Ton. Man kann sich weiter fragen, ob eine Beziehung, bei der die eine Seite nur das Recht hatte, angehört zu werden, die andere aber die Entscheidungen fällte, wirklich eine Partnerschaft war.

Das Friedensabkommen bildet den Abschluss der Integration der Arbeiterbewegung in den bürgerlichen Staat. Die Etappen zu diesem Ziel waren die Streichung des Klassenkampfparagraphen aus den Statuten des SGB im Jahre 1927 sowie das Gewerkschaftsprogramm von 1934, das keinen Hinweis auf Verstaatlichungen mehr enthielt, sondern sich bereits für jene Vertragspolitik aussprach, die 1937 zum Durchbruch gelangte. Mag das Abkommen teilweise aus Sorge um die demokratischen Staatseinrichtungen der Schweiz entstanden sein, so schränkte es dafür die Mitsprache und Demokratie der Arbeiterbasis ein, die jetzt nicht mehr autonom über den Einsatz der Mittel bei Arbeitskonflikten entscheiden konnte. Dafür nahm die Macht der Verbandsfunktionäre ausserordentlich zu. Vetterli hat zweifellos recht, wenn er schreibt:

«Die autonome Aktivität der Basis erschien der Gewerkschaftsführung in erster Linie als Störfaktor, der den Ausbau der geregelten Beziehungen zur Unternehmerseite gefährdete und ihre eigene Stellung im Verband potentiell schwächte. Je weiter umgekehrt die kampflosen Konfliktregelungsinstrumente im Verkehr mit den Unternehmern entwickelt waren, desto eher konnte die Gewerkschaftsführung auf eine aktive, kampfbereite Basisorganisation verzichten» [852].

Das Friedensabkommen führte ein vierstufiges Konfliktregelungsmodell ein, das die Konflikte von der Basis wegnahm und den Funktionären übergab, die zweifellos berechenbarer waren als die «irrationalen» und spontanen Arbeitermassen [853]. Es ist bezeichnend, dass die Vereinbarung insbesondere bei den Funktionären Zustimmung fand, während sie viele ältere Arbeiter als Verrat an der Arbeitersache ablehnten. Von den Herren anerkannt zu werden, mag der geheime Wunsch gewisser Arbeiter gewesen sein: Indem sie durch das Abkommen zu Sozial«partnern» aufgewertet wurden, konnten sich die

264

Funktionäre in der Illusion wähnen, mit den Unternehmern auf gleicher Ebene zu verkehren. Konrad Ilg war – das muss man ihm lassen – ein weitblickender Mann. Er war von seiner historischen Mission so überzeugt, dass er jahrelang gegen alle Widerstände und unter Aufgabe gewichtiger ideologischer Positionen sein Ziel verfolgte. Für seine Bemühungen wurde er denn auch mit dem Ehrendoktor der Universität Bern ausgezeichnet [854].

Die historische Bedeutung des Friedensabkommens kann meiner Ansicht nach nicht überschätzt werden. Durch ihre Identifikation mit den Interessen der Unternehmer verlor die Arbeiterbewegung an ideellem Gehalt und beschränkte sich auf utilitaristische Ziele. Die Lohntüte wurde wichtiger als die Veränderung der Gesellschaft. Dieser Verzicht auf soziale Änderungen sicherte zwar dem Land politische Stabilität und der Wirtschaft eine kontinuierliche Entwicklung, trug aber mit zur Erstarrung politischer und gesellschaftlicher Strukturen bei. Weil die Arbeiterbewegung zu einem konservierenden Faktor wurde [855], übernahmen andere Gruppen die Rolle des Trägers sozialen Wandels, die die Arbeiterbewegung in ihren Anfängen gespielt hatte: Frauen, Minderheiten, Intellektuelle, Jugendliche, Aussteiger oder Verweigerer.

Das Friedensabkommen versuchte, die nach meiner Meinung unter kapitalistischer Produktionsweise unvermeidlichen Widersprüche und Gegensätze zwischen Produktionsfaktoren und Produktionsverhältnissen zu überbrücken. Ich glaube aber, dass es sie bloss kaschierte und verdrängte. Indem die Gewerkschaften sich auf utilitaristische Ziele beschränkten, die bei ständig wachsenden Erträgen weitgehend befriedigt werden konnten, ging das allemal gut. Werden aber bei dem in Zukunft vermutlich stagnierenden Sozialprodukt die Verteilungskämpfe härter und fordern die Gewerkschaften wieder vermehrt sozialpolitische und strukturelle Änderungen, dann wird sich die Tragfähigkeit der Vereinbarung von 1937 erst noch weisen müssen.

Sammlung in der Mitte:
Weder Volksfront noch korporative Diktatur

Auch wenn das Friedensabkommen in erster Linie ein Vertrag zwischen Arbeitnehmern und Arbeitgebern war, so kam ihm in der damaligen spezifischen Situation doch auch eine staatspolitische Bedeutung zu; und dies war beim Abschluss des Abkommens allen Beteiligten durchaus bewusst. Als nach der Abwertung Preissteigerungen und damit auch eine Zunahme von Arbeitskonflikten befürchtet wurden, schlug der Bundesrat vor, eine obligatorische Schlichtungsstelle für Arbeitskonflikte einzuführen. Als das Arbeitsamt am 19.12.1936 diesen Vorschlag veröffentlichte, reagierten die Gewerkschaften, die private Regelungen der Arbeitsbeziehungen seit je vorgezogen hatten, heftig. Das Projekt, kritisierten sie, atme einen stark antidemokratischen Geist. Unsere wirtschaftliche und politische Ordnung basiere auf den Prinzipien des

Liberalismus, währenddem der Vorschlag des Bundesrates autoritär sei. Ausserdem sei er der schweizerischen Mentalität völlig fremd [856].

Der Hauptgrund für das Misstrauen der Gewerkschaften gegenüber dem Bundesrat lag in seiner damaligen rückschrittlich-konservativen Tendenz sowie im wiederholten Missbrauch des Notrechts. Auch befürchteten sie, dass eine solche Zwangsschlichtung den Weg für ein korporatives Wirtschaftsmodell [857] ebnen könnte. Ganz so abwegig war diese Angst nicht, sprachen sich doch etwa die Katholisch-Konservativen in ihrem Programm vom 30. 7. 1933 für eine korporative Ordnung aus. Zwei Jahre darauf warnte der Sozialdemokrat Hans Oprecht:

«Wenn bisher das Freiburger-Gesetz über den korporativen Aufbau der Wirtschaft nicht in Kraft gesetzt worden ist, so darf daraus kein falscher Schluss in bezug auf den bestimmten Willen der Katholisch-Konservativen Partei zur Durchsetzung ihrer Ideen über die berufsständische Ordnung gezogen werden» [858].

Die Furcht vor einer Einschränkung der Vertragsfreiheit durch ein Eingreifen des Staates bestand nicht nur auf Seiten der Gewerkschaften; auch die Arbeitgeber lehnten eine Staatsintervention ab, was ihre Unterschrift beschleunigt haben dürfte. Die Erleichterung, dass es ohne staatliche Regelung ging, zeigte sich nach dem Abschluss in bürgerlichen Pressekommentaren. So schrieb der «Bund»:

«Der Geist der Verständigung hat in aller Stille auch ausserhalb der Politik Früchte gezeigt (...). Was als ein Ziel erschienen war, das auf dem Weg der Gesetzgebung oder jedenfalls der staatlichen Beeinflussung zu erreichen wäre, ist nun ausserhalb der Staatsallmacht verwirklicht worden. Dieses Ereignis darf als das erfreulichste des Jahres bezeichnet werden» [859].

Neben der Zwangsschlichtung ist der Abschluss des Friedensabkommens noch vor einem weiteren Hintergrund zu sehen: Sicherung der Demokratie und Angst vor dem Faschismus. Diesen Punkt betonte der «Landbote»:

«Die Notwendigkeit dieser neuen Beziehung ergibt sich genauso zwingend aus der weltwirtschaftlichen Situation wie aus den politischen Wandlungen der Nachkriegszeit. Das grosse Ziel der Besserstellung der Arbeiterschaft durch gewerkschaftliche Organisation in der Welt hat durch Aufrichtung des Faschismus in grossen Industrieländern eine schwere Störung erfahren» [860].

Zweifellos hat die schweizerische Arbeiterbewegung die Entwicklungen im Ausland genauestens rezipiert, war sie doch auch mit Vertretern in internationalen Gewerkschaftsorganisationen präsent. Gerade die Arbeitskämpfe im benachbarten Ausland, die häufig zu politischen Zwecken missbraucht wurden, wirkten auf Schweizer Gewerkschaften abschreckend. Mit dem Abkommen sollten deshalb die Klassengegensätze abgebaut werden:

«Alle Völker der Welt leben heute in einer Atmosphäre der Unsicherheit. Grosse Umwälzungen haben besonders in unseren Nachbarstaaten stattgefunden und der sozialen Struktur ein neues Gesicht gegeben (...). Wirtschaftliche Kämpfe werden immer mehr zum Anlass politischer Auseinandersetzungen genommen und Parteizwecken dienstbar gemacht. Land und Volk ist mit dieser Aufpeitschung der Gegensätze wenig gedient. Ziel der Verbandsleitung war daher, mit obigem Abkommen wirtschaftliche Kämpfe, soweit es das Gebiet der Maschinen- und Metallindustrie betrifft, der politisch geladenen Luft zu entziehen und Boden zu finden, auf dem wichtige politische Fragen auf sachliche Weise gelöst werden können» [861].

Nachdem die faschistischen Diktaturen die freien Arbeiterbewegungen durch staatliche Organisationen ersetzt hatten, sah die schweizerische Arbeiterbewegung in der Bewahrung der Vertragsfreiheit zwischen Arbeitgebern und Arbeitnehmern die einzige Chance, ihre sozialen Errungenschaften zu erhalten. Ein Bündnis sollte die Rettung der Demokratie durch wirtschaftliche Stabilität zum Ziel haben. Bevor ich den demokratischen Aspekt des Friedensabkommens weiter ausführe, zeige ich im folgenden die Auswirkungen, die der Faschismus in einigen umliegenden Ländern auf die Arbeiterschaft hatte.

Am verheerendsten war die Entrechtung zweifellos in Deutschland. Kurz nach der Wahl Hitlers zum Reichskanzler stimmte die Regierung einer Notverordnung zu, die die Überwachung politischer Versammlungen und der Presse vorsah. Nach dem Reichstagsbrand vom 27. 2. 1933 wurde eine «Verordnung zum Schutz von Volk und Staat» erlassen, die alle verfassungsmässigen Rechte suspendierte. Bereits wurden die kommunistischen und einige sozialdemokratische Abgeordnete verhaftet. Nachdem die Nationalsozialisten eine grossartige 1.-Mai-Feier organisiert hatten, mit der sie wohl die Arbeiter zu gewinnen suchten, löste Hitler am Tag darauf die Gewerkschaften auf, zog ihre Büros und Vermögen ein und gründete die nationalsozialistische Arbeitsfront. Das Ende der freien Gewerkschaften war gekommen.

Löhne und Arbeitsbedingungen wurden jetzt nicht mehr zwischen den Gewerkschaften und den Unternehmern ausgehandelt, sondern durch von der Regierung eingesetzte «Treuhänder der Arbeit» festgelegt. Der Arbeitgeber ist der Führer der Industrie, die Arbeiter sind seine Gefolgschaft. Der Arbeiter ist der Soldat des Spatens, der seinem Führer bedingungslosen Gehorsam schuldet. Da der Nationalsozialismus jeden Konflikt zwischen Arbeitgeber und Arbeitnehmer leugnete, durfte es selbstverständlich keine Streiks und Aussperrungen geben. Sie wurden als Verrat gegen die wirtschaftlichen Interessen des Staates betrachtet. Schliesslich bestand für die Arbeiter auch nicht mehr die Freizügigkeit des Arbeitsplatzes. Waline vergleicht sie mit Sklaven im Mittelalter, die allerdings nicht von ihrem Arbeitgeber, sondern vom Staat an ihren Arbeitsplatz gebunden wurden [862]. Der Erklärungen, weshalb die deutsche Arbeiterschaft fast kampflos den Nationalsozialisten nachgab, gibt es viele. Einen Fehler, den sie machte, und den insbesondere die schweizerische Arbeiterbewegung vermeiden wollte, betont Reich:

«Der deutsche Arbeiter verliess sich zu sehr darauf, dass der Staat in die Arbeitsbeziehungen eingriff – eine Haltung, die direkt in die Hände der totalitären Erbauer des Dritten Reiches spielte» [863].

Die Auswirkungen der deutschen Ereignisse auf die schweizerische Politik zeigten sich noch im Jahr der Zerschlagung der deutschen Arbeiterbewegung. Der SP-Parteitag 1933 stand unter dem Zeichen der NS-Machtergreifung. Er lehnte ein Zusammengehen mit den Kommunisten ab und näherte sich dafür der Mitte an. Robert Grimm erklärte zu dieser neuen Ausrichtung:

«Wir werden unsere Grundsätze, Kampfmittel und Kampfmethoden zu überprüfen, und wir werden bei dieser Prüfung die Wirklichkeit, die Realität und die Tatsachen zum Ausgangspunkt zu nehmen haben» [864].

Nachdem Kanzler Dollfuss in Österreich im März 1933 ein autoritäres Regime errichtet hatte, verbot er nur ein Jahr später die Sozialdemokratische Partei. Ihm schwebte ein Korporationenmodell nach italienischem Vorbild vor. Ähnlich wie Hitler dreiviertel Jahre vorher, liess Dollfuss mit Hilfe der Heimwehr die Gebäude der Gewerkschaften besetzen. Gewerkschaften und Sozialdemokraten leisteten allerdings heftigen Widerstand. Vier Tage lang kam es in Wien zu blutigen Kämpfen. Die Arbeiter verbarrikadierten sich in den Modellhäusern, die die Regierung des «roten Wien» für sie hatte bauen lassen. Als sie jedoch mit Artillerie und Bomben beschossen wurden, mussten sie aufgeben, und für Dollfuss war der Weg frei zum Aufbau von korporativen Gewerkschaften.

Furcht vor sozialen Veränderungen, vor Unordnung und Chaos, hervorgerufen durch anarchistische Elemente, trug massgeblich dazu bei, dass sich der italienische Faschismus durchsetzen konnte. Die Arbeitskämpfe der Jahre 1919 und 1920, die in unzähligen Fabrikbesetzungen gipfelten und die insgesamt etwa 320 Todesopfer forderten, liessen bei vielen mittelständischen und wohlhabenden Italienern das Gefühl aufkommen, dass die Revolution unmittelbar bevorstehe. Nicht zuletzt deshalb, weil die Führer der Sozialisten und Gewerkschaften eine revolutionäre Rhetorik pflegten, die eigentlich stark mit ihrem politischen Pragmatismus kontrastierte. Diese Teile des Mittelstandes kritisierten auch die angeblich weiche Haltung von Ministerpräsident Giolitti, dem es 1920 gelang, die Arbeiter zur friedlichen Räumung der besetzten Fabriken zu bewegen. Sie warfen ihm vor, er habe den Sozialisten einen weiteren Sieg ermöglicht. Es ist anzunehmen, dass die schweizerischen Gewerkschaftsführer jeweils auch das italienische Beispiel vor Augen hatten, wenn sie den Revolutionsjargon der Kommunisten oder Linkssozialisten kritisierten. Und dass für sie die Betriebsbesetzung nie ein mögliches Kampfmittel war, machten sie des öftern klar.

Zwar ging die Ausschaltung der Gewerkschaften und die Aufhebung der Gewerkschaftsrechte weniger schnell voran als in Deutschland, doch war das Resultat letzten Endes dasselbe. Nach der Besetzung der Fabriken durch die

Arbeiter, die meist von den sozialistischen Gemeindebehörden geduldet wurde, machten sich die Faschisten daran, diese lokalen Verwaltungen mit Gewalt zu ersetzen. Die Behörden tolerierten diesen Bürgerkrieg, der seinen symbolischen Höhepunkt in der Ermordung des sozialistischen Abgeordneten Matteotti fand, ein Ereignis, das auch in der Schweiz hohe Wellen warf. Mit dem Syndikalsystem von 1926 wurden dann die Gewerkschaften vier Jahre nach der faschistischen Machtergreifung gleichgeschaltet. Die Arbeiter waren jetzt nicht mehr durch mächtige autonome Organisationen gegenüber den Arbeitgebern vertreten, sondern nur noch faschistische Gewerkschaften erhielten die Erlaubnis, die Arbeiterschaft bei Verhandlungen zu repräsentieren. Alle Angehörigen eines bestimmten Industriezweiges waren automatisch Mitglieder der faschistischen Gewerkschaft und mussten an diese Beiträge bezahlen. Streiks wurden gesetzlich verboten, und wer an einem Streik teilnahm, beging eine strafbare Handlung. Da die Wahl von Gewerkschaftsfunktionären der Zustimmung der Regierung bedurfte, wurden Verhandlungen über Löhne und Arbeitsbedingungen praktisch Gegenstand eines Gesprächs zwischen dem Staat und den Arbeitgebern. Dieses Syndikalsystem von 1926 wurde 1934 zu einer korporativen Struktur weiterentwickelt. In den Korporationen sassen Vertreter der Arbeitgeber, der faschistischen Gewerkschaften und des Staates. Sie wurden zwar als die Lenker des Wirtschaftslebens betrachtet, doch waren die Korporationen nur beratende Gremien der Regierung und ihre Beschlüsse daher unverbindliche Empfehlungen [865].

In den USA war trotz einer beispiellosen Arbeitslosigkeit und der Verarmung von Millionen von Menschen der Faschismus keine Gefahr. Obwohl das Land seine Probleme mit demokratischen Mitteln löste, rechtfertigt sich ein Blick nach Amerika aus zwei Gründen: Einerseits spielten sich innerhalb der Arbeiterbewegung Vorgänge ab, die auch von der schweizerischen Arbeiterschaft als schlechte Beispiele betrachtet wurden; andererseits wurde mit der «grievance procedure» ein Instrument geschaffen, das mit dem im Friedensabkommen vorgesehenen Konfliktregelungsmodell gewisse Ähnlichkeiten hatte.

Die 20er Jahre waren für die amerikanischen Gewerkschaften eine Zeit des Niedergangs. Nach dem Ersten Weltkrieg gab es fünf Millionen Gewerkschaftsmitglieder; 1932 waren es noch die Hälfte [866]. Zum einen kehrten viele Mitglieder ihrer Gewerkschaft fast gezwungenermassen den Rücken, weil zahlreiche Unternehmer die Gewerkschaften mit offener Gewalt bekämpften. Zum andern aber konnten sie durch geschickte Behandlung der Arbeitnehmer diesen das Bild eines funktionierenden Wohlfahrtskapitalismus vermitteln, so dass vielen die Gewerkschaften als überflüssig erschienen. Das ging häufig einher mit der Gründung von betriebseigenen «gelben» Gewerkschaften. Dazu kam, dass in der «American Federation of Labor» (AFL) nur die Facharbeiter der traditionellen Industrien, die gerade in jenen Jahren stagnierten, vertreten waren [867]. Die 20er Jahre aber durch eine rasante Umstrukturierung der amerikanischen Industrie gekennzeichnet, die als «neuer Industrialismus» bezeichnet wurde. Ältere Industrien wie Stahl oder Kohle stagnierten und wurden häufig in den Süden verlagert, wo es kaum eine gewerkschaftliche Organisation gab. Dagegen expandierten die Auto- und Elektroindustrie, die mit neuartigen Massenproduktionsmethoden arbeiteten, welche nicht mehr auf qualifizierte Facharbeiter angewiesen waren. So war auch in diesen Industrien die gewerkschaftliche Repräsentation äusserst schwach. Mit dem technologischen Umformungsprozess einher ging eine neue Politik der Unternehmer, die mit «employee representation plans» und Firmengewerkschaften die Macht der amerikanischen Gewerkschaftsbewegung zu unterminieren versuchten[868]. Die AFL erlitt denn auch tatsächlich in dieser Zeit eine Einbusse an wirtschaftlicher Macht und sozialem Einfluss. Das führte innerhalb der Gewerkschaftsbewegung zu Kämpfen, die in der 1935 erfolgten Gründung des «Congress of Industrial Organizations» (CIO) gipfelten. Diese Gewerkschaft hielt im Gegensatz zur AFL nicht am Berufsprinzip fest, sondern vertrat das Prinzip der Industriegewerkschaft.

Die Strategie der Unternehmer, mit allen Mitteln die Gewerkschaften von den Betrieben fern zu halten, führte häufig zu regelrechten Schlachten zwischen dem durch die Polizei unterstützten Werkschutz und den Gewerkschaftern. Tote und Verletzte waren meist das Resultat. Auch Henry Ford widersetzte sich mit aller Brutalität der Organisierung der Arbeiter. Zu diesem Zweck gründete er das «Service Departement», in dem er Kriminelle und Schläger im Kampf gegen die Gewerkschaften ausbildete. 1937 kam es in Dearborn, Mich., zu einer Schlacht, bei der seine Privatpolizei Gewerkschaftsführer, aber auch Journalisten brutal zusammenschlug[869]. Die heftigsten Kämpfe spielten sich indes im Bergbau ab. «Bloody Harlan», ein Landkreis in Kentucky, wurde geradezu zum Synonym für die Schlachten, die sich die «United Mine Workers of America» und die Schutztruppen der Bergwerksbesitzer lieferten. Bei den häufigen Arbeitskämpfen in der amerikanischen Industrie, die nach dem Gesetz der Gewalt ausgetragen wurden, gingen die Gewerkschaften meist als Verlierer hervor. Sie mussten sich deshalb Hilfe vom Gesetzgeber erhoffen. Dieser verpflichtete denn die Unternehmer, die Gewerkschaften als Tarifpartner anzuerkennen und mit ihnen auch ernsthaft zu verhandeln[870]. Viele der daraufhin ausgehandelten Verträge enthielten eine sogenannte «grievance procedure», ein meist mehrstufiges Beschwerdeverfahren. So enthielt etwa der 1937 zwischen der General Motors und der UAW abgeschlossene Vertrag fünf Stufen im Beschwerdeverfahren mit einem bindenden Schiedsspruch des Schlichters. Die «grievance procedure» ist denn auch als «Friedensvertrag» im Tarifvertrag bezeichnet worden[871]. Diese Klausel trug wesentlich zur Sicherung des Betriebsfriedens bei; selbst in Industrien, die wie die Automobilindustrie eine lange Tradition militanter Streiks hatten, wurde nach einer nur kurzen Übergangszeit die tarifvertraglich festgelegte Friedenspflicht eingehalten. Lösche stellt fest, dass sich die Arbeitskämpfe zwischen den Unternehmern und den Arbeiterorganisationen einerseits sowie die Konflikte rivalisierender Gewerkschaften von den Fabrikhallen und Strassen an die vom «National Labor Relations Board» überwachten Wahlurnen in den Tarifeinheiten verlagert hätten[872]. Die amerikanischen Unternehmer konnten zufrieden feststellen, dass ihnen die Anerkennung der Gewerkschaften nur Vorteile gebracht hatte: Streiks und Arbeitskämpfe gingen massiv zurück, der Produktionsablauf verlief ungestört und die Gewerkschaften übten einen mässigenden Einfluss auf ihre Mitglieder aus. Dieselbe Erfahrung machten auch die Schweizer Unternehmer, die sich anfänglich noch gegen das Friedensabkommen gesträubt hatten.

In keinem Land übte die Gewerkschaftsbewegung so grossen Einfluss aus wie in Grossbritannien. Wenn ein Ereignis hier noch kurz skizziert werden soll, dann um zu zeigen, dass ein falscher taktischer Entscheid die Gewerkschaftsbewegung auf Jahre hinaus entscheidend schwächen kann. 1925 forderten die Grubenbesitzer bei der im folgenden Jahr fälligen Erneuerung des Gesamtarbeitsvertrages eine Lohnkürzung und eine Verlängerung der Arbeitszeit. Die Minengewerkschaft lehnte ab, und der TUC, der Gewerkschaftsdachverband, versprach, notfalls zur Unterstützung der Bergwerksarbeiter einen Generalstreik auszurufen. Die Grubenbesitzer mussten wissen, dass sie mit ihrer Forderung Kampfmassnahmen auslösen würden. Nach Ansicht von Hutt brauchten sie den Kampf aber, um Rationalisierungen und die Reorganisation der Industrie durchzuführen und die für sie als nötig erachtete Profitrate aufrechtzuerhalten[873]. Die Regierung nahm die Generalstreiksdrohung ernst und zog schon Monate vor dem Ausbruch eine feinmaschige Organisation auf, die auch während des Streiks das Funktionieren des Staates und die Verteilung der wichtigsten Güter sichern sollte. Auf Gewerkschaftsseite waren hingegen die Vorbereitungen geradezu fahrlässig. Im Grunde wollte nämlich die Gewerkschaftsspitze den Streik gar nicht; weil sie aber befürchtete, anarchistische Elemente könnten unkontrollierbare Aktionen auslösen, stellte sie sich an die Spitze der Bewegung. Hutt schreibt:

«A vast army had entered battle with incomparable élan; but at its head stood generals anxious above all to avoid decisive action, fearful of victory, concerned to bring the war to an end on any terms»[874].

Da die Regierung den Streik als einen Angriff auf die Verfassung interpretierte und mit der ganzen Härte des Gesetzes auf die Streikenden losging, dabei Hunderte von Gefängnisstrafen verhängte, erstaunt es nicht, dass der am 4.5.1926 begonnene Streik schon acht Tage später mit einer Kapitulation beendet wurde. Die TUC-Spitze nahm einen Kompromiss für die Bergarbeiter an, den diese abgelehnt hatten und deren unnachgiebige Haltung den TUC immer mehr verärgert hatte. Für die Arbeiter kam das Streikende völlig überraschend, hatte doch die Streikleitung von der Regierung Baldwin überhaupt keine Konzessionen erhalten. Für die Bergarbeiter war es allerdings nicht das Ende: Sie streikten noch acht Monate weiter. Dass der Generalstreik, den Teile eines verängstigten Bürgertums als revolutionäre Machtprobe empfanden, für die Arbeiterschaft eine verheerende Niederlage bedeutete, mussten unzählige, die nicht mehr eingestellt wurden, am eigenen Leib erfahren. Die «New York Times» kommentierte:

«The strike is over but the lock-out has begun (...) it is now the turn of the employers to strike» [875].

Die Niederlage merkten auch die Gewerkschaften: Zwischen 1926 und 1928 nahm die Zahl ihrer Mitglieder um eine halbe Million ab. Und die Unternehmer hatten erreicht, was sie wollten. Sie entliessen Arbeiter und senkten die Löhne; die Produktivität nahm hingegen zu. Zwischen 1927 und 1929 waren die Arbeitsbedingungen in der Industrie härter als sie es während der vorangegangenen Generation gewesen waren [876]. Der fehlgeschlagene Streik förderte dafür die Bereitschaft zum Gespräch zwischen den Kontrahenten. Auf eine Einladung von Sir Alfred Mond, des Gründers des Chemiekonzerns ICI, trafen sich die beiden Seiten am 12.1. 1928. Mond schrieb in seiner Einladung, dass der industrielle Wiederaufbau nur mit dem Zusammenwirken und der Mitarbeit derjenigen unternommen werden könne, die ermächtigt und befähigt seien, für die organisierte Arbeiterschaft zu sprechen [877]. Das war denn auch in den folgenden Jahren die Basis, auf der Arbeitgeber und Gewerkschaften nach dem missglückten Generalstreik, in den der Dachverband nur widerwillig geschlittert war, verkehrten.

Ich habe die Verhältnisse in einigen Ländern mit bedeutenden Arbeiterbewegungen deshalb dargestellt, weil sie auch in der Schweiz zur Kenntnis genommen wurden und die strategisch-politischen Überlegungen der schweizerischen Gewerkschaftsführer mitbeeinflusst haben dürften. So erklärte Max Weber am SGB-Kongress 1936, als es um die Frage Volksfront oder Koalition mit den demokratischen Kräften der Mitte ging:

«In Italien gab es eine Bewegung, die sich weder auf Demokratie noch auf Diktatur festlegen wollte. Der Faschismus erhob sein Haupt. In Deutschland herrschte eine starke Strömung für eine proletarische Diktatur, die den Nationalsozialismus vorbereiten und der Demokratie das Grab schaufeln half. In Österreich gab es eine sehr starke Arbeiterbewegung, die sich aber ebenfalls nicht zur völligen Klarheit durchringen konnte und die es nicht verstand, sich rechtzeitig vor der Isolierung zu bewahren. In Spanien steht die Arbeiterschaft heute in einem Verzweiflungskampf. Auch dort haben die Diktaturanhänger von rechts und links einander in die Hände gearbeitet und die Tragfähigkeit der demokratischen Mitte unterhöhlt» [878].

Auch Konrad Ilg hatte, wenn er vom Ideal eines freiheitlichen und demokratischen Sozialismus sprach, diese negativen Bilder vor Augen. Im Kampfe aller gegen alle nach dem Ersten Weltkrieg sei für dieses Ideal kein Platz gewesen, was es unfreiheitlichen Ordnungen ermöglicht habe, sich zu etablieren. Neben dem nationalsozialistischen Deutschland, das er mit dem stalinistischen Russland verglich, erwähnte er besonders die italienische Entwicklung:

«In einer solchen allgemeinen Verwirrung konnte der italienische Metallarbeiterverband die Besetzung einer Anzahl grosser Fabriken, was voreilig als eine

272

revolutionäre Tat gefeiert wurde, nicht verhindern. Diese Betriebsbesetzungen haben die politischen Leidenschaften in Italien bis zur Siedehitze entfacht und ungemein viel zur Machtergreifung des Faschismus beigetragen» [879].

Niederlagen der Arbeiterschaft oder gar die vollständige Aufreibung ihrer Bewegung waren ein Grund, dass die Führung der schweizerischen Arbeiterschaft zur Erkenntnis gelangte, eine Verbesserung der Lage der Arbeiter sei nicht gegen Bürgertum und Unternehmerschaft, sondern nur gemeinsam mit ihnen möglich. Angesichts der Bedrohung der Unabhängigkeit des Landes war es dem Bürgertum klar, dass sich nur eine Arbeiterschaft, die sich mit den Werten von Staat und Gesellschaft identifizierte, zu deren Verteidigung mobilisieren liess. Auf beiden Seiten wurde ab etwa 1935 die Bereitschaft zum Konsens grösser, ein Konsens, der in der gemeinsamen Schaustellung von nationalen und traditionellen Werten an der Landesausstellung 1939 seinen symbolischen Höhepunkt fand. Von Seiten der Arbeiterschaft – und insbesondere des SMUV – setzte allerdings die Annäherung schon bedeutend früher ein.

Anfangs der 20er Jahre geriet die Uhrenindustrie in eine Krise. 1923 erarbeitete der SMUV ein Programm, wie die darniederliegende Uhrenindustrie gerettet werden könnte. Die Unternehmer ignorierten zwar diesen Vorschlag, doch hatte der Metallarbeiterverband angedeutet, dass er inskünftig bereit war, einen Teil der wirtschaftlichen Verantwortung zu tragen. Das zeigte sich bereits im Jahr darauf, als eine Streikwelle das Land überzog. Der SMUV bemühte sich, diese Welle nicht überborden zu lassen. Er nahm also bereits damals eine Rolle als Ordnungsfaktor ein und kämpfte mehr gegen die Kommunisten in den eigenen Reihen als gegen die Unternehmer [880]. Am 17./18. 11. 1928 fand in Bern eine geheime Konferenz zwischen Vertretern der Metall- und Maschinenindustrie und dem SMUV statt. Ilg fand den Zeitpunkt gekommen, um auch angesichts der guten Konjunktur ein nationales Abkommen zu schliessen:

«Wenn wir also wirklich zu einer Vereinbarung kommen wollen, so müssen wir die Konzession machen, dass während der Vertragszeit von Streiks Umgang genommen wird» [881].

Die Vertrauensleute-Konferenz nahm Ilgs Vorschläge mit 157 zu 2 Stimmen an. Am 5.2. 1929 unterbreitete der SMUV den Arbeitgebern seine Vorschläge zu einem Friedensabkommen. Dieser Brief machte den Anfang zu einer langen Reihe von Verhandlungen. Die Arbeitgeber waren aber noch nicht bereit, die Arbeitsbedingungen in einem Gesamtarbeitsvertrag zu regeln. Ihr Misstrauen war vor allem deshalb gross, weil sie glaubten, die SPS übe einen zu starken Einfluss auf die Gewerkschaften aus. Einen weiteren Schritt zur Verständigung machte der SMUV 1932, als er aus seinen Statuten einen Artikel strich, der die Aufhebung der Klassenherrschaft und die Übernahme der Produktionsmittel durch die Arbeiter zum Inhalt hatte.

Zurückhaltung zeigte er auch 1934, als er bei der grossen Lohnabbauoffensive der Arbeitgeber gegen den Willen eines grossen Teils der Arbeiterschaft auf

Kampfmassnahmen verzichtete. Das Hauptargument war zwar, dass die Konjunkturlage keinen Arbeitskampf zulasse, doch ebenso wichtig war wohl das Setzen von vertrauensbildenden Zeichen gegenüber dem ASM. Diesen Weg der Zurückhaltung zeigte schon 1932 SMUV-Sekretär Achille Grospierre an, als er in der «Lutte syndical» schrieb:

«Es ist wichtig, Konflikte und Streiks in der Uhrenindustrie zu vermeiden…» [882].

Nur so könne sie die nötige Ruhe finden, um sich von der Krise zu erholen.

Doch auch an Signalen aus dem Bürgertum fehlte es in dieser Zeit nicht. So forderte 1930 Bundesrat Schulthess am SGB-Kongress die Gewerkschaften zum gemeinsamen Kampf gegen die Krise auf[883]. Dieser Aufruf zur Zusammenarbeit hinderte ihn allerdings in den Folgejahren nicht daran, einem massiven Lohnabbau das Wort zu reden. Bereitschaft zum Zusammengehen signalisierte auch der erste Artikel der 1933 gegründeten Zeitschrift «Die Nation», in dem sich die Herausgeber überzeugt zeigten, dass eine gedeihliche Zukunft der Schweiz nur mit einer vernünftigen Kompromissbereitschaft aller garantiert werden könne. 74 Persönlichkeiten unterzeichneten diesen Appell der Versöhnung.

Vorschläge, die Probleme der Krise in aus Arbeitnehmern und Arbeitgebern zusammengesetzten Kommissionen zu lösen, kamen auch von Seiten der Wirtschaft. Der freisinnige Nationalrat August Schirmer, Präsident des Schweizerischen Gewerbeverbandes, trat nicht nur für Gesamtarbeitsverträge ein, sondern ebenfalls für die Schaffung von gemischten Wirtschaftskommissionen. Er schrieb, dass

«… der Wille zur Verständigung in der Wirtschaft in weit höherem Masse vorhanden ist, als man glaubt. Der Wille der Verständigung wird an Boden und Bedeutung gewinnen, wenn es möglich ist, die getroffenen Vereinbarungen in der ganzen Berufsgruppe durchzusetzen» [884].

Wohl keine politische Gruppierung stellte sich in den 30er Jahren dermassen geschlossen hinter die Verteidigung der demokratischen Rechte und Einrichtungen wie die demokratische Linke, die sogar bereit war, dafür jahrzehntealte Dogmen und Grundsätze aufzugeben. Ein erster Schritt zur Akzeptierung des Staates war die Abschaffung des Klassenkampfparagraphen am SGB-Kongress 1927. Ebenso verzichtete der Gewerkschaftsbund auf die Forderung nach Sozialisierung der Produktionsgüterindustrie. Angesichts der Bedrohung durch die Nachbarländer trat das Ziel einer sozialistischen Gesellschaft in den Hintergrund, und die Arbeiterbewegung beschränkte sich auf die Verteidigung der Errungenschaften des Liberalismus, wie dies der SGB-Kongress von 1933 gefordert hatte. Max Weber bezeichnete ihn als Weg zur Freiheit und rief rhetorisch aus: «Wollen wir ihn aufgeben?» [885]. Drei Jahre später forderte er am SGB-Kongress die Bürgerlichen auf, diejenigen unter ihnen, die den Graben in der Bevölkerung noch weiter aufrissen, in die Schranken zu weisen. Die Arbeiterbewegung mache das mit ihren abweichenden Mitgliedern genauso:

«Das muss aber auf beiden Seiten geschehen, bis es niemand mehr wagt, auf solche Weise an der so notwendigen Zusammenarbeit der demokratischen Volksschichten Verrat zu üben» [886].

Konrad Ilg ging am SMUV-Kongress sogar noch einen Schritt weiter: Er erachtete die Verbesserung der Arbeitsbedingungen und die Erhaltung der Löhne als zweitrangig in Anbetracht der Bedrohung der Demokratie [887]. Gewerkschaften und SPS entwickelten als Folge ihrer Praxis die Theorie der «Verteidigung der Demokratie» gegen die Diktatur. Damit fanden sie sich auch in Übereinstimmung mit der internationalen Arbeiterbewegung. Im August 1934 sagte der Generalsekretär der «International Federation of Trade Unions» (IFTU):

«The campaign against Fascism can and must to-day be made the decisive battle for Democracy» [888].

Mit dieser Politik machte sich die Sozialdemokratie – von Teilen des Bürgertums noch immer argwöhnisch betrachtet – schliesslich gesellschafts- und einige Jahre später auch koalitionsfähig.

Dass Gewerkschaften und SPS die Einheitsfront mit den Kommunisten – mit einigen lokalen Ausnahmen – stets ablehnten, machte sie in der Meinung des Bürgertums sicher vertrauenswürdiger, aber noch immer fehlte trotz den Beteuerungen zur Verteidigung der Demokratie der letzte Beweis: das Bekenntnis zur bewaffneten Landesverteidigung. Wiederum war es der SMUV, der in dieser Frage Schrittmacherdienste leistete. Nachdem das Problem schon seit einiger Zeit diskutiert worden war, vertrat 1932 Achille Grospierre in der «Lutte syndicale» den Standpunkt, dass man der militärischen Landesverteidigung positiv gegenüberstehen müsse. Die Entscheidung für die SPS kam, als der Bundesrat 1936 einen Kredit von 235 Millionen Franken für die Landesverteidigung verlangte. Im Jahr zuvor stellte die SPS in etwas verschlüsselter Form ihre Haltung dar:

«Zur Abwehr drohender Gefahren faschistischer Gewaltangriffe und zur Wahrung der schweizerischen Neutralität, solange sie eine Voraussetzung für die staatliche Selbständigkeit bildet, anerkennt die Sozialdemokratie die Notwendigkeit eines bewaffneten Grenzschutzes, der nach den geschichtlichen Bedingungen und den politischen Verhältnissen des Landes in der Milizarmee seine Verkörperung findet und, um seine Aufgabe erfolgreich zu erfüllen, von dem Willen einer antikapitalistischen Volksgemeinschaft getragen sein muss. Für eine solche Wehr ist die sozialdemokratische Partei zur Verfügungstellung der erforderlichen Mittel bereit [889].

Der SPS-Kongress ermächtigte seine Nationalratsfraktion mit 263 zu 255 Stimmen, für den Kredit zu stimmen. Bei der Abstimmung im Parlament waren 21 dafür, 8 dagegen und 11 enthielten sich. Die Entscheidung des Kongresses führte zu einer Krise in der Partei: Die Parteileitung erklärte ihren Rücktritt. War trotz dieses positiven Entscheides die Partei noch gespalten, so setzte sich 1937 mit der Zustimmung zu den «Richtlinien» definitiv die Idee der bewaffneten Landesverteidigung durch. Damit bekannte sich die SPS auch zu einer Politik, die nicht mehr international-sozialistisch ausgerichtet, sondern vom nationalen Interesse getragen war. Das galt auch für Robert Grimm, der wegen seiner Rolle im Generalstreik 1918 einst vom Bürgertum als ganz Linker gefürchtet war, und der nun die «neue Politik» der Demokratie über alles voll unterstützte:

«Dass diese Politik nicht sozialistisch im Sinne der unmittelbaren Endzielpolitik sein kann, versteht sich am Rand. Sie kann es schon deswegen nicht, weil sie nicht ausschliesslich von der sozialistischen Arbeiterbewegung getragen sein wird. Konzentration der Mitte, das heisst Erfahrung aller gutwilligen, am Bestand der Schweiz und ihrer demokratischen Einrichtungen interessierter Volkskreise» [890].

Zwei Jahre später sollte diese Politik, die alle Volksschichten vereinte, ihren glanzvollen Höhepunkt erleben. Zuerst sei allerdings noch kurz die Idee der «Richtlinienbewegung» erläutert. Vom Sommer 1936 an schlossen sich Kräfte links der Mitte zusammen und wollten der deflationistischen Politik des Bundesrates eine Gegenlösung gegenüberstellen. Dazu gehörten der SGB, die SPS, die Jungbauern, die Angestelltenverbände, die evangelischen Gewerkschaften und die Jungkatholiken. Die Abwertung machte zwar ihr Programm überflüssig, doch brachte sie mit der befürchteten Preissteigerung ein neues Problem. Die beteiligten Organisationen aktualisierten ihr Programm und publizierten es unter dem Titel «Richtlinien». Die Arbeiterbewegung machte mit, weil sie aus der Niederlage bei der Kriseninitiative den Eindruck gewonnen hatte, dass der bisherige Konfrontationskurs kaum zum gewünschten Ziel führen würde. Die Richtlinien waren ein wirtschaftliches Krisenprogramm, das gleichzeitig zur Stützung der Demokratie beitragen sollte. Der Grundgedanke war, dass nur in einer sozial gerechten Gesellschaft die Demokratie eine Chance haben würde. Da die Folgen der Krise bisher zu einseitig von der Arbeiterschaft getragen worden waren, sollten nun auch bis jetzt geschonte Kreise ihren Beitrag leisten. Der Zweck des Programms wurde in der Einleitung so umschrieben:

«Das Grosse Komitee der Richtlinienbewegung hat ein Sofortprogramm aufgestellt, dessen Propagierung und Verwirklichung der Stärkung des Abwehrwillens und dem Ausbau der Verteidigungsmöglichkeiten für unsere schweizerische Demokratie dienen soll (...). Wir glauben, dass der Kampf gegen die Diktatur vor allem darin besteht, auf unserem Staatsgebiet die Demokratie zu sichern und möglichst unangreifbar zu machen. Deshalb legen wir ein Arbeitsprogramm und Forderungen vor, die dem Ausbau der Demokratie zu einer sozialen Demokratie dienen, zu einer Demokratie, die vor allem dem arbeitenden Menschen Gerechtigkeit widerfahren lässt [891].

Zu den Forderungen gehörten die Aufrechterhaltung der Presse- und Versammlungsfreiheit, ein demokratisches Radio, die Überwindung der Arbeitslosigkeit, die Stärkung der geistigen und militärischen Landesverteidigung, die Besteuerung grosser Vermögen für die Verteidigung, die Bekämpfung demokratiefeindlicher Elemente, die Schaffung einer Vertrauensbasis und die bessere Integration der Arbeitnehmer in Wirtschaft und Gesellschaft. Vergleicht man dieses Programm mit der Kriseninitiative oder dem Plan der Arbeit, so stellt man eine eklatante Verlagerung der Gewichte fest: Nicht mehr die Behebung der Krise und die wirtschaftliche Besserstellung der Arbeiter standen jetzt im Zentrum, sondern die Bewahrung der demokratischen Errungenschaften und der Unabhängigkeit des Landes.

Der SGB-Kongress von 1936 stimmte den Richtlinien zu. Für Max Weber bedeuteten sie eine Ausweitung der seit 1933 bestehenden «Front der Arbeit». Den Delegierten erklärte er sie so:

«Die Grundgedanken dieser Richtlinien sind folgende: Gegenüber den Gefahren, die die bisherige wirtschaftliche und politische Entwicklung in sich birgt, müssen sich alle zusammenschliessen, die für die Erhaltung der Demokratie und der Freiheitsrechte eintreten und die Lebensinteressen des arbeitenden Volkes sichern wollen» [892].

In der Zeitschrift «Die Arbeit» pries er die Gründung der Richtlinienbewegung vom 3. 2. 1937 als

«… ein denkwürdiges Ereignis in der Geschichte unseres Landes. An diesem Tag ist der neue Bund der Eidgenossen geschlossen worden» [893].

Die SPS, die im Lager der linksliberalen Angestellten und Beamten Fuss fassen wollte, stimmte am Parteitag 1937 den Richtlinien zu. Diese «Volksfront der Mitte» [894] war die Alternative zur mehrmals abgelehnten Einheitsfront mit den Kommunisten. Diese wurden – obwohl sie der Richtlinienbewegung beitreten wollten – nicht zugelassen. Die Richtlinienbewegung kann, wie auch das Friedensabkommen, als die schweizerische Lösung der damaligen Zeitprobleme bezeichnet werden. Was die einen mit einer Volksfront, die anderen mit einem autoritären Führerstaat versuchten, erreichte die Schweiz mit einem Weg der Mitte. Mit der Unterstellung von Partikulär- oder Klasseninteressen unter das nationale, wurde ein Konsens auf breitester Basis erreicht.

Arbeitsbeschaffungsprogramme grösseren Ausmasses – insbesondere kredit- oder defizitfinanzierte – waren für den Bundesrat während der ganzen Krise ein Tabu. Er hatte nicht nur Zweifel an ihrer Wirksamkeit, sondern war auch überzeugt, dass die direkte Unterstützung an Arbeitslose die sinnvollere Hilfe sei. Doch auch diese bescheidene Hilfe tröpfelte immer spärlicher: Zwischen 1933 und 1938 nahmen die Bundesbeiträge an Arbeitslosenkassen und an die Krisenhilfe um 60% ab [895]. Auch bürgerlichen Politikern kamen, je länger die Krise dauerte, Zweifel am Erfolg der bundesrätlichen Politik, und ab Anfang 1936 begann die bürgerliche Abbaufront langsam abzubröckeln. Es brauchte allerdings die Verknüpfung Arbeitsbeschaffung/Landesverteidigung, um das Bürgertum zu gewinnen und die Basis für einen finanzpolitischen Konsens zu finden. Was die Kompromissbereitschaft ebenfalls förderte, war der staatsrechtlich bedenkliche Griff zum Finanznotrecht, den der Bundesrat während der Krise des öfteren tat. Um diesen unbefriedigenden Zustand zu beenden, lancierte der Bundesrat 1938 ein Bundesfinanzreformprojekt (BFR I). Da die massgeblichen Kräfte links und rechts ja bereits seit zwei Jahren gegen die Mitte tendierten, war die Hoffnung berechtigt, dass damit das «notrechtliche Flickwerk» (Tanner) in ein Definitivum übergeführt werden könnte. In der Abstimmung im Nationalrat unterlag allerdings die Vorlage mit 62 zu 61 Stimmen, wobei die Kommunisten das Zünglein an der Waage spielten. Diese Ablehnung führte dazu, dass die Kompromissbereitschaft zeigenden Parteien und Verbände ihre Anstrengungen intensivierten, um doch noch zu einer Verständigung zu kommen. Noch im August 1938 erarbeitete eine interfraktionelle Konferenz einen Vorschlag zuhanden des Bundesrates. Diese auch von den Eidgenössischen Räten akzeptierte Lösung fand in der Volksabstimmung vom 27. 11. 1938 eine überwältigende Mehrheit. Es handelte sich um einen echten Kompromiss, der von beiden Seiten Leistungen abverlangte und der zugleich ein Test für die demonstrierte Konsensbereitschaft war. Nichts vermag diese wohl besser zu symbolisieren als Wahlplakate der SPS, die den Slogan trugen: «Eidgenössische Verständigung». Ein zweiter Wendepunkt neben der Bundesfinanzreform war die 1938 dem Volk vorgelegte Vorlage «Für Ausbau der Landesverteidigung und Bekämpfung der Arbeitslosigkeit» in der Höhe von 395 Millionen Franken. Was vor einigen Jahren sowohl für bürgerliche Abbauer wie für linke Gegner der Landesverteidigung undenkbar gewesen wäre, wurde jetzt in dieser Kombination und angesichts der Bedrohung sowie der gegenseitigen Annäherung an die Mitte möglich. Dieser Trend zum Konsens, der im wirtschaftlich-gesellschaftlichen Bereich seinen Anfang genommen und sich dann in den finanzpolitischen hineingezogen hatte, brach dann jedoch mit dem Übergang zum Vollmachtenregime während des Krieges wieder ab. Doch an der grundsätzlichen Übereinstimmung der gemeinsamen Werte änderte sich nichts. Die Landesausstellung von 1939 war das Schaufenster, in dem diese Werte gezeigt wurden.

Gewissermassen den Überbau der militärischen Landesverteidigung stellte die geistige Landesverteidigung dar. Man mag unter diesem bald jedem Schweizer in Fleisch und Blut gegangenen Begriff, der selten klar definiert wurde, ein Hochhalten von national-traditionellen Werten verstehen, die als Essenz des Schweizertums und somit als verteidigungswürdig betrachtet wurden. Unter dem Schlagwort «geistige Landesverteidigung» tauchten ab 1934 die ersten grösseren Aufsätze vorab in der Zeitschrift «Schweizer Spiegel» auf. Bereits ein Jahr später setzte sich das Parlament damit auseinander, doch bedurfte es der tatkräftigen Förderung Bundesrat Philipp Etters, damit die geistige Landesverteidigung ihre Mobilisierungskraft entfalten konnte. Wegweisend war insbesondere die von ihm redigierte und 1938 erschienene Kulturbotschaft, die fast alle

politischen Lager zu integrieren vermochte; er postulierte darin zwei Prinzipien:
– die Schweiz gehört zu den drei geistigen Lebensräumen des christlichen Abendlandes. Diese sind in einem schweizerischen zusammengefasst
– zwischen der bündischen Gemeinschaft und der spezifisch schweizerischen Demokratie besteht eine kulturpolitische Identität [896].

Die Merkmale dieser geistigen Landesverteidigung können in Anlehnung an Linsmayer [897] folgendermassen beschrieben werden: Sie betont die geistig-kulturelle Eigenständigkeit der Schweiz, greift auf oft mythenbildende, historische Bilder zurück, möchte die demokratische Staatsform wieder mit neuem Leben erfüllen und demonstriert eine Abwehrhaltung gegen aussen, gegen alles Fremde. Wie die Ideen der geistigen Landesverteidigung aussahen, darüber herrschte weder Einigkeit noch eine klare Vorstellung. Alles, was aber irgendwie als «unschweizerisch», «negativ», «zersetzend», kritisch oder provozierend von den Gralshütern der geistigen Landesverteidigung angesehen wurde, musste bekämpft werden. Linsmayer schreibt:

«So wurde die geistige Landesverteidigung in solchem Ausmass zum Anliegen eines jeden Schweizers, dass, ohne einen bindenden Massnahmenkatalog dafür zu haben, jeder von selbst wusste, was im Sinne dieser Doktrin lag und was nicht» [898].

Kam es im Verlaufe der 30er Jahre noch zu einer Kulturkrise, zu einer Diskrepanz zwischen volkstümlich-traditioneller und urbaner, international ausgerichteter Kultur, so fanden sich die zerstrittenen Exponenten der verschiedenen Fraktionen unter dem Eindruck der äusseren Bedrohung unter der Forderung der geistigen Landesverteidigung zu einem nationalen Block zusammen [899]. Indem sich die Kulturschaffenden in den Dienst des Staates stellten, wurde die Kultur, für die eine kritische Distanz zum Staat lebenswichtig ist, gewissermassen freiweillig zu einer Staatskultur.

Die Landesausstellung 1939, die «nationale Leistungsschau», war dann der Höhepunkt dieses nationalen Selbstbewusstseins. Unterstützt von Behörden und getragen von sämtlichen relevanten Institutionen und gesellschaftlichen Gruppen konnte man zeigen, wie stolz man war, Schweizer zu sein, demonstrierte man das Einzigartige und Unverwechselbare der Schweiz. Mit dem ganzen Pathos, das die «Landi» umgab, schilderte der Romancier Alfred Graber diese Stimmung:

«Der Gang auf dem Höhenweg beweisst es. Hier spricht die Schweiz selbst, entkleidet von jeglichem Privatinteresse. Dein Land! Du lernst es neu und tiefer begreifen, du lernst – wenn du je gezweifelt hast – wieder glauben. An die Schweiz, an ihre hohe Sendung. Du lernst das Land lieben in seiner Vielfalt und sehen als eine Einheit. Wie unaufdringlich und doch wie eindrücklich ist hingewiesen auf das, was uns und unsere Demokratie einig macht, auf die Jahrhunderte unserer Tradition und unseres Eigenlebens, auf die Wurzeln, aus denen wir hervorwuchsen» [900].

Wenige wohl, selbst solche, die noch einige Jahre zuvor in Opposition zum Staat gestanden waren, hätten in dieser Situation dem nicht zugestimmt. Verständnisvoll, fast neidvoll, schilderte die auf Betreiben des Schweizerischen Schriftstellervereins aus der Schweiz ausgewiesene deutsche Schriftstellerin und Journalistin Victoria Wolff dieses Gefühl:

«*Der Schweizer, der bisher genug gehabt hat an biederen Tugenden, hat plötzlich das grosse Gefühl bekommen, und er wagt es endlich jawohl, endlich wagt er es, das auch zu zeigen: es besteht aus Freude und Bewunderung und Stolz. Es ist da, weil er nicht nur weiss, was er selbst kann, sondern weil er vor sich sieht, was seine Landsleute können. Er kritisiert nicht mehr, er bewundert. Und das tut gut. Der Fremde, der auch bewundert, sieht es an jedem Gesicht*»[901].

Diesem national ausgerichteten, alte demokratisch-ureidgenössische Traditionen beschwörende Kulturverständnis schlossen sich nahtlos auch die Sozialdemokraten, die mit ihrem eigenen kulturellen Selbstverständnis schon immer eine gewisse Mühe gehabt hatten, an.

Mit dem Friedensabkommen, der Richtlinienbewegung, den Finanzrichtlinien, dem Bekenntnis zur militärischen und geistigen Landesverteidigung war die Annäherung im wirtschaftlichen, politischen und gesellschaftlich-kulturellen Bereich vollzogen. Zwei Ereignisse mögen diesen Konsens abschliessend nochmals verdeutlichen: Nach dem Einmarsch der deutschen Truppen in Österreich 1938 verpflichteten sich alle Parteien, die in den eidgenössischen Räten vertreten waren, in einer gemeinsamen Erklärung zur Zusammenarbeit und dazu, Auseinandersetzungen in «Würde und gegenseitiger Achtung» auszutragen[902]. Und im September gleichen Jahres erklärte Bundesrat Minger zur Haltung der SPS in der Landesverteidigung:

«*Über diesen geistigen Umschwung wollen wir uns aufrichtig freuen, und wir wollen einen Strich ziehen unter den Irrtum, den sie früher begangen hat*»[903].

Als letztes Symbol des nationalen Konsens sei hier noch der mit 204 von 229 Stimmen von der Bundesversammlung zum General gewählte konservative Waadtländer Henri Guisan erwähnt.

9. Geschichtstheoretisches Nachwort

Der Historiker ist wie jeder Mensch ein Produkt seiner Erziehung, seines Milieus, seiner Prägungen und hat damit ganz bestimmte Werte, Einstellungen, Attitüden. Die Wahl des Erkenntnisobjekts erfolgt deshalb aufgrund von Wertideen und Interessenstandpunkten. Von da her ist jede historische Arbeit von der Auswahl der Quellen bis zur Interpretation von der persönlichen Biografie des Autors, seiner psychischen Strukturierung sowie seiner Lebensumstände und -erfahrungen beeinflusst. Geschichtswissenschaftliche Aussagen und Argumentationen sind von ausserwissenschaftlichen Dimensionen wie Praxis, Interessen und Wertungen nicht unabhängig. Sie sind auch abhängig von der Auffassung des Forschers von der Gegenwart und der Art ihrer wahrscheinlichen und wünschenswerten Fortentwicklung[904]. Nach Kocka gibt es drei Arten von Abhängigkeiten:

1. bei der Auswahl des Themas, die vom Erfahrungshintergrund des Forschenden, seinem Engagement und seiner Vorstellung vom Normalen mitbestimmt wird;
2. bei der Auswahl der Begriffe und Erklärungsmuster;
3. bei der Entscheidung darüber, was als akzeptable Antwort gilt[905].

Da also Objektivität als Objektivität des Inhalts eine unmögliche Forderung ist, kann höchstens – um mit Max Weber zu sprechen – Objektivität methodisch bestimmt werden. Bei der Rekonstruktion der Ereignisse habe ich mit als wissenschaftlich anerkannten Methoden gearbeitet. Beim Inhalt hingegen und bei den Interpretationen handelt es sich nicht um die Wahrheit, sondern um meine Wahrheit, die ich vor dem Hintergrund meiner Prägungen verfasst habe. Meine Arbeit soll daher geradezu zur Kritik aufrufen und eine wissenschaftliche Diskussion zur Erweiterung historischer Erkenntnisse auslösen.

Die Beschäftigung mit der Winterthurer Arbeiterschaft bedarf ebenfalls einer Erklärung. Für die Wahl von Winterthur waren folgende Gründe ausschlaggebend:

1. Eine kleinräumige Studie vermag mehr ins Detail zu gehen und auch Prozesse aufzeichnen, die bei einer grossflächigeren verloren gingen.
2. Lokalstudien bilden das nötige Rohmaterial für übergreifende Darstellungen. Die kritische Geschichtsschreibung der schweizerischen Arbeiterbewegung liegt – auch wenn in den letzten Jahren einiges aufgearbeitet worden ist – noch immer im argen. Zu stark wurde die Geschichtsschreibung bislang von Selbstdarstellungen der Arbeiterschaft und «Hagiographien» der Arbeiterführer geprägt. Das lokale Grundmaterial schafft die Voraussetzung dafür, dass die Geschichte der Arbeiterschaft neu überdacht und interpretiert werden kann.
3. Winterthur in den 30er Jahren stellt insofern einen interessanten Fall dar, als die Dominanz der Firma Sulzer auf dem Arbeitsmarkt ausserordentlich

stark war. Diese Position bildet einen wichtigen Aspekt der vorliegenden Untersuchung.

Geschichte, so wie ich sie verstehe, ist Geschichte im Dienste kritisch-emanzipatorischen Handelns. Geschichtsschreibung soll nicht nur einen Blick in die Vergangenheit werfen, sondern sie soll auch ein Instrument sein zur Emanzipation des von Herrschaft und Autoritäten gedrückten Menschen, zur Auflösung von verkrusteten Sturkturen und lebensfeindlichen Mentalitäten. Der Blick in die Vergangenheit soll ein mögliches Bild von der Zukunft entwerfen. Wehler hat das so ausgedrückt:

«Auch die erkenntnisleitenden Interessen des Historikers implizieren immer Vorstellungen von einer wünschbaren, anderen, besseren Zukunft» [906].

Die kritische Geschichtswissenschaft will einen Weg zur Freiheit weisen, zu jener Freiheit, die den Menschen befähigt, seine eigene Geschichte zu machen. Sie will mit dem Mythos aufräumen, dass eine geschichtliche Kraft mit unwiderstehlicher Macht voranschreitet und «wie eine säkularisierte Vorsehung Zeiten und Menschen beherrscht» [907]. Methodisch wegleitend war für mich die kritische Theorie. Diese schafft drei Wissenschaften, die nach Ansicht von Kluxen jede für sich allein unzulänglich sind.
1. Die empirisch-analytischen,
2. die historisch-hermeneutischen,
3. die kritischen Wissenschaften.

Wichtig ist auch der dialektische Prozess in der Geschichte, der aus einem Fortgang des subjektiven Erlebens der Zeitgenossen und den subjektiven analytischen Theorien des Forschers besteht. Die Verbindung der verschiedenen Elemente der kritischen Theorie beschreibt Kluxen so:

«Die kritische Selbstreflexion über die Vereinbarkeit von Erkenntnissen und Interesse verknüpft empirisch-analytische und historisch-hermeneutische Wissenschaften durch eine dialektische Betrachtungsweise, die ihren jeweiligen Anspruch aufhebt und sie als Momente im Forschungsprozess und im zu erforschenden Handlungszusammenhang begreift» [908].

Die hermeneutische Methode begreift Handlungen und Ausdrücke auf ihren Sinn, versucht, den manifesten Inhalt und den Sinn von Quellen zu verstehen, während die empirisch-analytische Methode menschliches Handeln nach Gesetzen kausal zu erklären versucht. Nicht nur der manifeste Sinn sollte indessen dargelegt werden, sondern ebenso wichtig scheint mir, was nicht gesagt oder getan, was verschwiegen und unterlassen wurde. Allerdings ist festzustellen, dass für einen solch umfassenden Zugriff noch verschiedene andere als die von mir verwendeten Methoden nötig gewesen wären – Methoden aus der Psychohistorie, der Antrophologie, der Volkskunde, der Linguistik. Einem einzelnen fehlen die Ressourcen für eine so totale Geschichte, ganz abgesehen von allfälligen Quellenproblemen. Als Forderung bleibt aber festzuhalten, dass es nicht genügen darf, einzelnen Faktoren des historischen Geschehens übermässiges Gewicht zu verleihen, seien das ökonomische oder politische. Genauso bedeutend wären etwa kollektive Mentalitäten, Traditionen, Bräuche und deren Änderungen analog den sozialen und ökonomischen. Historie betreiben kann nur heissen, den Menschen und seine Umwelt möglichst in seiner Totalität zu erfassen oder, wie es Lucien Febvre kurz vor seinem Tod ausdrückte:

«L'homme ne se découpe pas en tranches. Il est un. Toute l'histoire ne doit être scindée en deux: ici les affaires, là les croyances» [909].

Auch eine zeitliche und thematisch begrenzte Lokalstudie sollte – so scheint mir – wenn möglich in Kollektivarbeit mit einer möglichst breiten Fragestellung und einer entsprechenden Methodenvielfalt angegangen werden.

Ich empfinde es als Mangel, dass mir für den von mir untersuchten Zeitraum kaum ein taugliches Instrumentarium an historischen Theorien zur Verfügung stand. Zudem fielen beispielsweise auch Konjunkturtheorien als Raster für die gesellschaftlich-politische Entwicklung ausser Betracht, da der Untersuchungszeitraum zu klein war. In die betreffende Zeit fällt nur ein kurzwelliger Ab- und Aufschwung. Und dass dieser Abschwung, der ja für die neuere Zeit einzigartig war, das Bewusstsein und Verhalten der Betroffenen prägen musste, lässt sich auch ohne tiefschürfende Untersuchungen vermuten. In einer Art Eklektizismus habe ich deshalb Ansätze aus der Soziologie, aber auch der Nationalökonomie ausgeliehen und lose verwoben. Von der theoretischen Fundierung her mag die Arbeit daher einen uneinheitlichen Eindruck hinterlassen. Dem steht aber gegenüber, dass ich mich bemüht habe, möglichst vielfältige Ansätze einzubringen, um den Erkenntnisgegenstand von verschiedenen theoretischen Seiten zu beleuchten. Es geht mir dabei einerseits um die Analyse von Strukturen, unter denen ein bestimmtes Handeln erfolgt, andererseits möchte ich auch das Prozesshafte und Kausale nachvollziehen. Statische und dynamische Elemente sollten sich also ergänzen. Ziel ist es, das Ausmass der Veränderung entlang der Ordinate Zeit zu dokumentieren.

Zur Methodik kann zusammenfassend gesagt werden, dass ich bei meiner Arbeit auf eine Integration von analytischen und hermeneutischen Methoden geachtet habe, d. h. die Interpretation von Quellen wurde ergänzt durch eine Analyse von Faktoren, die den Handelnden nicht bewusst waren. Diese Analyse fragt nach den unbewussten Motiven der Akteure oder nach den durch vordergründige Handlungen verschleierten, um mit dieser Art von Ideologiekritik den wahren Motiven auf die Spur zu kommen. Zu solch unbewussten Handlungen gehört etwa die allmähliche Veränderung von Denkstrukturen. Während anfangs der Krise bei der Arbeiterschaft noch endzeitliche Vorstellungen von der kommenden Revolution, vom Untergang des Kapitalismus und das Denken in Kategorien des Klassenkampfes vorherrschten, wurden diese im Laufe des durch die Krise ausgelösten Transformationsprozesses erschüttert sowie von den Arbeiterführern im Sinne einer politischen Strategie umfunktioniert. Das Resultat waren neue mentale Strukturen für die Bewältigung der neuen Krise, des Weltkriegs. Die Denkstruktur des Klassenkampfes wurde also abgelöst durch diejenige der Kooperationsbereitschaft.

Es war in vorangegangenen Abschnitten öfters von Strukturen die Rede, ebenso davon, wie Prozesse untersucht werden sollten. Strukturen können als relativ starre, aus verschiedenen Elementen zusammengesetzte Gefüge betrachtet werden, die sich nur ziemlich langsam verändern. Die sie aufbauenden Elemente sind funktional auf die Struktur bezogen. Die Struktur einer Gesellschaft oder eines geschichtlichen Prozesses ist gekennzeichnet durch sich wiederholende Konfigurationen oder Muster. Die Strukturgeschichte, die die sich wandelnden Strukturen zum Inhalt hat, will sich von der oberflächlichen Ereignisgeschichte absetzen[910]. Die Veränderungsgeschwindigkeit von verschiedenen Strukturen kann ungleich sein, so dass gewissermassen eine Struktur eine andere überlagert, was zu Spannungen führen kann. So hinken rechtliche Strukturen oft hinter den wirtschaftlichen Entwicklungen nach, wie das etwa bei den Kartellen oder beim Videomarkt verdeutlicht wird. Wie die Strukturgeschichte der blossen Ereignisgeschichte zu Recht Oberflächlickeit vorwirft, so muss auch sie sich den Vorwurf gefallen lassen, dass wichtige Aspekte menschlichen Handelns bei einem blossen Raster der reinen Strukturgeschichte verlorengehen, denn die Menschen prägen ebensosehr die Umstände, wie die Umstände die Menschen prägen (Marx/Engels). Wenn man davon ausgeht – so Kocka – dann kommt man zum Schluss, dass die

«geschichtlich-gesellschaftlichen Prozesse durch sinnorientierte Handlungen von Menschen vermittelt sind, wenn diese auch keineswegs immer ein volles Bewusstsein von jenen besitzen und deshalb der begreifende historische Zusammenhang nicht in dem aufgeht, was die Menschen wechselseitig intendieren, dann erkennt man, dass die Beschränkung auf die Untersuchung von Strukturen (. . .) in die Gefahr geriete, wichtige Aspekte der geschichtlichen Wirklichkeit zu übersehen»[911].

So sinnvoll Strukturgeschichte auch ist, scheint es mir doch wesentlich, das starre Gerüst der Strukturen mit den dynamischeren Elementen der Ereignisse zu füllen. Eine Kombination beider Methoden kann menschliches Handeln adäquater erklären. Engelberg sieht das so:

«Um den wirklichen historischen Zusammenhang nicht zu zerreissen, bleibt es oberstes Gebot des Historikers, in seiner Forschung und Darstellung so vorzugehen, dass Struktur und Entwicklung nicht als einander entgegengesetzte Bestimmungen des historischen Geschehens erscheinen»[912].

Zusammenfassend möchte ich festhalten, dass ich mich zu einer empirisch-analytischen und historisch-hermeneutischen Methode bekenne, die sowohl Strukturen, Prozesse als auch Ereignisse ins historische Geschehen einbezieht. Da der Standpunkt des Forschers sowohl milieu- als auch interessegebunden ist, ist das Resultat seiner Forschung nie objektiv, sondern stellt höchstens einen Teilbereich der historischen Wahrheit dar. Für mich kann Geschichte keine theorielose Wissenschaft sein, wie das etwa Vertreter einer narrativen Geschichtsschreibung behaupten, sondern die empirische Forschung sollte auf dem Fundament von Theorien und Hypothesen stattfinden. Für meine Arbeit habe ich keine geeigneten historischen Theorien gefunden. Ich habe deshalb Theorien aus der Soziologie und Ökonomie verwendet. Geschichte, wie ich sie verstehe, beinhaltet immer auch eine Komponente des zukunftsgerichteten Handelns. Indem sie Abhängigkeiten und Herrschaftsverhältnisse aufdeckt, will sie gleichzeitig auch Alternativen für eine herrschaftsfreie Zukunft aufzeigen. In diesem Sinn kann mit den Vertretern einer kritischen Theorie übereinstimmend gesagt werden, dass es darum geht, die historische Bedingtheit von Herrschaftsverhältnissen mit ihren ideologischen Legitimierungen zu durchschauen, um so das Ziel «eines zwanglos dialogischen Zusammenlebens der Menschen» zu erreichen[913]. Geschichte als historische Sozialwissenschaft ist immer Geschichte vom Menschen und seiner Bedingtheit. Eine solche Geschichte muss immer im Sinne der «totalen Geschichte» versuchen, mit einem Methoden- und Theorienpluralismus möglichst viele Facetten des Menschseins aufzuzeigen. Wenn das hier nur postuliert, aber nicht ausgeführt werden kann, so liegt das an der Eingeschränktheit des einzelnen Forschers.

Für die von mir angewandten Methoden erwies sich die Quellenlage als sehr günstig. Sowohl im gutdotierten Archiv der Arbeiterunion als auch im Sulzer-Konzernarchiv sind die Stimmen der Arbeiterschaft reichlich dokumentiert. Auch für quantitative Daten erwies sich das Sulzer-Archiv als ergiebig, ebenso das Stadtarchiv Winterthur. Ich habe versucht, die Betroffenen, aber auch die Gegenseite, möglichst oft zu Wort kommen zu lassen. Dieses Vorgehen vermittelt zwar den Eindruck grösster Authentizität, verführt aber leicht dazu, die zitierten Äusserungen allzu unkritisch aufzufassen und zu interpretieren. Es sei also darauf hingewiesen, dass immer auch der Kontext[914] wie der Adressat der Äusserung im Auge behalten werden müssen. Genauso wichtig wie der Inhalt ist ja auch die Funktion einer Aussage sowie das, was nicht, oder nur zwischen den Zeilen gesagt wurde.

Ich habe schon auf die Armut und Bedürftigkeit an historischen Theorien hingewiesen. Eine Arbeit auf dieser Mikroebene, die zudem nur die Zeitspanne von knapp zehn Jahren abdeckt, vermag keine Theorie zu bilden. Ich hoffe aber, dass die hier formulierten Hypothesen zusammen mit denjenigen anderer Arbeiten aus ähnlichen Bereichen dazu beitragen mögen, einmal eine sozialhistorische Theorie der schweizerischen Arbeiterschaft, ihrer Verhaltensweisen und Reaktionen, ihrer Kämpfe und Leiden, auszuarbeiten.

10. Schlussbemerkungen

Die Wirtschaftskrise der 30er Jahre brachte eine nie zuvor gekannte Erschütterung des wirtschaftlichen, aber auch des politischen Lebens, die auch das Bewusstsein der Arbeiterschaft entscheidend prägte. Auf dem Höhepunkt der Depression waren über 100 000 Schweizer ohne Arbeit; in Winterthur betrug die Zahl der Arbeitslosen zur schlimmsten Zeit über 5000 Ganz- und Teilarbeitslose, was etwa 20% der arbeitsfähigen Bevölkerung ausmachte. Betroffen wurden von der Krise anfangs die Uhren- und die Textilindustrie, ab Mitte 1930 die Metall- und Maschinenindustrie und mit einer Verzögerung von ein bis zwei Jahren – die Bauindustrie, die sich auch als letzte erholte.

Zur Lösung der Krise standen sich zwei fundamental verschiedene Konzepte gegenüber: Die Exportindustrie und der Bundesrat wollten mittels einer rigorosen Spar- und Abbaupolitik die Löhne der Schweizer Arbeiter an diejenigen der ausländischen Konkurrenz anpassen und damit die Exportindustrie wieder konkurrenzfähig machen. Sie sahen den Grund der Exportkrise fast ausschliesslich bei den überhöhten Preisen. SGB und SPS massen dagegen den Preisen eine weniger grosse Bedeutung zu und strichen die Erschwerung des Handels infolge internationaler Handelshemmnisse hervor. Obwohl sie den Wert der Exportindustrie ebenfalls betonten, glaubten sie doch, dass eine Besserung über die Förderung der Inlandindustrie zu erfolgen habe. Aus diesem Grund bekämpften sie die Abbaupolitik und verlangten im Gegenteil eine Erhöhung der Massenkaufkraft, um so Impulse auf die Binnenwirtschaft auszulösen. Dieses wirtschaftspolitische Konzept der Kaufkrafttheorie fand in der Kriseninitiative und im Plan der Arbeit seine Ausgestaltung. Diese beiden Projekte hätten eine tiefgreifende Umgestaltung der Schweizer Wirtschaft bedeutet, an der marktwirtschaftlich-kapitalistischen Ausrichtung hingegen wenig geändert.

Die Stadt Winterthur war als Region mit einer ausgesprochenen Metallbau-Monokultur extrem krisenanfällig. Arbeitslosenversicherung, Krisenhilfe und sonstige Hilfeleistungen stellten für den Haushalt der Stadt Winterthur eine grosse Belastung dar. Mit Steuererhöhungen und Einsparungen gelang es dennoch, den Haushalt im Ordentlichen Verkehr im Gleichgewicht zu halten. Nicht so Hunderten von Arbeitern: Aus Haushaltrechnungen und Hilferufen geht hervor, dass die Ausgaben den Einnahmen davonliefen. Anfangs zehrten die Arbeiterfamilien vom Ersparten, später mussten sie Schulden machen oder waren auf Almosen und die Hilfe des Fürsorgeamtes angewiesen. In einzelnen Branchen, wie der Textilindustrie, waren die Löhne so stark abgebaut worden, dass sogar vollbeschäftigte Arbeiter den Gang aufs Armenamt antreten mussten. Der Speisezettel der Arbeiterfamilien wurde stark zusammengestrichen, so dass er äusserst monoton aussah und sich verschiedentlich auch Mangelerscheinungen zeigten.

Betroffen waren aber nicht nur die Arbeiter, sondern auch die Angestellten. Die Saläre eines Grossteils der unteren Angestellten sanken sogar noch unter die Löhne der vollbeschäftigten Arbeiter. Kann man bei vielen Arbeitern von einer Verarmung sprechen, so sanken viele Angestellte auf den sozio-ökonomischen Status von Arbeitern herab, ohne dass sie jedoch auch ein entsprechendes Bewusstsein entwickelt hätten. Ihre Ausrichtung blieb nach wie vor individualistisch und aufstiegsorientiert. Aber auch unter den Arbeitern gab es Unterschiede. Die Trennlinie verlief zwischen den gut qualifizierten, festangestellten und gewerkschaftlich organisierten Arbeitern, die stolz auf das Erreichte waren und das auch verteidigten, und den oft unqualifizierten, häufig arbeitslosen Handlangern, die viel radikaler waren und von den etablierten Arbeitern häufig herablassend behandelt wurden.

Obwohl die Arbeitervertreter immer wieder kritisierten, dass die Hilfe der bürgerlich regierten Stadt an die Krisenbetroffenen zu knausrig sei, anerkannten sie im Grunde, dass die Behörden das Mögliche getan hatten. Einzelne Gewerkschaftsführer meinten sogar, dass die Hilfe der Stadt an der Grenze des Tragbaren gewesen sei. Damit ist auch schon angedeutet, dass sich die Forderungen der Arbeitervertreter innerhalb des finanziell Möglichen bewegten. Ihre Postulate waren denn auch durchaus systemkonform, obgleich sie stets das kapitalistische System als Verursacher der Krise brandmarkten. Weil sie keine systemsprengenden Forderungen stellten, drangen sie mit ihren parlamentarischen Vorstössen meist durch. Im Gegensatz zur reformerischen Gewerkschaft und zur SP standen die KP und die RGO, die viel weitergehende Begehren stellten. Diese Postulate hätten natürlich auch viel mehr gekostet und häufig zur Folge gehabt, dass die Stadt wegen Verstössen gegen kantonale Vorschriften Subventionen verlustig gegangen wäre. Zwar konnten die Reformisten diese Vorstösse meist nicht direkt bekämpfen, weil sie für die Arbeitslosen Verbesserungen gebracht hätten, doch durch Stimmenthaltung im Gemeinderat halfen sie zu deren Ablehnung mit. Indirekt und in abgeschwächter Form nahmen sie indes öfters die radikalere Forderung in ihre eigenen Begehren auf. Auf diese Weise konnte die Agitation der zahlenmässig kleinen kommunistischen Gruppe einige Erfolge verzeichnen.

Die Rivalität zwischen SP und KP bzw. deren Gewerkschaftsorganisationen war eines der Merkmale der 30er Jahre. Indem sie sich gegenseitig befehdeten, litt zweifellos der Kampf gegen Abbaumassnahmen der Unternehmer sowie ihr Einsatz für die Krisengeschädigten. Getreu der Parole aus Moskau bezeichneten die Kommunisten die Sozialdemokraten als «Sozialfaschisten». Die Sozialdemokraten titulierten ihrerseits die Kommunisten als «Katastrophenpolitiker» und erachteten jede Aktion, die von ihnen ausging, als pures Propagandamanöver, auch wenn sie vielleicht objektiv eine Verbesserung für die Arbeitslosen gebracht hätte. Verbale Angriffe auf die SP verhinderten aber nicht, dass sich die KP ihr immer wieder zu nähern versuchte und eine Einheitsfront vorschlug, dabei aber regelmässig zurückgewiesen wurde. Nicht zu unrecht vermutete wohl die SP, dass bei einer Einheitsfront die Kommunisten versuchen würden,

den Kurs zu bestimmen. Ein einziges Mal kam es zu einer gemeinsamen Aktion, doch verlief diese für die SP und Gewerkschaften enttäuschend.

Hinter den Rivalitäten der beiden Linksparteien standen zwei grundverschiedene politische Konzepte. Während die SPS und der SGB mit systemkonformen Mitteln die Arbeitslosen unterstützen und die Krise überwinden wollten (Max Weber betrachtete die Krise nicht etwa als Krise des Kapitalismus, sondern als konjunkturelle Krise), kam den Kommunisten die Depression gerade recht, um den Ausbruch der Revolution zu beschleunigen und auszulösen. Viele ihrer politischen Vorstösse zielten wohl auch nicht darauf ab, das Los der Arbeitslosen zu verbessern, sondern durch ihre Unerfüllbarkeit die Unzufriedenheit und damit eine revolutionäre Situation zu schüren.

Die Arbeiterschaft verliess sich in ihrer Not nicht alleine auf die Hilfe der Stadt. Indem sie Hunderttausende von Franken für ihre notleidenden Kollegen sammelte, bewies sie ihre grosse Solidarität. Allerdings hatte diese Solidarität auch Grenzen, und zwar dort, wo es um die Verteidigung eigener Interessen ging: Das zeigte sich in den Bemühungen der Arbeiterschaft, nicht nur ausländische, sondern sogar auswärtige Schweizer Arbeiter von Winterthur fernzuhalten. Sogar von verfassungswidrigen Mitteln schreckte man dabei nicht zurück. Mangel an Solidarität, der sich eher auf der psychologischen Ebene äusserte, zeigten die Beschäftigten auch mit den Arbeitslosen. Öfters beklagten sich diese nämlich, dass sie sich bei Versammlungen ausgestossen fühlten, weil sich die Beschäftigten nur mit ihresgleichen unterhielten und die Arbeitslosen ihre Situation spüren liessen.

Zum eigentlichen Symbol der Auseinandersetzung entwickelte sich der Lohn. War die Arbeiterschaft im Kampf gegen den Lohnabbau im öffentlichen Dienst noch einigermassen erfolgreich, so stand die Arbeiterschaft in der Privatwirtschaft dem Lohnabbau machtlos gegenüber. Nicht zuletzt auch deshalb, weil selbst die Gewerkschaftsführer angesichts der Sachzwänge resignierten. Bei der Verteidigung des Besitzstandes beschränkten sich die Arbeiter meist auf die Anrufung des Einigungsamtes, das sie denn auch meist – nach ihren eigenen Worten – enttäuschte und für die Unternehmer entschied. Einzig die Bauarbeiter schlugen eine etwas härtere Gangart ein und wagten es, auch in der Depression zu streiken. Nicht nur hielt sich ihr Lohnabbau in ebenso bescheidenem Rahmen wie derjenige der öffentlich Bediensteten, sondern es konnte auch gezeigt werden, dass entgegen der Annahme des SMUV ein Streik bei hoher Arbeitslosigkeit nicht zum vorneherein scheitern musste. Waren die Durchsetzungsmethoden der Arbeiterschaft beschränkt (zumal sie auf das wirkungsvollste Mittel, den Streik, weitgehend verzichtete), so wandten dafür die Arbeitgeber eine breite Palette von Methoden an, um die Arbeiterschaft zu disziplinieren und einzuschüchtern. Häufig basierten die Entlassungen nicht auf Rationalitäts- oder Produktivitätskriterien, vielmehr wurden die politisch aktiven, engagierten und kritischen Arbeiter entlassen. Zu den subtileren Methoden gehörten die Versetzung an einen schlechter bezahlten Arbeitsplatz oder die Entlassung und Wiedereinstellung zu einem tieferen Lohn. Entzündeten sich die Emotionen der Arbeiter am Lohnabbau und traten sie für eine Verbesserung bei der Arbeitslosenfürsorge ein, so vergassen sie daneben beinahe diejenigen, die kurz vor einer Entlassung standen. Offenbar glaubte auch die Arbeiterschaft, dass Entlassungen aus einer gewissen Naturgesetzlichkeit erfolgten, so dass sie mit dieser fatalistischen Betrachtungsweise von vornherein auf Aktionen verzichteten.

Die Firma Sulzer, die etwa einen Viertel der Winterthurer Arbeitsplätze stellte und damit einen dominanten Faktor in der Stadt bedeutete, wurden wegen ihrer Exportabhängigkeit von der Krise ausserordentlich heftig getroffen. Mit massiven Entlassungen, einem rigorosen Lohnabbau und sonstigen Einsparungen versuchte die Geschäftsleitung, die Erfolgsrechnung ins Gleichgewicht zu bringen. Dennoch musste die Firma während sechs Jahren Verluste hinnehmen. Für die Sanierung der Finanzen war schliesslich ein Kapitalschnitt notwendig.

Die Arbeiterschaft liess die Massnahmen der Firma mehr oder weniger passiv über sich ergehen. Bei den Lohnkonflikten von 1932 und 1934 entschied das Einigungsamt nicht zu ihren Gunsten, und die SMUV-Spitze verzichtete angesichts der grossen Arbeitslosigkeit auf einen Kampf, so dass die Geschäftsleitung keine Mühe hatte, ihre Pläne durchzusetzen. Zwar hatte die Arbeiterschaft in der Arbeiterkommission ein Instrument, um sich bei der Geschäftsleitung Gehör zu verschaffen. Infolge ihrer strukturellen Schwäche im Vergleich zur Geschäftsleitung und mangelnden Kompetenzen hatte sie indessen lediglich eine vermittelnde Stellung zwischen Arbeiterschaft und Firmenleitung. Eine Massnahme der Geschäftsleitung zu verhindern oder eine eigene Forderung durchzubringen, gelang ihr nie. Wenn sie Verbesserungen erreichte, dann waren sie nur geringfügig und kosteten zudem die Firma kaum etwas.

Für die Geschäftsleitung dürfte hingegen die Arbeiterkommission von grossem Wert gewesen sein. Mit diesem institutionalisierten Mittel der Konfliktregelung konnte sie die Zahl der Arbeitskonflikte gering halten. Einer dieser Konflikte, der für die Geschichte der Arbeiterbewegung von grösster Bedeutung war, war der Lohnkonflikt vom Juni 1937. Indem Konrad Ilg einen von der Belegschaft mit knapp Dreiviertel-Mehrheit beschlossenen Streik verhinderte, konnte er sein Friedensabkommen mit der Metallindustrie unter Dach bringen. Die Initiative zu diesem Friedensabkommen ging im Frühling 1937 von Ilg aus. Die Idee dazu dürfte er aber bereits anfangs der 30er Jahre gehabt haben. Der Konflikt vom Juni 1937 war insofern ein Modellfall, als dessen Regelung erstmals nach dem in der Vereinbarung vorgesehenen Verfahren durchgespielt wurde.

Das Friedensabkommen wurde in Kreisen der Wirtschaft lebhaft begrüsst. Als «Verrat an der Arbeiterschaft» bezeichneten es die Kommunisten und SP-Linke. Indizien sprechen dafür, dass es eher bei den älteren Arbeitern Ablehnung fand, die nur ungern auf die gewohnten Kampfmittel verzichten wollten, während vor allem die jüngeren Gewerkschafter dem Abkommen zustimmten. Befragt über die Wünschbarkeit der Vereinbarung wurde die Arbeiterschaft jedoch erst nach der Unterzeichnung, was denn auch einer der Hauptpunkte der Kritik war. Aufgebracht war insbesondere die Winterthurer Arbeiterschaft, die ihren Ärger in einen Antrag kleidete, der aber am SMUV-Kongress vom September 1937 knapp verworfen wurde.

Auch wenn ich glaube, einige Erklärungen dafür gegeben zu haben, weshalb die Winterthurer Arbeiterschaft trotz Not und Elend, Armut und Verzweiflung sich ruhig verhalten und die Hoffnung auf eine bessere Zukunft nie ganz verloren hat, so bleibt bei mir doch noch ein grosser Rest von Unabklärbarem, das sich mit den hier angewandten Methoden nicht erhellen lässt. Dazu müsste man schon die geistig-psychischen Voraussetzungen miteinbeziehen. Einige Deutungen seien hier noch angeführt. Obwohl Winterthur sehr stark industrialisiert war, kann wohl kaum von einem eigentlichen Proletariat gesprochen werden. Lebte das Proletariat der Grossstädte in engen, unhygienischen und unbesonnten Wohnungen, so gab es diesen Wohnungstypus zwar auch in Winterthur, doch wohl nur für den kleineren Teil der Arbeiter. Die Wohnstruktur war eben anders. Statt in einen dunklen Hinterhof hinein lebte man gegen freundliche Vorgärten. Statt einer Genossenschaftswohnung strebte man ein kleines Reiheneinfamilienhaus an. Zudem hatte die Winterthurer Industrie ein grosses Einzugsgebiet auf der Landschaft. Das Bewusstsein dieser Arbeiter veränderte sich nicht mit ihrer gewandelten sozio-ökonomischen Lage; im Grunde blieben sie weiterhin Kleinbauern mit kleinem Häuschen und Garten. Gerade diese Arbeiter gaben ja den Ausschlag, dass es 1937 nicht zu einem Streik bei Sulzer kam. Dass ein hausbesitzender Arbeiter eher Kleinbürger als Proletarier ist, merkte die Industrie schon frühzeitig und förderte seit dem 19. Jahrhundert konsequent den Bau betriebseigener Reiheneinfamilienhäuser für die eigene Arbeiterschaft. Das folgende Zitat beschreibt diesen Sachverhalt zutreffend; ebenso prägnant schilderte es, weshalb sich die Arbeiterschaft während der Krise zurückhielt:

«*Das hat die Industrie, gerade durch die bereits erwähnte Gewährung von Hypothekardarlehen auf kleinlandwirtschaftlichen Gütchen, schon seit langem weitsichtig und zielbewusst gefördert. Ein Arbeiter, der ein Häuschen oder wenigstens ein Stück Boden sein eigen nennt, der wenigstens einen Teil seines Bedarfes an Kartoffeln und Gemüse selber pflanzen kann und auch auf diese Weise mit Grund und Boden verwachsen ist, ist ein ganz anderer Mensch, als der Arbeiter der Grossstadt, der von Wohnung zu Wohnung zieht, nirgends eine bleibende Stätte hat und nichts kennt als lange, eintönige Strassenzüge, mit ewig gleichen, schmucklosen Mietskasernen. Es ist fast nicht anders möglich, als dass solches Grossstadt-Proletariat entartet. Dass es bei uns nicht so weit gekommen ist, verdanken wir den natürlichen Verhältnissen unseres kleinen Landes, indem wir ja glücklicherweise überhaupt keine Grossstadt haben, dem starken Willen unserer Arbeiterschaft zu gesunder Lebensführung, der vernünftigen Siedlungspolitik unserer Gemeinden und unserer Industrie,*

und in unserer Gegend noch besonders der starken Verbreitung der Pünten,
Familiengärten, Schrebergärten. Was für ein Segen war das in den schwersten
Jahren der gegenwärtigen Krise, dass die Grosszahl der vielen hundert
Arbeitslosen unseres Bezirks die Möglichkeit hatten, sich wenigstens auf einem
gepachteten oder gratis zur Verfügung gestellten Stück Land einen Teil der
Nahrungsmittel für die Familie selber zu beschaffen! Ich bin sicher, wenn diese
Einrichtungen nicht bestanden hätten, hätte die Krise sich zeitweise ganz anders
ausgewirkt, als es geschehen ist. So hatten die Männer Beschäftigung und die
Genugtuung, doch durch ihrer Hände Arbeit zum Unterhalt der Familie
wesentlich beizutragen; die Zusammenarbeit mit Frau und Kindern auf dem
Pflanzplätz war eine Wohltat für alle, und das Bewusstsein wenigstens, am
Segen der Erde direkten Anteil zu haben, vermochte manche Bitternis zu
lindern[915].

Auch wenn bei diesem Zitat ein gerüttelt Mass an Selbstzufriedenheit und ein
Schollenbewusstsein, das an Gotthelfs Zeiten erinnert, durchschimmern, so
trifft es doch den Kern der Winterthurer Arbeitermentalität. Solange dieses
halbbäuerliche Selbstverständnis noch nicht erschüttert war, hatte sie keinen
Grund, eine radikale Umgestaltung der gesellschaftlichen und sozialen
Verhältnisse zu verlangen.

Geschichtsschreibung soll – und das war auch eine Absicht der vorliegenden
Arbeit – Wandel und Veränderung entlang einer zeitlichen Achse darstellen
und analysieren. Es stellt sich also die Frage, was die Arbeiterschaft durch die
Krise verloren oder gewonnen hat. Volkswirtschaftlich am bedeutsamsten und
in seinen Auswirkungen heute mehr denn je spürbar war zweifellos das
Friedensabkommen. Mit dem Verzicht auf Kampfmassnahmen gelang es der
Exportindustrie, ihre internationale Marktposition zu festigen[916]. Die Arbeiterschaft partizipierte daran insofern, als es ihr gelang, ihre materiellen
Forderungen zu einem Gutteil durchzusetzen. Nachdem die Arbeiterschaft
durch die Krise zum Teil verarmt war, konnte sie durch Wohlverhalten die
erlittenen materiellen Verluste mehr als gutmachen.

Was die Psychologie der Arbeiterschaft betrifft, so scheint mir folgendes noch
wesentlich: Die Winterthurer Arbeiterschaft war sicher nie besonders
kämpferisch, sondern verfolgte eine pragmatische Politik. Die einzige
Gewerkschaft, die eine ausgesprochene Kampftradition hatte, war der BHV.
Dennoch wären auch die Winterthurer Metallarbeiter, wenn wirklich ihre
Existenz bedroht gewesen wäre, zu kämpfen bereit gewesen. Während ein
Grossteil der Arbeiterschaft noch in Kategorien der Klasse dachte, strebte die
Führung die Integration an. Das zeigte sich nicht nur an der Versöhnungsgeste
des Friedensabkommens; auch die politischen Postulate zur Überbrückung der
Krise bewegten sich innerhalb des Systems und versuchten, den Kapitalismus
im Sinne eines sozialen Kapitalismus zu reformieren. Dieses Ziel hat die
Arbeiterschaft sicher erreicht, indem die für die soziale Sicherheit entscheiden-
den Massnahmen mit der AHV und dem weiteren Ausbau der Sozialgesetz-

gebung in den 50er Jahren an die Hand genommen wurden. Dafür gab die Arbeiterschaft ihre systemüberwindende Zielsetzung auf und wurde zu einem stabilisierenden Faktor des Systems. Indem das Bürgertum die Arbeiterschaft als «Sozialpartner» anerkannte, absorbierte es mögliche destabilisierende Elemente. Galtung beschreibt diesen Prozess so:

«In this connection it should be emphasised how modern societies have institutionalised for the absorption of potential leaders of underdog groups. The trade union leader, for instance, is quickly moved upwards from the local and district level so that he becomes a member of the nationwide secretariat of trade union, and this secretariat – by the general principle of «close interaction at the top, little at the bottom» – brings him in very close contact with the other side of the class front. These contacts make him share their definition of the situation, their perspectives in general and gradually serve to absorb him» [917].

Sowohl den Gewerkschaftsfunktionären als auch der Wirtschaft war daran gelegen, die unruhigen Elemente der Arbeiterschaft zu neutralisieren. Dies gelang ihnen dadurch, dass sie die Arbeitskonflikte aus dem Entscheidungsbereich der Arbeiterschaft auslagerten und institutionalisierten. Gewinner der 30er Jahre waren eindeutig die Gewerkschaftsfunktionäre, die einen entscheidenden Machtzuwachs erhielten, während die Basis jetzt nicht einmal mehr ihre Arbeitskraft verweigern konnte. Was die Arbeiterschaft materiell gewann, verlor sie an systemüberwindender Kampfkraft. Gerade die Überwindung des kapitalistischen Systems war ja mindestens in den verbalen Deklamationen selbst gemässigter Arbeiterführer immer ein Ziel gewesen. Die 30er Jahre schlossen damit die Integration der Arbeiterschaft ins kapitalistische System ab. Der Arbeiter wurde nun ernst genommen – vorwiegend allerdings als Wirtschaftssubjekt und Konsument. Selbstverwirklichung und Autonomie – beides frühe Ziele der Arbeiterbewegung – wurden zugunsten des Konsums und wirtschaftlichen Fortschritts aufgegeben.

Abkürzungen

AAK	Archiv der Arbeiterkommission Gebrüder Sulzer AG
AAU	Archiv der Arbeiterunion Winterthur
AK	Arbeiterkommission
AS	Archiv der Gebrüder Sulzer AG
ASM	Arbeitgeberverband Schweizerischer Metall- und Maschinen-Industrieller
AU	Arbeiterunion
AZ	Arbeiterzeitung
CMV	Christlicher Metallarbeiter-Verband
ERG	Exportrisikogarantie
Jb.	Jahresbericht
KAD	Kaufmännischer Arbeitsdienst
KP (KPS)	Kommunistische Partei (der Schweiz)
LFSA	Landesverband Freier Schweizer Arbeiter
NWT	Neues Winterthurer Tagblatt
NZZ	Neue Zürcher Zeitung
Prot.	Protokoll
RGO	Revolutionäre Gewerkschafts Opposition
SBHV (BHV)	(Schweizerischer) Bau- und Holzarbeiter-Verband
SGB	Schweizerischer Gewerkschaftsbund
SKV	Schweizerischer Kaufmännischer Verein
SLM	Schweizerische Lokomotiv- und Maschinenfabrik
SMUV	Schweizerischer Metall- und Uhrenarbeiter-Verband
SP (SPS)	Sozialdemokratische Partei (der Schweiz)
StAW	Stadtarchiv Winterthur
StAZ	Staatsarchiv Zürich
SVEA	Schweizerischer Verband Evangelischer Angestellter und Arbeiter
TAD	Technischer Arbeitsdienst
VSM	Verein Schweizerischer Maschinen-Industrieller

Bildernachweis

Stadtbibliothek Winterthur 30, 32, 61, 74, 79, 81, 90, 92, 102, 110, 119, 126, 145, 149, 173, 176, 199, 211, 212, 221, 223, 241, 251

Zentralbibliothek Zürich 40

Sozialarchiv Zürich 8, 28, 34, 36, 38, 53, 59, 109, 135, 155, 209

Archiv Gebrüder Sulzer AG 42, 54, 225, 247, 249, 251

Bildarchiv und Dokumentation zur Geschichte der Arbeiterbewegung, Zürich 11, 230, 232, 238

Schweizerischer Gewerkschaftsbund, Bern 56, 57, 58

Max Meier, Maur 132, 165, 168, 229

Ursula Keller, Winterthur 19, 46

Schweizer Pioniere der Wirtschaft und Technik 180, 257, 259

Geschichte der Winterthurer Arbeiterbewegung 111

11. Bibliografie

Quellen

Stadtarchiv Winterthur (StAW)

Akten Arbeitsfürsorge (II B 2)
a) Arbeitsbeschaffung
b) Arbeitslosenfürsorge
c) Organisation, Allgemeines
   1. Arbeitskonflikte, Streiks
   2. Industriehilfe, Industrieansiedlung
   3. Verordnungen, Arbeitsamt, Allgemeines
Akten Sicherheitspolizei, Politische Polizei (II B 29 i)
Geschäftsbericht des Stadtrates Winterthur 1930–1939 (HB 1)
Protokoll des Grossen Gemeinderates Winterthur 1930–1939
Protokoll des Stadtrates Winterthur 1930–1939
Rechnung der Stadt Winterthur 1930–1939 (Kc 1)

Archiv der Gebrüder Sulzer AG (AS)

Referate von Dr. Hans Sulzer (S. 16/4)
Vereinbarung mit Arbeitnehmerverband (S. 17/3/18)
Vereinbarungen betr. Massnahmen gegen lange Streiks 1925/33 (S. 17/4/1)
Lohnabbau 1931/2 (S. 17/4/4)
Lohnabbau beim Bund 1932/3 (S. 17/4/4a)
Salärabbau 1931/2 (S. 17/4/5)
Lohnabbau 1933/4 (S. 17/4/6)
Tagung Arbeitgeberverband 12./13. 4. 1937 (S. 17/4/12)
Dr. Hans Sulzer (S. 18, 18 d, 18 e)
Sparmassnahmen (S. 54 d)
Personalstatistik (S. 57)
Lohnbewegung (S. 64 a)
Lohnkonflikte (S 64)
Personalfragen (S. 129)
Arbeiterfürsorge (S. 156 f)
Arbeiterkommission, Protokolle (S. 180)
Arbeiterkommission Statuten, Protokolle (S. 181)
Politische Zirkulare Friedensabkommen (S. 255)
Dokumente 1933–1945 (S. 255 A[1])
Diverse politische Akten (S. 255 A[2])
Politische Schriften und Zeitungsartikel (S. 255/28, 255/29)
Flugblätter der Firma (S. 256 A[2])

Archiv der Arbeiterkommission der Gebrüder Sulzer AG (AAK)

Jahresberichte der Arbeiterkommission 1930–1939 (Ordner 22)
Lohnverhandlungen (Ordner 35)
Protokoll der Arbeiterkommission 1930–1939

Archiv der Arbeiterunion Winterthur (AAU)

Akten Arbeitersekretariat Winterthur 1930–1939
Akten Arbeiterunion Winterthur 1930–1939
Akten Arbeitslosigkeit 1930–1936
Akten BHV 1931–1939
Akten Gemeinde- und Stadtratswahlen 1931, 1934, 1938
Akten SMUV 1930–1939
Akten SP Stadt und Bezirk Winterthur 1930–1939
Akten VPOD städtische 1931–1939
Akten Wirtschaftspolitik

Protokoll der Arbeiterunion Winterthur betr. Delegiertenversammlungen
vom 18. 9. 1930–19. 12. 1936
Protokoll der Arbeiterunion Winterthur betr. Gewerkschaftsversammlungen
vom 19. 3. 1930–3. 1. 1938
Protokoll der Arbeiterunion Winterthur betr. Sitzungen des Vorstandes und der Bezirkspartei
sowie Generalversammlungen und Vorständekonferenzen vom 17. 2. 1930–21. 7. 1937
Protokoll der Arbeiterunion Winterthur betr. Vorstandssitzungen, Delegiertenversammlungen,
Versammlungen der Bezirkspartei, Generalversammlung 1930–1939
Protokoll der Arbeiterunion Winterthur betr. Vorstandssitzungen vom 3. 1. 1938–14. 12. 1939
Protokoll der Arbeitslosenkommission der Arbeiterunion 21. 2. 1931–18. 8. 1932
Versammlungsprotokolle des Gewerkschaftskartells vom 9. 3. 1938–19. 12. 1939
Vorstandsprotokolle des Gewerkschaftskartells Winterthur vom 10. 1. 1938–14. 12. 1939

Staatsarchiv Zürich (StAZ)

Akten Einigungsamt 1930–1939 (0 167$_{5-14}$)

Zeitungen und Zeitschriften

Arbeiterzeitung Winterthur
Berner Tagwacht
Die Freiheit, Basel
Die Front
Gewerkschaftliche Rundschau
Der Kämpfer
Der Landbote
La Lutte, Genève
Der Metall-Prolet, Betriebszeitung der revolutionären Sulzer-, Loki- und Rieter-Arbeiter
Neue Zürcher Zeitung
Neues Winterthurer Tagblatt
Rote Revue
Schweizerische Metall-Arbeiter-Zeitung
Schweizervolk
Sulzer-Prolet
Sulzer-Werkmitteilungen
Thurgauer Zeitung
Die Volkswirtschaft
Werkzeitung der schweizerischen Industrie
Winterthurer Stadtanzeiger

Übrige gedruckte Quellen und Biografien

Das Abkommen über die Regelung der Lohn- und Arbeitsverhältnisse in der schweizerischen
Maschinen- und Metallindustrie vom 16. Juli 1937, Sinn und Bedeutung, hrsg. vom SMUV 1937
Bringolf, Walther: Mein Leben, Bern/München 1965
Brupbacher, Fritz: Der Sinn des Lebens, Zürich 1946
– 60 Jahre Ketzer, Zürich 1935
Grimm, Robert / Rothpletz, Ferdinand: Krisenbekämpfung, Arbeitsbeschaffung.
Gutachten des Eidg. Volkswirtschaftsdepartements, Bern 1934
Haushaltrechnungen von Familien unselbständig Erwerbender 1936/1937 und 1937/38,
Sonderheft 42 der «Volkswirtschaft», Bern 1942
Ilg, Konrad: Betrachtungen über den Sinn und die Bedeutung unserer vertraglichen
Abmachungen in Industrie und Gewerbe, Vortrag 1943
Kilian, Peter: Die Brockengasse, Zürich 1937
Motion des «Arbeitslosenkomitees Winterthur», eingereicht am 18. 1. 1934
Romann, Ernst: Die Jugend fand nicht statt, Winterthur 1981, Vorabdruck im «Landboten»
vom 16. 5. 1981 & ff.
Schmid-Amman, Paul: Mahnrufe in die Zeit. Vier bewegte Jahrzehnte schweizerischer Politik
1930–1970, Zürich 1971
Schulthess, Edmund: Lebensfragen der schweizerischen Wirtschaft, Referat Aarau 29. 11. 1934
Schweizerische Arbeiterbewegung. Dokumente zu Lage, Organisation und Kämpfen der Arbeiter
von der Frühindustrialisierung bis zur Gegenwart, Zürich 1975
Schweizerischer Gewerkschaftsbund, Kongressprotokoll 1930, 1933, 1936
Schweizerisches Finanz-Jahrbuch 1931–1940, Bern

Die Stadt der Arbeit den Arbeitenden. Ein Programm zu den Gemeindewahlen 1938
der Sozialdemokratischen Partei der Stadt Winterthur
Statistische Quellenwerke der Schweiz (Eidg. Volkszählung 1. 12. 1930), Hefte 38, 45, 47,
Bern 1933
Statistische Quellenwerke der Schweiz (Eidg. Volkszählung 1. 12. 1941), Heft 157, Bern 1946
Statistisches Jahrbuch der Schweiz, hrsg. vom Eidg. Statistischen Amt, 1930–1939
Überwindung der Krise durch die Kriseninitiative, hrsg. vom Schweizerischen Aktionskomitee
zur Bekämpfung der Wirtschaftskrise, Bern o. Jg.
Unser Kampf gegen Krisennot und Massenelend, hrsg. vom Sekretariat der SPS, Bern 1932
Vereinbarung zwischen dem Arbeitgeberverband Schweiz. Maschinen- und Metall-Industrieller
und dem Schweizerischen Metall- und Uhrenarbeiter-Verband, dem Christlichen Metallarbeiter-
Verband, dem Schweizerischen Verband Evangelischer Angestellter und Arbeiter,
dem Landesverband Freier Schweizer Arbeiter vom 19. 7. 1937
Winterthurer Illustrierte, Wahlzeitung der SP Winterthur zu den Gemeindewahlen 1934

Jahresberichte, Geschäftsberichte, Jubiläumsschriften

75 Jahre SMUV Sektion Winterthur 1885–1960, Winterthur 1960
100 Jahre Gebrüder Sulzer 1834–1934, Winterthur 1934
125 Jahre Sulzer, Winterthur o. Jg.
150 Jahre Joh. Jacob Rieter & Cie. Winterthur-Töss, Winterthur 1947
Aus der Geschichte der Zürcher Arbeiterbewegung. Denkschrift zum 50jährigen Jubiläum
des «Volksrecht». Hrsg.: Friedrich Heeb, Zürich 1948
Geschäftsbericht Gebrüder Sulzer AG 1930–1939
Jahresbericht des Arbeitgeberverbandes Schweizerischer Maschinen- und Metall-Industrieller
(ASM) 1930–1939
Jahresbericht der SMUV Winterthur 1930–1939
Jahresbericht des SMUV 1937
Jahresbericht des Vereins Schweizerischer Maschinen-Industrieller (VSM) 1930–1939
Schweiz. Metall- und Uhrenarbeiterverband 1885–1935, Sektion Winterthur, Winterthur 1935
Un siècle d'Union Syndicale Suisse 1880–1980, Fribourg 1980
Egli, Hans: 75 Jahre Arbeiterkommission Gebrüder Sulzer Winterthur: 1890–1965,
Winterthur 1965
Häberle, Alfred: 100 Jahre Gewerbeverband Winterthur und Umgebung, 1874–1974,
Winterthur 1974
Heeb, Friedrich: Der Schweizerische Gewerkschaftsbund 1880/1930, Bern 1930
Zindel, Heinrich: 100 Jahre Arbeiterunion des Bezirkes Winterthur, Winterthur 1971

Literatur

Ackermann, Ernst: Sechs Jahrzehnte. Wandlungen der Lebenshaltung und der Lebenskosten
seit der Jahrhundertwende, Zürich 1963
Amberg, Hans-Ulrich: Grundsätze sozialistischer Finanzpolitik, Diss. Zürich 1952
Arbeitsbeschaffung in der Kriegs- und Nachkriegszeit. Zwischenbericht des Delegierten
für Arbeitsbeschaffung, Volkswirtschaftliche Reihe Nr. 1, Zürich 1942
Atteslander, Peter: Konflikt und Kooperation im Industriebetrieb. Probleme der betrieblichen
Sozialforschung in internationaler Sicht, Köln/Opladen 1959

Bachofner, Albert: Die Arbeitslosigkeit im Jahre 1931 in der Stadt Winterhur und ihre Bekämpfung,
Zürich 1932
– für die Jahre 1932 und 1933
– Die Berufsverbände, Winterthur 1935
Baumgartner, Hans Michael / Rüsen, Jörn (Hrsg.): Seminar: Geschichte und Theorie.
Umrisse einer Historik, Frankfurt 1976
Baumgartner, Otto: Die schweizerische Aussenhandelspolitik von 1930 bis 1936, Diss. Zürich 1943
Baumgartner, Walter: Die Entwicklung der Sozialausgaben des Kantons Zürich (1910–1950),
Diss. Zürich 1952
Beckmann, Michael: Theorie der sozialen Bewegung. Anwendung sozialpsychologischer Hypo-
thesen zur Erklärung der Entstehungsbedingungen sozialer Bewegungen, Diss. München 1979
Bergier, Jean-François: Naissance et croissance de la Suisse industrielle, Bern 1974
Bernet, Friedrich: Arbeitsfrieden, Zürich 1938

Biske, Käthe: Die Aufwendungen der Stadt Zürich für Armenfürsorge und Sozialpolitik
    1893–1951, Zürich 1953
Blechschmidt, Aike: Die neue und die alte Wirtschaftskrise in: Links. Sozialistische Zeitung
    Nr. 67–69, 1975
Bloch, Marc: Apologie der Geschichte oder der Beruf des Historikers, Stuttgart 1974
Böhler, Eugen / Keller, Paul: Krisenbekämpfung. Ergebnisse der Krisenpolitik des Auslandes.
    Grundlagen eines positiven Programmes für die Schweiz, Zürich 1935
Bolz, Robert: Sorgenschwere Zeiten. Winterthur während der Weltwirtschaftskrise der
    dreissiger Jahre, Winterthur o. Jg.
Bosshard, Hansjakob: Sozialpolitik und Wohlfahrtspflege der Stadt Winterthur, Winterthur 1962
Bratschi, Robert: Die Krisenpolitik der Gewerkschaften, Heft 12 der Schriften des Föderativ-
    verbandes des Personals öffentlicher Verwaltungen und Betriebe, Bern 1934
Brühschweiler, Carl: Saläre kaufmännischer Angestellter in der Schweiz 1928–1942, Zürich 1944
Bühl, Walter, L. (Hrsg.): Konflikt und Konfliktstrategien. Ansätze zu einer soziologischen
    Konflikttheorie, München 1972
Buomberger, Thomas: Als man um 5 Rappen mehr Stundenlohn kämpfte in:
    «Winterthurer Stadtanzeiger», 26. 4. 1979
– Die Frechheit, mehr zu verlangen in: «Winterthurer AZ», 30. 4. 1981
Burisch, Wolfram: Industrie- und Betriebssoziologie, Berlin/New York 1973

Casanova, Emilio: Die Entwicklung der schweizerischen Maschinenindustrie während des
    Zweiten Weltkriegs und in der Nachkriegszeit 1914–1931, Diss. Bern 1934
Catalan, Alain Jean: Konjunkturelle Steuerpolitik im Urteil schweizerischer Wirtschaftsgruppen
    1930–1958, Diss. Zürich 1961

Dahrendorf, Ralf: Industrie- und Betriebssoziologie, Berlin 1962
– Soziale Klassen und Klassenkonflikt in der industriellen Gesellschaft, Stuttgart 1957
– Zu einer Theorie des sozialen Konflikts in: Theorien sozialen Wandels, NWB Bd. 31
Degen, Bernhard: Richtungskämpfe im Schweizerischen Gewerkschaftsbund 1918–1924,
    Zürich 1980
Deppe, Frank: Das Bewusstsein des Arbeiters. Studien zur politischen Soziologie des
    Arbeiterbewusstseins, Köln 1971
Dlugos, Günther (Hrsg.): Unternehmensbezogene Konfliktforschung. Methodologische
    und forschungsprogrammatische Grundfragen, Stuttgart 1979
Dreissiger Jahre Schweiz. Ein Jahrzehnt im Widerspruch, Katalog zu einer Ausstellung
    im Kunsthaus Zürich, Zürich 1981

Egger, Heinz: Die Entstehung der Kommunistischen Partei und des Kommunistischen
    Jugendverbandes der Schweiz, Diss. Zürich 1952
Engelberg, Ernst / Küttler, Wolfgang (Hrsg.): Probleme der geschichtswissenschaftlichen
    Erkenntnis, Berlin 1977

Faber, Karl-Georg: Theorie der Geschichtswissenschaft, München 1972
Festschrift für Fritz Marbach, Bern 1962
Flury, Viktor: Arbeitslosenfürsorge und Arbeitsbeschaffung. Die staatlichen Massnahmen
    zur Bekämpfung der Krise während der letzten zwei Jahrzehnte in der Schweiz, Diss. Bern 1949
25 Jahre Friedensabkommen in der schweizerischen Maschinen- und der Metallindustrie,
    Separatdruck aus der NZZ vom 18. 7. 1962

Gallati, Renatus: Der Arbeitsfriede in der Schweiz und seine wohlstandspolitische Bedeutung
    im Vergleich mit der Entwicklung in einigen anderen Staaten, Bern 1976
Galtung, Johan: A Structural Theory of Revolutions, Rotterdam 1974
Gandolla, Alberto: Le origini e le cause della pace sociale nell'industria metallurgica,
    Lizentiatsarbeit Fribourg 1977
Gerster, Willi: Sozialdemokraten und Kommunisten in der Konfrontation 1927–1932.
Zur Geschichte der Schweizer und Basler Arbeiterbewegung in der Zwischenkriegszeit,
    Diss. Basel 1980
Geschichte der Schweiz – und der Schweizer, Band III, Basel 1983
Geschichte der sozialistischen Programmrevision, hrsg. von der Wirtschaftsförderung, Zürich o. Jg.
Gewerkschaften, die, in der Schweiz, Bern 1975
Giovanoli, Fritz: Die Sozialdemokratische Partei der Schweiz, Bern 1948
Gitermann, Valentin: Die historische Tragik der sozialistischen Idee, Zürich/New York 1939
Gridazzi, Mario: Die Entwicklung der sozialistischen Ideen in der Schweiz bis zum Ausbruch
    des Weltkriegs, Diss. Zürich 1935

Grimm Robert: Der Weg zur Macht, Zürich 1932
– Zum Krisenproblem in: Rote Revue, 10. Jg. 1930/31
– Zur Wirtschafts- und Kreditkrise der Schweiz, Bern 1936
Groh, Dieter: Kritische Geschichtswissenschaft in emanzipatriotischer Absicht, Stuttgart 1973
Gruner, Erich: Die Parteien in der Schweiz, Bern 1969
Guggenbühl, Emil: Die Ausgaben des Kantons Zürich zur Bekämpfung der Arbeitslosigkeit
    und ihrer Folgen, Diss. Zürich 1951

Habermas, Jürgen: Erkenntnis und Interesse, Frankfurt 1968
Halperin, Jean: Politik und Wirtschaft in den Entscheidungsjahren (1936–1946), Bern o. Jg.
Handbuch der Schweizerischen Volkswirtschaft, Bern 1939
– desgl., Bern 1955
Hardmeier, Benno: Aus der Geschichte der schweizerischen Arbeiterbewegung, Bern 1970
– Geschichte der sozialdemokratischen Ideen in der Schweiz (1920–1945), Diss. Zürich 1957
Hauser, Albert: Schweizerische Wirtschafts- und Sozialgeschichte, Erlenbach-Zürich 1961
Hauser, Emil: Die Wohlfahrtseinrichtungen im Bezirk Winterthur, Neujahrsblatt der
    Hülfsgesellschaft Winterthur, Winterthur 1938
Heinz, Walter R. / Schöber, Peter (Hrsg.): Theorien kollektiven Verhaltens. Beiträge zur Analyse
    sozialer Protestaktionen und Bewegungen, 2 Bände, Darmstadt/Neuwied 1972
Hofmaier, Karl: Arbeitsfriede?, Basel 1937
Höpflinger, François: Die anderen Gewerkschaften. Angestellte und Angestelltenverbände
    in der Schweiz, Zürich 1980
– Gewerkschaften und Konfliktregelung in der Schweiz. Eine explorative Studie, Zürich 1974
– Industriegewerkschaften in der Schweiz. Eine soziologische Untersuchung, Zürich 1976
Hohl, Marcela: Die wirtschaftspolitischen Vorstellungen von Max Weber (1897–1974) und
    sein Einfluss auf die Tätigkeit des Schweizerischen Gewerkschaftsbundes, Diss. Diessenhofen
    1983
Hossli, Ulrich J.: Die Beziehungen der Sozialparteien in der schweizerischen Maschinen-
    und Metallindustrie, mit besonderer Berücksichtigung der Friedensvereinbarung von 1937/54,
    Diss. Basel 1958
Hübscher, Eugen: Der Wirtschafts- und Konjunkturverlauf in den letzten 50 Jahren in: Der Weg
    der Schweiz 1914–1964, Jahrbuch der Neuen Helvetischen Gesellschaft, Bern 1964
Huggler, August: Aus der Krisenzeit heraus besseren Zeiten entgegen, Bern 1935
Hungerbühler, Gertrud: Vom Werden und Wirken einer Arbeiterkommission,
    Diplomarbeit der Sozialen Frauenschule Zürich, Zürich 1946
Hutt, Allen: The Post-War History of the British Working Class, London 1937

Iggers, George G.: Neue Geschichtswissenschaft. Vom Historismus zur Historischen
    Sozialwissenschaft, München 1978
Ilg, Konrad, Festgabe zum 70. Geburtstag, Bern 1947
Ilg, Konrad zu Ehren, hrsg. vom Schweiz. Metall- und Uhrenarbeiter-Verband, Bern 1954
Ilg, Konrad: Die schweizerischen Gewerkschaften in den letzten 25 Jahren in:
    Festgabe für Bundesrat Edmund Schulthess, Zürich 1938

Jaeggi, Urs / Honneth, Axel (Hrsg.): Theorien des Historischen Materialismus, Frankfurt 1977
Jahrhundert, ein, schweizerischer Wirtschaftsentwicklung, Festschrift zum hundertjährigen
    Bestehen der Schweizerischen Gesellschaft für Statistik und Volkswirtschaft 1864–1964, Bern 1964
Jordi, Ernst: Krisennot und Teuerung aus sozialdemokratischer Perspektive in: Schweizerische
    Wirtschaftspolitik zwischen gestern und morgen, Festgabe zum 65. Geburtstag von Hugo Sieber,
    Bern 1976
Jordi, Hugo: Geschichte des Schweizerischen Verbandes des Personals öffentlicher Dienste
    (V.P.O.D.), Diss. Bern 1939

Kamber, Arnold: Der Schweizerische Metall- und Uhrenarbeiterverband, Diss. Zürich 1931
Kästli, Tobias: Disziplin und nationale Gesinnung, Tagesanzeiger-Magazin, 31. 1. 1981
– Revolution oder Reform. Die ideologische Entwicklung im Schweizerischen Gewerkschaftsbund
    (SGB) von der Jahrhundertwende bis zum Ende der Weltwirtschaftskrise, Lizentiatsarbeit,
    Bern 1971
Kluxen, Kurt: Vorlesungen zur Geschichtstheorie, 2 Bde., Paderborn 1974 und 1981
Kneschaurek, Francesco: Der schweizerische Konjunkturverlauf und seine Bestimmungsfaktoren,
    Diss. St. Gallen 1952
Kocka, Jürgen: Die Angestellten in der deutschen Geschichte 1850–1980. Vom Privatbeamten
    zum angestellten Arbeitnehmer, Göttingen 1981
– Sozialgeschichte, Göttingen 1977
– Theorien in der Sozial- und Gesellschaftsgeschichte in: Geschichte und Gesellschaft, 1/1975
– Unternehmensverwaltung und Angestelltenschaft am Beispiel Siemens 1847–1914, Stuttgart 1969

Kocka, Jürgen / Nipperdey, Thomas (Hrsg.): Theorie der Geschichte, Beiträge zur Historik, Band 3, Theorie und Erzählung in der Geschichte, München 1979
Kommunismus in der Schweiz. Skizze über seine Anfänge, Geschichte und Gegenwart, hrsg. von der Aktion Freier Staatsbürger, Lausanne/Bern o. Jg.
Krysmanski, Hans Jürgen: Soziologie des Konflikts, Reinbek 1975

Langer, Kurt: Sozialdemokratische Wirtschaftstheorien der Nachkriegszeit, Diss. Basel 1937
Leutwiler, Fritz: Lohnunterschiede in der Schweiz. Eine statistische Untersuchung, Diss. Zürich 1948
Lewinsohn, Richard: Geschichte der Krise, Leipzig/Wien 1934
Libbey, Kenneth, Richard: The Socialist Party of Switzerland, A Minority Party and its Political System, Diss. Syracuse 1969
Liechti, Adolf: Lohnabbau, Kaufkraft und Krisenbekämpfung, Bern 1933
Lindig, Steffen: Der Entscheid fällt an den Urnen. Sozialdemokratie und Arbeiter im Roten Zürich 1928 bis 1938, Zürich 1979
Linsmayer, Charles / Pfeifer, Andrea (Hrsg.): Frühling der Gegenwart, Erzählungen 3, Zürich 1938
Lösche, Peter: Industriegewerkschaften im organisierten Kapitalismus. Der CIO in der Roosevelt-Aera, Opladen 1974
Lorwin, Lewis L.: The International Labour Movement, History, Policies, Outlook, New York 1953

Mangold, Fritz: Die Arbeitslosigkeit in der Schweiz, München/Leipzig 1934
Marbach, Fritz: Das aktuelle Lohnproblem, Heft 10 der Schriften des Föderativverbandes öffentlicher Verwaltungen und Betriebe, Bern 1933
– Das «Friedensabkommen» in der schweizerischen Metallindustrie, Zürich o. Jg.
– Gewerkschaft, Mittelstand, Fronten. Zur politischen und geistigen Lage der Schweiz, Bern 1933
– Vollbeschäftigung. Der andere Weg, Bern 1943
Masnata, François: Le partie socialiste et la tradition démocratique en Suisse, Neuchâtel 1963
Mattick, Paul: Arbeitslosigkeit und Arbeitslosenbewegung in den USA 1929–1935, Frankfurt 1953
Mayer, Evelies: Theorie und Praxis der Gewerkschaften. Theorien zum Funktionswandel der Gewerkschaften, Frankfurt 1973
Mülhaupt, Ernst: Die Arbeitsbeschaffung in der Schweiz 1930–1945, Diss. Zürich 1947
Müller, Kurt: Schicksal einer Klassenpartei. Abriss der Geschichte der schweizerischen Sozialdemokratie, Zürich 1955
Mussard, Jean: Neue Wege? Versuch zur Formulierung eines modernen Sozialismus, Schaffhausen 1940

Neidhart, Leonhard: Plebiszit und pluralitäre Demokratie. Eine Analyse der Funktion des schweizerischen Gesetzesreferendum, Bern 1970
Nicolò de, Marco: Die Sozialpolitik des Schweizerischen Gewerkschaftsbundes (1880–1960), Diss. Bern 1962

Oprecht, Hans: Der Weg der Sozialdemokratie in: Rote Revue, August 1936

Palatini, Angelo: Ankurbelung, St. Gallen 1935
Pechota, Wolfgang: Das Problem der staatlichen Arbeitsbeschaffung mit besonderer Berücksichtigung der Massnahmen des Bundes im den Jahren 1930–1938, Diss. Bern 1938
People's history and socialist theory, Hrsg.: Raphael Samuel, London 1981
Pollux: Trusts in der Schweiz? Die schweizerische Politik im Schlepptau der Hochfinanz, Zürich 1944
Probleme der marxistischen Geschichtswissenschaft. Beiträge zu ihrer Theorie und Methode. Hrsg.: Ernst Engelberg, Köln 1972
Profil, das, einer Gewerkschaft, hrsg. vom Schweiz. Metall- und Uhrenarbeitnehmer-Verband, Bern 1976

Reich, Nathan: Labour Relations in Republican Germany. An Experiment in Industrial Democracy 1918–1933, New York 1938
Renggli: Arbeitslosigkeit und Krisenmassnahmen in der Schweiz, Bern o. Jg.
Reymond-Savain, Pierre: Le Syndicalisme en Suisse, Genève 1966
Rikli, Erika: Arbeitslosigkeit und Arbeitslosenhilfe in der Schweiz, Gewerkschaftliche Schriften Heft 10, Zürich 1936
Ruffieux, Roland: La Suisse de l'entre-deux-guerres, Lausanne 1974
Rutz, Wilfried: Die schweizerische Volkswirtschaft zwischen Währungs- und Beschäftigungspolitik in der Weltwirtschaftskrise. Wirtschaftspolitische Analyse der Bewältigung eines Zielkonflikts, Diss. St. Gallen 1969

302

Saner, Erwin: Der schweizerische Maschinenexport von 1930–1945, Diss. Fribourg 1949
Scheiben, Oskar: Krise und Integration. Wandlungen in den politischen Konzeptionen
  der Sozialdemokratischen Partei der Schweiz (SPS) 1930–33, Lizentiatsarbeit, Zürich 1981
Schenda, Rudolf / Böckli, Ruth (Hrsg.): Lebzeiten. Autobiografien der Pro-Senectute-Aktion,
  Zürich 1982
Schieder, Theodor / Gräubig, Kurt (Hrsg.): Theorieprobleme der Geschichtswissenschaft,
  Darmstadt 1977
Schmid-Ammann, Paul: Die Bekämpfung der wirtschaftlichen Krise und Not, 1934
– Vom revolutionären Klassenkampf zum demokratischen Sozialmus. Die Entwicklung der
  sozialdemokratischen Partei der Schweiz seit 1920, Bern 1967
Schmidt, Alfred: Geschichte und Struktur. Fragen einer marxistischen Historik, München 1971
– Die Kritische Theorie als Geschichtsphilosophie, München/Wien 1976
Schneider, Willi: Die Geschichte der Winterthurer Arbeiterbewegung, Winterthur 1960
Schwarb, Ernst E.: Kampf der Krise und der Arbeitslosigkeit, Bern 1938
Schwarz, Fritz: Gewerkschaftliche Lohnpolitik im Rahmen der schweizerischen Wirtschaftspolitik
  von 1918–1939, Diss. Basel 1948
Schweingruber, Edwin: Friedenspflicht und Konflikterledigung aufgrund der Gesamtarbeitsverträge
  in der Schweiz, Zürich 1979
Schweizer Pioniere der Wirtschaft und Technik, Ernst Dübi / Konrad Ilg, Bd. 16, Zürich 1965
Schweizerische Industriekonzern, der: Gebrüder Sulzer Aktiengesellschaft, Winterthur in:
Schweizer Journal, September 1977
Siegenthaler, Hansjörg: Schweiz 1910–1970 in: The Fontana Economic History of Europe
  (Europäische Wirtschaftsgeschichte), Stuttgart/New York 1980
Siegrist, Hannes: Vom Familienbetrieb zum Managerunternehmen. Angestellte und industrielle
  Organisation am Beispiel der Georg Fischer AG in Schaffhausen 1797–1930, Göttingen 1981
Simmler, Hans: Bauer und Arbeiter in der Schweiz in verbandlicher, politischer und ideologischer
  Sicht, Winterthur 1966
Spühler, Willy: Kriseninitiative und Plan der Arbeit in: Rote Revue, Heft 11/1934
Staat und Parteien. Liberalismus – Erneuerung – Demokratie in der schweizerischen Politik
  der Gegenwart. Hrsg.: H. Weilenmann, Zürich 1935
Stahn, Jürgen: Soziale Konflikte und ihre Regelung. Dargestellt am Beispiel der Schlichtung
  kollektiver Arbeitsstreitigkeiten, Diss. München/Fribourg 1969
Stebler, Alexander: Der industrielle Konjunkturverlauf in der Schweiz 1919–1939, Diss. Basel 1946
Strukturwandlungen der schweizerischen Wirtschaft und Gesellschaft,
  Festschrift für Fritz Marbach, Bern 1962
Stucki, Lorenz: Das heimliche Imperium. Wie die Schweiz reich wurde, Bern 1968
Stucki, Walter: 25 Jahre schweizerische Aussenhandelspolitik in: Festgabe für den Bundesrat
  Edmund Schulthess, Zürich 1938
Studer, Max Arthur: Beschäftigungspolitik und Krisenbekämpfung. Eine wirtschafts-
  wissenschaftliche Untersuchung anhand schweizerischer Verhältnisse, Diss. Bern 1956
Sturmthal, Adolf: Die grosse Krise, Zürich 1937
Sulzer, Carl: Zur Wirtschaftslage, Winterthur 1932
Sulzer, Hans: Auslandsfabrikation der schweizerischen Industrie und ihre Rückwirkungen
  auf unsere Volkswirtschaft, hrsg. vom Zentralverband schweiz. Arbeitgeber-Organisationen,
  Nr. 29, Zürich 1932
– Zur Lage der schweizerischen Exportindustrie, Sonderabdruck aus der «Zeitschrift für
  schweizerische Statistik und Volkswirtschaft», Heft 2/1935
Sulzer, Oscar: Spiegel der Zeit, Winterthur 1938

Tanner, Jakob: Die schweizerischen Bundesfinanzen 1938–53, Lizentiatsarbeit, Zürich 1980
Thompson, E. P.: The Poverty of Theory and Other Essays, New York/London 1978

Ullmann, Christoph / Höpflinger, François: Industriearbeiter. Sozialbericht 2,
  Frauenfeld/Stuttgart 1973

Vetterli, Rudolf: Industriearbeit, Arbeiterbewusstsein und gewerkschaftliche Organisation.
  Dargestellt am Beispiel der Georg Fischer AG (1890–1930), Göttingen 1978
Vogt, Kurt: Ideologie der schweizerischen Gewerkschaften, Diss. Basel 1952
Voigt, Christian: Robert Grimm. Kämpfer, Arbeiterführer, Paralamentarier, Bern 1980
Von Gunten, Hansueli / Voegeli, Hans: Das Verhältnis der sozialdemokratischen Partei zu anderen
  Linksparteien in der Schweiz (1912–1980), Bern 1980
Vuattolo, August: Geschichte des Schweizerischen Bau- und Holzarbeiterverbandes 1873–1953,
  3 Bände, Zürich 1953–1956

Waline, Pierre: Cinquante ans de rapports entre patrons et ouvriers en Allemagne, Bd. I, 1918–1945, Paris 1968

Wandeler, Josef: Die KPS und die Wirtschaftskämpfe 1930–1933, Diss. Zürich 1978

Weber, Max: Existenzfragen der schweizerischen Maschinenindustrie, Gewerkschaftliche Schriften, Heft 8, Zürich 1936
– Gegenwartsfragen der schweizerischen Wirtschaft, Bern 1938
– Geschichte der schweizerischen Bundesfinanzen, Staat und Politik, Bd. 5, Bern 1969
– Der Gewerkschaftsbund zur wirtschaftlichen und politischen Lage, Bern 1936

Weckerle, Eduard: Die Gewerkschaften in der Schweiz. Ein Querschnitt durch Geschichte und Gegenwart, Zürich 1947

Welti Heinrich: Die Arbeiterkommissionen in den privaten Betrieben. Ein Versuch zur Bestimmung ihrer Rechtsnatur, Diss. Zürich 1942

Widmer, Hans: Die Stadt Winterthur in der Krise 1930–1934, Winterthur 1936
– Arbeitslosenfürsorge, Artikel o. Jg.

Winkler, Hans: Schweizerische Arbeitsmarktpolitik, Diss. Zürich 1938

Wozu noch Geschichte? Hrsg.: Willi Oelmüller, München 1977

Zur Theorie und Praxis des Streiks. Hrsg.: Dieter Schneider, Frankfurt 1971

Das zwanzigste Jahrhundert 1918–1945. Fischer Weltgeschichte, Bd. 34, Frankfurt 1967

Anmerkungen

1 Robert Grimm: Zum Krisenproblem in: Rote Revue, 10. Jg. 1930/31, S. 100

2 Aike Blechschmidt: Die neue und die alte Wirtschaftskrise in: Links. Sozialistische Zeitung, Nr. 67 – 69, 1975

3 Überwindung der Krise durch die Kriseninitiative, hrsg. v. Schweizerischen Aktionskomitee zur Bekämpfung der Wirtschaftskrise, Bern o. Jg., S. 53

4 Francesco Kneschaurek: Der schweizerische Konjunkturverlauf und seine Bestimmungsfaktoren, Diss. St. Gallen 1952, S. 89

5 Roland Ruffieux: La Suisse de l'entre-deux-guerres, Lausanne 1974, S. 201

6 Max Weber: Gegenwartsfragen der schweizerischen Wirtschaft, Bern 1938, S. 16

7 Robert Grimm/Ferdinand Rothpletz: Krisenbekämpfung, Arbeitsbeschaffung, Gutachten des Eidg. Volkswirtschaftsdepartementes, Bern 1934, S. 121/2

8 Ernst Mühlhaupt: Die Arbeitsbeschaffung in der Schweiz 1930 – 1945, Diss. Zürich 1947, S. 53

9 Handbuch der Schweizerischen Volkswirtschaft, Bern 1939, S. 73 ff. Darin zeigte sich auch, dass die Behörden nicht fähig waren, antizyklisch zu denken: Die in der Hochkonjunktur geplanten Werke wurden nicht etwa gestreckt, sondern zu einem Zeitpunkt ausgeführt, als im Baugewerbe noch die Arbeitskräfte knapp und die Baukosten hoch waren. Dafür mussten dann, als die Krise durchschlug, eilends Notstandsarbeiten geplant werden, die man bei einer besseren Terminierung früherer Bauten teilweise hätte vermeiden können.

10 «Die Volkswirtschaft», 1942, S. 7

11 Grosshandelspreise: Ernst Ackermann: Sechs Jahrzehnte. Wandlungen der Lebenshaltung und der Lebenskosten seit der Jahrhundertwende, Zürich 1963, S. 44. Index Stundenverdienste und Lebenshaltung: «Die Volkswirtschaft», 1940, S. 400

12 Grimm/Rothpletz, Krisenbekämpfung, S. 58

13 Bei der Darstellung des Konjunkturverlaufs folge ich Alexander Stebler: Der industrielle Konjunkturverlauf in der Schweiz 1919 – 1939, Diss. Basel 1946, S. 71 ff. und Kneschaurek, S. 113 ff.

14 Jb. ASM 1930, S. 29 – 31

15 Mülhaupt, Arbeitsbeschaffung, S. 53

16 Hans Schaffner: Aussenhandel und Aussenhandelspolitik in: Strukturwandlungen der schweizerischen Wirtschaft und Gesellschaft, Festschrift für Fritz Marbach, Bern 1962, S. 176

17 Überwindung, S. 95

18 Kneschaurek, Konjunkturverlauf, S. 157

19 ebenda, S. 168

20 Grimm/Rothpletz, Krisenbekämpfung, S. 17

21 Max Weber: Der Gewerkschaftsbund zur wirtschaftlichen und politischen Lage, Bern 1936, S. 13

22 100 Jahre Gebrüder Sulzer 1834 – 1934, Winterthur 1934, S. 7

23 AAU, Wirtschaftspolitik

24 Fritz Marbach: Das aktuelle Lohnproblem, Heft 10 der Schriften des Förderativverbandes öffentlicher Verwaltungen und Betriebe, Bern 1933, S. 58

25 Weber, Lage, S. 4 f., S. 18

26 Mengenmässig machte der Rückgang dings nur um die 50% aus. Noch ärger gebeutelt als die Metall- und Maschinenindustrie war die Textilindustrie. Hier betrug wertmässig der Exportanteil 1934 noch 24,2% desjenigen von 1929, während der mengenmässige Anteil noch 70,7% ausmachte. Der Preiszerfall war also in diesem Industriezweig besonders eklatant. Hans Sulzer: Zur Lage der schweizerischen Exportindustrie, Sonderabdruck aus der «Zeitschrift für schweizerische Statistik und Volkswirtschaft», Heft 2/1935, S. 253 f.

27 Exporte: Statistisches Jahrbuch der Schweiz 1939, hrsg. v. Eidg. Statistischen Amt, Stellensuchende: Mülhaupt, Arbeitsbeschaffung, S. 54

28 Jb. ASM 1939, S. 29

29 Jb. ASM 1939, S. 31

30 Ich stütze mich dabei in erster Linie auf die Jahresberichte von ASM und VSM der Jahre 1930 – 39. Wie bei den meisten Aussagen von Betroffenen zur Krise ist auch in diesem Fall noch ein Stück Zweckpessimismus zu subtrahieren.

31 Jb. ASM 1931, S. 37. Dass die Industrie trotz der ernsten Lage noch Dividenden und Tantiemen auszahlte statt Reserven anzulegen, stiess bei der Arbeiterschaft auf wenig Verständnis.

32 Jb. ASM 1937, S. 35

33 1938 war die Produktion der metallverarbeitenden Industrie bereits wieder auf 90% des Wertes von 1929.

34 zit. AZ, 18. 11. 1939

35 Grimm, Krisenproblem, S. 100

36 Ich halte mich hier an die Terminologie von Scheiben: Oskar Scheiben: Krise und Integration. Wandlungen in den politischen Konzeptionen der Sozialdemokratischen Partei der Schweiz (SPS) 1930 – 33, Lizentiatsarbeit, Zürich 1981, S. 142 ff.

37 zit. Benno Hardmeier: Geschichte der

sozialdemokratischen Ideen in der Schweiz (1920–1945), Diss. Zürich 1957, S. 61

38 Grimm/Rothpletz, Krisenbekämpfung, S. 7–9

39 Überwindung, S. 3

40 Die Kriseninitiative und der Plan der Arbeit waren die Antwort der Arbeiterschaft auf die deflationistische Wirtschaftspolitik des Bundes und der Arbeitgeber. Sie werden ausführlich behandelt in Kap. 3.

41 Eugen Böhler/Paul Keller: Krisenbekämpfung. Ergebnisse der Krisenpolitik des Auslandes. Grundlagen eines positiven Programmes für die Schweiz, Zürich 1935, S. 90. Adolf Liechti: Lohnabbau, Kaufkraft und Krisenbekämpfung, Bern 1933, S. 9

42 Böhler/Keller, Krisenbekämpfung, S. 85

43 Aus einem Communiqué des Bundesrates, NZZ, 3. 3. 1932

44 zit. AZ, 18. 9. 1931

45 Kneschaurek, Konjunkturverlauf, S. 145 ff.

46 ebenda, S. 124

47 zit. Alain Jean Catalan: Konjunkturelle Steuerpolitik im Urteil schweizerischer Wirtschaftsgruppen 1930–1958, Diss. Zürich 1961, S. 158 f.

48 Wilfried Rutz: Die schweizerische Volkswirtschaft zwischen Währungs- und Beschäftigungspolitik in der Weltwirtschaftskrise. Wirtschaftspolitische Analyse der Bewältigung eines Zielkonflikts, Diss. St. Gallen 1969, S. 107

49 Rutz: Volkswirtschaft, S. 141 ff. Auch Catalan (S. 159 ff.) kann in den bundesrätlichen Botschaften der 30er Jahre nur wenige Elemente finden, die auf eine gerechte Gestaltung der Budget- und Finanzpolitik hätten schliessen lassen. Schwarb bezeichnete die offizielle Wirtschaftspolitik der Krisenjahre als «richtungslos», weil die nötige Koordination der einzelnen Massnahmen und eine einheitliche Grundlinie gefehlt hätten. Auf der einen Seite habe der Bundesrat eine Anpassung an die Weltlage gefordert, auf der anderen Seite aber die Meinung vertreten, ein weiterer Abbau sei für die landwirtschaftlichen Produkte nicht mehr tragbar. Ernst Schwarb: Kampf der Krise und der Arbeitslosigkeit, Bern 1938, S. 47

50 Handbuch der Schweizerischen Volkswirtschaft, Bern 1955, S. 32–38

51 Werkzeitung der schweizerischen Industrie, 1/1935, S. 4 f.

52 Aus der Botschaft des Bundesrates zur Kriseninitiative vom 6. 3. 1935, zit. August Huggler: Aus der Krisenzeit heraus besseren Zeiten entgegen, Bern 1935, S. 13 f.

53 Handbuch SVW 1939, S. 41–50

54 Rutz, Volkswirtschaft, S. 137

55 zit. Mülhaupt, Arbeitsbeschaffung, S. 61

56 Walter Stucki: 25 Jahre schweizerische Aussenhandelspolitik in: Festgabe für

Bundesrat Edmund Schulthess, Zürich 1938, S. 138

57 Gewerkschaftliche Rundschau, 1930, S. 248

58 Handbuch SVW 1955, S. 82 f.

59 Grimm/Rothpletz, Krisenbekämpfung, S. 124–132. Die Vorschläge zur staatlichen Arbeitsbeschaffung mögen manchem Bürgerlichen wie purer Sozialismus vorgekommen sein – allein, sie stammten nicht nur aus der SP-Küche. Der Mitverfasser des Berichtes, Ingenieur Ferdinand Rothpletz, der Erbauer des Lötschbergtunnels, war ehemaliger BGB-Nationalrat und stand kaum im Verdacht, von sozialistischem Gedankengut angehaucht gewesen zu sein. Dass auch bürgerliche Politiker – wie etwa Bauernsekretär Ernst Laur, der die Abbaupolitik des Bundesrates heftig kritisierte – mit der Wirtschaftspolitik des Bundesrates nicht einverstanden waren, zeigt, dass der Bundesrat seine Politik kaum mit der Mehrheit des Volkes im Rücken durchführte, sondern dass er in erster Linie die Interessen der Exportindustrie und der Hochfinanz verfolgte.

60 Böhler/Keller, Krisenbekämpfung, S. 105

61 Handbuch SVW 1955, S. 82 f.

62 zit. Mülhaupt, Arbeitsbeschaffung, S. 135

63 Handbuch SVW 1955, S. 82 f.

64 Mülhaupt, Arbeitsbeschaffung, S. 132 f.

65 Kneschaurek, Konjunkturverlauf, S. 185

66 Ein Jahrhundert schweizerischer Wirtschaftsentwicklung, Festschrift zum 100jährigen Bestehen der Schweizerischen Gesellschaft für Statistik und Volkswirtschaft 1864–1964, Bern 1964, S. 290–292

67 Handbuch SVW 1939, S. 41–50

68 zit. Catalan, Steuerpolitik, S. 162

69 Paul Schmid-Ammann: Mahnrufe in die Zeit. Vier bewegte Jahrzehnte schweizerischer Politik 1930–1970, Zürich 1971, S. 38

70 Wenn ich hier die Bedeutung von Hans Sulzer hervorhebe, dann verfalle ich nicht in die vereinfachende Kausalität, dass Geschichte vor allen von hervorragenden Männern gemacht werde. Als Träger verschiedener Rollen der Exportindustrie ist er aber sicher prädestiniert, als deren Sprecher zu gelten. Durch seine öffentlichen Ämter und seine engen Beziehungen zu Gestaltern der schweizerischen Wirtschaftspolitik übte er auch einen starken Einfluss auf diese aus. Insbesondere geht es mir aber darum zu zeigen, dass Dr. Hans Sulzer alleine von seinen Einflussmöglichkeiten und seiner Bedeutung her im Umgang mit der Arbeiterkommission (siehe Kap. 8) ein so grosses Übergewicht hatte, dass die Arbeiterkommission infolge dieses strukturellen Ungleichgewichts kaum mehr als ein Informationsübermittler war.

71 AZ, 5. 1. 1959
72 Jb. ASM 1930, S. 48
73 Jb. Sulzer AG 1931, S. 4
74 Jb. Sulzer AG 1937, S. 4
75 Sulzer Werkmitteilungen, 5/1933, S. 66
76 Werkzeitung der schweizerischen Industrie, 1/1934, S. 3 f.
77 Sulzer, Lage, S. 261. Sein Bruder Carl, der Nationalrat war, sah die Rolle des Staates so: «Im allgemeinen muss die Exportindustrie mehr defensiv wenigstens vom Staat erwarten, dass er nicht durch zu weitgehenden Schutz der Inlandwirtschaft und durch die damit verbundene Belastung der Lebenskosten ihre Existenz noch mehr erschwert.» Sulzer Werkmitteilung 8/1932, S. 13
78 Sulzer Werkmitteilung 5/1933, S. 67 f.
79 Hans Sulzer: Auslandsfabrikation der schweizerischen Industrie und ihre Rückwirkungen auf unsere Volkswirtschaft, hrsg. v. Zentralverband schweiz. Arbeitgeberorganisationen, Nr. 29, Zürich 1932, S. 22
80 Vortrag vor dem Industrieverein St. Gallen, 11. 4. 1938, AS S. 16/4/24
81 Sulzer, Lage, S. 279
82 Überwindung, S. 58
83 Unter der demokratischen Linken verstehe ich die nicht revolutionäre Linke, die sich im Gegensatz zu den Kommunisten strikt zu den demokratisch-parlamentarischen Grundsätzen bekannte. Zur demokratischen Linken gehörten vor allem die Sozialdemokraten und Gewerkschafter.
84 Gewerkschaftliche Rundschau, 9/1930, S. 281–288
85 Max Weber: Existenzfragen der schweizerischen Maschinenindustrie, Gewerkschaftliche Schriften, Heft 8, Zürich 1936, S. 89
86 zit. Wolfgang Pechota: Das Problem der staatlichen Arbeitsbeschaffung mit besonderer Berücksichtigung der Massnahmen des Bundesrates in den Jahren 1930–1938, Diss. Bern 1938, S. 52
87 Unser Kampf gegen Krisennot und Massenelend, hrsg. vom Sekretariat der SPS, Bern 1932, S. 45
88 Kampf gegen Krisennot, Sekretariat der SPS, S. 16 f.
89 Catalan, Steuerpolitik, S. 78–88
90 Marco de Nicolò: Die Sozialpolitik des Schweizerischen Gewerkschaftsbundes (1880–1960), Diss. Bern 1962, S. 100
91 SGB-Kongressprotokoll 1933, S. 21, bzw. 1936, S. 18
92 Weber, Existenzfragen, S. 11
93 Viktor Flury: Arbeitslosenfürsorge und Arbeitsbeschaffung. Die staatlichen Massnahmen zur Bekämpfung der Krise während den letzten zwei Jahrzehnten in der Schweiz, Diss. Bern 1949, S. 34 f.
94 zit. Hardmeier, Sozialdemokratische Ideen, S. 119 f.
95 zit. Catalan, Steuerpolitik, S. 82. Obwohl er sonst nicht viel Sympathie für sie übrig hatte, ging doch «Bauernkönig» Ernst Laur in diesem Punkt mit den Sozialdemokraten einig: «Namentlich von der Exportindustrie wird das Schweizer Volk zur Sparsamkeit und zum Abbau seiner Lebenshaltung ermahnt. Es ist dies begreiflich. Die Kaufkraft des Schweizer Volkes interessiert die Exportindustrie nicht. Ihr ist, abgesehen von ethischen und sozialen Erwägungen, der Arbeiter nur Produktionsmittel, nicht Abnehmer.» Zit. Paul Schmid-Ammann: Die Bekämpfung der wirtschaftlichen Krise und Not, 1934, S. 31
96 zit. Catalan, Steuerpolitik, S. 86
97 Schwarb, Kampf, S. 58
98 In den Jahren 1935 und 1936 wandelte sich der gewerkschaftliche Standpunkt insofern, als der Preisfrage ein wesentlich grösseres Gewicht zugestanden wurde. Ebenda, S. 61–63
99 ebenda, S. 57
100 Scheiben, Krise, S. 86
101 Tobias Kästli: Revolution oder Reform. Die ideologische Entwicklung im Schweizerischen Gewerkschaftsbund (SGB) von der Jahrhundertwende bis zum Ende der Weltwirtschaftskrise, Lizentiatsarbeit, Bern 1971, S. 92
102 Oscar Sulzer: Spiegel der Zeit, Winterthur, 1938, S. 83
103 Kurt Langer: Sozialdemokratische Wirtschaftstheorien der Nachkriegszeit, Diss. Basel 1937, S. 53
104 Aus einer Eingabe des SGB an den Bundesrat vom Jahr 1932, Gewerkschaftliche Rundschau 1932, S. 288
105 Marbach, Lohnproblem, S. 35 f.
106 Fritz Marbach, Vollbeschäftigung. Der andere Weg, Bern 1943, S. 52
107 Weber, Lage, S. 7, Existenzfragen, S. 67–69
108 Adolf Liechti: Lohnabbau, Kaufkraft und Krisenbekämpfung, Bern 1933, S. 14 & ff.
109 ebenda
110 Scheiben, Krise, S. 149 f.
111 Hans Sulzer in «Werkzeitung», 7/1934, S. 61
112 In der Stadt Winterthur wurde sie mit 9089 Ja zu 6079 Nein angenommen, was ein deutlicher Hinweis dafür ist, dass viele sonst bürgerlich wählende Winterthurer (Winterthur hatte eine knappe bürgerliche Mehrheit im Stadtparlament) sich eine Besserung der Wirtschaftslage nur mit einer radikal anderen Politik erhofften und ihre Illusionen in die bisherige bürgerliche Wirtschaftspolitik verloren hatten
113 Ein Beispiel, wie emotional die Gegner den Abstimmungskampf führten: Am Schluss eines Films gegen die Kriseninitiative erscheint ein Bild, auf dem auf der einen Seite rote, schwarze und braune Bataillone dargestellt sind und auf der anderen Seite

eine Schweizer Landsgemeinde. Der Zuschauer kann dann wählen, welches Bild er vorzieht. (Aus einem Rundschreiben an die Mitglieder des Komitees gegen die Kriseninitiative, AS S. 255.)

114 ebenda
115 Überwindung, S. 7
116 Verschiedene Massnahmen, die in der Kriseninitiative gefordert wurden, wurden mindestens teilweise von allen kapitalistischen Staaten häufig angewandt (z. B. Preis- und Lohnkontrollen, Importrestriktionen, Kontrolle des Kapitalverkehrs), ohne dass sie dabei ihren kapitalistischen Charakter verloren hätten
117 Überwindung, S. 108 ff.
118 Dr. Hans Sulzer in einem Vortrag vor der «Neuen Helvetischen Gesellschaft» am 17. 5. 1935, AS 16/4/19a
119 NZZ Nr. 2153, 30. 11. 1934
120 Jb. VSM 1935, S. 24
121 AS, S. 256 A2
122 «Gewerkschaftliche Rundschau», Nr. 8, August 1935, S. 241 & ff.
123 Aus der Einleitung zum Plan der Arbeit, zit. Hardmeier, Geschichte, S. 106
124 zit. Kurt Müller: Schicksal einer Klassenpartei. Abriss der Geschichte der schweizerischen Sozialdemokratie, Zürich 1955, S. 98
125 Bei der Darstellung des Plans der Arbeit bin ich vor allem Hardmeier, Geschichte, S. 106–116, gefolgt. Die SP war sich klar, dass der Plan der Arbeit noch keine sozialistische Wirtschaft einführen würde, sondern eine Übergangswirtschaft. Robert Grimm schrieb: «Auch der Plan der Arbeit ist ein Zwischenprogramm – das viel weniger sozialistischen als antikapitalistischen Charakter trägt und sich der gegebenen Struktur der Schweiz weitgehend anpasst.» «Rote Revue», 1934/35, Heft 8, S. 256
126 NZZ, 15. 4. 1936
127 zit. Hardmeier, Geschichte, S. 108
128 Siehe Tabellen 9 und 10
129 Rechnung der Stadt Winterthur, StAW Kc1, AZ 28. 4. 1936
130 Hans Widmer: Die Stadt Winterthur in der Krise 1930–1934, Winterthur 1936, S. 46
131 AZ, 5. 4. 1934
132 AZ, 8. 6. 1934
133 StAW, II B2 c
134 StAW, Gemeinderatsprotokoll 1934, S. 613 f.
135 StAW, II B2a
136 1929–1936: StAW II B2a, 1937 AS S. 156 f. Diese Zahlen betreffen die im Stunden- und Wochenlohn arbeitenden Arbeiter und Lehrlinge per Ende Dezember. Sie sind allerdings mit Vorsicht aufzufassen, da in anderen Quellen etwas abweichende Zahlen genannt werden. Sie geben aber immerhin die Tendenz wieder.

137 1930: Statistische Quellenwerke der Schweiz (Eidg. Volkszählung 1. 12. 1930, Heft 38, hrsg v. Eidg. Statistischen Amt, Bern 1933. 1941: Statistische Quellenwerke der Schweiz (Eidg. Volkszählung 1. 12. 1941), Heft 157, Bern 1946. Die Zahlen der Tabellen 9 und 11 weichen stark voneinander ab. Das hängt mit der unterschiedlichen Zählweise und Systematik der beiden Statistiken zusammen. Auch wenn ein Vergleich dieser Tabellen gewisse Fragezeichen beinhaltet, so lässt sich aus ihnen doch eine eindeutige Dominanz der Metall- und Maschinenindustrie und eine Untervertretung des Dienstleistungssektors in Winterthur herauslesen.
138 StAW, Gemeinderatsprotokoll 1931, S. 64 f.
139 AS, S. 180, Arbeiterkommission, Protokolle
140 StAW, Geschäftsbericht des Stadtrates 1930 Hb1
141 StAW, Stadtratsprotokoll 1932, S. 131–134
142 StAW, II B2 c
143 Bei diesem Zahlenverhältnis ist allerdings zu beachten, dass die Winterarbeitslosigkeit im Baugewerbe auch zu Zeiten der Hochkonjunktur Tradition hatte. Damit wurden häufig auch die höheren Löhne der Bauarbeiter gerechtfertigt.
144 Die Untersuchung wurde in der AZ vom 11. 10. 1932 publiziert.
145 Albert Bachofner: Die Arbeitslosigkeit im Jahre 1932 in der Stadt Winterthur und ihre Bekämpfung, Zürich 1933, S. 4 f.
146 StAW, Geschäftsbericht des Stadtrates 1933, Hb1
147 StAW, II B2 a
148 StAW, Stadtratsprotokoll 1934, S. 785–787
149 StAW, II B2 c1
150 Aus einem Bericht des Arbeitsamtes an den Stadtrat zuhanden des Grossen Gemeinderates, StAW, II B2 a
151 Dr. Ziegler vor dem Zürcher Einigungsamt, StAZ, O 167₁₂
152 Stadtpräsident Hans Widmer vor dem Gemeinderat am 14. 2. 1938, StAW, Gemeinderatsprotokoll 1938, S. 153
153 StAW, Geschäftsbericht des Stadtrates, 1939, Hb1
154 AZ, 7. 12. 1938. Zu einer etwas anderen – vielleicht zu optimistischen und voreiligen – Beurteilung kam der «Landbote»: «Die Tage nach der Abwertung haben den Detailgeschäften allgemein eine grosse Absatzsteigerung gebracht. Es wurden Angst-Einkäufe getätigt, die den Gesamtumsatz natürlich sehr förderten (...). Die Abwertung hat hier erlösend gewirkt und die Wirtschaft von einem Druck, der schwer auf ihr lastete, befreit (...). Die Umsätze werden langsam wieder anziehen, dadurch für den Kaufmann auch wieder neue Möglichkeiten eröffnen, neue Aufträge an das Gewerbe und an die Fabriken zu erteilen.» «Landbote», 30. 1. 1937

155 Jb. AU Winterthur 1936 S. 22, 1937 S. 21

156 Überwindung, S. 20

157 1937 hielt der Stadtrat in seinem Protokoll fest, dass 1934, auf dem Höhepunkt der Krise, fast 10% der Bevölkerung und 20% der Erwerbstätigen ungenügend beschäftigt gewesen sei. StAW, Stadtratsprotokoll 1937, S. 56–63

158 Der Jahresbericht der AU von 1936 stellt fest, dass 57% aller Mitglieder des BHV Winterthur arbeitslos gewesen seien (zu welchem Zeitpunkt das war, wird jedoch nicht gesagt).

159 Jb. SMUV Winterthur 1932, S. 9

160 AS, S. 180, Arbeiterkommission, Protokolle

161 Die AZ schimpfte am 14. 8. 1935 über die Überzeitarbeit: «Dass es noch Firmen gibt, die in der gegenwärtigen Zeit noch zwei und mehr Stunden Überzeit arbeiten lassen, ist einfach ein Skandal und eine Herausforderung an die Hunderte und Tausende von Arbeitslosen.»

162 StAW, Geschäftsbericht des Stadtrates 1930–1939, Hb1

163 1931–1934: Widmer, Krise, S. 14, 1936–1937: StAW II B2a

164 1931–1934: Widmer, Krise, S. 14, 1936–1937: StAW II B2a

165 AZ, 15. 9. 1933. Als Region mit einer ausgesprochenen Monokultur, wo zudem die Krise zuerst einsetzte, wurde der Kanton Neuenburg bereits frühzeitig vom Bundesrat zum Krisengebiet erklärt. Erst nach mehrmaligen Interventionen des Stadtrates bei Regierungs- und Bundesrat wurde die Stadt Winterthur zum örtlichen Krisengebiet erklärt, so dass ab Herbst 1937 alle Ausgesteuerten in den Genuss der Krisenhilfe kamen.

166 Jb. ASM 1933, S. 33

167 Ernst Romann: Die Jugend fand nicht statt, Winterthur 1981, Vorabdruck im «Landboten» v. 16. 5. 1981 ff. In seiner Autobiografie schildert Romann (geb. 1924) u. a., wie er als Sohn eines ungelernten Bauhandlangers in Winterthur aufwuchs, welche Demütigungen und Einschränkungen er als Kind aus einer nichtprivilegierten Familie in Kauf nehmen musste. Zwar konnte er noch die Kantonsschule besuchen, doch reichten die Mittel nicht mehr für die Universität. Entgegen seinen Berufswünschen wurde Romann deshalb Primarlehrer, welchen Beruf er auch heute noch – nach einigen Umwegen – ausübt.

168 StAW II B2a. Was da in trockenem Amtsstil geschildert wird, heisst ja wohl nichts anderes, als dass ein Arbeiter, wenn er nicht einmal mehr für die niedrigste Arbeit taugt, unbrauchbar ist und bei der Armenpflege sein Gnadenbrot beziehen kann.

169 StAW, Gemeinderatsprotokoll 1932, S. 249, 317

170 AS, S. 64a

171 StAW, Geschäftsbericht des Stadtrates 1931, Hb1

172 Jb. der AU 1932, S. 28

173 AS, S. 129

174 AZ, 29. 11. 1937

175 Handbuch SVW 1939, S. 73 ff.

176 Diese Zahlen betreffen nur die bei der städtischen Versicherung eingeschriebenen Arbeitslosen (StAW, Geschäftsbericht des Stadtrates 1930–1939, Hb1). Bei den gewerkschaftlichen Kassen wie den Metall- oder Bauarbeitern dürfte die durchschnittliche Unterstützungsdauer wesentlich höher gewesen sein.

177 Willi Schneider: Die Geschichte der Winterthurer Arbeiterbewegung, Winterthur 1960, S. 205, AZ, 18. 10. 1934, AAU, Akten AU 1932

178 In einem Brief vom 20. 11. 1933 an die Arbeiterunion Winterthur machte der BHV auf das Elend der ausgesteuerten Bauarbeiter aufmerksam: «Die Not der ausgesteuerten Bauarbeiter wird von Woche zu Woche grösser. Von den 45 ausgesteuerten Mitgliedern, welche die Sektion Maurer & Handlanger Winterthur hat, haben 15 dieses Jahr erst 8 Wochen gearbeitet, diese sind völlig auf die Hilfe von Drittpersonen und die Armenfürsorge angewiesen.» AAU, Akten AU 1933

179 AAU, Akten AU 1932, Jb. der AU 1934, S. 12, Jb. der AU 1935, S. 33

180 StAW, II B2a 5

181 AZ, 7. 10. 1935

182 AZ, 15. 1. 1932

183 Zur Diskussion der Funktion des Lohns nur soviel: Während für den Unternehmer der Lohn einer von verschiedenen Produktionsfaktoren ist, der wie alle anderen auch gesenkt werden musste, bedeutet er für den Arbeiter, der nur seine Arbeitskraft zu verkaufen hat, mehr als nur eine abstrakte Zahl, sondern die Grundlage seiner Existenz. Ebenso umstritten wie die grundsätzliche Diskussion über die Funktion des Lohnes war die Frage, welchen Anteil die Lohnkosten an den Produktionskosten ausmachten. Während die Unternehmer behaupteten, ihr Anteil betrage 40% bis 50% der Produktionskosten, machten die Arbeiter nur eine Quote von 15% bis 35% aus («Gewerkschaftliche Rundschau» 1932, S. 108). Ob der Lohnanteil nun 15% oder 50% betrug, war natürlich nicht unerheblich, wenn man beispielsweise den Endverkaufspreis eines Produkts um 20% senken wollte. Im ersteren Fall müsste man die Löhne um 3%, im zweiten um 10% reduzieren.

184 Fritz Leutwiler: Lohnunterschiede in der Schweiz. Eine statistische Untersuchung, Diss. Zürich 1948, S. 61

185 «Gewerkschaftliche Rundschau»,
1930–1940. Nach Vetterli lassen sich allerdings die Löhne verunfallter Arbeiter nicht
direkt mit denjenigen einer Firma vergleichen, da sie anders strukturiert seien.
Rudolf Vetterli: Industriearbeit, Arbeiterbewusstsein und gewerkschaftliche Organisation. Dargestellt am Beispiel der Georg
Fischer AG (1890–1930), Göttingen 1978,
S. 111
186 AS, S. 54 d1, S. 17/4/14
187 StAW, II B2 c1
188 Aus einem Brief von Sulzer ans Schiedsgericht vom 10. 7. 1937, StAW, II B2 c1
189 AS, S. 54 d
190 StAZ, O 167ıı
191 StAW, II B2 c. Der Stadtrat schrieb dem
Regierungsrat des Kantons Zürich in einer
Eingabe: «In der Exportindustrie sind die
Löhne sehr stark abgebaut worden; selbst
gelernte Arbeiter verdienen heute einen
Stundenlohn, der nur wenig über 1 Fr.
liegt.» Zit. AZ, 11. 2. 1937
192 «Gewerkschaftliche Rundschau»
1930–1940
193 ebenda
194 AAU, Akten AU 1931
195 Jb. der AU 1935, S. 16
196 StAW, II B2 c
197 StAW, Gemeinderatsprotokoll 1937, S. 689
198 StAZ, O 167ıı
199 StAW, Gemeinderatsprotokoll 1930, S. 677
200 StAW, Stadtratsprotokoll 1931, S. 183,
1932, S. 661 f., AAU, Arbeitslosigkeit 1931
201 StAW, Stadtratsprotokoll 1936, S. 261
202 Die Untersuchung wurde publiziert in der
AZ vom 23. 7. 1938
203 ebenda
204 Carl Brühschweiler: Saläre kaufmännischer
Angestellter in der Schweiz 1928–1942,
Zürich 1944, S. 75
205 Gesamtschweizerisch spielten sich fast 60%
aller Kämpfe in der schweizerischen Wirtschaft der 30er Jahre im Bau- und Holzgewerbe ab. Schweizerische Arbeiterbewegung. Dokumente zu Lage, Organisation
und Kämpfen der Arbeiter von der Früh-
industralisierung bis zur Gegenwart, Zürich
1975, S. 241
206 Aus einem Zirkular des ASM
vom 6. 10. 1936, AS, S. 17/4/12
207 AAK, Prot. 1937, S. 55
208 AS, S. 180, Arbeiterkommission,
Protokolle, 21. 6. 1937
209 AS, S. 64
210 AAK, Ordner 35
211 ebenda
212 StAW, Stadtratsprotokoll 1937, S. 93–95
213 Diese Aufstellungen über die Ausgaben von
Arbeiterhaushalten finden sich im AS,
S. 64. Angefertigt wurden sie vom Kaufmännischen Arbeitsdienst (KAD).
214 Ausgaben für Zeitungsabonnements

gehörten zu den ersten Kürzungen im
Budget. Eine Abonnentin schrieb der AZ,
dass sie das Abonnement nicht mehr
bezahlen könne, denn «unsere Lage ist
misslich. Vater und Sohn arbeitslos; ersterer
ist schon seit sechs Wochen ausgesteuert,
letzterer seit mehr als einem Jahr krank,
keinen Rappen konnte er mehr verdienen
und ist ein 20jähriger Bursche. Dann ist
noch ein 12jähriges Kind da und eine
19jährige Tochter; letztere allein kann noch
etwas verdienen, und zwar durchschnittlich
40 Franken in vierzehn Tagen. Mit diesem
Verdienst müssen wir uns durchschlagen.
Von Krisenhilfe wissen wir nichts, es gibt
auf dem Land jedenfalls keine, wenigstens
sagt man uns so.» AZ, 26. 10. 1934.
215 StAW, Gemeinderatsprotokoll 1934, S. 699
216 Romann, Jugend in «Landbote», 4. 6. 1981
217 StAW, Gemeinderatsprotokoll 1934,
S. 152 f.
218 Ackermann, sechs Jahrzehnte, S. 74
219 ebenda, S. 76
220 Aus dem Urteil des Schiedsgerichtes,
StAW, II B2 c1
221 «Die Freiheit», 29. 6. 1937
222 StAW, Stadtratsprotokolle 1931–1937
223 Jb. ASM 1930–1939
224 StAW, Stadtratsprotokoll 1931, S. 288
225 ebenda, 1935, S. 330
226 AAK, Protokoll 1934, S. 217
227 Dr. Hans Sulzer an der Sulzer-General-
versammlung vom 22. 5. 1931, zit. AZ,
26. 5. 1931
228 Statistisches Jahrbuch der Schweiz, 1939.
Hb SVW 1939, S. 155
229 StAW, II B2 c, Jb. Sulzer 1930, 1935
230 Jb. Sulzer 1930
231 AZ, 19. 3. 1930
232 Jb. Sulzer . 1931, S. 3 f.
233 Jb. SMUV Winterthur 1931, S. 4
234 Jb. Sulzer 1932, S. 4
235 StAW, II B2 b5
236 StAW, II B2 a5
237 Interne Notiz vom 7. 7. 1937, AS, S. 64
238 StAW, Gemeinderatsprotokoll 1935, S. 380
239 Jb. SMUV Winterthur 1937, S. 9
240 Jb. Sulzer. S. 3–5
241 StAW, II B2 c1
242 AZ, 14. 5. 1937
243 150 Jahre Joh. Jacob Rieter & Cie. Winterthur-Töss, Winterthur 1947, S. 178
244 Schweizerisches Finanz-Jahrbuch
1930–1939, Bern
245 StAW, Rechnung des Stadtrates 1930 –
1939, Kc1
246 ebenda
247 ebenda
248 AZ, 22. 12. 1936. Die Linke forderte – wie
die Rechte – einen gesunden Finanzhaushalt. Diese Forderung implizierte häufig
(besonders vor Wahlen) den Vorwurf, dass
bei den Bürgerlichen das nicht der Fall sei.

Diese Anwürfe waren indes meist nur Wahlpropaganda, denn vor die Alternative gestellt, ein ausgeglichenes Budget oder Defizite zugunsten der Arbeitsbeschaffung, hätte die SP bestimmt letzteres gewählt. In der Propaganda ging sie jedoch davon aus, dass beides möglich sei.

249 Widmer, Krise, S. 29
250 «Sulzer-Prolet», September 1930, bzw. Februar 1936. In einem Brief vom 20. 9. 1930 an Dr. Oscar Denzler, den Direktor der SLM, bestätigte Dr. Oscar Sulzer, dass die Zahlen des Jahres 1930 vom Steueramt stammten. AS, S. 255 A2. Laut einer Wahlzeitung der SPS vom Oktober 1931 verdiente Hans Sulzer alleine an Tantiemen von 16 Gesellschaften die Summe von 197800 Franken. AS, S. 255/28.
251 Bericht eines Arbeitslosen in der AZ vom 4. 3. 1931
252 Romann, Jugend, «Landbote», 16. 5. 1981
253 StAW, Gemeinderatsprotokoll 1934, S. 699
254 AZ, 1. 2. 1935
255 Brief vom 12. 2. 1932 eines Arbeitslosen aus Oberwinterthur an die Arbeiterunion, AAU 1932, Arbeitslose
256 Brief einer Frau Engel vom 10. 9. 1932 an die AAU, ebenda
257 Brief einer Frau Roost vom Oktober 1932 an AU, ebenda
258 Brief von E. Rieser vom 6. 4. 1933 an die AU, ebenda 1933
259 Brief eines Textilarbeiters vom 12. 1. 1934 an die AU. Für eine sechsköpfige Familie erhielt er eine tägliche Unterstützung von sechs Franken. AAU, Arbeitslose 1934
260 Brief von Jakob Ott vom 18. 1. 1934 an die AU, ebenda
261 Brief von Robert Neuenschwander vom 23. 1. 1934 an die AU, ebenda
262 Brief von Jakob Erb vom 27. 3. 1934 an die AU, ebenda
263 «Die unbesonnten, feuchten und lichtarmen Wohnungen begünstigten, gepaart mit schlechter Ernährung und Schwerarbeit, bei vielen Arbeiterfamilien Tuberkulose und anderes Siechtum.» Romann, Jugend in «Landbote», 18. 5. 1981
264 Rudolf Schenda/Ruth Böckli (Hrsg.) Lebzeiten. Autobiografien der Pro-Senectute-Aktion, Zürich, S. 253. Der Ausschnitt stammt aus der Autobiografie mit dem Pseudonym «E Kuerzebergeri». Die Autorin ist weiblich, geboren 1899, und arbeitete als Büroangestellte, Tapicière und Musiklehrerin.
265 Schenda/Böckli, Lebzeiten, S. 275
266 Bericht eines Jungarbeiters im «Sulzer-Proleten», o. Jg., aber wahrscheinlich von 1932, AS, S. 255/28
267 Bericht von Heinrich Biedermann, dem Präsidenten der Arbeitslosenkommission der AU, über die Situation bei der Textil-firma Hermann Bühler & Co. in der AZ vom 13. 10. 1934
268 Bericht über die Arbeitsverhältnisse in der «Sidi», AZ, 25. 3. 1930
269 Aus einem Flugblatt der RGO, das mit «Roter Dreher» unterzeichnet ist. AS, S. 255/28
270 AZ, 14. 2. 1930
271 StAZ, O 167₈
272 AZ, 17. 5. 1930
273 AZ, 24. 5. 1935
274 AZ, 8. 12. 1936
275 Romann, Jugend in «Landbote», 21. 5. 1981
276 ebenda, 29. 5. 1981
277 Erika Rikli: Arbeitslosigkeit und Arbeitslosenhilfe in der Schweiz, Gewerkschaftliche Schriften Heft 10, Zürich 1936, S. 23
278 AAU, Prot. AU betr. Sitzungen des Vorstandes 1933, S. 161
279 AAU, Prot. AU betr. Delegiertenversammlungen 1936, S. 86
280 AZ, 6. 3. 1937
281 Jb. AU 1933, S. 12 f.
282 ebenda
283 AAU, Prot. betr. Sitzungen des Vorstandes und der Bezirkspartei, 1933, S. 161
284 Das Arbeiterlager Hard war eines der ersten von fast 100 Arbeitslagern in der ganzen Schweiz, in denen arbeitslose Jugendliche ihre beruflichen Fähigkeiten ausüben konnten, bis sie eine Stelle gefunden hatten. Häufig wurden diese Stellen von den Arbeitsämtern vermittelt. (Tobias Kästli, Tages-Anzeiger-Magazin, 31. 1. 1981)
285 StAW, II B 2 b. Haldengut ist eine bekannte Winterthurer Brauerei.
286 AAK, Protokoll 1933, S. 176 f.
287 Jb. AU 1932, S. 8
288 AAU, Prot. betr. Delegiertenversammlungen, 1932, S. 23 f.
289 StAW, Gemeinderatsprotokoll 1932, S. 342, bzw. 1933, S. 551
290 AZ, 14. 4. 1936
291 Romann, Jugend in «Landbote», 3. 6. 1981
292 ebenda, 19. 6. 1981
293 Schenda/Böckli, Lebzeiten, S. 253
294 ebenda, S. 47
295 «Oral history» ist eine Geschichtsmethode, mit der Zeugen eines historischen Geschehens mündlich befragt werden. Die Gespräche werden in der Regel auf Tonband aufgenommen und ausgewertet. Mit der «oral history» werden meist nicht grosse historische Ereignisse, sondern das alltägliche Geschehen festgehalten. Da die früheren Ereignisse durch die lange zeitliche Distanz oft in einem falschen Licht gesehen werden, müssen die Aussagen durch andere historische Methoden überprüft werden.
296 AZ, 3. 8. 1934
297 Hannes Siegrist: Vom Familienbetrieb zum Managerunternehmen. Angestellte und industrielle Organisation am Beispiel der

Georg Fischer AG in Schaffhausen 1797–1930, Göttingen 1981, S. 108

298 Nach der – allerdings umstrittenen – Delegationstheorie von Croner wird die privilegierte Sonderstellung der Angestellten damit erklärt, dass «die Arbeitsaufgaben des Angestellten (…) einmal Aufgaben des Unternehmers gewesen sind». Jürgen Kocka: Die Angestellten in der deutschen Geschichte 1850–1980. Vom Privatbeamten zum angestellten Arbeitnehmer, Göttingen 1981, S. 43. In modernen Manager-Unternehmen, wie sie sich seit Beginn des 20. Jahrhunderts entwickelten, trifft das indes nur für eine kleine Zahl von Angestellten zu. Der weitaus grösste Teil war mit ausführenden, untergeordneten Tätigkeiten beschäftigt.

299 «Ein Angestellter», AZ, 19. 8. 1931

300 AZ, 14. 4. 1932

301 AZ, 3. 8. 1934

302 Brühschweiler, Saläre, S. 96. Hier müssen wohl die gleichen Vorbehalte angebracht werden, wie bei der angeblichen Reallohnverbesserung der Arbeiter (siehe Kap. 4.).

303 «Von einem Winterthurer Angestellten», AZ, 16. 3. 1933

304 AZ, 28. 11. 1931

305 AAU, Protokoll AU 1934, S. 108

306 AZ, 16. 10. 1935. Auch Fritz Marbach zweifelte nicht daran, «dass es heute Angestellten-Existenzen gibt, mit denen ein organisierter, im Tarifvertrag stehender gelernter Metallarbeiter nicht tauschen könnte, ohne materiell und im Geltungsverhältnis zu seiner Umwelt Verluste zu buchen». Fritz Marbach: Gewerkschaft, Mittelstand, Fronten. Zur politischen und geistigen Lage der Schweiz, Bern 1933, S. 35

307 Aus einem «Aufruf an die Winterthurer Stimmberechtigten», AZ, 11. 3. 1939

308 AZ, 9. 9. 1933

309 Bericht über die GV des KV Winterthur vom 21. 9. 1935, AZ, 26. 9. 1935

310 AZ, 13. 6. 1932

311 Fritz Brupbacher: Der Sinn des Lebens, Zürich 1946, S. 67

312 Flugblatt der RGO vom Februar 1933, AAU, Arbeitslose, 1933

313 «Rote Revue», Juni 1936, S. 365

314 AAU, Protokoll AU 1932, S. 412

315 ebenda, Protokoll AU 1933, S. 16 f.

316 ebenda, Protokoll AU 1934, S. 102

317 Kästli, Revolution, S. 89

318 Bachofner, Arbeitslosigkeit 1931, S. 3

319 Stadtpräsident Hans Widmer am 11. 9. 1933 im Gemeinderat, StAW, Gemeinderatsprotokoll 1933, S. 554

320 Die Zahl der der Versicherungspflicht Unterstellten betrug um die 11 000

321 Grimm/Rothpletz, Krisenbekämpfung, S. 36–38

322 Flury, Arbeitslosenfürsorge, S. 16

323 StAW, Gemeinderatsprotokoll 1935, S. 840

324 StAW, II B 2 b, Rechnung der Stadt Winterthur 1936–1939, Kc 1

325 AZ, 2. 10. 1934

326 Handbuch SVW, 1939, S. 67 f.

327 Bachofner, Arbeitslosigkeit, 1933, S. 8

328 StAW, Rechnung der Stadt Winterthur 1930–1939, Kc 1

329 StAW, Geschäftsbericht des Stadtrates 1935, Hb 1

330 Nachdem die städtische Rechnung 1931 erstmals mit einem Defizit abgeschlossen hatte, vertrat Oscar Sulzer, ohne nach den Auswirkungen zu fragen, eine konsequente Sparpolitik. Auf eine Bemerkung des Stadtrats, man könne beim Budget nicht noch mehr sparen, schrieb Sulzer: «Man glaubte, seinen Ohren nicht zu trauen. Wie? Solange für das Gartenwesen der Stadt jährlich netto 130 000 Fr. ausgegeben werden, für das Bibliotheksamt 100 000 Fr. und für das zentrale Versicherungsamt 200 000 Fr., sollte da wirklich nichts einzusparen sein?» Sulzer, Spiegel, S. 81

331 Obwohl das Bürgertum ja weniger unter der Krise litt, war dessen Stimmung bedeutend pessimistischer und resignativer als diejenige der Führer der Arbeiterschaft. Als Stimme der Bürgerlichen sei wieder Oscar Sulzer zitiert: «Es scheint mir, dass die Krise dann am raschesten weichen wird, wenn wir uns so einrichten, als ob sie dauernd bei uns bleiben würde.» Sulzer, Spiegel, S. 80

332 Eine Untersuchung des Statistischen Amtes des Kantons Zürich stellte für die Landschaft (ohne Stadt Zürich) fest, dass 1935 von 2604 Bezügern der Krisenhilfe deren 785 (30%) noch zusätzlich mit Armenunterstützung über die Runden geholfen werden musste. (Emil Guggenbühl: Die Ausgaben des Kantons Zürich zur Bekämpfung der Arbeitslosigkeit und ihrer Folgen, Diss. Zürich 1951, S. 134. Flury, Arbeitslosenfürsorge, S. 22

333 Widmer, Krise, S. 48

334 StAW, Rechnung der Stadt Winterthur 1930–1940, Kc 1

335 AAU, Arbeitslosigkeit 1934

336 StAW, Geschäftsbericht des Stadtrates 1934–1939, Hb 1

337 StAW, Rechnung des Stadtrates 1933–1939, Kc 1

338 Tobias Kästli berichtete im Tagesanzeiger-Magazin vom 31. 1. 1981, S. 8, dass der Bundesrat in seiner Vorlage vom Dezember 1934 über «Arbeitsbeschaffung und Krisenbekämpfung» geschrieben habe, dass vor allem das EMD auf die Einführung eines obligatorischen Arbeitsdienstes dränge. Es gehe darum, «grundsätzlich alle arbeitslosen Männer zum Arbeitsdienst heranzuziehen», denn nur so könnten «Moral und Arbeitskraft, welche beim Bezug von

Unterstützung ohne Gegenleistung schwinden», aufrechterhalten werden.

339 Widmer, Krise, S. 82
340 StAW, Geschäftsbericht des Stadtrates 1935–1939, Hb1
341 Kästli in: TAM vom 31. 1. 1981, S. 8
342 StAW, Geschäftsbericht des Stadtrates 1932–1939, Hb1
343 StAW, Rechnung des Stadtrates 1932–1939, Kc1
344 Stadtpräsident Hans Widmer am 5. 10. 1931 im Gemeinderat, StAW, Gemeinderatsprotokoll 1931, S. 67
345 Hans Winkler: Schweizerische Arbeitsmarktpolitik, Diss. Zürich 1938, S. 60
346 Mülhaupt, Arbeitsbeschaffung, S. 109
347 Winkler, Arbeitsmarktpolitik, S. 55
348 StAW, Gemeinderatsprotokoll 1932, S. 340. Unternehmerkreise befürchteten, dass mit dieser künstlichen Massnahme der «natürliche» Heilungsprozess der Wirtschaft behindert werden könnte. Man müsse der Entwicklung ungehemmt ihren Lauf lassen, auch wenn dabei eine Anzahl von Unternehmen unterginge. Widmer, Krise, S. 68 f.
349 AZ, 17. 9. 1935
350 AZ, 25. 10. 1935
351 StAW, Geschäftsbericht des Stadtrates 1933–1939, Hb1
352 StAW, II B 2 c
353 ebenda
354 ebenda
355 ebenda. Für die Gemeindezuschüsse bestand die Verpflichtung zur Rückzahlung bei späteren Geschäftsgewinnen, doch dauerte diese Verpflichtung höchstens fünf Jahre fürs einzelne Geschäft. Widmer, Krise, S. 64–68
356 ebenda, S. 67
357 Aus einer Weisung des Stadtrates betr. ERG vom 12. 10. 1934, StAW, Stadtratsprotokoll 1934, S. 690–693
358 AZ, 18. 10. 1934
359 Mülhaupt, Arbeitsbeschaffung, S. 110–115
360 Widmer, Krise, S. 69–71
361 Grimm/Rothpletz, Krisenbekämpfung, S. 44 f.
362 zit. Mülhaupt, Arbeitsbeschaffung, S. 116
363 StAW, Geschäftsbericht des Stadtrates 1935–1938, Hb1
364 Hansjakob Bosshard: Sozialpolitik und Wohlfahrtspflege der Stadt Winterthur, Winterthur 1962, S. 52
365 SP-Gemeinderat K. Schneider im Gemeinderat am 11. 7. 1932, StAW, Gemeinderatsprotokoll 1932, S. 303
366 AZ, 23. 1. 1930
367 AZ, 4. 1. 1930
368 Diese Zuschüsse an Notstandsarbeiten von Gemeinden erfolgten ab anfangs 1932. Basis dafür bildete der Bundesbeschluss

369 über Krisenhilfe für Arbeitslose vom 23. 12. 1931. Guggenbühl, Ausgaben, S. 81
369 Grimm/Rothpletz, Krisenbekämpfung, S. 54
370 Winkler, Arbeitsmarktpolitik, S. 83
371 StAW, Geschäftsbericht des Stadtrates 1936, Hb1
372 1930–1934: Widmer, Krise, S. 63, 1935–1936, StAW, Geschäftsbericht des Stadtrates, Hb1
373 Widmer, Krise, S. 62, Geschäftsbericht des Stadtrates, Gemeinderatsprotokoll 1931, S. 65
374 Ich habe die Ausgaben für Notstandsarbeiten nicht für alle Jahre rekonstruieren können, weil in der Rechnung des Stadtrates nicht vermerkt ist, welcher Anteil der Ausgaben für den Hoch- und Tiefbau als Notstandsarbeiten vergeben wurde. In den Jahren 1935 und 1936 dürften aber die Aufwendungen für die Notstandsarbeiten mindestens gleich hoch gewesen sein wie 1934.
375 AZ, 22. 6. 1935
376 125 Jahre Sulzer, Winterthur o. Jg., S. 98
377 Obwohl die AZ häufig die ungenügende Hilfe der Stadt kritisierte, rühmte sie sie handkehrum wieder in den höchsten Tönen: «Kein Mensch darf ohne zu erröten behaupten, dass in Winterthur nicht alles getan worden ist, was möglich war, um den Arbeitslosen zu helfen.» AZ, 20. 2. 1935
378 StAW, Gemeinderatsprotokoll 1935, S. 339–345
379 AZ, 8. 5. 1935
380 AZ, 22. 5. 1935
381 StAW, Gemeinderatsprotokoll 1935, S. 345–354
382 StAW, Rechnung des Stadtrates 1935–1939, Kc1
383 Eine Diskussion der Frage der Integration der SP findet sich bei Scheiben. Er bezeichnet die SP in ihren Hauptlinien ab 1920 als «systemreformerisch», allerdings mit zwei nichtintegrierten Bereichen: die Ablehnung der Landesverteidigung (bis 1935) und das prinzipielle Nichtausschliessen anderer als durch die dominante politische Kultur vorgesehenen Mittel und Aktionsformen. Scheiben, Krise, S. 70 f.
384 Steffen Lindig: Der Entscheid fällt an den Urnen. Sozialdemokratie und Arbeiter im Roten Zürich 1928 bis 1938, Zürich 1979, S. 34
385 AZ, 12. 3. 1934
386 «Winterthurer Stadtanzeiger», 13. 3. 1931
387 AAU, Wahlen 1934, «Winterthurer Illustrierte» (Wahlzeitung der SP), AS, S. 255/28
388 AAU, SP 1938
389 Die parlamentarischen Vorstösse finden sich in den Geschäftsberichten des Stadtrats 1930–1939, StAW, Hb1

390 Jb. AU 1933, S. 19
391 StAW, Gemeinderatsprotokoll 1932, S. 302–304
392 StAW, Gemeinderatsprotokoll 1933
393 StAW, Gemeinderatsprotokoll 1934, S. 88–96
394 StAW, Gemeinderatsprotokoll 1935, S. 313 & ff.
395 Noch im gleichen Jahr tauchten ähnliche Postulate in einem Forderungskatalog der unter sozialdemokratischer Führung stehenden Arbeitslosenkommission der Arbeiterunion auf, u. a. die Errichtung von Suppenküchen, die Abgabe von Gas und Strom zu Selbstkostenpreisen, Gratismilch an die Kinder von Arbeitslosen während den Schulferien, Abgabe von Gratispünten und Sämereien an Arbeitslose. AAU Akten Arbeiterunion, 1932. Und nur ein Jahr nach der Motion der RGO gab dann der Stadtrat auf ein Gesuch der Arbeitslosenkommission den Arbeitslosen verbilligtes Essen und Gratismilch ab. Jb. AU 1933, S. 23
396 StAW, Gemeinderatsprotokoll 1933, S. 417
397 StAW, Gemeinderatsprotokoll 1934, S. 97 f., AZ, 8. 9. 1934
398 StAW, Gemeinderatsprotokoll 1935, S. 312 f.
399 StAW, Gemeinderatsprotokoll 1936, S. 499–501. Zur Ablehnung dieser Motion der «Sozialistischen Jugend», die die Jugendorganisation der SP war, mag auch beigetragen haben, dass zwischen Mutter- und Jugendpartei ständig latente Spannungen herrschten, die sich bei gewissen Gelegenheiten auch offen manifestierten. Hauptstreitpunkt war, dass sich die «Sozialistische Jugend» wiederholt zur Einheitsfront mit den Kommunisten bekannt hatte und man einige Mitglieder kommunistischer und parteispalterischer Tätigkeiten verdächtigte, was denn auch zu Parteiausschlüssen führte.
400 AZ, 5. 1. 1937
401 Die sozialdemokratischen Politiker beherrschten zwar die antikapitalistische Rhetorik ebenfalls, was jedoch nichts an ihrer systemkonformen Politik änderte. Beispiel: «Befreiung vom kapitalistischen Joch, das muss unsere Losung sein.» Jb. AU 1934, S. 13 (Gruppe SMUV). »Nicht einzelne wollen wir verantwortlich machen für die unschuldigen Krisenopfer, sondern es ist der Fluch des kapitalistischen Systems, das diese unglücklichen Menschen an den Rand des Abgrundes gebracht hat.» AZ, 13. 9. 1932. Fritz Brupbacher zeichnete diese «proletarischen Politikanten» so: (Er wusste, dass) «man ihr immer sprechen musste vom Hass und vom Willen zur Macht. Und dass man doch mit dieser Menge nur eine faktisch reformistische Aktion machen könne. So sprach er radikal und handelte reformistisch.» Brupbacher, Sinn, S. 40
402 AZ, 18./19. 2. 1935
403 AAU, Arbeitslosigkeit 1933
404 AAU, Protokoll der AU betr. Vorstandssitzungen, Unionsversammlung vom 11. 2. 1931, S. 350
405 AAU, Prot. der AU betr. Delegiertenversammlungen, Unions-DV vom 25. 2. 1931
406 AZ, 18. 2. 1931
407 AAU, Arbeitslosigkeit, 1931
408 AAU, Arbeitslosigkeit, 1931
409 Jb. AU 1933, S. 20
410 Jb. AU 1934, S. 20–22
411 Jb. AU 1935, S. 32
412 AAU, Arbeitslosigkeit, 1935
413 AAU, Arbeitslosigkeit, 1932
414 AAU, Arbeitslosigkeit, 1932
415 AAU, ebenda
416 Jb. AU 1933, S. 23
417 AZ, 8. 9. 1932
418 Bericht über die Arbeitslosenversammlung vom 26. 10. 1934, AZ, 27. 10. 1934
419 Aus einem Flugblatt der Arbeitslosenkommission vom 27. 10. 1933 mit dem Titel «Mistmacher an der Arbeit», AAU, Arbeitslosigkeit, 1933
420 AAU, Protokoll der Arbeitslosenkommission, 4. 1. 1932
421 AAU, Akten AU, 1932
422 In ihren Richtlinien vom 27. 3. 1936 hielt die Arbeitslosenkommission fest, dass sie sich nach denjenigen der Arbeiterunion, des SGB und der SPS leiten lasse. Zu ihrer Tätigkeit gehörte die Überwachung des Arbeitsmarktes. Weiter nahm sie zu allen die Arbeitslosigkeit betreffenden Fragen Stellung. Die Sorgen der jugendlichen Arbeitslosen wollte sie besonders beachten, und die Organisierung der Arbeitslosen in den Gewerkschaften sollte mit Nachdruck betrieben werden. AAU, Arbeitslosigkeit, 1936
423 Der Verdacht der SP, dass verschiedene Forderungen der Kommunisten reinen Propagandazwecken dienten (etwa der Bau von 1000 Arbeiterwohnungen), ist nicht ganz abwegig.
424 Jb. AU 1933, S. 8
425 AAU, Arbeitslosigkeit, 1936
426 Winterthurer Illustrierte, Wahlzeitung der SP, AS, 255/28
427 AZ, 6. 8. 1936
428 AZ, 14. 2. 1934
429 ebenda. Die etwas im Gegensatz zur SPS stehende Einschätzung der Bedeutung der Exportindustrie hängt natürlich mit der dominanten Stellung zusammen, die sie in Winterthur einnahm und die auch das Bewusstsein der Winterthurer SP prägte.
430 AZ, 4. 3. 1936. Manchmal hat man den Eindruck, die Parteitätigkeit sei beinahe Selbstzweck geworden. So wurde etwa vom

Jahr 1932 berichtet, dass die Erfolge «nicht klein» gewesen seien und gleich im nächsten Satz erfährt man, dass der Mitgliederbestand gewachsen sei. AZ, 3. 3. 1933

431 AZ, 4. 3. 1936
432 AAU, Akten AU, 1932
433 ebenda
434 AAU, Wahlen, 1931
435 AAU, Protokoll der AU betr. Gewerkschaftsversammlungen, Versammlung vom 21. 3. 1933
436 zit. AZ, 9. 10. 1936
437 Aus einem Wahlinserat in der AZ vom 10. 3. 1937
438 «Der Kämpfer», 8. 9. 1932
439 AAU, Arbeitslosigkeit, 1932
440 ebenda
441 Zur Theorie des Streiks siehe Edgar Weick: Theorien des Streiks in: Dieter Schneider (Hrsg.): Zur Theorie und Praxis des Streiks, Frankfurt 1971, S. 98
442 zit. Scheiben, Krise, S. 104
443 AZ, 11. 10. 1930
444 AZ, 18. 1. 1930
445 AAU, Protokoll betr. Sitzungen des Vorstandes und der Bezirkspartei 1934, S. 170
446 ebenda
447 Gesamtschweizerisch entfiel fast die Hälfte der 1 Million Streiktage zwischen 1928 und 1937 auf die Baubranche. Ruffieux begründet diese Häufigkeit mit dem Überwiegen der handwerklichen Produktionsweise und der Kleinbetriebe in diesem Gewerbe. Ruffieux, La Suisse, S. 304
448 AZ, 6. 11. 1937
449 AZ, 13. 12. 1932
450 Ich gebrauche für die Sowjetunion den Begriff «Russland» gemäss damaliger überwiegender Terminologie.
451 NZZ, 19. 12. 1933
452 StAW, Gemeinderatsprotokoll 1934, S. 169–180
453 StAW, Stadtratsprotokoll 1934, S. 787
454 AZ, 18. 12. 1934
455 AZ, 14. 11. 1934
456 AZ, 17. 11. 1934
457 AAK, Protokoll AK 1932, S. 145
458 AAK, Protokoll AK 1935, S. 293
459 AAK, Protokoll AK 1936, S. 20
460 ebenda
461 zit. AZ, 8. 5. 1936
462 Bericht aus den «Basler Nachrichten», zit. AZ, 12. 3. 1936
463 AZ, 9. 6. 1936
464 StAW, Gemeinderatsprotokoll 1937, S. 688
465 AZ, 23. 3. 1931
466 AAU, Arbeitersekretariat, 1930
467 AZ, 25. 11. 1930
468 AZ, 5. 1. 1931
469 AAU, Protokoll AU betr. DV 1930, S. 5
470 AAU, BHV, 1932
471 AAU, Arbeitslose, 1932
472 StAW, Stadtratsprotokoll 1934, S. 366 f.

473 AS, S. 180, Arbeiterkommission, Protokoll 14. 7. 1931
474 StAW, Stadtratsprotokoll 1936, S. 840 f.
475 StAW, Stadtratsprotokoll 1939, S. 475 f.
476 Brief des Stadtrates an die Arbeiterunion vom 13. 6. 1936, AAU Akten AU, 1936
477 AZ, 22. 12. 1936
478 StAW, Stadtratsprotokoll 1937, S. 72 f.
479 AAU, Arbeitslose 1932
480 Heinrich Zindel: 100 Jahre Arbeiterunion des Bezirkes Winterthur, Winterthur 1971, S. 287
481 Bachofner, Arbeitslosigkeit 1931, S. 10
482 Albert Bachofner: Die Berufsverbände, Winterthur 1935, S. 255
483 Jb. AU 1937, S. 17
484 StAW, Stadtratsprotokoll 1932, S. 241
485 AZ, 22. 5. 1931
486 Jb. SMUV Winterthur 1933, S. 15, bzw. 1936, S. 41
487 Bachofner, Arbeitslosigkeit 1931, S. 10
488 Bachofner, Arbeitslosigkeit 1933, S. 9
489 AAU, Protokoll der AU betr. Vorstandssitzungen, Delegiertenversammlungen 1934, S. 83
490 AZ, 26. 9. 1934
491 Josef Wandeler: Die KPS und die Wirtschaftskämpfe 1930–1933, Diss. Zürich 1978, S. 32 f.
492 Walter Bringolf: Mein Leben, Bern/-München 1965, S. 148
493 Bei dieser Schilderung der RGO stütze ich mich vor allem auf Hansueli Von Gunten/Hans Voegeli: Das Verhältnis der sozialdemokratischen Partei zu anderen Linksparteien in der Schweiz (1912–1980), Bern 1980, S. 38, 51, 83/4
494 Aus dem «Loki-Proleten» vom August 1930, AS, S. 255 A2
495 AAU, Wahlen 1934
496 Jb. AU 1935, S. 28
497 AZ, 8. 3. 1934
498 AAU, Protokoll AU 1931, S. 350
499 AAU, Akten AU, 1932
500 AAU, Protokoll der UV der AU vom 14. 2. 1935, S. 223
501 AAU, Protokoll AU 1933, S. 63
502 AAU, Protokoll AU 1931, S. 401 f.
503 «Der Arbeitslose», 24. 2. 1931, AAU 1931, Arbeitslose
504 Aus einem Flugblatt der «Revolutionären Metallarbeiteropposition Winterthur» von 1930, AS, S. 255/28
505 «Sulzer-Prolet» 1930, AS, S. 255/28
506 Jb. SMUV Winterthur, 1930, S. 7
507 AZ, 2. 2. 1931. Und ein Jahr zuvor hiess es in der AZ von dieser Taktik: «Die Kommunisten versuchen neuerdings, in den Gewerkschaften Einfluss zu gewinnen. Sie beschimpfen die Zentralvorstände und die sozialdemokratisch gesinnten Mitglieder der Sektionsvorstände als Reformisten, wenn nicht gar als Sozialfaschisten (…). Die

Kommunisten schwören auf die Taktik der Syndikalisten, die jederzeit glauben, einen Kampf auslösen zu können. Sie wollen mit den gewerkschaftlichen Kämpfen, vor allem mit den Streiks, die Arbeiter revolutionär machen.» (AZ, 18. 1. 1930)

508 AS, S. 255 A2
509 Brief vom 18. 9. 1930, AS, ebenda
510 AZ, 24. 1. 1931
511 Aus einem Flugblatt der KP Winterthur, zit. AZ, 18. 4. 1931
512 AAU, Akten AU, 1932
513 AAU, Akten AU, 1938
514 AAU, Protokoll GK-Versammlung, 21. 12. 1938
515 AZ, 8. 7. 1935
516 zit. Von Gunten/Vögeli, Verhältnis, S. 60
517 ebenda, S. 65
518 ebenda, S. 40 ff.
519 AAU, Protokoll der AU 1934, S. 82
520 AAU, Akten AU, 1933
521 AAU, SP, 1935
522 Brief des Arbeitersekretariats an die KP Winterthur vom 8. 9. 1936, AAU, Akten AU, 1936
523 AAU, Akten AU, 1938
524 AAU, Wahlen, 1938
525 Brief der SP an die KP vom 10. 2. 1938, AAU, ebenda
526 AAU, Protokoll AU 1935, S. 274
527 AAU, Protokoll betr. Sitzungen, 1936, S. 214 f.
528 AAU, Protokoll AU 1936, 17. 4. 1936
529 AAU, Akten AU 1934
530 ebenda
531 AZ, 7. 11. 1936
532 Ralf Dahrendorf: Soziale Klassen und Klassenkonflikt in der industriellen Gesellschaft, Stuttgart 1957, S. 223
533 François Höpflinger: Industriegewerkschaften in der Schweiz. Eine soziologische Untersuchung, Zürich 1976, S. 250
534 Definition des SGB, «Gewerkschaftliche Rundschau» 1936, S. 95
535 Liechti, Lohnabbau, S. 1
536 Böhler/Keller, Krisenbekämpfung, S. 109, 184–190
537 Carl Sulzer-Schmid: Zur Wirtschaftslage, Winterthur 1932, S. 15
538 Dabei wurde der Arbeiterschaft oft – und fast vorwurfsvoll – die Reallohnerhöhung seit 1919 vor Augen gehalten und eine Senkung der Löhne auf jenes Niveau als durchaus vertretbar erachtet. So meinte etwa Direktor Oscar Denzler von der SLM vor dem Einigungsamt beim Lohnkonflikt 1932, dass man in Zukunft etwas bescheidener leben müsse, als man es in der Kriegs- und Nachkriegszeit gewohnt gewesen sei. (StAZ, O 167₈). Nach Dr. Meier, dem Sekretär des ASM, ist es möglich, dass man noch unter die Lebenshaltung von 1914 gehen müsse. (ebenda)

539 Catalan, Steuerpolitik, S. 58–64. Siehe auch die Kritik von Kneschaurek oder des Bundesrates selber, S. 31 bzw. S. 40
540 Böhler: Die Konjunkturpolitik in: Strukturwandlungen, S. 345
541 Marbach, Lohnproblem, S. 29
542 AZ, 4. 3. 1932
543 Ernst Jordi: Krisennot und Teuerung aus sozialdemokratischer Perspektive in: Schweizerische Wirtschaftspolitik zwischen gestern und morgen, Festgabe zum 65. Geburtstag von Hugo Sieber, Bern 1976, S. 205
544 Weber, Gewerkschaftsbund, S. 5
545 Der Ziegelbrücker Industrielle Caspar Jenny, Präsident der Schweizerischen Mittelpresse, in einem Brief an verschiedene Mitglieder des ASM zur Abstimmung über einen Lohnabbau beim Bund, vom 28. 5. 1933, AS, S. 17/4/4a
546 StAW, Stadtratsprotokoll 1932, S. 254
547 Aus der Eingabe vom 17. 5. 1932, zit. AZ, 27. 5. 1932
548 StAW, Stadtratsprotokoll 1932, S. 310
549 ebenda, S. 621. Stadtpräsident Widmer rechtfertigte den Lohnabbau folgendermassen: «Die wichtigste Sparmassnahme betrifft den Lohnabbau. Da in der privaten Industrie weitgehend Lohnreduktionen durchgeführt werden mussten und der Lebenskostenindex um ca. 15% sich gesenkt hatte, war der Stadtrat der Meinung, dass auch dem städtischen Personal eine gewisse Lohnanpassung zugemutet werden durfte.» (Widmer, Krise, S. 27)
550 In seinem Jahresbericht 1933 schrieb der VPOD, dass der Stadtrat zuerst den Eindruck gemacht habe, als wolle er dieses Angebot annehmen, doch unter dem Druck der «örtlichen freisinnigen und kapitalistischen Grössen» habe er es dann abgelehnt. Jb. VPOD 1933, AAU 1933, Stadtratsprotokoll 1933, S. 12–14, 32–34
551 Man bestreite zwar nicht – so die SP –, dass der Lebenskostenindex gesunken sei, doch hätten sich in den letzten 20 Jahren auch Lebensweise und Ernährung geändert. SP-Stadtrat Bernhard lehnte den Lohnabbau grundsätzlich ab, «weil die Arbeiterschaft es nicht dulden kann, dass ihr Stück um Stück ihrer Errungenschaften wieder geraubt wird.» (AZ, 1. 3. 1933)
552 StAW, Gemeinderatsprotokoll 1933, S. 447 ff. Zu dieser Reduktion meinte der Freisinnige Oscar Sulzer: «Wie bescheiden! würden wir aus der Industrie dazu sagen. Seitdem die Krise im Lande ist, mussten wir unseren Leuten einen Einkommensabbau von 15 bis 30 und mehr Prozent zumuten, und unsere Leute haben ihn gern oder ungern auf sich genommen aus der Erkenntnis heraus, dass ein magerer Verdienst immer noch besser ist, als wenn der

Brotherr zum Geldstag kommt. Und nun beim Lohnabbau der Städtischen – welches Geschrei und Gezeter!» (Sulzer, Spiegel, S. 82)

553 StAW, Stadtratsprotokoll 1933, S. 268, 300
554 ebenda, S. 613 f., 664, 684
555 StAW, Stadtratsprotokoll 1933, S. 707–710
556 StAW, Gemeinderatsprotokoll 1933, S. 648 ff.
557 StAW, Stadtratsprotokoll 1936, S. 559 f., 625, 638 f., 719–722
558 StAW, Stadtratsprotokoll 1937, S. 605/6
559 Ein Industriearbeiter drückte das so aus: «Denn eines müssen sich die Privatarbeiter und -angestellten zum voraus gesagt sein lassen: dass, sobald der Lohnabbau beim öffentlichen Personal gelingt, sie unbedingt wieder mit einem weiteren Lohnabbau beglückt werden.» (AZ, 13. 1. 1933)
560 Prof. Ernst Laur, zit. Schmid-Ammann, Mahnrufe, S. 28
561 StAZ, O 167$_5$
562 AZ, 4. 11. 1930
563 Jb. ASM 1931, S. 78–87
564 AS, S. 17/4/4
565 AZ, 2. 10. 1931. In einem Brief vom 3. 12. 1931 an Dr. Hans Sulzer vertrat die SLM sogar die Ansicht, dass die Löhne um 13% bis 14% gesenkt werden könnten, ohne dass die Realeinkommen der Arbeiter unter diejenigen von 1923 fallen würden. (AS, S. 17/4/4)
566 AZ, 24. 1. 1931, Jb. SMUV Winterthur 1931, S. 7 f.
567 Jb. AU 1931, S. 5
568 AS, S. 255 A2. Wie SMUV-Zentralsekretär Ilg gegen den Lohnabbau vorgehen wollte, geht aus einer Äusserung an einer Sitzung des Zentralvorstandes vom 17. 1. 1931 hervor: «In den Betrieben, wo Lohnabbau gemacht werde, könne man ja lokalerseits eingreifen, aber nicht etwa eine Bewegung auslösen, das sei das Verwerflichste, besonders auf zentralem Boden sei das absolut nicht zulässig.» (Aus einem Flugblatt der RGO; allerdings muss bei solchen Quellen ein Fragezeichen gemacht werden. AS, S. 255 A2)
569 Protokoll der SPS, 6. 2. 1932, zit. Lindig, S. 148
570 «Landbote», 17. 7. 1931
571 Dieser Auftritt Ilgs vor dem Einigungsamt kontrastiert in eigenartiger Weise mit einer Bemerkung, die er an einer Sitzung von Partei- und Gewerkschaftsredaktoren vom 6. 2. 1932 fallen liess: «Bei einem Preisabbau von acht Prozent» sei es «schwierig» – so Ilg – einen Lohnabbau von vier bis fünf Prozent zu bekämpfen. Im übrigen seien «unsere Löhne und Arbeitsbedingungen in Europa an der Spitze, selbstverständlich dürfen wir das nicht öffentlich sagen.» (zit. Scheiben, Krise, S. 150)

572 Das Protokoll über die Verhandlungen vor dem Einigungsamt findet sich im StAZ, O 167$_8$
573 Damit bestätigte Oscar Sulzer indirekt die These der Arbeiterschaft, dass nämlich die Ursache der Exportschwierigkeiten der Schweizer Industrie nicht in den überhöhten Produktionspreisen lägen, sondern dass die internationalen Handelshemmnisse den Export verunmöglichten und dass man in multilateralen Vereinbarungen diese aufheben müsse. Ein gutes Jahr nach diesen Verhandlungen bezweifelte Oscar Sulzer in einem Artikel in der Zeitschrift für schweizerische Statistik und Volkswirtschaft, «… dass es möglich sein sollte, durch bewusste, gewollte Einwirkung auf das Niveau der Preise und Löhne die Konjunktur im Guten oder Bösen zu beeinflussen. Beides dürfte eine Täuschung sein. Denn es ist nicht so, dass Preise und Löhne die Konjunktur machen, sondern die Konjunktur macht jene. Und so ist denn auch der Gesamtertrag einer Wirtschaft nicht davon abhängig, ob die Preise und Löhne hoch oder niedrig sind – deren Stand regelt lediglich die interne Verteilung des Ertrages – sondern dieser ist abhängig von der Eigenproduktion und dem Austausch der Güter mit dem Ausland.» (zit. Sulzer, Spiegel, S. 85)
574 StAZ, O 167$_8$
575 Ich habe diese Verhandlungen vor dem Einigungsamt deshalb so eingehend geschildert, weil mir zwei Dinge symptomatisch erscheinen. Einerseits die Taktik der technokratisch gestimmten Arbeitgeber, die sich die Notlage ihrer Arbeiter kaum konkret vorstellen konnten, anderseits die Verhandlungsführung von Konrad Ilg, der sehr schnell und meist gegen den Willen der Basis zu Kompromissen bereit war.
576 AZ, 29. 1. 1932
577 ebenda
578 StAW, II B 2 c
579 Jb. SMUV Winterthur 1932, S. 2
580 Jb. SMUV Winterthur 1932, S. 4
581 «Gewerkschaftliche Rundschau» 1932, S. 93
582 In einem Brief an Bundesrat Schulthess teilt der ASM am 15. 3. 1933 mit, dass seit Anfang 1931 81 Verbandsfirmen mit zusammen 36 000 Arbeitern, d. h. rund 80% der in den Verbandswerken beschäftigten Arbeiter, einen Lohnabbau bei den Stunden- und Akkordsätzen durchgeführt hätten, der im Durchschnitt 7% bis 8% betragen habe. (AS, S 17/4/6)
583 StAZ, O 167$_8$
584 AAU, Protokoll des UV der AU vom 4. 10. 1932, Protokoll AU 1932, S. 446
585 Jb. SMUV Winterthur 1933
586 StAZ, O 167$_9$, Jb. AU 1933, S. 16

587 Jb. ASM 1933, S. 41
588 AS, S. 17/4/6
589 Aus der Resolution der Betriebsversammlung, AS, S. 17/4/6
590 AZ, 18. 1. 1934
591 Aus dem Bericht des Einigungsamtes, S. 23,
StAW, II B 2 c 1
592 ebenda
593 AZ, 17. 1. 1934
594 AZ, 21. 3. 1934
595 «Der Kämpfer», 12. 2. 1934
596 Die kampflose Haltung steht auch im
Widerspruch zu einer Resolution, die am
11. 2. 1934 am SMUV-Kongress in Zürich
verabschiedet wurde. Darin heisst es, dass
es sich beim «neuesten Vorstoss um einen
Angriff auf die Positionen der Arbeiter
handelt, der in schroffem Widerspruch mit
der Anschauung der Mehrheit des Schweizer Volkes und mit den wirtschaftlichen
Interessen unseres Landes steht. Der Lohnabbau ist daher mit allen im Einzelfall
möglichen und aussichtsreichen Mitteln zu
bekämpfen.» (zit. Jb. ASM 1933, S. 49
597 AAU, SMUV 1934
598 AZ, 23. 3. 1934
599 AZ, 19. 4. 1934
600 zit. Scheiben, Krise, S. 181
601 Sulzer, Zur Lage, S. 262
602 Jb. ASM 1935, S. 43 f.
603 Jb. ASM 1934, S. 55–57
604 zit. Arbeiterbewegung, S. 270
605 Jb. ASM 1936, S. 93
606 Jb. AU 1935, S. 16 f.
607 Eine ausführliche Darstellung dieses Streiks
findet sich in Kapitel «Streiks und Streik-
formen» sowie in der AZ vom 30. 4. 1981
608 Alfred Häberle: 100 Jahre Gewerbeverband
Winterthur und Umgebung 1874–1974,
Winterthur 1974, S. 266 f.
609 zit. Überwindung, S. 20
610 AZ, 3. 2. 1931
611 AZ, 13. 7. 1932
612 StAW, Gemeinderatsprotokoll 1932, S. 261
613 Schweiz. Finanzjahrbuch 1930–1938
614 StAZ, O 167₇, O 167₈, O 167₁₁
615 StAZ, O 167₁₁
616 StAW, II B 2 c 1
617 So schreibt etwa André Gorz, dass Lohn-
erfolge allein bei Streiks nicht entscheidend
seien, sondern Streiks seien «jedesmal eine
strategische Niederlage, wenn eine grosse
Mobilisierung der Arbeitnehmer nicht dazu
führe, den Bewusstseinsstand und das
Kampfniveau zu heben.» (André Gorz:
Zur Strategie der Arbeiterbewegung im
Neokapitalismus, Frankfurt 1967, S. 42,
zit. in Schneider, Theorie, S. 207).
618 AZ, 7. 3. 1932
619 AZ, 11. 3. 1932
620 AZ, 22. 3. 1932
621 Jb. AU 1932, S. 11
622 AZ, 7. 5. 1932

623 AS, S. 129
624 StAW, Gemeinderatsprotokoll 1932,
S. 243 f.
625 AZ, 13. 1. 1932. Wie ohnmächtig die Arbeiterschaft den Entlassungen gegenüberstand,
geht aus dem Jahresbericht 1933 des SMUV
hervor: «Die Entlassungen brachten die
Arbeiterschaft in grosse Aufregung. Das
Sekretariat und auch die Arbeiterkommission hatten alle Hände voll zu tun, um
möglichst viele Kündigungen rückgängig zu
machen. Dies ist leider trotz allen Anstrengungen nur in bescheidenem Masse gelungen.» (Jb. SMUV 1933, S. 5)
626 StAW, II B 2 c
627 Widmer, Krise, S. 44
628 Hans Matthöfer: Streiks und streikähnliche
Formen des Kampfes der Arbeitnehmer im
Kapitalismus in: Schneider, Theorie,
S. 160 f.
629 Als Quellen für die Erfassung dieser Streiks
dienten mir die Akten zu Streiks aus dem
Stadtarchiv (II B 2 c), die Protokolle des
Stadt- und Gemeinderates sowie die AZ.
Ich hoffe, dass ich damit alle Streiks erfasst
habe, doch ist es durchaus möglich, dass
kleinere gar keinen schriftlichen Niederschlag gefunden haben.
630 Eine ausführliche Analyse des Monteuren-
streiks, der ja vor allem in Zürich hohe
Wellen warf, an der aber auch der unter
kommunistischem Einfluss stehende Haus-
verband der Sulzer-Monteure mit etwa 100
Mitgliedern beteiligt war, findet sich bei
Wandeler. Bei diesem Streik, der gegen den
Willen des SMUV ausgelöst wurde, ging es
um die Abwendung eines Lohnabbaus, zu
dem die Unternehmer nach Vertrag und
Interpretation des SMUV berechtigt
gewesen wären
631 AAU, Protokoll AU 1930, S. 311
632 ebenda, S. 314
633 AAU, Brief des BHV Winterthur an die
Arbeiterunion, 3. 11. 1930
634 AZ, 27. 8. 1930. Bei der Schilderung des
Streikablaufs stützte ich mich vor allem auf
die AZ.
635 AAU, Brief des BHV Winterthur an die
Arbeiterunion, 8. 9. 1930
636 StAZ, O 167₁₀. Bei der Darstellung dieses
Streiks stütze ich mich auf die Akten aus
dem StAW (II B 2 c), auf Protokolle von
Gemeinde- und Stadtrat (ebenfalls StAW),
auf Berichte in der AZ vom Juni/Juli 1934
und auf Akten des Einigungsamtes
(StAZ, O 167₁₀) sowie auf Akten und Protokolle der Arbeiterunion (AAU).
637 AZ, 9. 6. 1934
638 AZ, 11. 3. 1934
639 AZ, 25. 6. 1934
640 StAW, II B 2 c
641 ebenda
642 Jb. AU 1934, S. 9

643 StAW, Gemeinderatsprotokoll 1934,
S. 221–229
644 StAW, Stadtratsprotokoll 1935, S. 22
645 StAW, II B2 c
646 Siehe S. 196 f.
647 Jb. AU 1934, S. 9
648 Aus einem Bericht des BHV Winterthur
über den Streik (AAU, BHV 1936).
Die Darstellung basiert im übrigen auf dem
Protokoll und Jahresbericht 1936 der Arbeiterunion.
649 AAU, Protokoll AU 1936, S. 60
650 AAU, BHV 1936
651 Aus einem Zirkular des ASM an seine
Mitglieder, AS, S. 64
652 Bringolf, Leben, S. 120
653 «(Der Streik) ist für die Streikenden kollektiver Lernprozess und produziert neue
Erfahrungen für den Kampf um Gegen-
macht auf einer neuen Stufe. Forderungen,
die zum Streik geführt haben, werden im
Streik in das gerade gewonnenen Erfahrungen und Erkenntnissen weitergetrieben und
erhalten eine neue Qualität durch die
mobilisierende und solidarisierende Wirkung auf die Streikenden.» (Edgar Weik:
Theorie des Streiks in: Schneider, Theorie,
S. 153).
654 Die Akten des Einigungsamtes finden sich
im StAZ, O 167₅–167|4.
655 So rief etwa die RGO in einem Flugblatt
vom 25. 1. 1934 dazu auf, «den schärfsten
Kampf gegen jeden Rappen Lohnabbau» zu
organisieren. Die Arbeiter sollen kein Vertrauen in die Einigungsämter haben, dafür
eine einheitliche Kampffront in allen
Betrieben schliessen, Streikkomitees bilden
und die Betriebe streikbereit machen
(AS, S. 17/4/6). Aber auch die Gewerkschaften waren häufig unzufrieden mit den
Einigungsämtern. Der SMUV beklagte sich
nach dem Lohnkonflikt bei Sulzer und SLM
im Jahre 1930: «Aus dem Entscheide geht
hervor, dass sich das Einigungsamt mit aller
Deutlichkeit auf die Seite der Unternehmer
stellte» (Jb. SMUV Winterthur 1930,
S. 8 f.). Und der Präsident der Sulzer-
Arbeiterkommission, Studer, kritisierte in
einer Sitzung mit der Geschäftsleitung, dass
die Einigungsverhandlungen in letzter Zeit
nicht mehr seien wie früher, da man häufig
abgewiesen werde (AAK, Protokoll 1932,
S. 142)
656 Jb. ASM 1932, S. 33
657 AZ, 25. 2. 1930
658 AAK, Protokoll der AK 1933, S. 197
659 Jb. AU 1932, S. 11
660 AS, S. 180, Arbeiterkommission, Protokoll
1932, S. 141 f.
661 «Sulzer-Prolet», September 1930, AS,
S. 255/28
662 «Metall-Prolet», 22. 12. 1930
663 AS, S. 255 A2
664 ebenda. In den Dossiers des
Sulzer-Konzernarchivs (Akten von Dr.
Hans Sulzer) finden sich immer wieder
Berichte von Spitzeln, die an Betriebsversammlungen oder insbesondere an Versammlungen der RGO delegiert wurden
und eine Zusammenfassung abzuliefern
hatten. Ein Korrespondent bedauerte, dass
an einer Versammlung keine Namen
genannt worden seien, er hätte «die
Schwaben gerne kennengelernt» (AS,
S. 255/28).
665 AAU, Akten AU 1934
666 AAU, Protokoll UV der AU 1932, S. 400
667 AAU, Arbeitersekretariat 1930
668 AAU, SP 1934
669 AAU, SP Bezirk 1935. Oldani musste es
leicht fallen, diesen Rat zu geben, da er
während der Krise als Arbeitersekretär
angestellt war (zuerst in Basel, dann in
Winterthur) und damit im Gegensatz zu den
meisten Arbeitern eine sichere Stelle hatte.
670 AZ, 1. 8. 1930
671 AZ, 3. 10. 1930, Bericht über die «Sidi»
672 AZ, 9. 4. 1931
673 Jb. ASM 1930, S. 100–107
674 zit. «Werkzeitung», 4/1936, S. 64
675 Jb. VSM 1932, S. 28
676 Die Firma Sulzer wurde 1834 gegründet.
1914 erfolgte die Umwandlung in eine
Aktiengesellschaft und eine Holding.
1940 wurde die Holding aufgelöst. Die
Produktionspalette von Sulzer in den 30er
Jahren umfasste Dieselmotoren, Turbinen,
Pumpen, Heizungen, Kälteanlagen, Klima-
technik. Präsident des Verwaltungsrates
war bis zu seinem Tod 1935 Nationalrat
Carl Sulzer-Schmid. Nachher übernahm
(bis 1959) Dr. Hans Sulzer die Leitung des
Unternehmens.
677 Jb. Sulzer 1929–1939
678 AS, S. 54 d 1, Jb. Sulzer, 1935, S. 4
679 AS, S. 54 d
680 ebenda
681 ebenda
682 Etwa in der Sitzung vom 4. 8. 1930. AAK,
Protokoll 1930, S. 82. Die Arbeiterschaft
hatte noch einen weiteren Grund, sich über
die Bevorzugung der Angestellten zu
beklagen. An der Sitzung vom 18. 5. 1936
monierte die Arbeiterkommission bei der
Geschäftsleitung: «Es seien doch gewiss
nicht die Arbeiter schuld an der so lange
andauernden Krise, man könnte jedoch das
Gefühl bekommen, die Firma hätte zweierlei Kinder, so wären wir Arbeiter also die
Stiefkinder. Wie schon erwähnt, macht es
den Eindruck, als ob wir an der Krise schuld
trügen, wird uns doch nur 50% resp. 60%
Feriengeld vergütet, während die Angestellten ihre vollen Ferien 100%ig einziehen
können.» AAK, Protokoll 1936, S. 18.
Bemerkenswert ist die Metapher von den

«Kindern» der Firma, was auf ein hohes
Mass an Identifikation mit der Firma
hindeutet. Ein weiteres Zitat soll dieser
Identifikation der Arbeiterschaft mit dem
Unternehmen, die bei Sulzer ausgespro-
chen hoch war, belegen. An der Sitzung der
AK vom 10. 3. 1934 hoffte ein Mitglied,
«dass die Arbeiter, die in die Firma Rieter
versetzt worden seien, wieder einmal bei
Sulzer's arbeiten können, damit sie noch
wissen, dass sie dorthin gehören». AAK,
Protokoll 1934, S. 226

683 Jb. Sulzer, 1931–1936
684 AZ, 13. 4. 1934
685 AS, S. 54 d
686 AS, S. 180, Arbeiterkommission,
    Protokolle
687 AS, S. 156 f
688 Der ASM hatte errechnet, dass bei Firmen
    mit über 1000 Beschäftigten etwa 35%
    entlassen wurden. Besser ging es den Klein-
    betrieben mit 20 bis 100 Beschäftigten, die
    nur 20% entlassen mussten. Jb. ASM 1932,
    S. 30. In diesen Zahlen spiegelt sich natür-
    lich die Exportabhängigkeit der grossen
    Unternehmen wieder.
689 AS, S. 180, Arbeiterkommission,
    Protokolle
690 AAK, Jb. Sulzer-Arbeiterkommission 1931
691 Jb. SMUV Winterthur, 1930, S. 9
692 Die AK war jeweils mit dem Präsidenten,
    dem Vizepräsidenten und etwa einem Dut-
    zend Mitglieder vertreten. Die Geschäfts-
    leitung nahm mit Dr. Hans Sulzer und zwei
    bis drei Direktoren an den gemeinsamen
    Sitzungen teil. Trotz dieser personellen
    Unterzahl beträgt in den Sitzungsproto-
    kollen der 30er Jahre der Anteil der
    Geschäftsleitung an den Gesprächen 77%
    (errechnet aufgrund der Zeilenzahl in den
    Protokollen). Zudem war die Geschäfts-
    leitung mit Statistiken und Unterlagen
    ausgerüstet, über die die AK nicht verfügte.
    Dieser Informationsvorsprung sowie die
    völlig ungleichen Machtverhältnisse
    (Drohung von Entlassung, Wegschicken
    von unbotmässigen AK-Mitgliedern aus
    den Sitzungen durch die Geschäftsleitung,
    was mindestens einmal geschah) stellten ein
    solch strukturelles Ungleichgewicht in den
    Beziehungen der beiden Partner dar, dass
    die AK zu einem blossen Informations-
    vermittler zwischen der Geschäftsleitung
    und der Arbeiterschaft herabgemindert
    wurde. Dass sie bei einer solchen Diskre-
    panz hätte Forderungen durchbringen
    können, die die Interessen der Firma
    tangierten, war ausgeschlossen.
693 AS, S. 180, Arbeiterkommission, Protokolle
694 ebenda
695 ebenda
696 ebenda
697 ebenda

698 ebenda, Arbeiterkommission, Protokolle
699 ebenda. Ich habe diese Sitzung deshalb so
    extensiv widergegeben, weil in den Ausfüh-
    rungen von Hans Sulzer bereits sämtliche
    Argumentationsstränge enthalten sind, die
    später ständig wiederkehren. Es sind dies:
    1. Die wirtschaftliche Lage des Unter-
    nehmens lässt die Forderung der Arbeiter-
    schaft nicht zu. 2. Die Industrie und die
    Arbeiter haben im Prinzip die gleichen
    Interessen. 3. Was zum Wohle des Unter-
    nehmens ist, ist auch zum Nutzen der
    Arbeiter. 4. Die AK und die Sulzer-Arbeiter
    wären schon vernünftig, wenn sie nicht von
    den Gewerkschaften aufgehetzt würden;
    Ausspielung der Firmenloyalität gegen die
    Gewerkschaftsloyalität. Vorgetragen
    wurden diese Argumente je nach Situation
    in wohlwollendem, schulmeisterlichem
    oder zornigem Tone.
700 AAK, Protokoll 1930, S. 35
701 AZ, 19. 4. 1930
702 AS, S. 64
703 AS, S. 64
704 StAZ, O 167₅
705 AS, S. 64
706 Jb. SMUV Winterthur 1930, S. 8 f.
707 AAK, Jb. AK 1930, S. 4, Ordner 22
708 Entwurf der Vereinbarung vom 2. 6. 1931,
    AS, S. 17/4/1
709 AAK, Protokoll 1932, S. 130
710 AS, S. 180, Arbeiterkommission, Protokolle
711 AAK, Protokoll 1932, S. 131–134
712 AS, S. 54 d
713 AAK, Protokoll 1934, S. 215 f.
714 AS, S. 180, Arbeiterkommission, Protokolle
715 ebenda
716 AS, S. 180, Arbeiterkommission,
    Protokolle
717 ebenda. Ein Argument von Sulzer bei
    Akkordkürzungen war, dass die Arbeiter
    halt einfach mehr arbeiten müssten, dann
    kämen sie auch auf einen rechten Lohn.
    AAK, Protokoll 1932, S. 136
718 «Sulzer-Prolet», Juli 1935, S. 255/28
719 AS, S. 54 d
720 AS, S. 17/4/4a
721 Flugblatt Sulzer vom 17. 9. 1934, AS,
    S. 256 A²
722 AS, S. 54 d1
723 ebenda
724 ebenda, S. 54 d
725 AS, S. 180, Arbeiterkommission, Protokolle
726 AS, S. 64
727 AS, S. 180, Arbeiterkommission, Protokolle
728 ebenda
729 AS, S. 64
730 Allerdings mag auch mitgespielt haben,
    dass in einer Depression einfach keine
    kämpferische Stimmung aufkommen
    konnte, weil man zu sehr mit dem blossen
    Überleben beschäftigt war. Oberschall
    drückt das so aus: «... it is not when the

economy is at its lowest depression or recession level and hardship is greatest that people tend to revolt, as has often been noted, but, on the contrary, when times are improving. In difficult times, people are too busy just making a living and are consuming all of their resources, but, in more prosperous times, they have a small surplus of time, energy and material resources that they are able to invest in protest organization and behaviour.» M. Oberschall: Social Conflict and Social Movements, Englewood, Cliffs 1973, zit. Michael Beckmann: Theorie der sozialen Bewegung, Diss. München 1979, S. 257.

731 Wolfgang Davor: Konfliktforschung aus unternehmenspolitischer Sicht in: Günther Dlugos (Hrsg.): Unternehmensbezogene Konfliktforschung. Methodologische und forschungsprogrammatische Grundfragen, Stuttgart 1979, S. 360. Beim häufigsten Konflikt im Betrieb, dem Lohnkonflikt, geht es um einen Interessenkonflikt, der eine Knappheit von gemeinsam begehrten Werten und Gütern impliziert (Macht-, Verteilungskonflikte). Dabei handelt es sich meist um sogenannte Nicht-Nullsummenspiele, d. h. die Summe der Gewinne ist grösser als die Summe der Verluste oder umgekehrt. Von einer Lohnerhöhung bei steigenden Erträgen profitieren beide Parteien, ebenso wie beide bei einem Streik Verluste erleiden würden. Aus diesem Grund sind Nicht-Nullsummenspiele leichter zu lösen als Nullsummenkonflikte. François Höpflinger: Gewerkschaften und Konfliktregelung in der Schweiz. Eine explorative Studie, Zürich 1974, S. 21, 25. Derselbe: Industriegewerkschaften, S. 18. Dahrendorfs Reduzierung des Konflikts auf Anteil an bzw. Ausschluss von Macht ist meiner Ansicht nach zu schematisch und dichotomisch und wird der Komplexität von Konflikten nicht gerecht.
732 AAK, Protokoll 1930, S. 51
733 ebenda, S. 74
734 ebenda, S. 74
735 AZ, 26. 6. 1930
736 Eine ausführliche Analyse findet sich bei Wandeler, KPS. Ich beschränke mich deshalb auf eine summarische Darstellung, ergänzt durch Quellenmaterial, das ich in Winterthurer Archiven gefunden habe.
737 AAU, SMUV 1932
738 AS, S. 255/28
739 Wandeler, KPS, S. 149
740 AAU, Prot. AU betr. Vorstandssitzung, Delegiertenversammlung 1932, S. 425
741 AS, S. 255/28, AZ, 10. 6. 1932
742 Höpflinger, Industriegewerkschaften, S. 20, 193
743 Höpflinger, Industriegewerkschaften, S. 158

744 Aus einem Reglement der AK SLM vom 24. 6. 1916, AAU, SMUV 1932
745 Gertrud Hungerbühler: Vom Werden und Wirken einer Arbeiterkommission, Diplomarbeit der Sozialen Frauenschule Zürich, Zürich 1946, S. 26
746 Zindel, Arbeiterunion, S. 278
747 Hb. SVW 1955, S. 63 f.
748 zit. Friedrich Heeb: Der Schweizerische Gewerkschaftsbund 1880/1930, Bern 1930, S. 86
749 «Gewerkschaftliche Rundschau» 1930, S. 78
750 AS, S. 17/4/12
751 100 Jahre Gebrüder Sulzer, S. 29 f.
752 Heinrich Welti: Die Arbeiterkommissionen in den privaten Betrieben. Ein Versuch zur Bestimmung ihrer Rechtsnatur, Diss. Zürich 1942, S. 4
753 «Sulzer-Prolet», September 1930, AS, S. 255/28
754 «Sulzer-Prolet», 20. 1. 1930, ebenda
755 Aus einem Flugblatt der «Revolutionären Metallarbeiteropposition Winterthur» vom Frühling 1930, AS, S. 64
756 AAK, Protokoll 1934, S. 247 f.
757 ebenda
758 AAK, Protokoll 1935, S. 256
759 ebenda, S. 281
760 Vetterli, Industriearbeit, S. 174
761 ebenda, S. 151
762 AAK, Protokoll 1933, S. 205 f.
763 Die Klagen über die Meister waren offenbar so zahlreich, dass sie auch in den Jahresberichten der AK festgehalten wurden. 1935 hiess es etwa: «Im verflossenen Jahr wurde des öftern geklagt, dass Vorgesetzte nicht immer den richtigen Takt anwandten den Arbeitern gegenüber und wunderten sich dann, wenn der Arbeiter das gleiche Recht für sich beansprucht.» (Jb. AK 1935, S. 3, AAK, Ordner 22)
764 Schweiz. Metall- und Uhrenarbeiterverband 1885–1935, Sektion Winterthur, Winterthur 1935, S. 54
765 AAK, Protokoll 1936, S. 21
766 AAK, ebenda, S. 34
767 AS, S. 180, Arbeiterkommission, Protokolle
768 Im folgenden beziehe ich mich stets auf diese Sitzungsprotokolle. Sie befinden sich in AS, S. 180
769 AS, S. 180, Arbeiterkommission, Protokolle
770 ebenda, Prot. vom 24. 6. 1937, 3. 5. 1932
771 AS, S. 180, Arbeiterkommission, Protokolle, Prot. vom 15. 6. 1935. Zwei Tage vor der Abstimmung über die Kriseninitiative empfahl Sulzer allen Mitarbeitern in einem Brief «aus innerster Überzeugung» ein Nein. Sulzer warnte davor, dass eine Annahme den Niedergang der Exportindu-

strie bedeuten und den wirtschaftlichen und kulturellen Weiterbestand des Landes in Frage stellen würde. Zudem müssten sich die Staatsschulden massiv erhöhen, womit man die Nachfahren in unverantwortlicher Weise belasten würde.

772 AS S. 180, Arbeiterkommission, Protokolle 1930–1939
773 ebenda, Protokoll vom 24. 6. 1937
774 AS, S. 180, Arbeiterkommission, Protokoll vom 24. 6. 1937
775 AS, S. 180, Protokoll der Betriebsversammlung
776 Jb. SMUV Winterthur 1937, S. 11
777 «Die Freiheit», 28. 6. 1937. Diese Version der kommunistischen «Freiheit» steht allerdings etwas im Widerspruch zu derjenigen des «Landboten» vom gleichen Tag, demnach die Versammlung ruhig verlaufen sei, «bis auf wenige einzelne Lärmer.» «Landbote», 28. 6. 1937. Immerhin geht auch aus sozialdemokratischen Zeitungen hervor («Tagwacht», AZ), dass Ilg ausgepfiffen wurde.
778 AS, S. 64
779 Resolution der Betriebsversammlung zuhanden der Geschäftsleitung vom 17. 1. 1934, AS, S. 17/4/6
780 AS, S. 64
781 AS, S. 180, Arbeiterkommission, Protokolle
782 Brief von Sulzer an den ASM vom 30. 3. 1937, AS, S. 64. Bei ihrer Lohnpolitik hielt sich Sulzer getreu an die Richtlinien des ASM, die dieser kurz nach der Abwertung herausgegeben hatte. Sie sahen u. a. vor:
  – Auf den Gedanken der präventiven Lohnerhöhung soll vorderhand nicht eingetreten werden
  – Ein Ansteigen der Lebenskosten bis zu 5% (6 Indexpunkte) ist ohne praktische Bedeutung angesichts des Rückgangs der Lebenskosten in den Jahren 1929 bis 1934
  – Bis auf weitere Mitteilung sollen keine generellen Lohnerhöhungen oder Änderungen anderer wichtiger Arbeitsbedingungen gewährt werden. Jb. ASM 1937, S. 78 f.
783 Aus einem Zirkular des ASM vom 6. 10. 1936, AS, S. 17/4/12
784 AAK, Protokoll 1937, S. 71
785 AS, S. 64, Sitzungsprotokoll vom 2. 6. 1937
786 AS, S. 180, Arbeiterkommission, Protokolle
787 AZ, 26. 6. 1937
788 AS, S. 64
789 AS, S. 180, Arbeiterkommission, Protokolle
790 Aus einem Brief der Geschäftsleitung an die AK vom 25. 6. 1937, AS, S. 64
791 AZ, 26. 6. 1937

792 «Die Freiheit», 28. 6. 1937. Laut der «Berner Tagwacht» vom 30. 6. 1937 verlief die Betriebsversammlung stürmisch. Ilg und Aeschbacher hätten zu einer ruhigen Abwägung der Lage gemahnt und beantragt, die Sache über die beiden Verbände laufen zu lassen. Die «sachlichen» Darlegungen der Sekretäre hätten die Arbeiter wiederholt mit Protestrufen beantwortet. Ilg rechtfertigte seine Rede vor den Sulzer-Arbeitern am SMUV-Kongress vom 16.–18. 9. 1937 so: «Das Risiko, ausgepfiffen zu werden, musste ich im voraus in Kauf nehmen; weder ich, noch Genosse Arthur Steiner (…) waren in der Lage, der Masse zu Gefallen zu reden. Ich habe heute morgen schon erklärt, dass ich mich in solchen Fällen der Masse, komme was wolle, nicht um Haaresbreite beugen werde (…). Hätte ich fest vom Leder gezogen und zugunsten des Streiks gesprochen, so hätte das sehr wahrscheinlich einen Beifallssturm zur Folge gehabt. Das konnte und durfte ich nicht tun –, schliesslich bestand ja ein Beschluss, dass in Grossbetrieben, wenigstens vorläufig, keine Streiks ausgelöst werden dürfen.» Zit. Arbeiterbewegung, S. 279 f.
793 AZ, 28. 6. 1937
794 Berner Tagwacht, 30. 6. 1937. Nach einem Bericht in der NZZ vom 30. 6. 1937 lautete das Ergebnis 1492 für Streik, 109 dagegen, 168 Enthaltungen. Die NZZ kommentierte: «Diese Tatsache ist schmerzlich, doppelt schmerzlich, weil das Einvernehmen zwischen Leitung und Arbeiterschaft gerade bei der Firma Sulzer immer ein gutes war.»
795 AS, S. 17/3/18
796 Bezeichnend für das selbstherrliche Vorgehen Ilgs ist der Ausspruch von SPS-Vorstandsmitglied Nägeli anlässlich einer Diskussion über die Zürcher Blutnacht vom 15. 6. 1932: «Jedesmal wenn Ilg etwas sagt, dürfen die Arbeiter nicht sprechen.» Zit. Wandeler, KPS, S. 148. Die gleiche Herablassung wie über die Betriebsversammlung kommt auch in einem Ausspruch vor dem Schiedsgericht am 7. 7. 1937 zum Ausdruck. Ilg mass der Arbeiterkommission, die ja gerade durch das Friedensabkommen aufgewertet wurde, «keine grosse Bedeutung» zu. Sie habe nur zu machen, was an der Betriebsversammlung beschlossen worden sei. (Protokoll der Sitzung vom 7. 7. 1937, StAW, II B 2 c1)
797 Protokoll des SMUV-Kongresses vom 16.–18. 9. 1937 in Bern, zit. Arbeiterbewegung, S. 279 f.
798 Der spätere Präsident der AK, Hans Egli, schrieb in seinem Rückblick auf 75 Jahre Arbeiterkommission, dass die Vertrauensleute an der Streikparole festgehalten hätten

322

«wegen der Stimmung im Betrieb.» Hans Egli: 75 Jahre Arbeiterkommission Gebrüder Sulzer Winterthur, 1890–1965, Winterthur 1965, S. 44

799 Jb. SMUV Winterthur 1937, S. 12
800 AS, S. 64
801 AZ, 1. 7. 1937, «Die Freiheit», 2. 7. 1937
802 1. Woche keine Entschädigung, 2.–5. Woche 30% bis 40%. AS, S. 64
803 «Landbote», 2. 7. 1937
804 Nach Werner Gilomen, einem späteren AK-Präsidenten, der diese Zeit als junger Maschinenschlosser miterlebte, wurde Robert Sulzer als der eigentliche Vater des Betriebs betrachtet, der sich auch ab und zu in den Werkhallen gezeigt habe. Er sei ein Mann von grosser persönlicher Ausstrahlung gewesen. Thomas Buomberger: Als man um 5 Rappen mehr Stundenlohn kämpfte in: «Winterthurer Stadtanzeiger», 26. 4. 1979
805 ebenda
806 Egli, 75 Jahre, S. 46
807 «Thurgauer Zeitung», 5. 7. 1937
808 Sulzer dürfte es tatsächlich gelungen sein, einen Stamm treuer Mitarbeiter heranzubilden, deren Loyalität eher dem Unternehmen als der Arbeiterbewegung galt und die ihre Zukunftserwartungen mit dem Schicksal der Firma verknüpften. Durch dieses Loyalitätsband waren sie natürlich viel weniger zu Kampfmassnahmen gegen «ihre» Firma bereit.
809 «Die Freiheit», 5. 7. 1937
810 «La Lutte», 10. 7. 1937
811 AZ, 3. 7. 1937
812 ebenda
813 Protokoll der Verhandlungen vor dem Schiedsgericht, StAW II B 2 c 1
814 AS, S. 64
815 AS, S. 255/28
816 Protokoll der Sitzung des Schiedsgerichts, StAW, II B 2 c 1
817 Die Arbeiterkommission reichte dann noch die gewünschte Erklärung, die von allen Mitgliedern der Kommission unterschrieben war, ein. AAK, Protokoll 1937, S. 77
818 Die Briefe ans Schiedsgericht mit den Meinungsäusserungen der Gewerkschaften finden sich unter AS, S. 64
819 AZ, 3. 7. 1937
820 Das geht etwa aus folgender Bemerkung von Ilg hervor: «Zu jeder Zeit wäre es möglich gewesen, Gesamtarbeitsverträge mit Friedenspflicht abzuschliessen, wenn nur der Wille zur Anerkennung der Gewerkschaften bestanden hätte.» Konrad Ilg: Die schweizerischen Gewerkschaften in den letzten 25 Jahren, in: Festgabe für Bundesrat Edmund Schulthess, Zürich 1938, S. 502
821 Jb. ASM 1939, S. 139
822 Schweizer Pioniere der Wirtschaft und Technik, Ernst Dübi/Konrad Ilg, Bd. 16,

Zürich 1965, S. 25, AS, S. 17/3/18
823 AS, S. 17/4/2. Auch Hans Sulzer war anfangs eher skeptisch einer Vereinbarung gegenüber eingestellt. In einem Kondolenzschreiben zu seinem Tod, das von Zentralsekretär Ernst Wüthrich unterzeichnet war, schrieb der SMUV: «Anfänglich eher misstrauisch, hat er später das «Friedensabkommen» in der Metall- und Maschinenindustrie sehr gefördert und wir erinnern uns gerne der klaren Ausführungen, die er an den Verhandlungen gemacht hat.» (AS, S. 18 e 2)
824 Aus einem Brief des ASM an Dübi vom 16. 6. 1937, AS, S. 17/3/18
825 AS, S. 17/3/18. Der ASM nahm an seiner Sitzung vom 29. 6. davon Kenntnis, dass alle vier an den Verhandlungen beteiligten Arbeitnehmerverbände ihre grundsätzliche Zustimmung zur bereinigten Fassung des Vereinbarungsentwurfs erteilt hatten. An der Generalversammlung des ASM vom 9. 7. wurde die Vereinbarung mit allen gegen drei Stimmen, bei sechs Enthaltungen, angenommen. Jb. ASM 1937, S. 68
826 25 Jahre Friedensabkommen in der schweizerischen Metallindustrie, Separatdruck aus der NZZ vom 18. 7. 1962, S. 12
827 Egli, 75 Jahre, S. 46
828 «Landbote», 3. 7. 1937. Ob der Brief im bürgerlichen «Landboten» tatsächlich von einem jungen Arbeiter stammt, lässt sich natürlich nicht überprüfen.
829 AS, S.180, Arbeiterkommission, Protokolle
830 AS, S. 17/3/18
831 Vereinbarung zwischen dem Arbeitgeberverband Schweiz. Maschinen- und Metall-Industrieller und dem Schweizerischen Metall- und und Uhrenarbeiter-Verband, dem Christlichen Metallarbeiter-Verband, dem Schweizerischen Verband Evangelischer Angestellter und Arbeiter, dem Landesverband Freier Schweizer Arbeiter vom 19. 7. 1937, Präambel
832 AZ, 18. 9. 1937
833 AZ, 20. 9. 1937
834 ebenda
835 Zit. 25 Jahre Friedensabkommen, S. 13. In welchem Verhältnis Ilg zu den Kommunisten stand, zeigt folgender Ausspruch: «. . . eines ist absolut sicher, dass auf eidgenössischem Boden jede Aktion, gleichviel in welchem Ausmass und in welcher Form, von vornherein zu einem Misserfolg verdammt ist, sobald sich die Kommunisten oder auch nur kommunistisch exponierte Personen offiziell an derselben beteiligen.» Konrad Ilg: Die Lage in der Schweiz und unsere nächsten Aufgaben in: AZ, 1./2. 10. 1936
836 «Die Freiheit», 23. 7. 1937
837 Karl Hofmaier: Arbeitsfriede? Basel 1937, S. 27

838 Zit. «Landbote», 12. 8. 1937

839 Hofmaier, Arbeitsfriede, S. 11

840 Ulrich J. Hossli: Die Beziehungen der Sozialparteien in der schweizerischen Maschinen- und Metallindustrie, mit besonderer Berücksichtigung der Friedensvereinbarung von 1937/1954, Diss. Basel 1958, S. 121

841 Hans Sulzer in einer Rede vor dem Industrie-Verein St.Gallen am 11. 4. 1938, AS, 16/4/24. In einer Sitzung mit der AK vom 10. 6. 1938 lobte Hans Sulzer das «vernünftige Vorgehen» der Sekretäre Ilg und Steiner. AAK, Protokoll 1938, S. 121

842 «Werkzeitung», 8/1937, S. 155

843 Dr. J. Buchli an der Generalversammlung der SLM vom November 1938, zit. AZ, 28. 11. 1938

844 «Schweizerische Metallarbeiter-Zeitung», 2. 7. 1938

845 Jb. Sulzer 1937, S. 4

846 AZ, 8. 11. 1937

847 Siehe de Nicolò, Sozialpolitik, S. 108. Ilg dazu: «Nicht gezwungenermassen, das heisst nicht durch den Staat, sollen die Normen und Regelungen erfolgen, sondern durch freie Verständigung und Rücksichtnahme auf die gegenseitigen Interessen müssen diese geschaffen werden.» (Zit. Fritz Marbach: Das «Friedensabkommen» in der Schweizerischen Metallindustrie, Zürich o. Jg., S. 6

848 Emil Giroud in der «Gewerkschaftlichen Rundschau», 1938, S. 81. Dieses Argument wurde auch in einer Broschüre verwendet, die der SMUV herausgab, um seine Funktionäre über Sinn und Zweck des Abkommens aufzuklären: «Indem wir die Hand reichen zur friedlichen Austragung von Arbeitsstreitigkeiten, hoffen wir auch einen Beitrag zur Befriedung unseres Landes und damit zur Sicherung der Demokratie zu leisten.» (Das Abkommen über die Regelung der Lohn- und Arbeitsverhältnisse in der Schweizerischen Maschinen- und Metallindustrie vom 16. Juli 1937, Sinn und Bedeutung, hrsg. vom SMUV 1937, S. 4). Und über den Einsatz von Streiks heisst es: «Die Lage unserer Industrie und unseres Landes verlangt zwingend eine neue Einstellung zu den sozialen Problemen der Gegenwart. Streiks sind gewaltsame Auseinandersetzungen, beide Teile sind dabei, auch bei erfolgreichem Ausgang, in der Regel die Geschädigten.» (Das Abkommen, S. 12)

849 «Metallarbeiter-Zeitung», 14. 8. 1937

850 Jb. SMUV Winterthur 1937, S. 16

851 ebenda 1939, S. 7

852 Vetterli, Industriearbeit, S. 240

853 Höpflinger schreibt, dass der Konfliktregelungsmechanismus tendenziell um so effektiver ist, je stärker der Konflikt organisatorisch strukturiert, institutionalisiert und institutionell isoliert werden kann. Höpflinger, Industriegewerkschaften, S. 20. Für das Friedensabkommen dürfte auch noch die Beobachtung gesprochen haben, dass weniger integrierte Personen eher sozialen Bewegungen zuneigen und dass sie als Mitglieder einer sozialen Bewegung eher extremistische Positionen einnehmen. Das zu verhindern musste sowohl im Interesse der Gewerkschaften als auch der Unternehmer liegen. Über soziale Bewegungen siehe: Ralph H. Turner: Das Thema zeitgenössischer sozialer Bewegungen in: Walter R. Heinz/Peter Schöber (Hrsg.): Theorien kollektiven Verhaltens. Beiträge zur Analyse sozialer Protestaktionen und Bewegungen, 2 Bände, Darmstadt/Neuwied 1972, Band 2.

854 Eine treffliche Charakterisierung von Ilgs Konzeption der Rolle der Gewerkschaften gab Robert Grimm anlässlich dessen Kremation: «Gewiss, seine Anschauungen über Taktik und über die Fernziele der Arbeiterbewegung und ihrer moralischen Aufgaben wurden durch den Verlauf des Ersten Weltkriegs erschüttert. Er erblickte jetzt den Weg zu dem weiteren Aufstieg der Arbeiterklasse national und international in der teilweisen Solidarität der Arbeiter mit den Unternehmern und der gegenseitigen Verständigung zwischen den gegenseitigen Organisationen.» Konrad Ilg zu Ehren, hrsg. vom Schweiz. Metall- und Uhrenarbeiter-Verband, Bern 1954, S. 97

855 In den letzten Jahren fand allerdings ansatzweise in gewissen Gewerkschaften ein Umdenken statt (Gruppe Manifest 77 des SMUV, GDP-Streik 1980 oder auch die immer lauter werdenden Forderungen nach einer Relativierung der Friedenspflicht.

856 Alberto Gandolla: Le origini e le cause della pace sociale nell'industria metallurgica, Lizentiatsarbeit, Fribourg 1977, S. 162. Ein Beispiel einer allfälligen Zwangsschlichtung war der Streik von 1000 Arbeitern in der Uhrenindustrie in Biel und La Chaux-de-Fonds vom März 1937. Auf diesen Streik reagierten die Unternehmer heftig und kündigten die Aussperrung von weiteren 2000 Arbeitern an. Der Bundesrat, der von den Verhandlungen zwischen Ilg und Dübi wusste, schätzte die Lage als ernst ein und drohte mit ausserordentlichen Massnahmen, um den Arbeitskonflikt zu dämmen. So schlug er ein Abkommen bis Ende Jahr vor, das die Friedenspflicht beinhaltete. Innerhalb dieser Zeit sollte ein Schiedsgericht die strittigen Fragen klären. Das Abkommen wurde angenommen. Gandolla, origini, S. 104

857 Unter Korporationen bzw. korporativ verstehe ich einen Zusammenschluss der

Arbeitgeber und Arbeitnehmer bzw. deren Verbände zu einem Einheitsverband unter dem Diktat des Staates. Die beiden Seiten sind dann in ihren Verhandlungen nicht mehr frei. Der Staat legt also beispielsweise die Höchstlöhne fest.

858 Hans Oprecht: Erneuerungstendenzen in der schweiz. Arbeiterbewegung in Staat und Partei in: H. Weilenmann (Hrsg.): Staat und Parteien. Liberalismus – Erneuerung – Demokratie in der schweizerischen Politik der Gegenwart, Zürich 1935, S. 25

859 «Der Bund», zit. Jb. SMUV 1937, S. 36

860 «Der Landbote», zit. ebenda, S. 37

861 Jb. SMUV 1937, S. 35

862 Pierre Waline: Cinquante ans de rapports entre patrons et ouvriers en Allemagne, Bd. I, 1918–1945, Paris 1968, S. 266

863 Nathan Reich: Labour Ralations in Republican Gemany. An Experiment in Industrial Democracy 1918–1933, New York 1938, S. 272

864 Prot. Parteitag der SPS vom 8./9.4.1933, S. 22, zit. Gandolla, origini, S. 154

865 Das 20. Jahrhundert 1918–1945. Fischer Weltgeschichte, Bd. 34, Frankfurt 1967, S. 158–160

866 Paul Mattick: Arbeitslosigkeit und Arbeitslosenbewegung in den USA 1929–1935, Frankfurt 1969, S. 95

867 Peter Lösche: Industriegewerkschaften im organisierten Kapitalismus. Der CIO in der Roosevelt-Aera, Opladen 1974, S. 20/21

868 Lewis L. Lorwin: The International Labour Movement. History, Policies, Outlook, New York 1953, S. 115

869 Lösche, Industriegewerkschaften, S. 65

870 ebenda, S. 59

871 ebenda, S. 63

872 ebenda, S. 77

873 Allen Hutt: The Post-War History of the British Working Class, London 1937, S. 127

874 ebenda, S. 136

875 zit. Hutt, Post-War History, S. 160

876 ebenda, S. 187–189

877 ebenda, S. 178 f.

878 Prot. Kongress des SGB vom 10./11.10.1936 in Bern, S. 76

879 Konrad Ilg: Betrachtungen über den Sinn und die Bedeutung unserer vertraglichen Abmachungenen in Industrie und Gewerbe, Vortrag 1943, S. 4 f.

880 Ich stütze mich vorwiegend auf Gandolla, origini, S. 25 & ff.

881 Protokoll der Verbandskonferenz des SMUV vom 17./18.11.1928, Bern, zit. Gandolla, origini, S. 144

882 zit. Gandolla, origini, S. 77 f.

883 ebenda, S. 151

884 August Schirmer: Die Neuordnung der Wirtschaft in Weilenmann: Staat und Parteien, S. 119

885 zit. Gandolla, origini, S. 155

886 Prot. Kongress des SGB vom 10./11.10.1936 in Bern, S. 79

887 Gandolla, origini, S. 81

888 zit. Lorwin, International Labour Movement, S. 174

889 Aus dem SPS-Programm von 1935. Zit. Willy Spühler: Die Sozialdemokratische Partei in Weilenmann: Staat und Parteien

890 Robert Grimm: Eine neue Politik, 1935, zit. Schweizerische Arbeiterbewegung, S. 272

891 zit. Schweizerische Arbeiterbewegung, S. 290 f.

892 Max Weber in einem Referat am SGB-Kongress 1936. Prot. Kongress des SGB vom 10./11.10.1936 in Bern, S. 71

893 Jb. SMUV 1936, S. 7

894 Hans Ulrich Jost: Bedrohung und Enge (1914–1945) in Geschichte der Schweiz und der Schweizer, Bd. III, Basel 1983, S. 164

895 Jakob Tanner: Die schweizerischen Bundesfinanzen 1938–53, Lizentiatsarbeit, Zürich 1980, S. 132. Im folgenden habe ich mich auf Tanner gestützt.

896 Jost: Bedrohung und Enge, S. 128

897 Charles Linsmayer: Die Krise der Demokratie als Krise ihrer Literatur in: Frühling der Gegenwart, Erzählungen III, S. 448, Zürich 1983, S. 448

898 Linsmayer, Krise, S. 463

899 Jost, Bedrohung, S. 126

900 zit. Linsmayer, Krise, S. 453

901 ebenda, S. 456

902 Schweizerische Arbeiterbewegung, S. 244

903 ebenda, S. 244

904 Jürgen Kocka: Sozialgeschichte, Göttingen 1977, S. 42 f.

905 ebenda

906 Hans-Ulrich Wehler: Geschichte und Soziologie in: Theodor Schieder / Kurt Gräubig (Hrsg.): Theorieprobleme der Geschichtswissenschaft, Darmstadt 1977, S. 397

907 Kurt Kluxen: Vorlesungen zur Geschichtstheorie, 2 Bde., Paderborn 1974 und 1981, Band I, S. 72

908 ebenda, S. 210 f.

909 zit. Dieter Groh: Strukturgeschichte als «totale» Geschichte in: Schieder / Gräubig: Theorieprobleme, S. 337

910 Karl-Georg Faber: Theorie der Geschichtswissenschaft, München 1972, S. 102

911 Kocka, Sozialgeschichte, S. 74 f.

912 Ernst Engelberg: Ereignis, Struktur und Entwicklung in der Geschichte in: Urs Jäggi / Axel Honneth (Hrsg.): Theorien des Historischen Materialismus, Frankfurt 1977, S. 104

913 zit. Faber, Theorie, S. 193

914 Kluxen situierte die Quellen in ihrem Kontext so: «Überspitzt gesagt ist es so, dass der Kontext einer Quelle wichtiger ist als das isolierte, seinem Zusammenhang entzogene Einzelstück, das seine historische

Bedeutung erst aus dem Zusammenhang gewinnt, aus dem es entstanden ist und in den es hineinwirkt.» (Kluxen I, S. 168)

Emil Hauser: Die Wohlfahrtseinrichtungen im Bezirk Winterthur, Neujahrsblatt der Hülfsgesellschaft Winterthur, Winterthur 1938, S. 21 f.

916 Höpflinger meint, dass eine starke Exportorientierung die Tendenzen zur Sozialisation und Disziplinierung der Arbeitskräfte durch die Unternehmer verstärkte. Um ihre internationale Marktposition zu erhalten, würden die Arbeitgeber relativ hohe Disziplinaranforderungen an die Arbeiterschaft bzw. deren Interessenvertreter stellen. Höpflinger, Industriegewerkschaften, S. 90

917 Johan Galtung: A Structural Theory of Revolutions, Rotterdam 1974, S. 58

Sachregister

Repressionen, 206, 207
Revolutionäre Gewerkschaftsopposition (RGO), 109, 131, 137, 138, 142, 157, 158, 159, 161, 162, 164,
166, 167, 180, 206, 222, 231, 288
Revolutionäre Metallarbeiterorganisation Winterthur, 162, 234
Richtlinienbewegung, Richtlinienblock, Richtlinienvereinbarung, 133, 167, 276, 277, 280
Rieter AG, 61, 62, 64, 66, 89, 91, 92, 123, 181, 183, 185, 192, 244
Rote Hilfe, 164
«Rote Revue», 110
Rüstungskonjunktur, 25, 69, 91
Russland, Sowjetunion, 135, 137, 150, 151, 152, 153, 219, 237, 272

SBB, 16, 125
Schaffhausen, 164
Schiedsgericht, 84, 87, 92, 202, 248, 250, 252, 253, 254, 255
Schlichtungsstelle, 260, 265
Schlieren, 186
Schreinermeister-Verband, 197
Schuhfabrik Hoffmann, Elgg, 207
Schützenwiese, 246, 250, 255, 258
Schweiz, Schweizer, schweizerisch, 7, 12, 13, 33, 46, 55, 148, 150, 153, 178, 208, 218, 244, 261, 264,
266, 267, 269, 272, 274, 276, 277, 279, 281, 287, 289
«Schweizer Spiegel», 278
Schweizerische Bankgesellschaft, 194, 195
Schweizerische Bankiervereinigung, 172
Schweizerische Lokomotiv- und Maschinenfabrik (SLM), 24, 41, 61, 62, 64, 66, 68, 76, 89, 90,
91, 96, 122, 123, 128, 156, 162, 163, 179, 181, 185, 191, 192, 201, 202, 233, 236, 244, 262, 263
Schweizerische Mittelpresse, 55, 252
(Schweizerischer) Bau- und Holzarbeiterverband (SBHV), BHV, 76, 149, 154, 156, 195, 196, 197,
198, 199, 200, 201, 263, 292
Schweizerischer Gewerbeverband, 188, 274
Schweizerischer Gewerkschaftsbund (SGB), 19, 36, 39, 45, 46, 47, 48, 49, 50, 106, 108, 111, 141, 143,
148, 159, 160, 164, 165, 167, 233, 238, 264, 272, 274, 276, 277, 287
Schweizerischer Handels- und Industrieverein, 172
Schweizerischer Kaufmännischer Verein (SKV), 82, 106, 108
Schweizerischer Metall- und Uhrenarbeiter-Verband (SMUV), 8, 20, 65, 69, 79, 90, 92, 155, 158,
162, 179, 181, 183, 185, 186, 190, 202, 209, 219, 220, 223, 227, 229, 230, 233, 242, 243, 248, 250, 253,
254, 255, 256, 257, 258, 259, 260, 262, 263, 264, 273, 274, 275, 289, 290, 291
Schweizerischer Schriftstellerverein, 280
Schweizerischer Verband Evangelischer Angestellter und Arbeiter (SVEA), 254, 259, 262
Seuzach, 143
Sozialdemokratie, Sozialdemokraten, sozialdemokratisch, sozialistisch, 7, 27, 45, 46, 94, 107, 115,
116, 142, 146, 159, 160, 161, 164, 168, 169, 206, 218, 229, 261, 266, 267, 268, 275, 276, 280, 288
Sozialdemokratische Partei (der Schweiz) SP, SPS, 9, 29, 37, 41, 46, 47, 48, 49, 60, 107, 108, 113,
114, 115, 116, 117, 121, 123, 124, 125, 129, 131, 132, 134, 135, 136, 137, 138, 139, 140, 141, 143, 144, 145,
147, 150, 151, 153, 157, 159, 160, 161, 162, 163, 164, 165, 166, 167, 169, 175, 176, 177, 178, 186, 190,
197, 268, 273, 275, 276, 277, 278, 280, 287, 288, 289, 290
Sozialfaschisten, 288
Sozialistische Arbeiter-Internationale, 46
Sozialistische Jugend, 138, 168, 169
Soziologie, 283, 285
Spanien, 272
Spinnerei und Zwirnerei Niedertöss, 81, 191
St. Gallen, 44, 262
Stadtrat, Winterthurer, 65, 66, 67, 77, 84, 87, 88, 122, 123, 124, 125, 129, 133, 136, 140, 141, 151, 154,
155, 156, 157, 174, 176, 177, 178, 190, 192, 197, 198, 199
Streik, 145, 148, 149, 150, 162, 171, 183, 185, 186, 188, 189, 190, 193, 194, 195, 196, 197, 198, 200, 201,
202, 204, 220, 222, 227, 228, 230, 231, 232, 242, 243, 248, 250, 252, 253, 254, 255, 258, 259, 260,
263, 267, 269, 270, 271, 272, 273, 274, 289, 291
Strukturen, 283, 284
Sulzer: Gebrüder Sulzer AG, 14, 42, 43, 53, 57, 61, 62, 64, 65, 66, 67, 75, 76, 78, 79, 84, 87, 88, 89,
90, 91, 92, 97, 98, 99, 108, 122, 123, 137, 150, 152, 156, 157, 162, 163, 173, 181, 185, 191, 205, 209,
211, 212, 213, 214, 215, 216, 217, 219, 223, 224, 227, 228, 229, 230, 231, 232, 233, 234, 235, 239,

330

Namensregister

Liste der erhältlichen Neujahrsblätter der Stadtbibliothek

334

1937	E. Dejung und M. Ruoff, Spinnerei, Weberei und mechanische Werkstätte Hard bei Wülflingen 1800–1924	15.—
1938	W. Ganz, Johann Heinrich Steiner, Buchhändler und Politiker	15.—
1939	E. Dejung, Die Meyer von Winterthur	15.—
1940	E. Stauber, Die Schlösser Girsberg und Schwandegg	15.—
1941	W. Hugelshofer, Der Briefwechsel zwischen Dr. Theodor Reinhart und Robert Zünd	15.—
1943	P. Bouffard, Winterthur in römischer Zeit	15.—
1944	E. Stauber, Schloss und Herrschaft Kefikon	15.—
1945	H. Walser, Geschichte der Laurenzen- oder Stadtkirche Winterthur. II. Teil. Zeit der Reformation und Gegenreformation	15.—
1946	M. Rozycki, Die Handwerker und ihre Vereinigungen im alten Winterthur	15.—
1947	H. Winkler, Schulgeschichte der Stadt Winterthur bis zum Jahre 1922	15.—
1948	W. Bachmann und E. Dejung, Joh. Heinrich Pestalozzi	15.—
1949/50	E. Stauber, Die Burg von Hettlingen und die Geschlechter von Hettlingen, Hettlinger, Hedlinger	15.—
1951	H. Walser, Geschichte der Stadtkirche Winterthur. III. Teil: Zeit der Orthodoxie, des Pietismus und der Aufklärung	15.—
1953/54	E. Stauber, Die Burgen des Bezirkes Winterthur und ihre Geschlechter	15.—
1955	P. Boesch, Die alten Glasmaler von Winterthur und ihr Werk	15.—
1956	H. Kägi, Winterthurer Bilderbogen	15.—
1957	E. Wegmann, Geschichte der Familie Haggenmacher von Winterthur	15.—
1958	M. C. Däniker-Gysin, Geschichte des Dominikanerinnenklosters Töss, 1233–1525	15.—
1959	A. Schenk, Die Uhrmacher von Winterthur und ihre Werke	15.—
1960	300 Jahre Stadtbibliothek Winterthur, 1660–1960	15.—
1961	W. Ganz, Geschichte von Winterthur bis 1798	15.—
1963	E. Dejung, Die zweite Wende im Leben Henry Dunants, 1892–1897	15.—
1964	M. Grütter, Max Autenheimer	15.—
1965	H. R. Wiedemer, Urgeschichte der Winterthurer Gegend	15.—
1966	R. Häsli, Johann Caspar Wiedenmann	15.—
1967	J. Rutishauser, Die Namen der laufenden Gewässer im Bezirk Winterthur	15.—
1968/69 u. 1971	H. Kläui, Geschichte von Oberwinterthur, Bd 1–2 gebunden je broschiert je	15.— 7.50
1970	H. Kläui und K. Mietlich, Geschichte der Gemeinde Wiesendangen	15.—
1973	E. Labhart, Bundesrat Ludwig Forrer	15.—
1974	A. Häberle, 100 Jahre Gewerbeverband Winterthur und Umgebung 1874–1974	15.—
1975	P. Ziegler, Wülflingen. Von den Anfängen gebunden bis zur Gegenwart broschiert	15.— 7.50
1976	H. R. Wiedemer, Schriften zur Römerzeit	15.—
1977	H. M. Stückelberger, Geschichte der evangelisch-reformierten Kirchgemeinde Winterthur von 1798–1950	15.—
1978	J. Dobai, Die bildenden Künste in Johann Georg Sulzers Ästhetik	15.—
1979/80	P. Sulzer, Zehn Komponisten um Werner Reinhart, Bd 1 und 2 zusammen	50.—
1981	P. Ziegler, Geschichte von Veltheim	15.—
1983	P. Sulzer, Zehn Komponisten um Werner Reinhart Bd 3 Bd 1–3 zusammen	35.— 78.—
1984	U. Widmer, Anerkennungsgaben der Stadt Winterthur 1956–81	27.50
1985	Th. Buomberger, Kooperation statt Konfrontation. Die Winterthurer Arbeiterschaft während der Krisenzeit der 1930er Jahre	27.50

Bibliographien:

1932	Bibliographie von Winterthur und Umgebung, 1921–1930	7.50
1942	Bibliographie von Winterthur und Umgebung, 1931–1940	7.50
1952	Bibliographie von Winterthur und Umgebung, 1941–1950	7.50
1962	Bibliographie von Winterthur und Umgebung, 1951–1960	7.50
1972	Bibliographie von Winterthur und Umgebung, 1961–1970	7.50
1982	Bibliographie von Winterthur und Umgebung, 1971–1980	15.—